十七世纪英国哲学

胡景钊　余丽嫦　著

商　务　印　书　馆

2006年·北京

图书在版编目(CIP)数据

十七世纪英国哲学/胡景钊,余丽嫦著. —北京:商务印书馆,2006
ISBN 7-100-04544-4

I. 十… II. ①胡… ②余… III. 哲学—研究—英国—17世纪 IV. B561.2

中国版本图书馆CIP数据核字(2005)第058340号

十七世纪英国哲学

胡景钊 余丽嫦 著

商务印书馆出版
(北京王府井大街36号 邮政编码 100710)
商务印书馆发行
北京瑞古冠中印刷厂印刷
ISBN 7-100-04544-4/B·654

2006年4月第1版 开本880×1230 1/32
2006年4月北京第1次印刷 印张13
印数4 000册

定价:22.00元

目　录

卷首语

在进入正题之前，关于本书有几句话得向读者交代。

作为多卷本英国哲学史中的一卷，本书开始酝酿于上世纪80年代，由余丽嫦和我负责。后来余教授因故不能参加撰写，幸好她先后出版了《培根及其哲学》(人民出版社1987年版)和《托马斯·霍布斯》(台湾东大图书公司1995年版)两本专著，并授权我将两书摘要删节为本书的第二、三两章。我虽然努力在各方面尽量忠实于原作，但走样在所难免，文责仍应由我来负。

对哲学有各种不同的理解，我同意哲学主要讨论传统所谓的本体论和认识问题，所以本书着重探讨和介绍17世纪英国哲学家这方面的思想。虽然政治思想和伦理思想对他们来说也十分重要，但毕竟属于政治思想史和伦理思想史的范畴，这里便从简或略去。

本书的书名不称为17世纪英国哲学史，因为作者认为哲学史的著作理应揭示所谈的哲学思想发展的规律，揭示它的内在矛盾辩证运动的必然性，不能停留于按历史顺序对哲学家的思想作描述和介绍。可惜对此至今还没有较满意的答案。于是不得已只好求其次仍停留于描述和介绍，而且只谈影响最大和最有代表性的哲学家。二流人物都一概略去。虽然对谈到的人物的思想的历史联系也有交代，但"史"的味道便不那么浓了。书名不称为史是名副其实的。

关于哲学史的写法，过去曾经有过该"六经注我"还是"我注六经"的争论和讨论。这是个较为复杂的大问题，这里不拟多说，只讲和本书有关的一点。过去哲学史的著作有偏重“六经注我”的,亦有偏重“我注六经”的,二者都各有其学术上的意义和价值。“六经注我”式的哲学史名著,大多出自哲学大师的手笔。他们创新的哲学体系使他们能从崭新的理论高度审视和理解史实,黑格尔讲授的哲学史就是这样的范例。作者有自知之明,所以还是以偏重“我注六经”的方法为宜,因为虽无才华横溢的思想光辉,尚可以将勤补拙,踏踏实实做些粗活。

偏重“我注六经”当然仍然有“我”,离不开“我”的一定的理论观点,这是无法回避的。在当今“诸子百家”的理论中,我依然认为马克思主义最有助于科学地说明哲学史,还哲学史本来的面目。过去长时期在西哲史的研究中出现谬误和偏差,重要的原因之一在于以为在运用马克思主义实际上却违背了马克思主义。首先违背了马克思主义的“实事求是”的要求,从原则出发想当然“合乎逻辑”地推出史实必须与之符合的结论。恩格斯说过一句大家都很熟悉的话:“即使只是在一个单独的历史实例上发展唯物主义的观点(按:指人们的意识决定于人们的存在的原理——作者),也是一项要求多年冷静钻研的科学工作……只有靠大量的、批判地审查过的、充分地掌握了的历史资料,才能解决这个任务。”①诚然不是说详尽地占有了史料就自然能得出正确的结论,但这却是必要的前提。科学中绝没有“短平快”之路可走。

研究西哲史要充分掌握的史料,首先当推哲学家的版本较好的外文原著。要中国人搞历史上洋人著作的版本鉴定和文字校勘等洋考据的工作困难较大,但我们至少要知道人家已经做出的公认的成

① 恩格斯:《卡尔·马克思〈政治经济学批判〉》,《马克思恩格斯全集》第13卷,第527页。

果。其次,是外国学界有关的论著。其中有的学术水平颇高,很有参考和借鉴的价值。本书在吸取外国学者在这两方面的成就方面做了一些努力。

过去在“左”的思想影响下,流传某些关于17世纪英国哲学的不正确的或亟须商榷的观点,本书对此较为重视,提出了自己的一些看法,以期引起注意和讨论。

胡景钊

第一章 背景

17 世纪的西欧是欧洲早期资产阶级革命的时代，是近代科学革命的时代，社会生活的各个方面都发生了翻天覆地的深刻变革。与此相应诞生了跟古代和中世纪全然不同的近代哲学，它极大丰富了人类的思想宝库。在英国则出现了以机械唯物主义和唯物主义经验论为主流的英国哲学。诚然各个国家的哲学思想都是在各自的经济、政治、宗教、科学和文化传统等的背景中产生和发展的，这是必须着重注意和考察的，可是由于西欧各国历史上的密切关系，我们又不能脱离整个西欧的历史背景去看 17 世纪的英国哲学。

第一节 经济和政治

英国资本主义工商业的诞生和发展

恩格斯说过："当居统治地位的封建贵族的疯狂争斗的喧叫充塞着中世纪的时候，被压迫阶级的静悄悄的劳动却在破坏着整个西欧的封建制度，创造着使封建主的地位日益削弱的条件。"①劳动人民静悄悄的劳动推动了社会生产力的发展，使封建制度缓慢但无可挽回地逐渐瓦解。英国早在 14 世纪末农奴制实际上已不存

① 《论封建制度的瓦解和民族国家的产生》，《马克思恩格斯全集》第 21 卷，第 448 页。

在，零星地出现资本主义最初的萌芽。商品货币经济的发展使一些贵族地主将庄园自领地出租给契约农，收取资本主义地租，出现了租地农场主。城市中的行会师傅、独立小手工业者也分化出一些较富裕的雇用工人的小资本家。这是一个缓慢而又漫长的历史过程。到了15世纪末，小手工业难以适应由于地理发现而迅速扩大的世界市场的需要，一些商人、高利贷者以各种方式控制城市尤其是农村分散的手工业者，使之服从统一的指挥和组织，从而形成分散的手工工场。其后进一步发展出个别规模较大的集中的手工工场。商人资本和高利贷资本于是转化为工业资本，商人和高利贷者成了工业资本家。工场手工业时代的到来是资本主义生产方式开始的标志。

工场手工业内部的分工和协作，提供了比封建行会作坊高得多的劳动生产率。英国的工业原来并不发达，到了16世纪有了长足的发展。以被称为英国民族工业的毛纺织业为例，据统计从1354年至1547年英国羊毛的输出从3.2万袋剧降至5千袋，而呢绒的输出则从5千匹急升至12.2万匹，占据欧洲市场的首要地位，这意味着英国的毛纺业已从原料输出国变为制成品的出口国。

在生产、军事和航海等需要的推动下，铜、铁、铅、锡等矿石的开采和冶炼也有了迅速的发展。冶炼金属需要大量的煤，采煤业的规模相应地扩大了。从1551年到1651年即英国革命前的一百年，煤产量增加了13倍，铁矿石开采量增加了2倍。此外造船、造纸、酿酒、制糖、玻璃、肥皂、火药等新工业都有较大的发展。

在工业发展的基础上，在大城市迅速兴起的推动下，国内贸易也日益兴旺发达起来。为了供应城市的粮食需要，到了17世纪英国已经形成具有较大规模的国内粮食市场。以伦敦为例，从1534年到1661年伦敦人口从6万增至46万，小麦需要量从15万夸脱[1]增至115万夸脱，当地难以满足急剧增长的要求，要从全国各地采购。这样粮食市场便把伦敦和全国产粮区紧密地联系起来。另一规模较大的国内市场是羊毛市场。羊毛需要收购商和贩卖商从分散在全国的羊毛生产者和持有人那里集中起来然后运到位于四面八方的手工工场那里。在粮食市场和羊毛市场的带动下，英国统一的国内市场开始形成，伦敦成为全国的经济中心。

英国的对外贸易原来主要操纵在威尼斯、汉萨同盟等外商手中。16世纪中汉萨同盟的商栈被关闭，外商的特权被取消，相继成立一批经国王特许的大型贸易公司，专营海外某个地区的商业。其中最著名的有莫斯科公司、东陆公司、利凡特公司、几内亚公司、东印度公司等。它们全由英国商人经营，英国商人的足迹遍及北欧、东欧、近东、北非乃至亚洲的印度。

但是也要看到，直到革命前资本主义在英国还不占主导地位，农村人口仍占当时全国人口的五分之四，商业和航海业不及荷兰，冶金和采矿则比不上瑞典和捷克。

圈地运动

15世纪末，毛纺织业的迅猛发展，对羊毛的需求量急剧增加，羊毛价格不断上涨。养羊所需的劳动力又远少于耕种，获利特别丰厚，10英亩牧场的收益超过20英亩的耕地。因此许多贵族地主、租地农场主纷纷强迫农民退佃，用暴力把农民从土地上赶走，并侵占公用地，将分散的农民份地连成一片，用栅栏或沟壑圈围起来改为养羊的牧场。这就是英国历史上著名的圈地运动，它贯穿整个16世纪和17世纪直至18世纪末。过去牧场面积和耕地面积的比例最少时为

---

① 1夸脱为1.136升。

1 比 4,16 世纪中这个比例变为 1 比 1,后来又增至 2 比 1,到了 18 世纪末竟增至 3 比 1。然而圈地运动最重要的后果还不是牧场和耕地面积比例的大幅度改变,而是它无情地扫除英国农业中一切传统的关系,为资本主义在农业中的发展创造了前提,并引起英国社会阶级结构的深刻变化。

马克思在《资本论》中以英国的圈地运动作为资本的原始积累的典型例子进行了深刻的分析。原始资本不是资本主义生产方式的结果,而是它的起点和前提。他指出:"创造资本关系的过程,只能是劳动者和他的劳动条件的所有权分离的过程。这个过程一方面使社会的生活资料和生产资料转化为资本,另一方面使直接生产者转化为雇佣工人。因此所谓原始积累只不过是生产者和生产资料分离的历史过程。"①圈地运动是英国实现生产者和生产资料分离的历史过程的具体方式。它使土地等生产资料愈来愈多地集中在圈地贵族和租地农场主手里,与此同时广大农民则沦为一无所有的无产者不得不把自己的劳动力作为商品来出卖。这样也就为土地等生产资料以及商品、货币转化为剥削雇佣劳动的资本创造了必要的前提。

圈地运动是依靠血腥的暴力手段进行的,它使农民群众陷入极端悲惨的境地。当时对农民的深重灾难深表同情的空想社会主义者托马斯·莫尔在他的《乌托邦》一书中对圈地运动进行了猛烈的抨击,斥之为"羊吃人"的现象。他写道:"绵羊本来是那么驯服,吃一点点就满足,现在据说变成很贪婪很凶蛮,甚至要把人吃掉。"②

除圈地运动外,靠掠夺、奴役和杀人越货来夺取财宝的殖民制度、无本万利的国债制度、课征重税的现代税收制度、保护关税制度、

---

① 《资本论》,《马克思恩格斯全集》第 23 卷,第 782—783 页。

② 莫尔:《乌托邦》,三联书店 1956 年版,第 36 页。

商业战争等都是英国原始积累的方法，它们共同的特点是利用集中的有组织的社会暴力即国家权力。由此马克思在分析了资本的原始积累后得出结论："资本来到世间，从头到脚，每个毛孔都滴着血和肮脏的东西。"①

社会阶级结构和关系的剧变

随着资本主义工商业和农业的发展，英国开始了新的社会阶级资产阶级的形成过程。垄断了对外贸易的大公司的股东、大批发商、起着银行家作用的伦敦金匠、高利贷资本家等是资产阶级的上层。他们大多集中在伦敦，拥有雄厚的资本和亿万财富，有的资产超过10万镑，即使显赫的贵族也相形见绌。他们既是王室的包税商和专卖权的垄断者，又是贵族的债权人，因而同宫廷关系密切，政治态度保守。构成资产阶级主体的是人数不少的城市手工工场主、商人等中小工商业者和农村的租地农场主，他们强烈要求经营的自由，对束缚工商业发展的例如行会制等封建桎梏深为不满，政治态度较为急进。

以有爵位封号的大贵族为代表的封建旧贵族此时已是江河日下，走向没落。经过1455年至1485年长达三十年的红白玫瑰战争的贵族混战，许多名门望族家毁人亡，残存的大贵族虽享有政治特权但经济实力日益衰落。他们顽固坚持原来的封建土地经营方式，靠收取固定数额的地租为生。由于美洲贵金属的流入欧洲引起货币贬值，使他们的实际收入越来越少，可是他们却依然维持奢侈的生活和豪华的排场，因而入不敷出，债台高筑，以致不得不出卖地产。革命前1561—1640年间，王室领地锐减了75%，封建贵族领地亦减少了

① 《资本论》,《马克思恩格斯全集》第23卷，第829页。

50%以上。

与封建旧贵族衰落的同时，由于农业资本主义的发展和圈地运动的盛行，从贵族中分离出一个资产阶级化的新贵族阶层。他们多半是没有爵位封号的被称为乡绅的中小贵族、骑士、缙绅等，其中也有发了财的自耕农或投资地产的工商业者。这些新贵族改变了对地产的经营方式，通过雇工生产羊毛、粮食等作为商品在市场出售谋利，他们的利益已经同资产阶级休戚相关。马克思指出："这个和资产阶级有联系的大土地所有者阶级……对于资产阶级的生存条件不但不加反对，反而抱完全容忍的态度，这个阶级的地产事实上不是封建性的财产，而是资产阶级性的财产。"①新贵族的经济实力不断壮大，乡绅占有的土地在 15 世纪中叶只不过占全国耕地的 25%，100 年后猛增至 40%—50%。到了 16 世纪下半叶，他们占有的地产已超过大贵族 10 倍。他们的政治势力因此也不断提高，成为不能忽视的重要力量。新贵族和资产阶级结成同盟反对封建贵族和专制王权，是英国资产阶级革命有着自己许多特点的重要原因。

知识阶层这时也发生了重要的变化。原来封建社会中只有贵族和僧侣才能接受教育和掌握文化知识，现在资本主义为了提高劳动生产率发展生产需要有更多的人研究科学技术和掌握文化知识。商务往来的频繁和纠纷的增多，促使律师业日益兴隆。生产的发展和生活水平的提高使社会对医疗越来越重视。结果导致科学家、教师、律师和医生的队伍不断扩大，逐渐形成一个自由职业的知识分子阶层。他们当中有一些出身贵族，更多则来自平民，一般都程度不等地反映新兴资产阶级变革现实的愿望和要求。

---

① 《评基佐〈英国革命为什么会成功？英国革命史讨论〉》，《马克思恩格斯全集》第 7 卷，第 251 页。

雇佣工人随着资产阶级的开始形成而产生。他们主要是手工工场工人、帮工、零工、码头工人、水手等。这些早期无产者是后来工业革命产生的产业无产阶级的先驱，备受封建主义和资本主义的双重剥削，处于水深火热之中。他们和其他城市贫民一起进行一些自发的斗争，提出过某些激进的经济和政治要求，但他们还不可能意识到自己的阶级利益和历史地位，还不是成熟的阶级。

英国的农村到了16—17世纪除原来的封建剥削外又出现了新的资本主义剥削形式。在资本主义经济的冲击下，农民发生了急剧的两极分化。少数上层自由土地持有农和富裕的公簿持有农[①]形成富裕的约曼农（Yaoman）阶层，他们不断补充和壮大乡绅和资本主义农场主的队伍。多数自由土地持有农和公簿持有农则陷入破产，有的在圈地运动中丧失土地沦为雇农或流浪汉。他们和农村的贫民、小村社农、小佃农和茅舍农同受农村的封建主义和资本主义的剥削，迫切要求土地。进入17世纪后英国的农民斗争连绵不断，较大规模的有1607年的中部农民起义、1632年和1638年的剑桥农民反圈地运动、17世纪30年代末的东部“沼泽人”起义等。农民的纷纷起义反映了劳动群众革命情绪走向高涨。

阶级结构和阶级关系的急剧变化必然在政治上获得反映。英国的政治制度在长期的历史发展中在王权之外形成议会制度。议会本来主要代表大贵族的利益，和王权既互相利用又互相斗争，双方关系时好时坏，势力时兴时衰。在近代前英国王权经历了贵族君主制（5—11世纪）、封建集权君主制（11—12世纪）和等级一代议君主制（13—15世纪）几个阶段，到了16世纪都铎王朝（1485—1603）时则

① 公簿持有农是以法庭文契的副本为凭据而占有自己的份地的农民。

发展为有限专制君主制[1]。有限专制君主制的出现绝非偶然。当时资产阶级和资产阶级化新贵族虽已是重要的社会力量，然而尚处于发展的早期阶段，还没有强大到足以夺取和掌握政权的程度。封建大贵族则日益衰落，失去了昔日抗衡王权左右国家政治的力量。两大阶级的力量对比暂时处于相对平衡的状态，这样使代表国家权力的王权取得对双方一定的独立性，有可能建立专制君主制度。英国王权的加强和欧洲大陆不同，不是以限制、削弱乃至取消议会为前提，相反却大力支持和扩大议会的权力。因为王权为加强自身实施了一系列有利于资产阶级和资产阶级化新贵族的内外政策，取得由他们掌握的议会下院的支持。资产阶级和资产阶级化新贵族亦甘愿在封建王权的卵翼下求得资本主义一定的发展。于是出现了王权和议会共同繁荣的局面。加之以 16 世纪上半叶进行的宗教改革粉碎了罗马教皇在英国的权威，改革后的教会完全听命于国王，制约王权的教会权力不复存在。所以到了都铎王朝的后期，专制王权达到了顶峰。然而英国的专制君主制毕竟不是绝对的而是有限的。因为它特别在财政来源上不能不受到议会一定的牵制，受到英国法律至上的政治传统的约束，受到没有常备军和完备的中央集权官僚机构的局限。阶级力量对比的相对平衡只能是暂时的，随着资本主义的进一步发展以及资本主义和资产阶级化新贵族力量的壮大，议会和王权之间的冲突越来越频繁和尖锐，最终导致双方的“蜜月”关系的破裂。

英国的资产阶级革命

英国资产阶级革命于 1640 年开始，几经反复，至 1689 年结束。

---

① 见程汉大：《英国政治制度史》，中国社会科学出版社 1995 年版。

17世纪英国哲学就是在这个急风暴雨的革命年代前后产生和发展的。

早在都铎王朝后期的伊丽莎白时代(1558—1603),议会在一系列有关国家的重大问题上如王位继承问题、政府津贴拨款问题、出卖工商业专利权问题等,对政府提出了严厉的批评,表明资产阶级和新贵族开始试图控制政府,走上和王权决裂的道路。詹姆士一世继位(1603—1625),斯图亚特王朝取代都铎王朝,议会和王权的关系更趋恶化。詹姆士一世狂热迷恋绝对君主专制,无视英国社会发生了巨变的现实和英国历史的传统,妄图在英国建立像欧陆某些国家那样的绝对君主制,从而导致和议会发生尖锐的冲突。查理一世(1625—1649)即位后,斗争进入了新阶段,议会的斗争矛头从国王的大臣、政府的政策转向王权本身。查理一世在1629年索性解散议会,实行长达11年的个人专制。可是为筹措镇压苏格兰起义军的费用又不得不于1640年底召开议会。这届议会存在达13年,史称"长期国会"。"长期国会"通过一系列法案,削弱国王的特权,使国家的权力从国王手中向议会转移,这标志着革命的开始。查理一世千方百计进行反抗,逃往封建贵族势力强大的北部地区,组织保王军进行反扑,于是爆发了1642—1646年的第一次内战和1648年的第二次内战,内战以主要由自耕农组成的议会军的胜利告终。1649年查理一世以叛国罪被送上断头台,君主制和上议院被废除,成立了英吉利共和国。

共和国从一开始便虚有其名,实际上一切权力都掌握在以克伦威尔为首的军队手中。1653年克伦威尔就任护国主,建立护国政体,共和国更是名存实亡。1658年克伦威尔去世,继任的儿子查理软弱无能,高级军官争权夺利,互相倾轧,政局动荡不安。斯图亚特王朝乘机复辟,拥立查理一世的儿子为查理二世(1660—1685)。复辟初期议会和王权都作了某些妥协,双方暂时和谐共处。但妥协没有也不可能解决英国社会发展资本主义和封建制度之间的根本矛盾。没几年双方冲突连绵不断。查理二世在晚年的最后几年不再召开议会，革命前无国会个人专制的统治又再出现。詹姆士二世继承王位后(1685—1688)，在王权压制议会的形势下，更是倒行逆施，把英国再次推向绝对君主专制。加上他阴谋恢复天主教，引起资产阶级和新贵族以及国教僧侣、部分土地贵族等各阶层人民广泛的不满。议会中原来倾向保王的托利党也与王权决裂，转而和政府的反对派辉格党联合起来，邀请詹姆士的大女儿玛丽和她的丈夫荷兰执政威廉入主英国。1688 年底威廉率军进入伦敦，詹姆士二世出逃法国，这次政变史称为“光荣革命”。

“光荣革命”实质上是资产阶级和贵族大地主实行的阶级妥协。它保留了英国传统的君主制，王权继续保有决策、行政管理和任免大臣等权力，贵族则享有官职和俸禄，然而这一切都必须受议会的控制，亦即要充分照顾金融和工商业资产阶级的经济利益。双方如发生冲突，议会运用财政等手段，总能迫使国王屈服。因此国家的权力重心已从国王转移到议会，打开了通向资产阶级议会君主制的大门。这种政治上的革命性转变，为资本主义经济的发展开辟了较为畅顺的道路，从此英国的政治和经济步入了一个新时代。所以标志着英国资产阶级革命结束的“光荣革命”，是具有巨大的历史意义的。

总而言之，17 世纪的英国是处于资本主义新制度取代封建主义旧制度的社会发生急剧变化的年代。英国革命的影响和意义远远超出英国，它揭开了世界历史中近代的新篇章。但是它又是属于早期的资产阶级革命，不同于后来以产业革命后壮大起来的工业资产阶级为主导的成熟了的资产阶级革命。就社会根源而言，17 世纪英国新的哲学思潮无疑是这场早期资产阶级革命的产物，它不可避免要打上这场革命的革命性和保守性的烙印。同时我们也要看到，哲学固然有其产生的社会根源，但它绝不是从社会的经济和政治直接引申出来的，它的形成和每个时代的宗教、科学以及前人的哲学思想等社会意识乃至各个民族的文化传统和心理特征息息相关，有其自身产生和发展的内在逻辑，这是不应忽略和轻视的。

第二节　宗教

宗教改革和清教运动

天主教、英格兰国教和清教（加尔文教）是近代英国最为流行的基督教三大派别，它们彼此之间思想信仰的斗争和势力的消长构成17世纪英国哲学的宗教背景。

中世纪的英国和西欧大陆同样信奉天主教。中世纪末期英国也开始进行宗教改革，但和大陆有很大的不同，它是由国王自上而下发起和推行。16世纪都铎王朝因与资产阶级和新贵族结盟力量空前加强。实行君主专制的王权不能容忍天主教罗马教廷的种种特权，新贵族和资产阶级则觊觎教会的地产和财富，日益高涨的民族意识使人们不能容忍外国教皇主宰国家的宗教事务，这一切促成亨利八世在1533年和罗马教廷决裂，实行宗教改革。改革后以英格兰教会为国教教会（安立甘教会），不再从属罗马教廷，不向教廷纳贡，由英王任最高首脑，有权任命各级教职和决定教义。宗教改革还先后封闭了近600所大小寺院，没收其全部财产，土地赏给国王的宠臣或出卖给新贵族和资产阶级。显然改革进一步加强了王权的专制统治和农业中资本主义的发展。天主教原有的主教制度和重要的教义、崇拜的仪式都原封不动，改动的只是把教会从罗马教廷的工具变为王权的工具，可见改革是很不彻底的。宗教改革后英国大多数人改为信奉国教，只有在封建传统势力仍然强大的西部和北部地区天主教仍保有相当的影响。

十分保守的国教自然不可能反映新兴资产阶级的变革的愿望和要求。16 世纪中叶开始传入英国的加尔文教，比路德教更强烈地渗透资产阶级世界观的内容，于是成为当时还不可能摆脱宗教的英国资产阶级反封建的思想旗帜。在英国加尔文派教徒看来，实行主教制的国教教会不过是半教皇主义的教会，而且它依附王权，神职人员实际上成了政府官员。他们猛烈抨击教会的黑暗腐败，要求消除天主教教义的影响和宗教崇拜中奢华烦琐的仪式，要求建立纯洁清廉的民主的教会，因而被称为清教徒，他们进行的改革运动被称为清教运动。对于如何建立新的教会组织，清教徒的意见并不一致，基本上分为两大派，即长老会派和独立派。

长老会派兴起于 16 世纪 70 年代，成员多半为富有的大资产阶级和新贵族上层。他们主张教会应定期召开教会代表大会，大会的代表从中央到地方都应从俗人中选举产生的长老(长者)组成。教会由长老和牧师共同主持，实际上教会中富有的成员通过长老控制了教会。他们还主张新教会应脱离国家政权独立自主，崇拜的仪式则必须划一。长老会派的政治态度比较温和，一方面反对封建贵族和王权，另一方面又敌视激进的清教派别。所以后者尖锐地批评他们不过是以宗教会议和长老的权威代替原来主教的权威。

独立派形成于 16 世纪 80—90 年代，稍晚于长老会派。他们因主张每个教会都不受国家政权和总教会权力的干预拥有充分的独立自主权而得名。独立派要求教徒享有选择宗教崇拜仪式的绝对自由，有按个人对圣经原文的理解解释教义的自由。同集权的长老会派不同，独立派分为许多小教派，组织上极为分散，情况十分复杂。成员的社会成分包括中下阶层中很不相同的阶级、阶层。有城市中、小资产阶级，有部分贵族乡绅和部分农民，还有最底层的贫苦劳动群众。独立派的政治态度总的来说较长老会派急进，但各个派别在改革社会和政治的具体要求上却有千差万别。因此在后来的革命进程中，独立派内部出现激进的民主主义派别平等派，平等派中又出现要求消灭土地私有、共享劳动成果的空想共产主义派别真正平等派（又称掘地派）。

16 世纪 80 年代末 90 年代初，当局大肆迫害清教徒，一些清教徒被迫流亡海外，但教徒的人数仍在增加，力量不断壮大。清教的各个派别以宗教作为动员和组织群众的意识形态的旗帜，通过改革宗教的纲领表达反封建阵营中各个不同阶级和阶层的社会政治要求，因此它不仅是改革宗教的运动，同时也是反封建的政治运动，披上宗教外衣以教派斗争的形式进行，是英国资产阶级革命的重要特点。

基督教神学的世俗化

在意识形态方面清教运动又是用资产阶级的世界观改造和取代封建贵族的世界观的思想运动。

在欧洲的中世纪神学的世界观占据绝对的统治地位。君权被认为是神授的，贵族的等级特权乃至整个封建制度戴上神圣的光环，尘世间的一切都必须以教会的教条为准则。神学的世界观完全不适合新的资本主义的生产方式和生活方式，它是束缚资产阶级发展的精神枷锁。因为在资本主义商品经济中商品生产者是在法律上完全平等、能自由进行竞争的独立自主的个人，于是平等、自由被视为人与生俱来的不可剥夺的自然权利，人逐渐取代神成为意识形态关注的焦点。资产阶级从其切身利益出发必然要求用人权取代神权，提倡人性反对神性，以对人的肯定代替对神的肯定。首先体现这种以人为本的新世界观的是 14 世纪在意大利开始兴起的文艺复兴运动中的人文主义思潮，在16世纪的英国人文主义思想也流行起来。然而资产阶级之最终抛弃神学世界观需要经历漫长的历史过程。“13世纪至17世纪发生的一切宗教改革运动，以及在宗教幌子下进行与此有关的斗争，从它们的理论方面来看，都只是市民阶级、城市平民，以及同他们一起参加暴动的农民使旧的神学世界观适应于改变了的经济条件和新阶级的生活方式的反复尝试。”[①]17世纪的英国清教运动就是晚期的这种尝试。

信奉加尔文教的清教徒对宗教的虔诚甚至狂热并不亚于天主教徒和国教徒，他们对彼岸的上帝的存在深信不疑，然而对在理论上论证上帝的存在和说明上帝是什么这些问题并不感兴趣，重视的是此岸的上帝对人来说应当是什么的问题。

“预定论”是加尔文教独特的重要教义之一，认为上帝在创世时已预先将世人分为注定得救的“选民”和注定被遗弃的“弃民”两类。人不可能知道自己属于哪一类，只有努力工作，奋发图强，一旦事业有成，发财致富，便能获得自己是选民的自信。相反如果事业失败，受苦受难，也要逆来顺受，因为这是上帝的安排。恩格斯深刻地指出“预定论”是个人在资本主义激烈的市场竞争中不能决定自己的成败，它取决于外在未知的经济规律这个事实在宗教上的反映。[②]

加尔文教教条中的伦理思想反映了早期资产阶级的生活理想，和封建贵族的道德败坏、游手好闲、奢侈浪费相对立，提出严肃、勤劳、节俭等新的道德价值观念，所以它简化许多宗教仪式，减少许多宗教节日，取缔认为纯属浪费的演戏和赌博，提倡戒酒、节约和积蓄。

---

① 恩格斯：《法学家的社会主义》，《马克思恩格斯全集》第21卷，第545－546页。

② 参阅恩格斯：《社会主义从空想到科学的发展》，《马克思恩格斯全集》第22卷，第349页。

马克思揭示了加尔文教这些道德观念和早期资产阶级的联系,他写道:"……货币贮藏者为了金偶像而牺牲自己的肉体享受。他虔诚地信奉禁欲的福音书。……他生产的越多,他能卖的也就越多。因此勤劳、节俭、吝啬就成了他的主要美德。"①上文谈到的加尔文教主张用选举产生的长老主持教会代替天主教以教皇为首的教阶等级制,其实也是资产阶级在世俗政治制度上要求建立资产阶级共和国在宗教上的表现。

上述种种表明加尔文教的上帝是和在资本主义生产方式和生活方式中现实的人密切相关的反映了新兴资产阶级的要求和愿望的上帝,是世俗化了的上帝。至于上帝自身或作为上帝的上帝,对加尔文教来说是一种彼岸的实体,只是在天国中才成为人的对象,也就是说它尚未世俗化或人化。费尔巴哈从他的人本学哲学出发深刻揭示了包括加尔文教在内的新教在理论思维和生活实践之间的矛盾,指出:"新教并不像旧教那样关心什么是上帝自身这个问题,它所关心的问题仅仅是对人来说上帝是什么;因此新教并不像旧教那样具有思辨的或冥想的趋向;新教不再是神学,它在实质上只是基督教教义,亦即宗教的人本学","但是在宗教的彼岸的事物,乃是在哲学的此岸的事物。不是宗教的对象的东西,就正是哲学的对象。"②然而 17 世纪欧洲和英国的社会历史条件,决定当时的英国哲学不可能完成作为哲学对象的上帝自身的世俗化的任务。

对于近代英国三大教派,过去史学家一般把崇拜偶像的迷信的天主教作为对立的一方,把非理性的狂热的清教作为对立的另一方,而国教则在二者之间持理性的温和的中间立场,近年有学者指出这

---

① 马克思:《资本论》,《马克思恩格斯全集》第 23 卷,第 153—154 页。

② 费尔巴哈:《未来哲学原理》,《费尔巴哈哲学著作选集》上卷,商务印书馆 1959 年版,第 122 页。

种观点过于简单化歪曲了当时的实际情况。①

事实上英国革命带来的社会经济和政治的急剧变化，新旧思潮的激烈冲突，不可避免在国教和清教内部都有所反映。国教中倾向保守的一派，在教义、崇拜礼仪和教会的规章制度等方面强调保持天主教的传统和维护教会的权威，他们逐渐形成所谓“高教会派”(High Church)。比较开明的国教人士则感到有必要适应时代的变化，强调信仰《圣经》、个人的悔改得救和道德修行，主张简化崇拜仪式，着重新教体制，贬低天主教的传统和教会的权威。他们逐渐发展为所谓“低教会教”(Low Church)。

在17世纪30—40年代，国教内兴起了同低教会派观点接近的剑桥柏拉图派。这一派强调宗教中的道德因素，不看重各教派对宗教礼仪和信条的争吵，提倡在国教范围内实行宗教容忍。他们反对宗教狂热，弘扬理性，提出他们的“理性神学”，认为真正的宗教应当和理性谐和。他们反对加尔文教的“预定论”，肯定人的意志自由。与此同时他们又率先系统地批判无神论。哲学上他们反对天主教正统哲学经院哲学和亚里士多德主义，倾向柏拉图的学说和新柏拉图主义。人们把他们称为“自由主义者”(Latitudinarian)。国教中自由主义一翼在往后的发展中感到柏拉图的学说和新柏拉图主义难以同基于观察和实验的新科学思潮相容，于是逐渐加以抛弃，到17世纪后期更多采用波义耳和牛顿为代表的科学家中调和理性和信仰、科学和宗教的思想，作为维护宗教的理论基础。他们虽然总的来说追求的是以温和的手段实现温和的改革，但他们的思想和原来为加强专制王权和封建制度的国教已相去甚远。可以说他们的思想是新

---

① 参阅 Richard Kroll, Richard Ashcraft, Perez Zagorin 编的论文集《1640－1700年英国的哲学、科学和宗教》，剑桥大学出版社1992年版。

的国教或自由主义的国教(Liberal Anglicanism)。

和国教相似清教中亦有主张宗教宽容和提倡理性的温和派。他们强调个人作出判断的权利和独立批判的精神,提倡知识和理性,崇尚人格的独立和正直,要求人致力于有益的事业等,营造了有利于科学发展的氛围和产生科学天才的土壤。有人做过这样的统计,在皇家学会1663年成立时的119个成员中,除32人情况无可考外,其余87人中与清教关系密切的有42人,约占半数,只有26人革命前即为王党。这从一个侧面说明温和的清教对当时英国科学发展的推动作用。

在复辟时期,由于清教处于受迫害的地位,所以在宗教宽容这个当时最为重要的政治问题上,它比自由主义的国教更加彻底,认为宗教宽容不能只限于国教范围而要扩大及于不信奉国教的新教徒,统一的英国教会应容纳非国教的基督徒参加。他们提出的理性神学比自由主义的国教更强调人的理性作用。自由主义的国教认为人若单凭良心行事势必只按个人利益行事,结果社会将陷入霍布斯的一切人对一切人的战争状态。自由主义的清教则认为人是根据理性行事的上帝创造的,因此人按其主观上良心的本性即能对其行为作出理性的选择,符合上帝创造的合乎理性的客观的自然法。二者的分歧反映了隐含在他们世界观中以及对人的理性作用的评价的差别。

在17世纪中后期英国宗教思想的发展中,自由主义的国教信徒和自由主义的不信奉国教的新教徒之间思想上互相影响,有走向融合的趋势。其中有些人很难说究竟是信奉国教的还是不信奉国教的,洛克就是这样的一个例子。他出生时是在国教教会洗礼,后来多次表示自己是国教徒。但从他后期的宗教思想看,许多重要的观点已经接近自由主义的不信奉国教的新教徒。例如他主张宗教宽容应扩大及于非国教的新教徒，同意阿明尼乌主义[①]反对加尔文的预定论，同意索西尼主义[②]否定三位一体论的观点。在理性神学问题上，他也比较接近后者的看法。可见一些自由主义的国教徒接受了许多自由派的不信奉国教的教徒的观点，亦有自由派不信奉国教的教徒接受了自由主义的国教观点。二者日益接近形成新教中的自由主义派别，对英国的新哲学有重大的影响。

总之，17 世纪是英国发生革命变革的伟大年代，但它毕竟是早期资产阶级的革命。它披着宗教外衣，以教派斗争的形式进行，在意识形态上力图改革宗教使之适应资本主义新经济和资产阶级新的生活方式。新教各派各以自己的方式一方面促使神学世俗化，程度不等地重视人的现世利益和追求，肯定理性和科学，另一方面又虔诚地维护信仰和上帝。这样，调和人和上帝、理性和信仰、宗教和科学的对立，使它们和谐并存，是摆在自由派神学家和哲学家面前最重要的理论课题。尽管一些护教论者对无神论或具有无神论倾向的思想横加挞伐，但有神和无神之争毕竟要到下一个世纪才成为意识形态斗争的焦点。

第三节　科学

科学革命

和英国资产阶级革命从酝酿、爆发到结束大抵同时，欧洲和英国在科学方面也经历了一场翻天覆地的大革命。这场革命不仅在科学

---

① 荷兰新教神学家阿明尼乌(1560—1609)的神学学说，其重要观点之一是反对加尔文的上帝“预定论”。

② 意大利神学家索西尼(1525—1562)创立后由其侄加以发展的学说。反对圣父、圣子、圣灵三位一体论，认为耶稣是从属于上帝的人而非神。

发现上取得空前辉煌的成就，而且使人们的科学思想和自然观发生极其深刻的变化。它粉碎了禁锢人们头脑的神学枷锁，推动了哲学和官方的经院哲学决裂，使之以全新的面貌出现于历史舞台。

科学革命归根到底是和当时资本主义生产的迅速发展分不开的。15 世纪末通往美洲和印度的新航路的发现，使西欧各国先后狂热地投入海外殖民地的掠夺。出于远洋航行和海上争霸的需要，航海、造船、火炮、火药制造和天文测量等技术相应有了长足的进步。

工业生产方面，16 世纪纺纱普遍使用一种称为“撒克逊脚踏纺车”，用脚转动锭子使工人能腾出手来拨弄纤维。16 世纪末出现供织袜用的针织机，比手工快 10 至 15 倍。农业生产的重要工具犁在 17 世纪有了重大改革，发明了畜力双铧犁代替要用六到八头牛来拉的笨重的旧式犁。工农业生产工具的改革增加了金属矿石的需求，有必要发展深井开采，要求有既节省人力同时效率更高的提升、运输、排水、通风等机械设备。采矿业中机械的进步势必促使非采矿业机械的进步。如玻璃制造业用脚踏风箱供风代替老式的人吹玻璃法，印刷术中采用活字印刷和水轮驱动的纸浆机等。这些都有力地推动力学、机械学、地质学、矿物学、冶金学以及工程理论的发展。

设计和发明新的科学仪器是生产技术的进步促进科学发展的重要方面，它大大扩大了人们对自然现象的观察范围和精确程度。在 16 世纪末和 17 世纪重要的科学仪器的发明有显微镜、望远镜、温度计、抽气机、摆钟等。此外船用钟、测深仪、海水取样器、磁倾针、风速计、比重计等各种航海仪器也逐渐成为这时远洋航行必需的装备。

大学原来是人才和设备比较集中的地方，理应成为推动科学发展的有力杠杆。但是在教会的控制和统治下，反倒成了科学进步的障碍和禁锢新思想的枷锁。科学的先驱者不得不脱离大学另行组织科学团体，以保证能自由地进行学术讨论和进行科学实验，这是当时时代的特点。1657年在意大利的佛罗伦萨首先建立了西芒托学院，可惜它只存在十年。在英国17世纪40年代中期一批优秀的科学家自发组织了定期讨论科学问题的小组，在这基础上发展为于1662年经官方批准和支持的皇家学会①。法兰西科学院源于17世纪中叶时巴黎一群哲学家和数学家的非正式聚会，而于1666年正式宣告成立。德国的柏林学院则建立于1700年。西欧主要大国的全国性科学机构的先后相继成立，反映了科学的繁荣昌盛，同时也对科学的发展以有力的推动。

对于近代科学建立的初创阶段的状况，必须看到各门学科的发展并不平衡。科学知识也是按照人类认识的普遍规律，从简单到复杂、低级到高级向前发展的。在自然界各种物质运动形式中，运动速度较慢的物体的位置移动和相互作用即机械运动，对人来说是最简单的，它的运动规律比较容易掌握。而认识天体和地上宏观物体的机械运动的规律，又是当时航海、采矿冶金、运输和机械制造等生产实践提出的迫切要求。因此天文学和力学取得了和哥白尼、开普勒、伽利略、惠更斯和牛顿等人师们的光辉名字相联系的一系列伟大的发现，首先达到初步的完成。和这两门学科关系密切并为之服务的数学，也取得重大的成就，创立了解析几何、对数和微积分。

至于其他学科也有一些重要的进展。英国的吉尔伯特(William Gilbert，1540—1603)根据他17年的研究成果而写成的名著《论磁石、磁体和地球这个大磁石；一种新生理学》(1600)对近代磁学和电学的发展起了重要的作用。比利时的维萨留斯(Andreas Vesalius，

① 过去一向认为作为皇家学会前身的科学小组是波义耳提及的“无形学院”(invisible college)。20世纪50年代初的研究令人信服地表明了波义耳所说的“无形学院”是以英国改革家塞缪尔·哈特利比(Samuel Hartlib，约1600—1662)为核心的另一个派别，有志于社会和教育改革，也有志于科学，但不是皇家学会前身的科学小组。

1514—1564)根据对尸体的解剖而写成的《人体的构造》(1543)一书，是近代第一部人体解剖著作，为科学的解剖学奠定了基础。英国医生哈维(William Harvey，1578—1657)完成了人体血液循环的学说，从而使生理学确立为一门新的学科。但总的来说，其他学科离初步完成还远，基本上处于收集和整理材料的阶段。物理学对光、热、声、电、磁等现象进行了观察，做了一些实验，可是对这些现象本身尚未形成科学的概念。化学要到一百年之后的拉瓦锡和道尔顿时才最终结束和炼金术、燃素说的联系，以近代科学的面貌出现。标志生物学之成为科学的达尔文的《物种起源》的发表则是19世纪中叶的事情。

总而言之，近代科学的诞生引起精神世界革命性的变化，经院哲学长期统治人们头脑的对自然的旧观念和研究自然的方法被彻底推翻，而当时的科学水平又决定取而代之的是机械唯物主义的自然观和方法论。

机械论的统治

中世纪后期经院哲学的自然观是基督教化了的自然观，它把天上世界和地上世界截然划分开来看作原则上不同的两个世界。天上的东西都做圆周匀速运动是完善和高贵的，地上的东西则做直线变速运动是不完善和下贱的。宇宙由多层的天球构成，不动的地球处于宇宙中心，位于宇宙边沿的上帝是宇宙不动的推动者，是一切运动的源泉。他派遣完善和高贵程度不等的天使推动各个天体，较高级的天使指挥较低级的天使。这种传统的对宇宙的神学观念，被发端于哥白尼而由牛顿总其成的近代天文学和力学揭示的科学规律，以及借助望远镜发现的太阳的黑子、金星的盈亏、木星的卫星等许多新的天文学事实所彻底粉碎。现在在人们面前的自然，无论是天上的天体还是地上的物体，绝无贵贱等级之分，在同样的力学规律统一支配下进行运动和相互作用。自然界是一个完整的全体，其中任何一部分，任何物质的质点都受整个自然或大或小的机械力的作用，不存在绝对独立于自然的孤立体系。当时流行的比喻自然是“一部大机器”，“一个大钟”，形象地表达了机械论的自然观。

机械论的自然观必然导致对自然抱有反辩证法意义上的形而上学观点。机械论把自然界的一切差别归结为只是物体形状、大小和位移速度快慢的数学上量的差别，这就否定了自然有新质的产生和旧质的衰亡，否定自然是一个从低级到高级、从简单到复杂的历史发展过程。仿佛一切从太初以来都和今天看到的一样，并将永恒地继续下去或直到世界末日。自然界的任何变化、发展都被否定了。对这种机械的也是形而上学的自然观，恩格斯感叹地写道：“开始时是那么革命的自然科学，突然站在一个彻头彻尾保守的自然面前。”[①]与此相联系，在思维方式上也带来消极的后果。本来在认识的一定阶段上和范围内把存在和不存在、是与否对立起来是合适和需要的，却被无限地夸大和绝对化，矛盾和对立的同一被视为谵语而加以排斥，反辩证法的形而上学思维方式成为当时多数科学家和哲学家显著的特点。

关于物质的第一性的质和第二性的质的学说

关于物质的第一性的质和第二性的质的学说是机械论者作为和经院哲学——亚里士多德主义的“实体的形式”、“隐秘的质”的观点相对立的学说而提出来的，在16—17世纪流行一时。当时许多机械论者接受物质粒子假说，力图根据物质与运动这两个机械论的基本原则，具体解释和说明各种不同质的自然现象。在这个学说中他们

---

① 恩格斯：《自然辩证法》，《马克思恩格斯全集》第20卷，第364页。

提出和探讨了不可感知的微观粒子和可感知的宏观物体之间的关系问题，因而也涉及自然事物的本质和现象之间的关系问题，对后来的科学和哲学思想有着重要的影响。对它如果只停留在分析其中唯物和唯心的思想因素是很不够的，必须作较深入的研究，才能较全面地理解和把握机械的自然观。

经院哲学接受亚里士多德的"四因说"，认为决定具体物体存在和变化的有质料、形式、动力和目的四种原因。其中所谓"形式"是决定物体的本质，使之得以存在成为它所是的那种东西。因此物体的各种性质是由它的"实体的形式"或"隐秘的质"所制约左右的。典型的例子是热。被火烧的物体变热据说是因为从火那里暂时获得热这种"实体的形式"。如果物体不完全接受这种"形式"，它从火移开后就会变冷，如果完全接受这种形式它会起火燃烧再把这种形式转递给别的物体。就试图认识物体的本质，认识物体性质的原因而言这本来未可厚非，问题在于经院哲学家从物体具有某种性质简单地直接引出某种"实体的形式"或"隐秘的质"为其原因。例如说物体之所以具有特定的颜色、气味、滋味是因为它具有特定的颜色、气味、滋味的"实体的形式"或"隐秘的质"。莫里哀曾经嘲讽他们大言不惭地声称鸦片之所以有麻醉作用是因为它有麻醉的质。像这样的玩弄同义反复的文字游戏而不对自然现象进行具体的观察和研究，极大地妨碍科学的发展和人们对自然界的认识。

与此相联系，经院哲学家还把一些拟人的带有目的论的性质硬塞给无生命的自然物体。例如认为轻的物体的上升或重的物体的下坠是因为它们力图回到原来在天上或地心的"天然位置"，吸吮现象中水的流动是因为"自然害怕真空"等等。

新科学并不否认有揭示和认识自然事物性质的原因，从现象深入到本质的必要，但坚决反对不从自然事物本身引出这些原因，主观虚构一些“实体的形式”和“隐秘的质”来充数。在只有力学达到初步完备，物理学和化学刚开始迈步的情况下，科学家很自然也有道理按力学的原理去解释和说明自然界的物理、化学乃至生命现象。这里有一个推广的问题，即把机械运动的规律推广运用于非机械运动，而其中的关键是把可以直接感知的物体的力学原理推广运用于不能直接感知的非力学现象的内在本质。显然这涉及物质结构的物理和哲学的学说。在16世纪文艺复兴运动中作为反经院哲学思潮的一部分重新抬头的古代原子论，它以物质的微粒说明和解释宏观的自然物体，正好适应这种推广的需要。因此机械论统治的确立和原子论的复兴紧密相连，在17世纪的西欧广为流传。

近代复兴的原子论有各种不同的派别。有着重它的哲学或形而上学方面，有着重它的物理学方面；有承认存在不可分的原子，有认为至少在理论上物质是无限可分的；有承认存在绝对空的虚空，有认为空间是充满物质的；有把自己的学说称为原子论，有的则叫做微粒哲学，如此等等不一而足。然而它们都同样力图根据力学的原理去解释或改造古代的原子论。既然能被感知的宏观物体可以根据其固有的本质物质与运动以数学的精确性揭示它们的动力学规律，那么有理由推论细分后不能直接感知的物体（原子或微粒）也具有相同的本质和服从同样的力学规律。因此设想用物质微粒的大小、形状等几何学上量的不同和位移运动的变化去说明和解释宏观物体的不同的性质，比经院哲学的“实体的形式”或“隐秘的质”要有根据得多。

古代原子论者德谟克利特已经具有物体两种性质的思想萌芽，他断言只有原子和虚空存在，物体各种感性的质，如颜色、声音、滋味、冷热等都是“从俗约定”的，本身并不客观存在。不过在当时的历史条件下，这种观点没有充分展开。到了近代，伽利略从机械论的立场，首先重新提出并发展了这种观点。他写道：“可是，我并不相信在我们这儿引起这些味道、气味和声音的外在物体，除了大小、形状、数目和缓慢的或快速的运动之外还需要其他东西；在我看来，如果把耳、舌、鼻拿走，形状、数目和运动实际上仍然存在，但是气味、味道和声音就不会存在，我不相信要是没有活生生的动物，这些气味、味道和声音还会是除了名称之外的任何东西……。我们一般把我们身上产生热并使我们对此有所感觉的东西称为火，这种东西就是如此描绘且以如此这般的速度运动的大量微粒。"①伽利略把宏观世界动力学的概念带到原子微观世界中，反过来又以按数学—力学规律运动的微小物体解释宏观物体的属性。自然物体的性质于是被分为两类，一类是物体的形状、大小、数目、运动的快慢等数学—力学性质，它们源于组成物体的微粒相应的性质，因而是物体自身客观固有的；另一类是物体的颜色、声音、气味、滋味等非数学—力学的物理、化学等性质，它们源于物体的数学—力学性质对我们感官的作用，因此并非物体客观固有而是我们感官的主观感觉。后来持同样观点的波义耳、洛克等把前者称为第一性的质即物体原来固有的性质，把后者称为第二性的质即从原来固有的性质作用于感官而派生的性质。按照这种观点，自然成了没有质的多样性的极其单调枯燥的世界，只有具有几何特性的物体按力学规律进行着位移运动的世界。这是机械论占据统治地位在自然观中另一重要表现。

探索认识的新方法

新科学的兴起和科学革命的深入，不可避免触及思想更深层面的有关认识自然的正确途径问题，要求批判经院哲学崇拜权威，轻视

---

① 《全集》第 4 卷第 336 页以下。转引伯特：《近代物理科学的形而上学基础》，四川教育出版社 1997 年中译本，第 74—75 页。

实际，咬文嚼字，玩弄概念的妨碍科学发展的旧方法，总结和提出促使科学取得伟大进展的新方法。因此从 16 世纪末开始认识论和方法论问题越来越受到人们的重视，在新思潮中的地位日益重要。

新科学研究自然不同于经院哲学的重要特点是运用数学方法，精确地描述一切可以量化的自然过程；另一是立足于对自然现象的观察和实验，一切要以客观事实为最后的依据。数学—实验方法是新科学同时并用而且成效卓著的认识方法。但数学方法和观察实验方法毕竟具有各自不同的特点。数学方法主要参照几何学，根据一般性的定义、公理通过演绎推理引出普遍必然的定理以说明和解释较特殊的现象。观察实验的方法则根据特殊的现象和事实通过归纳推理引出带一般性的原理以普遍说明和解释同一类的现象。这样历史中唯理论和经验论的传统的老争论，结合近代科学认识的新方法，进入了崭新的阶段并提高到新的水平。偏爱数学方法的科学家和哲学家形成近代的唯理论派别，强调观察和实验的科学家和哲学家则形成近代的经验论派别。两派都力图利用近代科学的新成就作为自己观点的依据。其实在实际的科学研究中，数学方法和观察实验方法并非互相排斥绝对对立的，两派科学家和哲学家的观点也彼此影响互相渗透，纯粹的唯理论者和经验论者并不多见。就 17 世纪英国而言，由于种种原因（在下一节我们将会谈到）经验论成为新思潮的主流。然而没有哪一位重要的英国经验论者，不懂得科学的任务在于提供自然界的普遍必然的带规律性的知识。这样他们就得回答从对特殊事物的感觉开始的认识如何过渡到借助思维才能获得的理性认识的问题。17 世纪英国的经验论者几乎毫无例外地都接触到认识中的感性和理性的关系问题，作出各自不同但还不可能完全正确的解答。以为历史上一切经验论者全都不懂得认识除依靠感性外还必须运用理性，这是不符合历史事实的误解。

促使英国倾向经验主义的科学家和哲学家较深入探讨这个问题还由于粒子学说的内在逻辑的要求。经验论认为科学最有力的依据是直接感知的资料数据，那么为什么他们同时又普遍对不是以直接经验为依据的粒子学说深信不疑？我们不妨看看当时粒子学说最有代表性的两位科学家波义耳和牛顿的有关思想。

波义耳（Robert Boyle，1627—1691）认为取代经院哲学的“实体的形式”和“隐秘的质”，可以从构成可感物体的微细部分粒子去寻找自然物体属性的内在原因和本质，因为它们既是不能直接感知的内在的东西，它们的数字—力学特性又是从可感物体的数学—力学特性推出来的，在自然和经验中有间接的根据。此外波义耳深感一些科学家揭示的自然规律只是单纯在量上描述自然过程的进行，并没有揭示所以这样进行的原因，而科学则要求揭示自然现象的外部表现和它的内在原因的因果关系。因此波义耳创立了自己的微粒哲学（corpuscular philosophy），以微粒的大小、形状、排列等的不同尤其是它们的运动在速度、方向上的变化，作为决定自然物体和自然现象呈现千差万别的内在原因。

波义耳承认他的微粒哲学只是一种假说，因此他对假说有一系列的论述，论证他之信奉微粒假说的合理性。他认为假说虽然还不是真理，还不是已经确证了的科学理论，但它具有和科学理论的同样目的，即“给结果或提出的现象的原因以不违背自然或其他现象的规律的明了的解释”①。他提出三条把假说和无根据的臆测区别开来的原则，即第一它们必须是可能的，第二它们必须有解释的能力，第三它们必须和其他任何真理或自然现象一致。② 总之，假说要以自

① 波义耳：《实验、笔记等》，《全集》第4卷，第234页。

② 波义耳：《对霍布斯的物理对话的考察》，载《物理—机械的新实验》，《全集》第1卷，第241页。

然为基础。这样的假说在推进科学中有重要的作用。他写道:“为了解释这样或那样的困难,容许理解力提出假说有时有助于发现真理;考查现象在多大程度上能够或不能被假说解答,理解力甚至由于自身的错误会获得教益。”①显然在他看来,凭借假说以及类比等其他理性思维的形式,科学认识可以有根据地不受直接经验的局限。由此他得出重要的认识论结论,新科学是“建立在理性和经验两个基础之上”,科学是理性和感觉两种因素之间的对话。他批评经验主义者过于经常做实验而不对实验进行反思;批评数学方法往往建立在未经充分归纳的一般假设和公理的基础上,同时局限于证明描述世界的规律的真理性而不能超出局限达到有关的物理原因。

波义耳的微粒哲学和他对假说的论述表明,他已经提出和接触到本质和现象、经验和超验、感性和理性的关系问题,在原则上肯定认识开始于感觉经验的基础上,通过假说以及类比等理性思维形式,积极思考和探索从现象深入到本质,从经验过渡到超验领域的问题。当然由于经验论的局限,他还不能辩证地理解一般和个别的关系,把原则上不能被感知的事物的内在本质和规律,同因感官和科技水平的局限而非原则上不能被感知的物质微粒及其运动混为一谈。尽管这样,他对认识方法的探讨是有其积极的历史意义的。

比波义耳稍晚而名声和成就要大得多的牛顿(Isaac Newton,1642—1727)同样以微粒说为其学说的理论基础,在认识论上也和波义耳接近和相似。他虽然对假说和理性的态度要比波义耳谨慎得多,是在无根据的臆测的贬义上使用“假说”一词,多次重复他那“我不做假说”的名言,然而实际上他在自己的科学工作中提出了不少假说,其中最重要的是伯纳德·科恩(Bernard Cohen)称之为牛顿自然

① 波义耳:《全集》第1卷,第303页。

体系的中心支柱的以太假说。[①] 牛顿在他的代表作《自然哲学的数学原理》一开头便讨论自然哲学的方法，其中在谈到推理法则的第三条时写道："整个物体的广延性、坚硬性、不可入性、可动性和惯性来源于其各部分的广延性、坚硬性、不可入性、可动性和惯性；因此，我们可以得出结论说，一切物体的最小微粒也具有广延性、坚硬性、不可入性、可动性，并且赋有其固有的惯性。这是整个哲学的基础。"[②] 这段话清楚地表明，牛顿同样承认从可感知的自然物体具有的性质推出不能感知的微粒具有同样的性质，亦即根据经验可以超越经验的合法性。只是他不像波义耳那样明确指出，借助理性的推理可以实现这一超越，回避公开承认微粒（以太）说的假说性质，以保持同他坚持的经验论的基本原则的一致性。不管牛顿思想上怎样犹豫和矛盾，作为他的自然体系的中心支柱的微粒（以太）说的内在逻辑，同样决定他不能不也在思考和探索从经验过渡到超验、感性过渡到理性的认识方法。

17 世纪英国经验主义哲学家，是在科学家们对科学认识方法探索的丰富的思想资料的基础上，提出和试图解决哲学上的认识论问题的，这形成他们在探索认识的新方法时在坚持经验论的基本原则的同时较重视理性作用的特点。

第四节　哲　学

英国的唯名论传统

对 17 世纪英国哲学产生最直接影响的无疑是英国过去的哲学

---

① 科恩编：《牛顿自然哲学的论文和书信以及有关文件》总序，剑桥大学出版社 1958 年版，第 7 页。

② 参阅 H.S.塞耶编：《牛顿自然哲学著作选》，上海人民出版社 1974 年版，第 4 页。

思想。对于中世纪和文艺复兴时期的英国哲学,我们不必在太严格的意义上去理解。由于基督教在西欧各国意识形态中的绝对统治,学术界又使用同样的语言拉丁文,人员的频繁流动和交往,使英国哲学家实际上是西欧哲学界单一共同体的组成部分。然而,各个不同民族的心理和性格的特点,毕竟给自己民族的哲学打上民族的烙印,许多观点迥异的哲学家都谈到英国哲学这方面的特点。

极端推崇和夸大理性的黑格尔在谈到培根的经验论时说:"英国人在欧洲似乎是一个局限于现实理智的民族,……以现实为对象,却不以理性为对象。"还说培根"确实是英国所谓哲学的首领和代表,英国人至今还没有越出那种哲学一步"。[①] 这虽然带有唯理论者蔑视经验论者的成见,但多少道出表现在哲学上的英国民族特性。

实用主义的奠基人皮尔士在谈到这个问题时写道:"从很早时候开始,想用最平易最直接的手段而不用没有必要的发明设计去完成一切是英国人主要的智力特点……这种民族倾向在哲学上表现为强烈偏爱最简单的理论,只要有最少的可能用较简单的方式解释事实便拒绝任何复杂的理论。所以自爱德华一世[②]以来或甚至更早,英国哲学家总是想方设法清除哲学中一切不能作出完全确定和不易理解的概念,并且表现出强烈的唯名论倾向。"[③]

马克思主义哲学创始人之一恩格斯在谈到这个问题时指出:"英国人是世界上最虔信宗教的民族,同时又是最不信宗教的民族,他们比任何其他民族都更关心彼岸世界,可是从他们的生活看来,好像在他们的心目中除去人间的存在以外什么也没有","英国哲学从一开

① 黑格尔:《哲学史讲演录》第4卷,商务印书馆1978年版,第18页。

② 英王爱德华一世在位时间为1272—1307年。

③ 皮尔士:《评 A.C.弗雷泽编〈贝克莱著作集〉》,载《北美评论》第93卷(1871年10月),第449—472页。

始就光是在这种倾向的范围内兜圈子。最后,在一切解决矛盾的尝试失败以后,英国哲学就宣称矛盾是不可解决的,理性是不足胜任的;于是它不是求救于宗教信仰就是求救于经验。”①

这几位哲学家的哲学观点和分析问题的角度很不相同,但是都同样肯定英国的民族性格的特点是决定经验主义成为英国近代哲学主流的一个重要原因。这种影响是在漫长的历史发展过程中,在特定的社会经济和政治的背景下,通过唯名论的形式逐步形成的。恩格斯说过:“唯名论,唯物主义的最初的形式,主要是存在于英国经院哲学家中间。”②罗吉尔·培根、邓斯·司各脱和威廉·奥康三位是他们的主要代表人物。他们的思想是复杂的,在评价上也有争议,这里不拟全面谈论,只着重介绍他们的唯名论思想,以便从中看到17世纪英国哲学历史上的思想准备。

13世纪是西欧封建社会的繁荣时期,罗马教会的势力也达到登峰造极的地步。经济的发展带来城市的繁荣和市民势力的抬头,与此相适应各种反正统的思想也在顽强地为自己开辟道路。在新的历史条件下,经院哲学家感到抛弃原来的奥古斯丁主义,转而利用带有调和理性和信仰的折衷主义特点的亚里士多德主义,使经院哲学系统化,更有利于维护基督教和对付新思想。这项工作的完成者和最大的代表是托马斯·阿奎那(1225—1274),他的学说成为罗马教的官方哲学。在共相问题上他站在温和唯实论的立场。

这时英国的经济也有了较大的发展,国内教权和君权、国王和国会、贵族和市民、富人和贫民等各种社会力量进行着激烈的斗争。社会的需要大大加强了东方的科学和哲学对英国的教育中心牛津大学

---

① 恩格斯:《英国状况 十八世纪》,《马克思恩格斯全集》第1卷,第660页。

② 恩格斯:《〈社会主义从空想到科学的发展〉英文版序言》,《马克思恩格斯全集》第22卷,第339页。

的影响，大学里具有反对派倾向的方济各僧团占有明显的优势，许多著名教授都参加到大学反对罗马教皇和国会反对国王的行列中来，牛津涌现了一批著名的思想革新人物。英国于是成为当时唯名论的重要阵地之一。始于11世纪的经院哲学内部唯名论和唯实论两派时紧时缓的斗争，现在以思想源于罗吉尔·培根而主要以邓斯·司各脱、威廉·奥康为代表的一方，以托马斯·阿奎那为代表的另一方，又重趋激烈，进入了新的阶段。

罗吉尔·培根(Roger Bacon，约1210到1220—1292)一生的大部分时间在牛津度过。他的思想较为复杂，科学实验的方法和神秘主义，革新思想和神权政体的宣传，科学的明智和占星术、炼金术的幻想，技术发明和神话交错在一起。什么是这位称为“奇迹博士”思想的主流？他一生的经历至少可以部分地回答这个问题。1257—1266年和1278—1292年他先后两次为教会当局囚禁共达24年之久，表明他的思想背离官方正统的倾向性。诚然这个问题主要还是应根据培根思想本身来回答。

他是为了发展科学而强调科学和宗教并不矛盾，认为只有加强科学和哲学才能战胜基督教的敌人，因为科学和哲学的意义在于通过认识造物去认识造物主。在他实际的研究工作中，都是以造物即自然为对象，很少谈到造物主。他的科学兴趣十分广泛，涉及光学、天文历法、地理、医学、数学、语言学和逻辑等许多学科。他对技术也感兴趣，提出不少有助于技术进步的科学幻想。他认为只有科学知识才能造福社会。但为了推进科学，必须从扫除妨碍知识进步的四种障碍开始，四种障碍是无力的权威、习惯的势力、流行的偏见和假冒的知识，显然这是后来弗兰西斯·培根的“四幻象说”的先声。人们称他为西方近代科学思想的开创者实不为过。

罗吉尔·培根重视数学，更强调实验。他认为获得知识有论证和实验两种方式，论证可以了结问题，“但它并不提供证据或消除疑虑，而且除非通过实验发现真理，不能使人心在自觉掌握真理中得到安息。”“如果我们想有完全地和彻底地证明了的知识，我们必须依靠经验科学的方法来进行。”①

他之重视实验科学是和他的唯名论哲学思想分不开的。他完全肯定个别事物的客观实在性，它们既非一般的反映，亦不取决于心灵的感知。他认为上帝创造的是具体的人，不是创造为具体的人赎罪的“普遍的人”，不是一般的人。把个别具体的物提到首位，是正确把握他关于“共相”思想的前提。罗吉尔·培根对“共相”的理解确有自己的特点，不同意当时许多唯名论者把“共相”不同程度地加以主观化的观点，断言一般是客观地存在于个别之中。他认为一切个体都有两种本原，第一种本原是构成某物并作为其本质，第二种本原是使某物和与其相似之物相一致。可见“共相”是在同一类个别事物的综合中挑选出来的东西。我们无意说罗吉尔·培根既唯物又辩证地解决了一般和个别的关系问题，但他试图探索不同于过去唯名论者主观主义地理解一般的新途径却是很清楚的。

邓斯·司各脱(John Duns Scotus)大约在1263至1270年之间生于苏格兰，死于1308年。他有“精湛博士”的绰号，在经院哲学的历史中地位可以和托马斯·阿奎那相匹敌，他创立的司各脱主义和托马斯主义是两个对立的经院哲学派别，以经验论、唯名论和唯物主义的倾向而区别于经院哲学正统派。他把神学和科学、信仰和理性完全分开，认为像上帝存在、三位一体或道成肉身等基督教的教条，不可能在理性上得到证明，只能在个人沉思中信仰；任何一门科学亦不能

① 《大著作》第2卷，布里奇斯(Bridge)版，第167、172页。载罗伯特·亚当森(Robert Adamson)《罗吉尔·培根，中世纪科学哲学》，曼彻斯特1876年版。

采用神学的原则。他在使宗教不受理性侵犯的同时，亦保护科学不受宗教的干预。

邓斯·司各脱认为世界的本原是无所不包而又统一的物质，它是一切实体的基础。除上帝外，一切都由物质和形式组成。物质是现实的，并非如亚里士多德和阿奎那所说的那样是纯粹的潜能，要由形式赋予其现实性。物质先于形式而存在，否则它就不可能和形式结合。他曾提出“物质能不能思维”的问题。马克思对此评论道：“为了使这种奇迹能够实现，他求助于上帝的万能，即迫使神学本身来宣扬唯物主义。”[①]他的学说的唯物主义一元论的倾向是显而易见的，必须与此相联系来理解他关于共相的思想。

邓斯·司各脱断言个别的有形物体具有最高的现实性，它具有决定其个性、单一性的形式，这种形式叫做“个体性”(haecceitas)；此外它还有构成同一类物体区别于不同类物体的“一般性”形式，他称之为“形式区别”。可见“形式区别”不只是心灵的逻辑系统或脱离个别的共相系统，而是在事物中发现的属性或关系，是部分地描绘事物的事物的一般的质。司各脱的“形式区别”的概念的重要性在于强调形式和物质不可分地结合在物体中，这意味着一个新的学说开始出现。司各脱教导说每一物在某种意义上是独一无二的，它是在其个体性中存在，它不是灌注到事先已经规定好的形式中的物质。有人这样评价司各脱的唯名论思想：“司各脱主义者对个别性的强调在思辨中奏起了新的调子，在形而上学和哲学中促进了对特殊现象的兴趣，从全神贯注于普遍的实体转向关心个别的事物，标志着西方思想史的转折。”[②]这是不无道理的。

---

① 《马克思恩格斯全集》第2卷，第163页。

② 梅里克·卡里(Meyrick Carre)：《各时期的英国思想》，牛津1949年版，第148页。

威廉·奥康(William of Ockham 或 Occam)继承和彻底发展邓斯·司各脱的唯名论思想。他出生于13世纪90年代,确切时间已不可考。在牛津就读其后任教,有"不可战胜的博士"的绰号。他不仅是哲学家和思想家,还是著名的政治活动家和政治评论家,曾积极参与方济各僧团以及巴伐利亚皇帝反对教皇的斗争。因得到皇帝的庇护定居慕尼黑从事写作,1349年在该地去世。

他和司各脱同样地把哲学和神学、理性和信仰完全分开。他特别详细地严厉批判阿奎那主义利用亚里士多德哲学证明基督教教条的种种论据,揭露其中在概念含义和推理步骤上的逻辑谬误,强调用理性证明宗教是徒劳的。另一方面,靠天启去信仰的宗教亦无权干预凭借理性寻求真理的科学和哲学知识。

威廉·奥康哲学的核心是他的唯名论。他认为存在就是个体的存在,只有个体是心外唯一实在的存在,对个别物体的知觉是一切有关实在的判断的来源。共相(一般)永远不是物体自身,也不是理解的主体,而是人心用来表示许多相似的物体的记号或名字。实在科学和理性(逻辑)科学是他对科学所作的重要区分。实在科学是有关物体、有关实在经验的科学,而物体是完全脱离人对物体的心智符号而存在的。逻辑是理性的科学,是心智符号自身的科学。它属于人类理性的世界,不能脱离理性世界而存在,只有在这里我们才寻找共相。

奥康根据他的唯名论思想主张必须直接观察和研究自然的具体事物,要把经院哲学不断在增加的"实体的形式"、"隐秘的质"一类的虚构连同其烦琐无用的形式主义的方法全都用剃刀削掉,提出"切勿不必要地增加实体"的名言。这一类思维"节约"和"经济"的原理在他的方法论中占有重要的地位,人们誉之为"奥康的剃刀"。

从奥康去世到近代英国唯物主义的始祖弗兰西斯·培根的诞生,

英国经历了两个半世纪之久的哲学式微的时代，这期间就是经院哲学也没有出现值得一提的重要人物，然而17世纪英国唯物主义哲学和实验科学和过去唯名论的经验论和唯物主义倾向的历史联系依然清楚可见。恩格斯曾经指出："唯名论是英国唯物主义者理论的主要成分之一，而且一般说来它是唯物主义的最初表现。"[①]

柏拉图主义的复兴

17世纪的英国哲学，除了继承英国唯名论传统的唯物主义经验论成为哲学的主流外，也有反对经验论主张唯理论的非主流的哲学派别剑桥柏拉图派，它是开始于文艺复兴的柏拉图主义在大陆重新抬头的英国回响。对柏拉图主义复兴的现象要进行具体的历史的分析，不然便会误以为它纯粹是对历史潮流的反动。国内的著作对它鲜有提及，所以在这里不妨多说几句。

早期的基督教哲学称为教父学，公元5世纪达到鼎盛，主要代表人物为奥古斯丁(Augustine，354—430)。公元11世纪在基督教教会的学院里产生了经院哲学，它以理性的形式论证基督教教义。13世纪前经院哲学同样以奥古斯丁主义为主导思想。奥古斯丁主要利用晚期希腊的新柏拉图主义和斯多葛主义论证基督教。因此在中世纪仍然有一些人对古代残传下来为数不多的柏拉图的著作进行研究、注释和翻译。但是很少人以柏拉图主义者自居。到了13世纪由于社会历史条件的变化，歪曲和利用亚里士多德哲学维护基督教神学的托马斯·阿奎那的学说取代奥古斯丁主义成为经院哲学的主导思想和教会官方的学说，于是亚里士多德主义便成为占绝对统治地位的哲学。

---

① 《马克思恩格斯全集》第2卷，第163页。

从14世纪开始逐渐兴起的文艺复兴运动和人文主义思潮，使亚里士多德——托马斯主义的垄断地位受到了挑战。人文主义者在研究和复兴古代文化的过程中，开始时热衷于柏拉图的文字和对话体的写作方法。后来他们从古典著作得知无论信奉异教还是信奉基督教的古人都认为柏拉图是最伟大的哲学家，也知道他们的希腊问题老师都把研究亚里士多德的著作当作研究更高深的柏拉图哲学的入门。意大利人文主义者和诗人皮特拉切（Petrach，1304—1374）曾说："较多的人颂扬亚里士多德，较伟大的人则颂扬柏拉图。"在人文主义运动中这是有代表性的意见。他们希望能全面地恢复真正的古代教育。由此引起初期文艺复兴运动对柏拉图的兴趣。

文艺复兴和人文主义运动发祥于意大利，柏拉图主义的复兴自然也从这里开始。早在14世纪晚期意大利佛罗伦萨的人文主义者便开始对柏拉图发生兴趣。佛罗伦萨柏拉图主义是15世纪最重要的柏拉图主义学派，曾任佛罗伦萨柏拉图学园校长的菲西诺（Marsilo Ficino，1433—1499）是这派的中心人物之一。他翻译和出版了第一部完整的拉丁文版的柏拉图全集和新柏拉图主义者普罗提诺的全集，还出版了柏拉图主要对话的注释。他认为柏拉图哲学比亚里士多德哲学更适合基督教神学，力图恢复柏拉图主义在古代为基督教效劳的作用。他的思想影响广泛，在往后一个多世纪的人文主义者和经院学者中都有拥护者。他和他的追随者亦乐于用柏拉图哲学去解释占星学、魔术、医学、文学理论、音乐理论、爱的理论等等。

在较长时间里，对柏拉图的研究几乎全部在人文主义的学校里进行，重点在语法以及道德和文化结构。经院哲学家一般不讲授柏拉图。15世纪末情况有了改变，已有大学指定专人讲授希腊文版的柏拉图的著作，到16世纪70年代职业哲学家开始在大学正规讲授柏拉图。一些意大利的大学设立传播柏拉图哲学的教席，其中以比萨大学的最为重要。

柏拉图主义复兴的浪潮越出意大利传播到北欧始于15世纪90年代。从16世纪10到80年代，法国巴黎大学尤其是皇家学院有人文主义倾向的教师对柏拉图抱有强烈的兴趣。德国则在40年代开始有人讲授柏拉图。到了80和90年代科隆、纽伦堡、罗斯托克和斯特拉斯堡等许多德国城市的学生已经研究柏拉图的对话。佛罗伦萨柏拉图主义在16世纪初，通过科利特(John Colet，1466或1467—1519)、爱拉斯谟(Erasmus，1466?—1536)和托马斯·莫尔(Thomas More，1478—1535)等人的介绍开始传入英国。

人文主义运动和柏拉图主义的复兴不可避免在罗马教廷和经院学派中有所反映。开始时教廷只是兴趣于人文主义的文学、道德和护教学的思想，乐于采用柏拉图的来世说和灵魂不灭说来肯定基督教的信条。但从1438—1439年召开的斐拉拉——佛罗伦萨公会议开始，对柏拉图的态度发生了所谓“形而上学的转向”，把兴趣转向柏拉图的宇宙论、数学的物理学特别是他的心理学和神学。这个会议的目的在于结束西方罗马教会和东方拜占庭教会的分裂。会上有两个人物对此有重大影响。一位是拜占庭哲学家新柏拉图主义者和人文主义者吉米西托斯(George Gemistos，1355—1450或1455)，他创立了一个把柏拉图哲学和东方宗教结合起来的混合体系，受到与会的某些西方人士的注意。这些人士力图说明柏拉图比亚里士多德更适合于基督教因而具有更大的优越性，同时鼓吹柏拉图和亚里士多德是基本一致的。这些观点在会上获得广泛的共鸣。另一位人物是拜占庭牧师后来的红衣主教、人文主义者贝萨里奥(Bessarion，1403—1472)，他认为柏拉图主义提供了调和拉丁和希腊两种神学传统的方案，在柏拉图主义基础上建立的调和神学才是经久牢固的神学。会后柏拉图主义还是亚里士多德主义是基督教神学更好的思辨架构的争论仍在继续，贝萨里奥在争论中向西方介绍了古代晚期和拜占庭对柏拉图的观点，并且使西方学者第一次懂得基督教的古希腊传统受柏拉图的影响有多深。

对柏拉图哲学的理解，在菲西诺和贝萨里奥之前的人文主义翻译家是很不全面的，为了使柏拉图能被基督教世界接受他们往往对原著任意删改和强行基督教化。15世纪中以后人文主义者和柏拉图主义者对柏拉图的理解和解释很大程度上遵循古代新柏拉图主义的传统。但也有对柏拉图少数派的解释，他们以宗教怀疑论者柏拉图来同新柏拉图主义的神学家柏拉图相对立。这种对立其实早在古希腊新柏拉图派的学园中就已存在。到了16世纪，对柏拉图的理解超出了只能在上述二者中择一的传统。新教的宗教改革家一般地怀疑理性神学，特别怀疑异教哲学和基督教的结合。他们对将基督教神学置于柏拉图哲学的基础上和置于亚里士多德哲学的基础上同样敌视。新教学者要从佛罗伦萨柏拉图主义者手中拯救柏拉图，宣称对柏拉图应抛开他的神学观点纯粹当作文学来读，或者要清洗掉柏拉图派哲学家的注释才能还柏拉图哲学的本来面目。他们重建柏拉图哲学的成效不大，但他们宣布的原则却有助于人们摆脱新柏拉图主义解释的传统束缚。

柏拉图主义复兴引发的对柏拉图和亚里士多德的大争论，众说纷纭，莫衷一是。有人认为柏拉图在一切方面都胜于亚里士多德，主要反对亚里士多德的唯物主义倾向，对柏拉图哲学作神学的解释，力图将柏拉图的唯心主义学说和基督教结合起来。有人持相反的意见，坚持经院哲学正统派的立场。亦有人在两极之间持某种中间立场，论证柏拉图和亚里士多德的一致，以及他们和基督教神学的谐和。争论本身预示着亚里士多德—托马斯主义在意识形态统治开始衰落。这不仅在基督教神学和形而上学中如此，很重要的也表现在宇宙学和自然哲学领域。

柏拉图在他的后期著作《蒂迈欧篇》中讨论了自然哲学问题，他在理念论的基础上结合毕达哥拉斯学派的数的学说，以数作为万物的本原，提出宇宙是一个在数上和谐的统一体的宇宙观。在他看来，创世主首先创造的是介乎永恒不变的理念和千变万化的事物之间的宇宙灵魂。宇宙灵魂以理念为模型，把处于运动中无定型的混沌的物质接纳到空间中，按几何形体分别组成正方体的土元素、正四面体的火原素、正八面体的气元素和正十二面体的水元素。四种元素的运动和静止形成地、日、月和其他五个行星，天体以地为中心做圆周运动。整个宇宙是个有生命的生物，宇宙灵魂按理念的秩序安排现实世界的秩序。毕达哥拉斯学派的宇宙生成论则以“火”为宇宙中心，认为地、日、月等一切天体都围绕“火”旋转。在16世纪中后期哥白尼、开普勒等人当时提出的新宇宙论还只是一种假说，不像后来得到许多科学材料的证实以及修正和完善。于是柏拉图和毕达哥拉斯派的宇宙论便成为他们援引的古代权威，以支持他们同亚里士多德宇宙论相对立的新学说。这既有出于斗争策略上的考虑，也是为了给新宇宙论提供它所需要的形而上学理论依据。他们无疑都是由衷地深信宇宙具有数学上的简单性与和谐之美。

此外，新兴科学把对自然事物的量的方面的研究提到首要地位，它以力学为范本，力图依据观察和实验以数学上量的精确性描述自然过程如何进行。这样就要克服亚里士多德科学只重视在质上解释物体为什么存在和变化的原因而轻视对量的研究的片面性。柏拉图—毕达哥拉斯主义的数学化的宇宙的自然哲学正好在理论上满足新科学的这种要求。

柏拉图主义对自然哲学的影响还表现在其他的一些方面。上文曾经指出亚里士多德把宇宙分为地界和天界两个截然不同的领域，土、水、气、火四种元素构成月亮以下的地界的物体，第五种元素以太则构成月亮和月亮以上的天体。以太的轻灵决定天体的运动形式是最完美的正圆，而地上物体的运动形式则是不完美的直线。柏拉图将元素简化，排除掉第五种元素以太，从而摧毁了两个宇宙领域划分的物理基础。古希腊新柏拉图主义者普洛克洛（Proclus，410?—485）是16世纪的自然哲学家帕特里齐（Francesco Patrizi，1529—1597）的世界无限性和布鲁诺（Giordano Bruno，1548—1600）的有无数个世界的思想的重要来源。他们二人继承的古代新柏拉图主义关于光的形而上学思想，据认为是伽利略区分第一性的质和第二性的质的思想先驱。

综上所述，文艺复兴时期重新复兴的柏拉图主义无可否认在当时的历史条件下促使人们摆脱经院哲学的精神枷锁曾经起过一定的积极作用，柏拉图哲学本身亦有其合理的思想因素。但总的来说，它的较为原始的和带有不少神秘色彩的唯心主义和资产阶级革命及科学革命的新的时代精神毕竟背道而驰，不可能成为新时代中的基督教更不可能成为新科学合适的哲学理论基础，这注定它的复兴只能是一时的现象。17世纪中叶的英国剑桥柏拉图派可以说是当时作为一种思想运动的柏拉图主义的最后余波。最终结束经院哲学在欧洲的统治的，既不是经院哲学内部的反对派唯名论，也不是复兴的柏拉图主义，而是主要由平民知识分子建立的反映了新的时代精神的崭新的哲学。

* * *

关于17世纪英国哲学产生的哲学历史背景，我们只谈到英国的唯名论传统和文艺复兴时期复兴的柏拉图主义。然而要完整地把握这个问题，还必须注意两点：

第一，要全面地看待17世纪英国哲学和中世纪经院哲学（亚里士多德—托马斯主义)的关系。17 世纪英国哲学无疑是在反对经院哲学的斗争中成长起来的,它对经院哲学采取坚决程度不等的不妥协的态度,这是大家公认和注意到的。但是它对经院哲学的继承和吸收方面,却往往容易被忽视和估计不足。哲学和其他意识形态的发展同样有其相对的独立性,任何新时代的哲学都不可能在空白的基地上冒出来,只能在批判改造和利用吸收过去哲学的思想材料的基础上创立。17 世纪英国哲学也不例外。从产生 17 世纪英国哲学的思想历史背景的角度看,经院哲学有双重的作用。一是反面教员的作用,它作为被批判的靶子促使取而代之的新哲学提出新的思想。一是提供了某些思想材料的作用,它的一些还能为新时代所用的哲学范畴、思想观点是创立新哲学时必要的思想材料。没有资产阶级革命和近代科学革命的时代新精神当然绝不可能出现 17 世纪英国哲学,不批判利用和改造经院哲学的思想资料同样也不可能有 17 世纪英国哲学。

第二,同时代的欧洲大陆的新哲学,对 17 世纪英国哲学的产生和发展也起了促进的作用。把 17 世纪欧洲哲学划分为英国经验论和大陆唯理论的传统观点,虽然抓到了英国和大陆哲学的主流但未免过于简单化,过于强调它们的对立性而忽视它们的同一性。事实上 17 世纪英国也有唯理论的派别,大陆也有重要的经验论者。更为重要的是,经验论和唯理论都抱有共同的目的,这就是努力反映科学的新成就和要求,总结和探索认识事物新的理论和方法,批判经院哲学陈旧的理论和方法。所以从推崇广义的理性和独立思考,反对盲从和崇拜权威,注重知识及其功用等总的精神,乃至认识论中某些具体的观点它们都有一致共同的地方。至于对感性和理性等问题上的原则分歧,双方的哲学家们通过直接的接触、通信和著作进行探讨和争论,这对提高和促进当时欧洲的哲学水平具有重要的意义。就 17

世纪英国哲学而言，它之受益于大陆哲学也是不应抹煞的。

上述两方面对 17 世纪英国哲学具体的影响，这里不拟细谈，下文在介绍哲学家的思想时如有必要再加指出。

第二章　培根

第一节　培根的生平和著述

英国是近代唯物主义的发祥地，弗兰西斯·培根(Francis Bacon，1561—1626)是“英国唯物主义和现代实验科学的真正始祖”。[①]他在哲学史、科学史上都占有重要的地位。

新贵族的后裔

培根于1561年1月22日出生在伦敦一个新贵族的家庭。父亲尼古拉·培根(Sir Nicholas Bacon)是伊丽莎白女王的掌玺大臣，曾在剑桥大学攻读法律。母亲安妮(Anne)是爱德华六世的老师安东尼·科克爵士(Sir Anthony Cooke)的女儿，颇有才学，娴熟希腊文、拉丁文，是加尔文教派的教徒。

培根的家庭是由于宗教改革分配寺院土地而起家的。培根的祖父曾为伯里·圣·爱德蒙斯(Bury St. Edmunds)大寺院的僧侣担任管家，由于他的关系，尼古拉·培根才能够以俗家的出身进入剑桥大学并参加政治活动。寺院解散后，尼古拉·培根购买的正是爱德蒙斯寺院所属的几处庄园，而尼古拉·培根以俗家出身而能任国家大臣，正是在宗教改革中，国家把权力从僧侣手中夺过来的结果。培根的家

① 《马克思恩格斯全集》第2卷，第163页。

庭无论在政治、经济或宗教方面都是与正在兴起的新贵族息息相关的。

改革全部知识的大志

培根十二岁即被送入剑桥大学三一学院，就学于怀特吉夫特博士(Dr. J. Whitegift)，培根对于所学的各门学科都表现出异乎寻常的才智和独立思考的精神。据后来他对罗利博士(Dr. W. Rawley，曾任培根的秘书)说：约在十六岁左右，还在学校学习期间，他对亚里士多德的哲学已开始感到愈来愈不满意，其原因不是作者本人的不足取，而是他的方法没有效果，他的哲学只长于辩驳和争论，却不能产生为人类生活谋福利的实践效果[①]。罗利记载下来的培根的这个谈话非常重要，这表明上千年来，被人们奉为经典的亚里士多德哲学的信仰，在这个十六岁的少年心目中已开始动摇，而支配着他毕生的学术道路的思想信念——科学必须为人类生活实践服务——却已诞生。

三年后，培根结束了在剑桥的学业，于1576年作为英国驻法大使艾米亚斯·帕利特爵士(Sir Amyas Parlet)的随员到了法国，其后两年半时间，他住在巴黎并到各省旅行。

1579年，尼古拉·培根突然去世，他要为培根准备日后赡养之资的庞大计划也宣告破灭。培根的经济生活陷于穷迫困难之中。培根奔父丧回国后，即住到格雷律师学院(Gray's lnn)一面研究法律，一面到处谋求职位。1582年，通过考试培根被批准为正式律师，1584年被选为国会议员，1589年，又成为星法院(Star Chamber，当时英国民事法院)出缺后的书记，然而，这薪俸不低的职位一直在二十年

---

① 参看W.罗利：《培根生平》，《培根全集》，司佩丁、艾理斯、赫斯编，1858年伦敦英文版(该版以下简称司佩丁本)第1卷，第4页。

后才出缺，培根于 1618 年才继任，所以在当时，对于培根的经济收益仍然毫无补益。

这期间培根已怀有改革人类知识的大志，家道寒微却使他为难，正像他在一封信里讲的："我的前途也不能允许我专以发财为目的。"他在给位居财政大臣的姨父伯利(Burghley)的求职信中，第一次把他的这个大志透露出来："最后，我承认我在默想着一个巨大的目的，犹如我有一些平常的公民的目的一样，因为我已经把一切知识当作我研究的领域，如果我能从这个领域里把两种游民清除出来(一种人以轻浮的争辩，互相驳斥和废话，另一种人以盲目的试验，用耳闻的传统和欺骗的手法，造成了很多的损害)，我认为我就能带来一些勤勉的观察、有根据的结论，和有益处的发明与发现；这样，就是那个领域中最好的情况。这个希望，不管是好奇心也好，虚荣心也好，天性也好，或者(如果人们善意视之)仁慈也好已经深刻印入我的心中而不能忘怀了。"①

显然，此时的培根较剑桥时的培根更成熟了，从对亚里士多德的怀疑不满进到决心要把脱离实际，脱离自然的一切知识加以改革，而把经验观察、事实依据、实践效果引入认识论。这是一个伟大的抱负，也是以后他提出来的科学的"伟大复兴"的主要目标，是他为之奋斗一生的哲学志向。

宦海浮沉

培根通过姨父求职未获成功，转而求助于艾塞克斯伯爵(The Earl of Essex)，艾塞克斯比培根小六岁，但得女王宠信，声势显赫，他屡次为培根向女王请求检察长、审判长等要职，不遂，艾塞克斯就

① 《培根全集》拜尼斯(Baynes)本，1824 年，伦敦英文版(以下同)第 5 卷，第 207 页。

以自己一处价值二千镑的特威肯汉(Twickenham)大庄园赠予培根,由此可见当时两人的情谊。然而,后来,艾塞克斯因征爱尔兰之役失败而失宠,以后又因某项专买权之请受到女王的挫辱,因而外结苏格兰、爱尔兰,内结天主教派谋反,不遂被捕下狱。培根作为女王的法律顾问参与了对艾的起诉,最后导致艾的死刑判决,于 1601 年 2 月 25 日斩决。为此,培根受到人们极为严厉的责难。在培根传中,这成了一桩公案,聚讼纷纭,据估计围绕这一问题的专门著作就在百种以上,哲学史家对此也有两种看法,以麦考利(Macaulay)为代表的反对培根,认为培根"是人间最聪明而又最卑鄙的人"。连黑格尔也认为培根犯了忘恩负义的极大罪恶,玷辱了自己的名誉。以司佩丁(Spedding)为代表的赞成培根所为,他在《培根的时代与生平》一文中逐条驳斥了麦考利的观点,罗素也持这种观点,认为把培根描述为忘恩负义的大恶棍是十分不公正的,认为当艾忠君时与他共事,而当他叛逆时抛弃他,这在当时最严峻的道德家也是丝毫无可指责的。我们认为在这个问题上,听听培根自己的申辩也不是毫无价值的。他说:"我的辩护不需要冗长和繁复,就是关于那件案子和审讯过程中我所做的一切,都是出于我对女王和国家职责和义务的,在这样的事情上,我是绝不为世界上的任何人而表现虚伪和胆怯的,因为任何诚实而居心端正的人都会宁愿舍弃他的国王而不愿舍弃他的上帝,宁愿舍弃他的朋友而不愿舍弃他的国王,但宁愿舍弃任何尘世的利益,还有在某些情形下宁愿舍弃自己的生命而不愿舍弃他的朋友。"[①]我们认为这就是培根当时真实的思想状况以及他所面临的抉择。对于培根,这样的抉择看来是无可厚非的。

1602 年,伊丽莎白去世,她的侄子苏格兰王继位是为詹姆士一

---

① 《培根全集》拜尼斯本第 3 卷,第 212 页。

世。培根因曾力主苏格兰与英格兰的合并，大受詹姆士的赞赏，至此，饱经宦海浮沉辛酸的培根一下子青云直上，官运亨通。1602 年受封为爵士，1604 年被任命为詹姆士的顾问，1607 年被委任为副检察长——这是十二年前伊丽莎白拒绝给予培根的职位。六年后，1613 年，他向往已久的检察长的职位也到手了。1617 年布雷利爵士(Lord Brackley)退休，培根又继之为掌玺大臣，次年，官阶的最后一步，培根也终于升上去了，成为英格兰的大法官(Lord Chancellor)。同时被授封为维鲁兰男爵(Baron Verulam)，1620 年又授封为圣奥尔本子爵(Viscount St. Alban)。至此，培根成了少有的具有高官显爵的哲学家。对此，有些哲学家评述说，培根的荣升，应验了柏拉图的理想，哲学家成了执政者。然而，实际上，对培根来说，他的才能和志趣远不是在国务活动上，而是在科学真理的探求上。1603 年，他在唯一的一篇具有自传性的名为《自然解释的序言》中写道："我发现最适于我的莫过于研究真理，因为我的头脑其敏锐和多方面足以察觉事物的相似之处(这是主要之点)，同时它又能很坚定，足以分辨出事物之间的比较微妙的区别，因为我天生的有一个探索的愿望，怀疑的耐心，思考的爱好，[并且我是]慎于判断，勇于重新考虑，在安排和建立次序时也很小心，同时因为我是既不爱好新事物也不羡慕旧事物，并且憎恨一切的欺骗行为。所以，我想我的天性与真理是有一种接近、一种联系的。"①

可是，为什么培根又要在官场中角逐竞争呢？诚然，培根的官宦之家的出身，自小出入宫廷所接受的教育、影响，都促使他有追求名誉利禄以满足自己的虚荣和物欲的方面，但是，就培根而言，他的确也是把追求尊贵的高位作为完成或改善自己科学创作的一个手段，

---

① 转引自法灵顿：《弗兰西斯·培根》，三联书店 1958 年版，第 44 页。

在上述同一篇文章中，他写道："我希望如果我在政府中能够升到尊贵的地位时，我就会有一个较大的权力，能够动员更多的劳力和才智来帮助我的工作；因为这些原因，我就一方面努力学习政府工作；一方面又在诚实所许可的范围之内，尽量自荐于那些在政治上有力量的朋友们。"[①]培根深知，他的大志，他的科学的"伟大复兴"，这不是他一个人所能独立完成的，这需要国家从财政、经济、教育、科学制度等一系列环节上给予支持帮助。所以，培根的上述说法并非纯粹个人辩白。不过，培根终究把属于科学的理智过多消耗在虚幻浮华的世界中，而使许多的哲学史家、传记作家感到惋惜，费尔巴哈甚至责难培根这是对自己原初本质、自己真正志趣的背叛，使精神与自身的统一遭到破坏。[②]

正当培根在大法官任内踌躇满志的时候，他被国会控告贪污受贿，最后被高级法庭判决罚金四万镑，监禁于伦敦塔内，终生逐出宫廷，不得任议员和任何官职。后来罚金和监禁都被詹姆士豁免了。对于受贿一事，培根承认接受过不正当的馈赠，但不承认因此而枉法。他说：他是五十年来英国最公平的法官，但他承认对他的判决又是近二百年来在国会中最公平的谴责。可见，当时的英国，宫廷上下贿赂风行。

理论著述活动

培根的理论著述是在 17 世纪的头二十年，也就是在他任职的同时进行的。正像他给詹姆士的信说的："陛下或者要控我的盗窃之罪，因为我在给陛下服务时，已经偷取了一些时间来完成这个工作。"[③]培

① 转引自法灵顿：《弗兰西斯·培根》，第 44 页。

② 参看《费尔巴哈哲学史著作选》第 1 卷，商务印书馆 1978 年版，第 28 页。

③ 培根：《新工具》，商务印书馆关琪琍译本，第 5 页。

根的仕宦生涯的确使他未能专心致志于他的学术，然而培根始终也未忘怀他的伟大志向，没有中断他的理论著述。

还在伊丽莎白时代，即 1597 年，培根已印行过论说文集的第一个版本，这是一本关于政治与伦理道德观的文集，它以思想精密、文笔优美、知人论事的明智而大受欢迎。1612 年、1625 年还先后再版过两次，都有增删修改。现在通行的收有 58 篇论文的本子，是 1625 年他逝世后印行的。据说不少人的性格曾受到该书的熏陶指导。从书中可以看出，培根受到马基雅弗利的影响，所不同的是他既赞赏蛇的智慧，也颂扬鸽子的纯洁。

1605 年，培根用英语写作了两卷集的《论学术的进展》(Advancement of Learning，又译《崇学论》、《学问的促进》)。这是以知识为其研究对象的一部著作，是培根声称要以知识为其领域，全面改革知识的宏大理想和计划的一个部分。书中，培根猛烈抨击了中世纪的蒙昧主义，论证了知识的巨大功用，揭示了知识不能令人满意的现状及补救的办法。正是在这本书中，培根提出了一个有系统的科学百科全书的提纲。这对后来 18 世纪以狄德罗为首的法国百科全书派编写百科全书，起了很大的启发作用。培根很重视这部著作，认为这是开启"伟大复兴"之门的钥匙。为扩大它的影响，培根后来在剑桥一些学者的帮助下译成了拉丁文，并扩大为九卷集，于 1623 年出版。

在 17 世纪的头十年里，培根还写了不少短篇的哲学作品，不过其中的思想观点大都散见在他的几本主要著作里，在这里，特别值得注意的有如下几篇。

1607 年写的：《几种想法与几条结论》(Thoughts and Conclusions)

1608 年写的：《时代的勇敢产儿》(The Masculine Birth of

Time)

1608 年写的:《各家哲学的批判》(Refutation of Philosophies)

第一篇文章实质是后来《新工具》的一个图稿,在这里,他强调突出了实践的意义,认为它不仅是人类福利的手段,而且也是真理的保证,科学的价值是由实践来决定的,提出了人类生活与人类智力的改进是同一件事。这就是后来那个脍炙人口的著名口号"知识就是力量"的最初提法。

在后两篇文章中,培根对柏拉图和亚里士多德脱离实际、脱离自然的唯心主义给予了猛烈的抨击,语言是严厉的,甚至是不雅的。为此,曾引起一些人的不满,比如歌德就认为培根对先辈的功绩过于轻视,令人非常失望。然而,培根强调人们应从中看到他对旧哲学脓疮的进攻精神,他要破除对权威的盲目迷信,要清算唯心主义。

1609 年(或 1610 年)《论古人的智慧》(On the Wisdom of the Ancients)出版,这是培根印行的第三本著作。在培根看来,在远古时代,存在人类的最古智慧,但是这种智慧已被埋没在遗忘与沉寂之中。此后,有了诗人的寓言故事,再往后才有文字记载的信史。培根认为,古代的寓言故事正是远古和有信史时代的一层帷幕,通过寓言故事的研究可以拉开这层帷幕,从而发现失去的最古的智慧。《古人的智慧》就是执行这个使命的。培根在书中在对古代寓言的解释中包含了他对政治、科学、哲学的深刻见解。书中对爱神、海神、牧羊神和天帝的解释更是理解培根唯物主义自然观的重要材料。这本著作的哲学意义长期以来并未为人们所重视,培根学的权威司佩丁、艾理斯在他们编辑的《培根全集》中,也仅把它列为文学作品类,直到 20 世纪 40 年代末加拿大多伦多大学教授福尔顿·安德逊(F. Anderson)在《弗兰西斯·培根哲学》专著中从哲学价值上对之作了认真的探讨,才开始为研究培根学者所注意。

1620年《伟大的复兴》(Great Instauration)出版，这是培根要复兴科学、要对人类知识加以重新改造的一部未完成的巨著。已出版的部分主要是经常作为单行本发行的《新工具》以及一个计划大纲。在这里，培根第一次把他的科学复兴的宏伟计划公诸于世，这包括六个部分：即对人类现有知识状况的巡视，对人类理智的研究，为人们提供解释自然的新方法，自然与实验历史的编纂，对人在发明时思维的全过程的考察，运用新方法产生新结果的推广应用，最后就是在上述各部分工作的基础上产生的"新哲学"。尽管这个计划并没有全部付诸实践，但是，这确实是个宏伟的事业，在思想史上，除了亚里士多德确是无人堪与相比的。

《新工具》是培根最重要的哲学著作。它所侧重研究的，是科学方法。培根在近代所开创的经验认识原则和经验认识方法，主要都是在这里提出来的。培根把《伟大复兴》的这一部分命名为《新工具》以别于亚里士多德的逻辑著作《工具论》，并具有对亚里士多德挑战的性质。这部著作在近代哲学史、逻辑史上都有着重大意义以及广泛的影响。

1622年培根因受贿案发，从此结束他的政治生涯，专心从事理论著述，培根本着他在《论逆境》一文中所说的："逆境的美德是坚忍"[①]的精神，很快从沉重的打击中振作起来，他以惊人的速度，在倒台后的五个月就完成了《亨利第七》(History of Henry VII)的写作。洛克曾赞扬该书是富有哲学意味的政治历史著作的楷模。马克思在写作《资本论》时也曾参阅并援引它。

1622年11月《风的历史》、1623年1月《生与死的历史》作为百科全书的第1、第2分册先后出版。

---

① 《培根论说文集》，《人人丛书》1906年英文本，第15页。

约于1623年,培根还写作了《新大西岛》(New Atlantis),这是一部未完成的作品,由罗利于他去世的翌年1627年首次发表。书中描绘了他理想的社会图景,在这个理想的社会中,科学主宰一切。这是培根以文艺的形式对他毕生所倡导的科学的"伟大复兴"的思想信念的集中表述。这部著作在资本主义早期乌托邦作品中具有特殊地位。

此后,培根的时间除了用于修正增订拉丁文本的《论学术的进展》以及《论说文集》的第3版,就是全力以赴地为百科全书收集材料,这就是他在拉丁文本《论学术的进展》第7卷中说的:"为了努力增进人类的利益,我将清醒地和有意识地把我的令名和才思都抛在一旁,我或许更宜于做一个普通工人、挑夫、任何大家需要的人,把许多非做不可而别人由于天生的骄傲因而规避或拒绝的事情亲自负担起来,亲自去执行。"①培根为了科学的发展甘当小工的精神是极可钦佩的。他去世后,罗利整理出版的《林木集》(Sylva Sylvarum)就是这样一本为百科全书收集材料的集子。

为科学献身

最后,可以说培根也就是牺牲在为科学而做小工的岗位上。1626年春寒正厉的三月底,培根坐车经过伦敦北郊的海盖特(Highgate)时,他突然想到应做一次试验,他买了鸡宰了,把雪填到鸡肚里,以便观察冷冻在防腐上的作用,但因身体暴露在风雪中过久,培根得了风寒病倒了,几天后他还兴奋地报告,"试验大获成功"。可是,因为他身体虚弱,终于一病不起,最后,成全了他在《论死篇》中所盼望的,"在热烈的搜求中静静地死去",时为1626年4月9日,终年

① 《培根全集》司佩丁本第5卷,第4页。

65 岁，遗体葬于圣奥尔本的圣迈凯尔教堂中他母亲的墓旁。

第二节 科学学的前驱

科学学是 20 世纪现代科学技术的产物，然而就在科学产生的早期，一些先进的思想家们也鲜明地以科学知识为自己研究的对象，以科学知识发展中的认识论问题作为自己终生研究的课题。培根也就是这样的先进思想家之一。不过，长久以来，在人们论及培根哲学思想时，只重视传统的认识论问题，而作为科学学的内容，一向不为人注意，使人看到的只是个经验主义者和归纳法改革者的培根，而忽略了作为倡导科学、利用科学改造人类物质生活条件的改革家的培根。同时，我们还必须指出，就培根个人思想发展的脉络而言，培根正是从知识问题本身的考虑才进入传统认识问题的讨论的。因此，当我们阐述培根哲学思想时，也就从这开始，以体现历史和逻辑的统一。

知识的价值与功能

对于知识的价值与功能，培根曾经作了很深邃的思考和详尽细致的论述。在众多广泛的讨论中，最重要、最核心、并引起科学观上最革命性变化的，就是认为知识不是一种纯思辨，而是一种力量，对于这个思想，培根从多方面作了论证。

首先，培根认为知识是掌握自然奥秘的巨大手段，是通过认识自然而驾驭自然的巨大力量。

培根一直深信，人类统治宇宙万物的权力深藏在知识之中。因为在培根看来，真正的知识是根据原因得到的知识，知识是以对事物及其发展规律的研究、发现和解释构成的。培根明确指出，在思考中作为原因的东西，在行动中便构成规则，如果不知道原因，结果也就不能产生。[1] 因此，培根认为，若是人们熟悉了规律，掌握了规律，人们就能够在极不相同的实体中，抓住自然的统一性，因此，也就能够发现从来没有发现过的东西。“由于形式（即规律——引者）的发现，我们就可以在思想上得到真理，而在行动上得到自由。”[2]这就是培根把知识看作是一种力量的理论依据。培根正是在这样的理论基础上得出了知识与力量合一的思想。在《新工具》中，培根写道：“达到人的力量的道路和达到人的知识的道路是紧挨着的，而且几乎是一样的”，[3]“知识就是力量”，这就是培根对知识的价值与功能提出的最概括、最切要的箴言。[4]

其次，培根认为知识是社会改革的力量。

在培根看来，知识通过发明创造、技术革新，间接地、不自觉地对社会的发展起着巨大作用。在《新工具》里，培根明确指出，野蛮人、文明人的分野是以对知识掌握、运用的程度为标志的。显然，培根把知识看作人类文明的基本要素和社会发展的基本标志。培根在论及指南针、印刷术、火药三大发明时，曾深刻地指出：“这三件发现，改变了全世界的整个面貌和事物的情况……以致几乎没有一个帝国、没有一个教派、没有一个显赫的人物，对于人类事务曾经比这些变化在加强人类事务上以更大的力量和影响。”[5]

很清楚，培根把科学技术的发明凌驾于诸如亚历山大的武功，罗

① 培根：《新工具》I，3，《培根全集》司佩丁本第4卷，第17页，中译文见《十六—十八世纪西欧各国哲学》，第9页。

② 培根：《新工具》II，3，《培根全集》司佩丁本第4卷，第120页，中译文见《十六—十八世纪西欧各国哲学》，第47页。

③ 培根：《新工具》II，4，《培根全集》司佩丁本第4卷，第120—121页，中译文见《十六—十八世纪西欧各国哲学》，第47页。

④ 培根：《新工具》I，3，《培根全集》司佩丁本第4卷，第47页。

⑤ 培根：《新工具》I，129，《培根全集》司佩丁本第4卷，第114页。

马帝国的建立等一向被历史看作最重要的头等大事之上。培根对知识的价值和功能的高度评价，的确是前无古人的。在科学诞生的早期，培根就有这样的远见卓识，的确是了不起的。

再次，培根认为知识对于文治武功，治国安邦，也有着重要的功能。

培根以当时的英国为例加以论证。当时的大不列颠岛虽有宗教的纷争、邻国的交战、西班牙的称霸、罗马的反抗，然而由于伊丽莎白有着渊深的学问、广博的知识，她能早有明确的宗教政策，宽严得中的法律和纪律，以及施用得当的王权，才出现较长期的平静和安宁，以及国家的发达繁荣，出现了 45 年的好光景。

培根认为，知识对武功和军略也有着重大的功效。他以武功显赫的亚历山大和恺撒为例加以证明。亚历山大亲受过亚里士多德的教育，是亚氏的大弟子，他不仅任用了很多学者作为幕僚，而且也充分应用了自身的广博的科学知识，因而战功卓著。至于恺撒学识的渊博更是公认的，培根认为他的显赫战功，和他的学识是有极大关系的。

第四，培根认为知识是自我完善的重要手段。

培根十分强调知识对人性完善上的价值与功能，强调高尚的道德情操的形成离不开知识。他说："真理和善的区别，有如印章与它的印痕的区别。因为真理就是道德的善的印章。"①培根强调道德情操对知识的依赖关系，认为知识是道德行为的基础。对知识的追求，可以培养人们高尚的道德品质。不过，培根不能理解造成道德水平低下、人性的不完善，并不全然在于知识的高低，而还有社会的、阶级

---

① 培根：《论学术的进展》，《人人丛书》英文本，第 56 页。

的、意识形态等方面的复杂原因。

最后，培根还以颇大的篇幅阐述了知识在信仰上的价值，论证了“知识是滋养信仰最完善的养料”，提出了“哲学上的浅学肤知使人倾向无神，造诣深了则又复返宗教”的论断。

显然，这一论断是培根神学不彻底性的一个典型表现。然而，培根的“养料”说，其矛头是指向蒙昧主义的。浅学肤知，停留于事物的第二因，结果定会忘失了最高的第一因，然而，人们若继续掌握更多更深的知识，了悟事物的因果隶属关系，那么，他们一定会相信自然的连锁有其最高的环节，也就明白了上帝的神妙工作。因此，从宗教的角度看，人类对自然知识的追求，不应受到任何限制。培根正是以此为出发点，对“知识就是罪恶”等种种蒙昧主义论调一一加以批驳。培根的天才卓越之处，正在于他在科学发展的早期，就能高瞻远瞩，独具慧眼，较其同时代人都能更清楚、更深刻地看到了知识引起人类的物质生产和社会生活变革的巨大可能性。这正是培根的巨大历史功绩之一。在人类历史上，第一个认识知识的巨大价值的阶级是资产阶级，而第一个真正揭示了知识真正意义的人，正是弗兰西斯·培根，这在人类思想史上具有重大意义。

在我们充分肯定培根关于知识的价值与功能学说的意义的同时，我们还必须指出，培根在与封建神学和蒙昧主义的斗争中，的确也有矫枉过正之处，特别是他论及知识在社会精神领域的功能时，也有着知识万能论的倾向。培根和稍后的笛卡尔一样，在正确突出了知识在征服自然、改造自然的价值与功能时，对于知识这种作用的发挥受着社会的制约，却未能有深刻的了解，当然，更不会懂得决定社会发展的，归根到底是社会的实践，是物质的生产方式。

培根论科学的革命

培根认为，只有被称为“自然的解释”的知识，才具有认识自然、征服自然的价值和功能。当代流行的哲学只能供争辩、文饰、谈话和日常职业之用，这只能叫做“人心的预测”。以此审查迄今人类拥有的知识，估量知识的现状，用培根自己的话来说就是“沿着已有的技术和海岸巡视”，我们不应有丝毫的迷恋和满足。以往的知识储藏虽多，却是贫乏得很。从内容到形式都在重复同样的东西，“说古话，引古事，无限的重复”。对人类的知识的宝库，没有增添有价值的新东西。甚至错误的东西，也照搬照传，以讹传讹。他指出古代的学术对如今的人类来说，不过是“知识的童年”，崇拜古代是没有根据的。他强调就知识的价值和功能而言，以往的知识，更多的都只是富于空谈，但不能够生产，只富于争辩，而不能带来实际的效益。在他看来，当时的科学是停滞、僵死的，像偶像似的只受人顶礼膜拜，却不能运动，不能前进，它们没有获得有意义的新成就。培根由此得出结论说：“现有科学不能帮助我们创造新的工作，现有的逻辑不能帮助我们建立新科学。”

在培根看来，造成科学这种可悲状况的原因虽然繁多，但其中最为重要的是：人类科学认识整个结构都是“设计不良”的，他认为人们现在流行、通用的最基本概念都是不可靠的，无论逻辑学或物理学的，如“本体”、“物质”、“作用”、“本质”、“重”、“轻”、“浓”、“稀”、“湿”、“干”、“发生”、“腐化”、“吸引”、“排斥”、“元素”、“物质”、“形式”等都是不健全的，定义不明的，虚假的，纷乱的，草率地从事物抽象出来的。至于由概念进到判断，形成普遍命题、公理这一过程，同样充满着“固执迷乱”，不足以进入自然事物内部，把握事物的本质。

因此，培根认为，这样的科学从概念到判断到公理，从出发点到整个结构、整个过程、整个方法，都是不合适的。这里，最核心最根本的问题则是认识脱离经验，脱离事实，脱离了供应其浆汁和力量的自然界，使认识与事物属性的沟通阻塞了。培根认为这些科学的目的只在强人同意、信仰自己的命题，而不在于支配事物自身。为此，培根强调必须从根基上，对科学加以全面改造，必须使科学来个彻底的革命，找出新的知识基础、新的科学原则、新的科学认识方法，以取代现行的基础、原则、方法。培根提出关于科学革命的概念，对于科学史的研究，促进科学技术的发展是富有意义的。

科学是知识的理论体系，科学的发展并不仅是知识量的逐渐积累，而且还包括旧理论为新理论所代替的整个理论体系的革命，以及相应的思维方式、认识方法的变革。培根提出，应有勇气抛弃传统意见，而为科学开辟一条完全新的道路，否则，那不过只能雕刻已有知识状况，而不能在实质上、价值上真正扩大知识的范围。培根自己就是既在理论上提出又在实践上真正走上"科学革命"的道路，即在根本上破除旧的东西，而不是对旧东西仅仅作些修正、增补。这正标志着科学发展中一个旧时代的终结，一个新时代的开端。

培根不是一个自然科学家，并不完全熟悉精通当时各门类的科学。他所看出的"科学革命"，不是提出突破性的新的自然科学观念，或新的自然科学理论体系，而是他看到了经验科学发展的这些变革的苗头、势头，而相应地需要科学家思维方法的急剧变化，从而提出了相应的科学方法变革。培根的确是看到了古希腊时代、中世纪时代自然观的缺陷：直接的直观性，相信自然是直观中向人们所呈现的样子，并通过自身主观性的想像，而构成世界的总图景。在这些总图景中，尽管其中有很多合理的成分，但总的说来，里面是充满了虚妄的。随着经验科学的发展，培根看到了思维必须从单纯、直接的直观急剧向实验观察的分析过渡的绝对必要性，他反复申说，自然界奥秘并不会呈现于静观事物的自然流转之人的面前，而只会呈现于以自己的双手变革自然、干预自然之人中。

培根关于科学革命的概念和现代科学哲学讨论的很多并广为人们接受的科学革命的概念，在内涵上确有许多不同之处。但培根的科学革命概念，仍不失为从古代自然哲学的直观到近代实验观察的分析过渡的自然科学最早阶段的一个类型的革命的颇为确切的表述。而且就在科学发展的早期，他已在一定程度上看到科学发展的这种规律，不能不说是很有见地的。

科学分类的原则及知识体系的新结构

在人类知识的宝库中，各种知识浩如烟海，量大而繁杂，各门科学又各有其自身的本质特点和研究对象。要弄清这个宝库的知识宝藏，为人类造福，就必须制定科学分类的原则，建立一个存取资料的分类系统。培根的知识体系的新结构，以及科学分类的新原则，就是在这样的意愿和需要中提出来的。

1 科学分类的原则

培根关于科学分类的原则，归结起来，主要有四个方面。

首先，培根强调了科学是个统一的知识体系，要“把知识的各个部分，只可当做全体的线索同脉络 ，不可当做各不相谋的片断同个体”[①]，强调“ 要把知识的连续性和整个性永久保存起来”。[②] 培根这个把科学作为相互联系的统一整体的思想，是在科学的分门别类的研究，开始从包罗万象的哲学中分化出来时提出来的。这不能不是他天才卓越之处。当然，培根这些思想更多地来自他的自然统一性

---

① 培根：《崇学论》，关琪珂译本，第 142 页。

② 同上。

的哲学信念的启迪，而不是来自当时科学发展的证实，当时科学的发展还不足以揭示各门科学联系的必然性。

其次，培根强调科学分类的原则不是绝对的、唯一的。人们依照着自己的不同需要，以及认识的不同角度，可以有着不同的分类原则。比如，当他提出自己的分类原则时，就声言："不要以为我所不用的那些分类是我所不赞成的"①。只是因为有着不同的目的、不同的宗旨，因而也就有着不同的原则罢了！培根这个思想是正确的，是符合科学认识对象的多样的复杂联系，以及人的认识角度的多样性的实际状况的。

第三，培根曾经提出可以按照事物的本质，或按照事物的功能来进行科学分类的原则。应该说，这种以研究对象来进行划分的思想，无疑是正确的。这是科学分类的客观基础。然而，遗憾的是，培根对这种分类原则既没进一步发挥和阐述，而且在他自己对科学的大骨架进行划分时，也没有遵照这样的原则。

第四，培根提出并实际采用的，是根据人类的理性能力进行科学分类的原则。

培根认为，科学的发展体现了人类的理性能力，两者是相一致的。他把人类的理性能力分为记忆、想像和理性三种，与此相应把科学划分为历史、诗歌与哲学三类。② 在培根看来，把历史划为记忆的科学，诗歌是想像的科学，哲学是理性的科学，这是最佳的科学分类法。③

显然，这种以主观能力为准则的分类，带有很大的人为性质。科学分类的客观原则应该是按照物质运动形式的区别及其固有的次序

① 培根：《崇学论》，关琪桐译本，第 191 页。

② 参看培根：《论学术的价值与发展》，《培根全集》司佩丁本第 4 卷，第 292 页。

③ 同上。

来进行排列的。培根以理性能力进行科学分类的原则，其另一个缺陷是未能反映科学认识对象的客观发展线索。然而，培根按照主观能力分类的原则，尽管有着上述的缺陷。但是，他终究是在真正意义上的科学诞生后，提出科学分类的第一人，对近代科学分类起了先导作用。

培根的这个科学分类原则曾产生广泛深刻的影响，特别是对于18世纪法国的狄德罗、达朗贝，他们把它运用到卷帙浩繁的百科全书的编纂里去。培根、狄德罗的科学分类尽管缺少客观性和发展思想，但是在18世纪仍然产生了应有的作用。它综合了过去历史上一直是零散地、偶然地出现的成果，使无数杂乱的认识资料得到了清理，有了头绪，有了分类。尽管这个分类"还不能够使各门科学彼此沟通，而只能够把它们简单地并列起来"。[①] 但它却为进一步的科学研究创造了良好的条件，在当时的历史条件下，为科学继续发展提供了向导。这种历史功绩是不容否认的。

2 知识体系的新结构

培根依据自己新的科学分类原则，建立了统一的知识体系新结构。培根在把科学分为历史、诗歌、哲学这三大类之下，又划分了许多子目。

第一类 历史

培根所谓的历史包括自然史、政治史、教会史、学术史。

关于自然的历史，培根分为三个部分：自由的自然历史；失误的自然历史；被束缚的自然历史。培根把自然自身的工作，任它走自己的路，不存在任何阻碍或影响的，称为"自由的自然"，如天体、动物、植物。对这种自然的研究，培根称之为"自由的自然历史"，包括天文

① 《马克思恩格斯全集》第1卷，第657页。

学、动物学、植物学等。[1]

培根所讲的“失误的自然”，是指“自然被逆转性、不易控制性、背离性物质和巨大阻力之迫使而离开了自己的进程。如自然的畸形和变态”。[2] 对这种“误入歧途”的自然的研究，也就是怪异史，奇变史，培根称之为“失误的自然历史”。

培根所讲的：“被束缚的自然”是指“自然被人的技术和才能限制、铸造、转化以及制作成为新的东西。比如，人造物”。[3] 对这种人类干预的自然的研究史，培根称之为技艺史或机械史。

为什么把机械史也列入自然历史之内？因为他认为人工的事物与自然的事物并不是完全相异的东西。两者的不同，不在于本质与形式，而在于效能的差异。[4] 人对自然的干预，把人加在自然上就是技艺。培根对自然同人的关系的这种理解是颇为独到的。

培根很重视机械史，他认为这不仅在自然历史而且在自然哲学里，都是最根本最重要的。因为机械史可以给人们提供各种工艺的技术和方法，自然在技术的干扰下，更能显露其真相，所以它为人们提供关于事物的原因、现象的准则的真实的解说和正确的观念。这是与他日后倡导实验的根本思想直接相联的。

历史的第二类是政治历史，任务是记述人生事变及其给予人们的教训。政治史按体裁分为纪事杂录、完全历史、古史零简。纪事杂录包括按照时间顺序记录事迹而不问事情的始末、动机等的所谓纪事册，以及只记载公家法规、议会命令、国家公文、要人演说等。古史零简则根据碑碣、古迹、传说等片言只语认真地

① 培根：《智慧之球的描述》，《培根全集》司佩丁本第 5 卷，第 505 页。

② 同上书，第 505—506 页。

③ 同上书，第 506 页。

④ 同上。

加以研究，把零碎史迹从历史的洪流中尽量打捞出来。完全历史则按陈述对象分编年正史、个人传记、纪事本末，等等。

历史的第三类是教会史，可以分为：普通教会史，记述教会的发展过程；预言史，记述所谓预言本身和预言的应验，记述所谓上帝的意旨、上帝的惩罚、谴责、解救、祝福等。培根认为教会史已有大量著作，并不阙略，因此不必作更多的说明。

第四类是学术史，培根认为这是当时还不曾有的学科。培根很强调有一部学术史。他指出，作为学术史，必须把学术的起源、学派、发明的传授、研究程序、实施步骤、兴旺之因、衰落之原、失没之由、变迁之迹等等融合在一块，按照年代的顺序加以记述。培根强调学术史，目的在于使学者有所借鉴，由此更善于运用学术，更精于研究学术。

第二类　诗歌

关于诗的分类，培根认为其方法有多种。不过，他认为最确当的分类法，是把诗歌分为叙述的、戏剧的、寓言的三种。他认为叙述诗实际上只是历史的模本；戏剧诗则是一种可供人眼见的历史；寓言诗则是为了表达某种特殊的目的和观念的。

培根对诗的功用和意义，作了一段颇富哲理的议论。他说，犹如可知的世界不如运用理智的灵魂的尊贵一样，诗似乎把历史所不肯施与人类的那些东西给了人类。培根认为，真正的历史事迹有时就缺乏使人心得到满足的庄严性，它所记载的成功，有时并不足以奖励大德，所陈述的结果，有时亦不足以惩罚大恶，所叙述的故事，有时也平凡乏味，少有变化。而从诗里，人们却可以获得一种更合乎人类精神的伟大、善良、变化。因此，培根认为，诗的功用正可以扩展“伟大”、助进“道德”、增长“喜乐”。

第三类　哲学

关于哲学，培根依据思维的指向，有时深入神蕴、有时观察自然、有时反省自身，而把哲学分为自然神学、自然哲学、人类哲学三种。

不过，培根认为，在划分这三种哲学之前，应先建立一个普遍的学科，作为一切科学的公共父祖。因为在培根看来，知识是一个总体，不同的学科，不过是同一树干的不同分枝罢了。培根把这种普遍的根本的哲学称之为“第一哲学”(Philosophy Prima)或“概要哲学”(Summary Philosophy)。第一哲学研究什么呢？培根对它的规定是：“专门研究各种学科所共有的那种普遍的原则和公理”①，“凡哲学或科学的特殊部分所不能完全包括的那些较普遍较高级的有效观察和公理，都可以归在第一哲学以内”②。比如，“与一事物相等的各种事物亦相等”，这是第一哲学的原理。因为这既是欧几里得几何学的公理，同时也是逻辑学中一切三段论赖以建立的普遍公理。

培根认为，第一哲学、自然神学、形而上学，历来都是相互混淆的，这源于亚里士多德。所以，在培根的知识体系的新结构里，有意识地把第一哲学从形而上学中划分出来。

哲学的第一类是自然神学，培根认为这是通过观察和思维上帝所造的万物—自然来承认上帝的全知全能的学问。他认为通过思维自然来证明关于信仰的真理是不允许的。“信仰东西应该交还信仰。”培根对自然神学没有更多的论述，认为这种学问毫不阙略，在不少作者手里，这种学问已经“太无稽、太荒谬了”。

关于哲学，培根着重论述的是第二类自然哲学和第三类人类哲学的结构。

自然哲学。培根把它分为两大部分：一是理论部分；另一是实践

---

① 培根：《论学术的进展》，《人人丛书》英文本，第92页。

② 同上书，第86页。

部分。自然哲学的理论部分就是培根所谓的“观察的自然科学”。这是研究原因的，他称之为“开凿的先锋”。自然哲学的实践部分就是所谓“致用的自然技术”。这是产生结果的，他称之为“锻造的金工”。

研究原因的自然哲学，培根又分为物理学和形而上学。在这方面，培根采用了他称之为“一般公认的完备的原因分类法”，即采用亚里士多德的“四因”来划分。培根把质料因、动力因的研究划归物理学；把形式因、目的因的研究划归形而上学。物理学是研究事物的变化的、不固定的相对的原因。比如，火相对于陶土来说，它是坚硬性的原因，而相对于蜡而言，它又是熔化的原因。① 培根认为物理学的研究对象包括三个方面：一是事物的构造和形状；二是事物的原则和起源；三是事物的各种变化和特质。②

形而上学则以自然的意向和目的为前提③，以抽象的、固定的事物作为自己的对象，论证事物的恒常确定的原因。研究事物普遍的构成一切具体物体的特性和规定性的基础和本质的形式，是形而上学的重要内容。培根认为通过形式的研究，可以缩短经验的漫长道路，而且能把形式应用在万变的事物上，以把人的权力扩展到最大的限度。

形而上学研究的第二个方面是自然的目的的原因。培根是承认自然的目的性的现象的。他认为目的因不应笼统地加以排除，是可以在形而上学范围内加以讨论的。但超出这个范围，像历来那样，把目的因置于物理学的领域，则是错误的。这必然阻碍人们对真正实在的物理原因的探索。

培根在他的知识体系新结构里，就是要把目的因从物理学中排

---

① 参看培根：《论学术的价值与发展》，《培根全集》司佩丁本第 4 卷，第 346 页。

② 同上。

③ 同上。

除出去，而严格限制在形而上学之内。关于培根自己是否也有以事物运动的结果，作为事物运动的原因的某些目的论思想？容后在自然观中再作讨论。在这里，我们顺便指出，尽管培根赋予形而上学的内容与古希腊亚里士多德以来的内容不完全相同，但是，培根并非像他的某些近现代的后继者那样，完全排斥形而上学。这是很清楚的。

数学。培根肯定它作为自然哲学的主要部分，但不同意像亚里士多德那样，把它与物理学、形而上学并列的传统分类法，培根认为数学实在是事物的一个重要形式，它是最抽象、最可以同物质分离开的。因此，培根认为应把它列入形而上学之内，作为形而上学一个分支。数学作为抽象思维的工具，培根充分肯定了它在锻炼人们思维方面的作用。显然，培根把数学作用的主次地位弄颠倒了，对数学作为研究事物的本质、研究事物的数量关系的重要性，显然缺乏足够的认识。他对同时代的对数表的发明毫不注意，认为数学的发展已经很足够。

关于自然哲学的实践部分，即“致用的自然技术”，培根认为应按其理论的来源分为两个部分：来自物理学的划为机械学；来自形而上学的划为幻术。当然他再三强调幻术是在古代本来意义上的无迷信的洁净的幻术(purification of the word magic)。[①]

应该指出，培根在他的知识体系新结构里，把“致用的自然技术”与自然哲学的理论部分并列，这的确像麦克卢尔指出的，其本身就是个“科学的革命”。[②] 因为，在亚里士多德、在古希腊哲学那里，自然只是思索的，而不是致用的。建立在知识基础上的改变物体、变化物体的致用的自然技术，是培根哲学与古希腊哲学分野的最大特征

---

① 参看培根：《论学术的价值与发展》，《培根全集》司佩丁本第4卷，第365页；《新工具》I，90。

② 参看 M. T. 麦克卢尔：《培根选集·序》XXVII。

之一。

人类哲学。培根把它分为人类个体和人类群体两个部分。人类个体包括对人的身体和心理的研究;人类群体包括对人的社会行为研究。对于人类的个体身心分别研究之前,培根认为还应该有个总括的、关于人的本性状况的学科,这包括研究人的痛苦和人的优越性的人的个性的科学,以及关于身心联系的科学。在这里,特别值得指出的是,培根很强调要观察研究身心相互表现、相互影响、相互感通、相互表露。

人体的学问。培根依据人体理想状态为健康、美丽、力量、快乐而分为医学、美容术、运动学、行乐艺术四个方面。

关于心灵的知识,培根把它们也分为两部分:一是关于心灵的实质的研究;另一是关于心灵的作用或机能的研究。关于心灵的实质,培根称之为灵魂学,研究灵魂之起源、灵魂的不灭,以及灵魂在多大程度上可以脱离事物的法则等。培根认为,这种知识只能从神感中才能获得。

培根比较集中、详尽地研究了关于心灵的作用的部分,这包括逻辑学与伦理学。逻辑学则包括四个部分:研究与发明的艺术(Art of inquiry or invention)、检验与判断的艺术(Art of examination or judgment)、保存与记忆的艺术(Art of custody or memory)、讲述与传授的艺术(Art of elocution or tradition)。①

从今天的观点看来,除了第1、第2部分属于逻辑学之外,其余都不属于逻辑学的范围,而是分属心理学(研究记忆的机制)、语言学(研究文法、修辞、语音等)、教育学、教学法的学科了。

关于伦理学,培根把它划分为善的本质、善的培植两部分。善的

---

① 培根:《论学术的进展》,《人人丛书》英文本,第122页。

本质又分为社会的善、个体的善。个体的善包括保存、维持自身和促进完成自身的消极的善，及繁殖扩张自身的积极的善。社会的善，培根又称之为职责，这包括夫妇、亲子、主仆、友谊及道义等职责。

与关于人类个体的人类哲学并列的则是关于人类群体的政治的人类哲学，培根又称之为政治哲学。在这部分，培根依据人类在社会的行为主要是社交、处事、政治三个方面，而划分为“行为的智术”、“处事的智术”、“国政的智术”。培根认为伦理学讲的是人的内在的善，政治哲学讲的则是外在的善。

至此，培根“科学知识体系新结构”就结束了。它实质上是对科学的百科全书提出了一个完整的系统的大纲。这是有重大意义的。黑格尔就曾肯定，这是培根的一个功绩，认为培根为人们“摆出了一幅人们没有想到的有条有理的全图”，“是很重要的”，“在当时无疑引起了重视”。[①] 后来，法国的狄德罗、达朗贝在编撰百科全书时，基本接纳了培根的整个科学体系结构。的确，培根以其广博的学识、深刻的洞察，为近代提供了第一个就当时的科学水平而言是最为详尽的科学知识体系全图，而且在阐述过程中，他根据实际生活以及科学发展的需要，提出了好些所谓“尚付阙如”的学科，这些都是很有价值的。

百科全书或自然与实验的历史

提到百科全书，人们很自然会一下子就想到赫赫有名的狄德罗、达朗贝，却很少有人会想到培根。实际上，培根却是近代最早提出编撰百科全书的人。培根对百科全书的重要性的深邃认识，他所制定的百科全书的编撰计划，包括方针、要求、大纲、目录，对后世编撰百

① 《黑格尔哲学史讲演录》第4卷，第22页。

科全书,有着重大的影响。达朗贝执笔写成的《百科全书》的序言里,就很公正地写道:“吾人任此大业而有所成,则吾人当归功于培根。”[①]

培根认为,编撰百科全书的目的,就是为“供给仍在吃乳的哲学以基本的食料”[②],也就是说,培根是把百科全书作为新哲学据以建立和总结的事实材料。他在给国王的献词中指出:“此书著成,则若干世代以来哲学和科学在空中飘浮的情况即可结束。它们就可以建立在各种经验的牢固的基础之上,而这些经验,都是经过很好的检验和衡量的。”[③]培根这种以百科全书,主要是以自然科学与实验的发展史,作为哲学的基础和背景的思想,是很可贵的。

其次,培根对百科全书的内容也提出了一个根本的设想。这就是百科全书“不仅要记载自由而无所羁绊的自然(nature free and at large)”[④],“更要论究受了控制和扰动后的自然(nature under constraint and vexed)”[⑤],亦即一切机械技术、手艺工作、实验等。的确,把技术史也作为学术史列入百科全书,这是前无古人的。工艺技术在培根时代乃至狄德罗时代,都是被人看作“粗俗卑下”的。然而,培根敢于摆脱偏见,明确规定列为《百科全书》内容,这对狄德罗产生了重要的影响。狄德罗不愿意把英国钱伯斯的《百科全书》翻译成法文,而决定由法国人自己重新编写一部《百科全书》,原因之一就是钱伯斯的《百科全书》缺少工艺技术方面的许多词条。

第三,培根对百科全书的编辑要求也作了规定。

---

① 达朗贝:《百科全书·序言》。转引自李贝:《西洋科学史》,第45页。
② 培根:《工作计划》,《培根全集》司佩丁本第4卷,第28页。
③ 培根:《给国王的献词》,《培根全集》司佩丁本第4卷,第12页。
④ 培根:《工作计划》,《培根全集》司佩丁本第4卷,第29页。
⑤ 同上。

首先，强调资料的收集面必须宽广。因为培根认为现实世界并非人们迄今所理解的那么狭小，要适应宇宙的尺度，必须使人的理解也得到延伸和扩大，以便把现实世界的真实形象吸取进来。①

其次，培根强调了百科全书的实用性质，行文中要把一切纷争论辩的东西，文体上的雕刻造作，徒尚浮辞的东西，通通要"打发干净"。

再次，培根强调无论是叙述或选择实验，都必须真实可靠。他说："我们承认的东西，都是依靠着眼底证据的，至少也是经过精细的严密的考察。"②

最后，培根还具体草拟了一个包括130个题目的百科全书的专题目录。共分三个部分，第一部分是关于人类以外的自然界的，下分三类。第一类为天文学、气象学、地理学；第二类培根称之为"较大的质量"的物质史，指的是古代的四种元素；第三类为物种史，这一部分共有40个题目。第二部分为关于人本身的，主要是从解剖学、生理学研究人的构造、能力和生死，共有18个题目。第三部分比较杂乱，没有概括出一个类别的名称，大体上是把人和环境联系起来加以考察，如医药、外科医术、饮食制造技术、身体保护用品、纺织制品和技术、金属制品和技术、印刷和书籍、手工制品、农业渔业、军事和航海、体育运动、机械学、数学等，共有72个题目。

培根开列的目录可称为包罗万象，对当时的科学来说，的确是"包括了一切现象"和"一切经验"了。从这个目录里，我们更可以具体地领悟到培根关于百科全书内容方面的要求，特别是他对技艺史的侧重，再明显不过了。

尽管培根没有编撰出自己倡导的百科全书，但他对百科全书的

---

① 培根：《自然与实验历史的准备》，《培根全集》司佩丁本第4卷，第255—256页。

② 培根：《工作计划》，《培根全集》司佩丁本第4卷，第30页。

倡导、呼吁，他所拟订的具体计划，他所提供的提纲、目录，对后人都有着巨大的启迪和提示作用。1662年正式成立的英国皇家学会，其早期活动就深受培根的影响。1663年皇家学会干事罗伯特·胡克(Robert Hooke)起草学会章程的建议中，就充溢着培根的影响。他写道：

"皇家学会的任务和宗旨是增进关于自然事物的知识，和一切有用的技艺、制造业、机械作业、引擎和用实验从事发明；是试图恢复现在失传的这类可用的技艺和发明；是考察古代或近代任何重要作家在自然界方面、数学方面和机械方面所发明的，或者记录下来的，或者实行的一切体系、理论、原理、假说、纲要、历史和实验；俾能编成一个完整而踏实的哲学体系，来解决自然界或者技艺所引起的一切现象，并将事物原因的理智解释记录下来。"①

17世纪一些著名的科学家如威廉·佩蒂、波义耳、惠更斯等，也极力按照培根的建议工作。培根在这方面的影响是不容忽视或抹煞的。

科学的组织管理

培根非常清楚，要促进科学的复兴和发展，除了致力于科学自身的革命外，同时也还必须考虑科学自身以外的社会的因素，即最佳的科学组织管理。他认为这不是科学家自身的事情，这是王者的事业。培根很重视这个问题，认为这是促进科学发展的重要因素。在对历史及现行的弊端的剖析中，培根提出了他认为最佳的科学组织管理方法，归纳起来，主要是下述的几个方面：

第一，用学术的办法而不是行政的办法管理学术。培根强调应

---

① 参见F. 梅森：《自然科学史》，第240页。

该把政治的问题与学术的问题区别开来。他强调学术自由，允许自由判断，允许“脱离常轨”。在学术问题上，要允许人们自由去探索、民主争论、不能用行政的办法来干预，也不能只是“权威”说了算。这是科学发展的特点决定的。培根的这些思想，也是针对教会及经院哲学禁锢人们思想的时弊提出来的。

第二，要为学术的研究提供必要的物质条件。培根特别提出关于建筑学术的处所、印行学术书籍、提高学者的待遇的问题。培根很重视图书馆，将之比作神龛。其次，培根提出要建设一个动植物园，栽种适于各种气候和土壤的植物，豢养一些珍禽异兽。再次，培根提出还应建立一个陈设室，分类陈列各种手工和机械所制作的，而在形式、材料、运用方面有特异处的各种制品，以及由自然的变异所形成的自然产物。显然，动、植物园和这个陈列室，是和他划分的“自由的自然”、“被束缚的自然”、“失误的自然”相应的博物馆。最后，他还提出要建立具有工厂、工具、熔炉、器具的实验室。

关于印行书籍，培根认为是“使天上甘露、地下泉水不至消散没失”的重要措施。他强调印行古书必须要有正确的版本、还要有信实可靠的翻译，并且还要有清晰的解说及详细的注解。

关于提高学者的地位和待遇，培根给予了最大的关注。他认为首先要提高学者的地位，要信任他们，要尊重他们，对学者要有个正确的看法。培根针对社会上鄙薄轻蔑知识分子的种种行为和议论，一一加以驳斥。例如，他对社会上大多数学者由于出身寒微贫穷而被轻蔑、歧视的现象极为不满。培根认为，学者寒微贫穷，是因为学者的精力所向不在名利，他们潜心学问，不营禄牟利，这正是知识分子、学者的可贵之处，不应受到歧视。其次，培根强调提高学者待遇的重要性。培根认为，学者是灌溉科学的人，他认为要想促进科学的发展，学者“一定要有安适的生活状况、丰厚的生活费用，才能竭其精力，尽其一生，专心从事学术的探讨和学子的培植”。①

培根认为，对学者不仅应有正当合适的薪金报酬，而且对于他们的勤劳努力，还应有所奖励，否则也是障碍科学发展的，因为“不受人尊敬的东西，当然不会兴旺的”。②

培根主张把上述这些作为科学的组织管理的重要内容和措施，用法律的形式固定下来。这对发挥科学工作者的积极性，对繁荣学术、推进科学技术的迅速发展，都具有重大的意义。

第三，科学的组织、交流和协作。培根从科学工作的连续性、继承性的特点，以及科学工作的交换情况、交流学术思想的必要性，看到了组织起来“共同劳作”的重要性。培根的这个思想，后来在《新大西岛》中得到进一步发挥，明确提出了建立科学院——书中称之为“所罗门之宫”，即智者之家——以推动科学的发展。培根关于把科学工作组织起来，建立科学院的倡议，及其理论模型，尽管还是手工场式的，但却是“科学的社会性事业的结构的现代研究的先驱”（L. J. 科恩语）。甚至有人认为《新大西岛》的科学院（所罗门宫）就是皇家学会的“前身”。这些论断都是不无道理的。

为促进整个人类科学的发展，对于国际间的学术交流，培根也很注重。他认为“许多团体同会社虽然国属不同，领土各异，亦能互订条约，互存友谊，互通声息，甚至还可以有属员、有领袖……我们为什么不能在学问上、智识之光上，本着一脉相传的宗旨互订友好呢？”③

以上这些就是培根为促进科学的发展，在科学的组织管理上所采取的措施和方法。当然，他所设想的科学事业的组织管理，应由科学家自己来担当，科学院不仅是个纯粹的科学机构，在一定程度上还

---

① 培根：《论学术的进展》（《崇学论》）关琪珂译本，第 100 页。

② 培根：《新工具》I，91，《培根全集》司佩丁本第 4 卷，第 90 页，关琪珂译本第 87 页。

③ 培根：《论学术的进展》（《崇学论》）关琪珂译本，第 103 页。

具有国家的权力，这样可以使科学的发展，获得更为有利的条件。在历史上，使科学机构具有国家权力职能，似乎还没有先例。但这也提示了我们，作为国家机构的权力部门，却应该把科学事业的发展摆到重要的地位上来，这对于整个国家、民族和人类都是至关重要，并极为有利的。

第三节 认识障碍的清除

培根既然认为人类统治宇宙万物的权力深藏在知识中，因此必须大力倡导和发展科学，而为了科学的发展，又必须清除认识道路上的障碍。他把这种清除工作称之为他的科学伟大复兴的"破坏部分"。他早年的著作《时代勇敢的产儿》、《各家哲学的批判》和《几种想法与几条结论》等就是以此为中心内容。后来的《新工具》的第1卷、《论学术的进展》的第1卷也都是执行这个使命的。培根的这项"破坏"工作是多方面的，归纳起来主要有两个方面，一是对传统哲学的批判和反对经院哲学的斗争，二是对认识之所以会产生谬误的原因的揭露，亦即他的"幻象说"。

对传统哲学的批判

培根提倡科学革命，主张在大自然中寻求科学知识，反对迷信古人，因此对古人留下的知识，对"权威"的言论和著作，都应持批判的态度。在《新工具》的破坏部分结束后，他公开声言："我们已经把一切作家都抛弃掉，我们不求助于任何古人，而只依赖于自己的力量。"[①]他断言，"真理的发现只当求助于自然之光，而不追溯于黑暗

① 培根：《新工具》I，122，《培根全集》司佩丁本第4卷，第109页，关琪琍译本第108页。

的古代。”[1]培根对上至盖伦、柏拉图、亚里士多德，下至当时的帕拉塞尔苏斯的哲学，都作了猛烈的抨击。他因而被视为“狂妄”、“完全否定传统”。

在培根那里，不仅没有文艺复兴时期人文主义者盛赞古希腊的热情，恰恰相反完全持批判的“反叛”态度。大家知道人文主义者之崇尚古人，要求回到古希腊去，绝非为了复古，而是借助古希腊罗马文化反对封建文化，宣扬新兴资本主义的新文化新思想。这种旧瓶装新酒的传播新思想的方式在一定历史时期是难以避免也是有成效的。但是随着历史进一步的发展，必然要求解决和克服“新酒”和“旧瓶”之间存在的不可调和的矛盾。培根在近代率先破除对权威和传统观念的迷信，引导人们自由探索自然的奥秘，对当时新科学新哲学的诞生成长以及后代，都有重大的影响。

培根之所以对传统哲学采取当时被视为“狂妄”和“傲慢”的态度，有其深刻的原因。首先，这是因为希腊哲学的思辨性质，和反映时代要求的培根哲学的意向根本背道而驰。培根主张加强与扩大人对自然的支配力量，而古希腊人的学说只有“丰富的空言，却缺少真正的产品”。其次，崇古的思想和培根以发展的观点看待人类历史完全相悖。培根认为就人类历史的发展而言，古代终究不过是人类的童年，人们的知识不可避免充满幼童的特征。我们自己的时代才是世界真正的高龄和古代，对她的期待完全可以大于古代。第三，自托马斯·阿奎那以来，亚里士多德哲学的经院哲学化，成了宗教神学的重要支柱，使知识转向玄思论辩，因此反对经院哲学的斗争和背叛希腊哲学是紧密不可分的。

---

① 培根：《新工具》Ⅰ，122，《培根全集》司佩丁本第4卷，第109页，关琪珂译本第108页。

培根对旧哲学的批判有其自己的特点，突出表现在下面两个方面：

一是由侧重于对个人的批判到侧重于对时代的批判。培根的早期哲学批判，侧重于对哲学家个人及其著作，逐个地指名道姓，而且用极为严厉和辛辣的语言。他指责亚里士多德是“最坏的诡辩家”，柏拉图是“蒙骗的神学家”，盖伦“抛弃了经验的道路”使大家永远愚昧，帕拉塞尔苏斯是“亵渎神圣的骗子”，希波克拉底是“瞎吹乱夸的人”，如此等等不一而足。后来随着培根思想上的成熟，更侧重于从时代的角度考察这些所谓虚妄的哲学。比如，对于包括柏拉图和亚里士多德在内的希腊哲学之思辨性质，培根就从整个人类的童年时代的稚嫩特性上考察。又如，对于长久以来脱离自然、废弃自然哲学的问题，培根则从以往时代或侧重于神学的研究(西欧人的第三个时期)，或侧重道德哲学的研究(罗马人的第二个时期)，或侧重于政治学的研究(希腊人的第一个时期泰勒士等七哲除外)等角度来考察。显然培根这时已更多地从时代的局限性来看待他们的问题。

二是侧重方法论上的批判。培根的哲学批判，从一开始就强调他不纠缠于哲学家思想上的具体妄谬，因为他和他们在哲学的目的、原则、论证方法等一系列根本问题上都是截然不同的。因此停留在一些具体学说中的具体观点的论辩和修正，意义是不大的。只有从方法论的高度进行批判，才能为他的新哲学的诞生扫清道路，从而为人类开辟一条与以往完全相异的寻求知识的途径。

培根对柏拉图的批判，主要抓住他的唯心主义使人离开自然、转向超感性的先验理念世界，离开观察和事物转向自身，认为这“确实给我们一个致命的伤害”[①]。他指出柏拉图哲学只探讨脱离物质的抽象形式的最后原因、第一因，却不探讨中间原因及其他原因，这是把神学掺和在哲学里的明显例子，既败坏了科学也败坏了宗教。对于亚里士多德，培根批判他用逻辑范畴来规范自然，使自然屈从于逻辑范畴，其次，他没有把关于经验认识作用的思想贯彻到底，使经验屈从于理性，在思辨的基础上建立形而上学。培根站在方法论高度的批判总的来说是中肯的、切中要害的，尽管有时不够全面。

还要指出，培根坚决反对迷信和崇拜古代的权威，并不意味着他割断历史，否定希腊哲学的一切，在他的理论著述中，曾谈到对传统应有的继承与借鉴的问题。在他看来，对古人的一切学问都剿尽灭绝的态度是错误的。古人遗留下来的知识中，也有合理的东西，只要是真正为了追求真理，而不是贪求权势，那么，把他们的各种关于自然的意见作为借鉴参考，是很有好处的。[②]

事实上在古代哲学中，培根对前苏格拉底的哲学家是很重视的。即使在对古代大师作了猛烈抨击的《时代勇敢的产儿》中，他赞扬赫拉克利特关于人类知识的错误在于“不是从公共的世界，而是从个人的世界中寻求知识”的论断，是哲学在刚开始时的一个良好预兆。[③]在同一书中培根还赞扬德谟克利特“把极大的变化和无限的连续作为自然的属性，从而使他高出于同时代的哲学家，并从时代的潮流中分离出来”。[④] 即使对被他猛烈抨击过的人如柏拉图和亚里士多德，他也不完全否定，指出“如果有人不承认他们是人类智力非常伟大的

---

① 培根：《时代勇敢的产儿》，美国芝加哥大学 1966 年版，第 64 页。

② 培根：《论学术的进展》，《人人丛书》英文本，第 103 页。

③ 培根：《时代勇敢的产儿》，美国芝加哥大学 1966 年版，第 70 页。

④ 同上书，第 71 页。

人物，那他不是愚蠢就是不公平”。[①]

总之，在批判传统哲学时培根并不否定继承。他引证了古代的两句格言，“在学习的时候，应当十分信从”，“学习以后还应当加以判断”。他认为两者相辅而行就对了。应该说培根对待批判与继承的态度是与人类认识的发展规律吻合的。

与经院哲学的斗争

培根认为经院哲学正是当代科学发展的障碍。他在《新工具》第1卷第89条箴言里指出：“就现在的情形而论，对于自然的研究也被经院哲学的总纲和体系弄得更加困难、更加危殆了。这批经院哲学家尽量把神学归结为严整的条理秩序，把它弄成一种艺术，最后把亚里士多德的富于争辩而荆棘丛丛的哲学勉强和宗教的体系结合起来。”[②]所以，培根认为，经院哲学与其说是用无数的文章增加了科学的力量，不如说是摧毁了科学。正是基于这种历史的判断，培根在他的整个理论活动中，坚持不懈地与经院哲学作斗争。培根对经院哲学的批判，主要有如下三个方面：

首先，培根揭露了经院哲学脱离实际、脱离自然，根本隔绝人和自然的关系。

培根认为，经院哲学从根本上就惧怕对自然的研究，他们“怕深入研究自然会僭越清醒头脑所允许的限度”，“会推翻或者至少动摇宗教的权威”，“他们设想如果不知道事物的第二级原因，那会更便于

---

① 培根：《各家哲学的批判》，美国芝加哥大学1966年版，第111页。

② 培根：《新工具》I,89，《培根全集》司佩丁本第4卷，第88页，《十六—十八世纪西欧各国哲学》，第36页。

把一切事情都推到神圣的手和杖上去”[①]。因此，培根认为经院哲学无论就其认识对象或认识途径，完全都局限于脱离实际、脱离自然的“毫无补益的虚玄精妙的”“思索同争辩”。他们的题材都是“那些琐屑虚妄，不含真理，不切实用的事物”。其认识手段也只是“反观自照”像蜘蛛结网似的，只从自身吐出不断的丝条。培根认为这种凭着些小的材料和极度的智慧活动织就繁重的学问之网，织造之功虽精美绝伦，终是“空斗机巧，毫无实质，毫无补益”。[②] 因此，培根轻蔑地称经院哲学为“堕落的学问”。

其次，培根揭露了经院哲学方法的烦琐主义，形式主义。

培根指出，经院哲学在陈述任何一个问题时，总是先要虚拟一些反对的理由，然后又来解答这些反对理由，但在解答时，多半又不着重论证实据的反驳，而“只是把许多差异之处揭示出来”。总之，培根认为，经院哲学“只是零零碎碎的把微细的疑点，诡辩的反证驳斥了，解决了，就算了事”[③]。而这些实际上都只是玩弄概念的游戏，所涉及的都只是一些“微情末节，无关大体”。而培根认为，科学却是一个全体，是息息相关，部部相属，是有融会贯通之力的，要解决问题，仅仅凭着局部的差异，只抓住一些微情末节是不行的，这样只能是解决了这个问题，立刻就又发生了另一个问题。因此，培根认为经院哲学者这种“徒断断于纤末的问题”，只能“把科学上之坚牢和一贯都摧毁了”[④]。因此，培根认为，经院学者的理论，骤视之下似乎“精良宏博”，而从实质上归结起来，却不过是争辩如同空响而已，因而受人轻

---

① 培根：《新工具》I，89，《培根全集》司佩丁本第 4 卷，第 88－89 页，《十六－十八世纪西欧各国哲学》，第 36－37 页。

② 培根：《论学术的进展》(《崇学论》)关琪桐译本，第 24 页。

③ 同上书，第 25 页。

④ 同上。

蔑，为人鄙弃。

最后，培根揭露了经院哲学的权威主义、教条主义。

培根认为，经院哲学家不仅把自己的身体关闭在寺院中，而且把自己的智慧亦“完全锁闭在几个作家的洞窟内，而以亚里士多德为其太上执政”。培根挖苦地说：“他们（经院学者——引者）在实际上，只是一些伟大的葬仪经纪人，固守在几个作家的阴洞中，令人望而生畏。”[①] 实际上，崇拜的只是些虚伪残缺的影像，结果却是用一人的才智把许多人的才智给毁灭了。

培根对经院哲学的这些揭露批判，不仅是无畏的，而且是切中要害的。真正抓住了经院哲学的脱离实际、空谈玄理，死啃教条，烦琐思辨的根本问题。因此，培根的批判是富有成效的。培根是近代哲学史上较全面、较深刻地批判经院哲学的第一人。他在近代资产阶级思想解放运动中作出了历史贡献，在哲学的发展史上也具有重要地位。

幻象学说

幻象（Idol）* 说是培根学说中最著名的部分之一。他显然把这部分作为申述他的哲学新方法的前提，是使人们能够更好地接受他的哲学新方法的必备工作。有鉴于此，我们认为把幻象说置于培根主要的哲学思想——经验认识论和方法论之前，这样的安排比较合乎历史与逻辑一致的原则，比较吻合培根哲学的体系结构。

培根所讲的“幻象”，是指阻碍人们正确反映客观世界，阻碍人们获得真理性认识的主体心理的障碍。他依据这些心理障碍的不同性

① 培根：《论学术的进展》（《崇学论》）关琪珂译本，第 26 页。

* Idol 在中文译本中，有人译为“偶像”，也有人译为“假相”。

质，分为“种族幻象”、“洞穴幻象”、“市场幻象”、“剧场幻象”，构成他的“幻象”学说。培根认为扫除人类认识道路上的障碍不能止于对经院哲学的批判，还必须进一步对人类认识产生谬误的根源加以揭露，“否则，我们的旧错误方除，新错误又会由人心的不健康状况产生出来，如是则我们只能变化错误，却不能廓清错误。”[①]“幻象说”所论及的，不仅是某一种具体错误，而是人类普遍存在的，培根称之为“更为根本、更为深刻的错误”。在培根看来，人类的“许多错误虽然很有差异，而它们的原因大部分仍是一样的”。[②]“幻象说”所致力的，正是探索与分析人类认识产生谬误的原因。“种族幻象”（Idols of the Tribe）是指人们常把人类的本性混杂到事物本性中，因而歪曲了事物的真相。培根认为，这种幻象，普遍存在于人类的天性之中，植根于人类的种族之中。他说：“人的理智就好像一面不平的镜子，由于不规则的接受光线，因而把事物性质和自己的性质搅混到一块，使事物的性质受到了歪曲，改变了颜色。”[③]培根认为，“种族幻象的产生或者是由于人的精神的实体气质相同，或者是由于它的成见，或者是由于它的狭隘性，或者是由于它的无休止的运动，或者是由于一种情感的灌注，或者是由于感官的无力，或者是由于印象产生的方式。”[④]

培根在剖析种族幻象的种种表现时，涉及思维的一些本性，揭露了人类在认识中主观脱离客观的可能性。

培根指出，人的理智常有一种先入为主的偏见，这是种族幻象的表现之一。他说：“人的理智一旦接受了一种意见，就把别的一切都

---

① 培根：《伟大的复兴·序》，《培根全集》司佩丁本第 4 卷，第 27 页。

② 培根：《新工具》I，44，《培根全集》司佩丁本第 4 卷，第 55 页，关琪琲译本第 47 页。

③ 培根：《新工具》I，41，《培根全集》司佩丁本第 4 卷，第 54 页，《十六－十八世纪西欧各国哲学》，第 13 页。

④ 培根：《新工具》，I，52，《培根全集》司佩丁本第 4 卷，第 58—59 页，《十六－十八世纪西欧各国哲学》，第 18 页。

拉来支持这种意见，或者使它们符合这种意见。虽然，在另一方面，可以找到更多的和更有力量的相反的例证，但是，对于这些例证他却加以忽视或轻视，或者用某些分别来把它们摆在一边而加以拒绝。”[①]从而阻碍人们正确认识事物。培根认为，实际上，对确立真理而言，消极的例证更有力量。

人的思维不能停止，不能休息，总是不断往前推进，徒劳地要在自然秩序中另找一些先在的东西，这是“种族幻象”的又一种表现。培根举例说，比如人往往不能想像世界有多大，不能想像宇宙之大是否有个尽头，因此，不论人想像自己在什么地方，总要想像那地方以外，还另有一种地方。空间是无限的，可是，果能想像无限空间吗？不能，因为这要有无限的时间。然而，人们又很难想像悠久的时间如何会流到现在，因为人们虽有过去的无限，和将来的无限，但这区分是无效的，因为要这样区分，则结果会有一个无限大于另一个无限，而且无限会消逝了逐渐变成有限。所以，培根认为由于形而上学的玄想、空想是不会有成效的，于是感到思维无能为力。当感到自己的思维无力之后，便又返回到自己身上，而且假设自然的进程，也和人的工作一样，有同样目的、方式。这样，也就把人自己的目标观念投射在宇宙上，认为上帝或自然就是照着自己的目的、方式行事的。这就是培根所指出的，人在努力追求较远的原因时，反而落在最近的东西上，就是说，反而落在所谓目的原因上。在培根看来，这只是与人性相关，而与宇宙的本质却大相径庭了。

需要特别指出的是，培根在这里所说的人的理性的不休止的玄想，是阻滞人们把握真理的一个障碍。这正是后来康德的二律背反

---

① 培根:《新工具》I,46,《培根全集》司佩丁本第 4 卷，第 56 页，《十六一十八世纪西欧各国哲学》，第 15 页。

中的一个。因为在康德看来，追求形而上学是人的一种自然倾向，都要求对这种超经验的总体有所认识和把握。[①] 而培根在上面所揭示的，实质上，正是康德后来所讲的，知性本身超经验使用所必然产生的“先验幻象”，这是理性进行认识必然产生出来的。康德二律背反的任务，就在于研究这种幻象，暴露出它的谬误和矛盾。人们认识中的二律背反就是因为要追求和推论这个宇宙的绝对总体而引起，即从部分的、有条件的、有限制的经验对象，进而追求完整的、无条件的、不受限制的绝对总体的宇宙，从而引起无法解决的矛盾，产生“先验幻象”。[②]

因此，在一定意义上，我们可以说，培根的幻象说是康德二律背反的前驱。大概也正是基于此，康德在《纯粹理性批判》一书的序言里指出，他所认为的指引读者的明星，不是柏拉图，也不是亚里士多德或其他伟大的哲人，而是培根！这是有道理的。

“洞穴幻象”(Idols of the Cave)也来自理智的本性，它是具体的个人特有的。这是指个人从自己的性格、爱好、所受教育、所处环境出发来观察事物，因而歪曲事物真相。在培根看来，这种从个人天性习惯所生的幻象，最好用柏拉图的那个洞穴的假设来说明。如果一个儿童从小就生长在地窖里，那么等他成人之后忽然让他跑到外边去，他一定会有许多奇特而荒谬的想像。同样，我们的身体虽然当着天空，但我们的思想、心理若是幽居在自己身心组织同习惯的洞窟内，也一定会发生许多虚妄和错误的观念。培根认为，“每一个人都有他自己的洞穴，使自然之光发生曲折和改变颜色。”[③]在这方面，培

① 参看李泽厚：《批判哲学的批判》，人民出版社 1979 年版，第 207 页。

② 同上书，第 208 页。

③ 培根：《新工具》I，42，《培根全集》司佩丁本第 4 卷，第 54 页，《十六－十八世纪西欧各国哲学》，第 13 页。

根揭露了人们认识中只见树木不见森林的片面性的错误。

比如,人们常用自己有很深癖好的学科的眼光来从事哲学或一般性的思考,并往往依照这些学科的概念给事物一种极不真实、极不适当的色彩。培根认为,像亚里士多德的自然哲学就受到他的逻辑学的歪曲和渲染而成为他的逻辑学的仆役。柏拉图就以神学、新柏拉图主义者普洛克鲁斯(Procius)就以数学掺杂到他们的哲学中,又如吉尔伯特在大力观察、研究磁石后,就依据磁石论构造他的哲学体系。

又比如,在科学和哲学的认识中,也因人的天性、爱好、习惯的差异,一些人比较着重事物的差异,一些人比较着重事物的相似;一些人极端崇拜古代,一些人则极端爱好新奇;一些人只注意物体的简单形式,一些人则注意自然和物体的组织和结构。结果两种人都陷于片面性,偏于极端的错误。培根认为,在这种状况下,人们的理智只有注意"保持平衡和清醒"[①]才能免于片面性的错误。

应该说,培根在这里指出的人们认识往往受以往认识经验的局限,的确是人们常有的偏见。这是古今皆然,可以说是人类思想的"惯性"了。的确,人类需要凭着以往的认识对新的经验进行描述和思考,而同时又必须努力克服原有认识造成的偏见和束缚,虽然矛盾,但却是事实。这是人类认识发展的辩证法。培根对此虽非自觉,然而却接触到了这种思想惯性,不能不说是有见地的、深刻的。

"市场幻象"(Idols of the Market-place)指的是人们在来往交际中语言概念的不确定、不严格而产生的思维混乱。培根认为,这种幻象最难排除。

---

① 培根:《新工具》I,58,《培根全集》司佩丁本第4卷,第60页,《十六—十八世纪西欧各国哲学》,第20页。

在培根看来，人们虽然认为自己能支配自己的语言，但实际上，语言对思维可以起反作用，可以迷惑、扭曲人的判断。在《新工具》里，培根写道："语词的意义是根据俗人的了解来确定的。"[①]由于语词的形成和应用通常都是以俗人的能力为根据的，因此，"它们所遵循的乃是对于俗人的理智最明显的那些划分线。当一个更敏锐或更勤于观察的理智要改变这些线来适合自然的真正划分时，语词从中作梗，并且反抗这种改变。"[②]在培根看来，语词显然是强制和统治人们理智的，它使一切陷于混乱，并且使人陷于无数空洞的争辩和无聊的幻想。我们应该效法数学家，一开始就对名词概念的涵义规定明白，否则，很多的交谈、辩论在收场时往往就是应该起首的地方，争论了半天，不过是一场名词概念的争辩而已！

显然，培根在"市场幻象"里，揭示了语言具有约定俗成的性质，以及语言概念可能的乖离，语言对思维可能发生的约束限定的作用。培根强调语言概念涵义必须清晰明确，而且必须是真实地从事物中抽象出来，这无疑是正确的。培根的后继者洛克也把语词的误用引入认识的障碍之中。从培根开始一直到穆勒的英国经验主义者，都很注意阐明构成概念和命题的语词和句子的意义，而且对某些语言陈述的涵义进行过认真的分析。不过，他们都以此作为哲学研究的一种准备而已！当代各派的分析哲学，都共同认为语言的混乱是一切哲学争论和错误的根源，而当今人们日常使用的以及各门科学使用的语言，都是含混的、意义不明确的。因此，他们认为，对语言进行分析，使之意义明确，这是哲学的唯一任务，并在"反形而上学"口号

---

① 培根:《新工具》I,43,《培根全集》司佩丁本第4卷，第55页，《十六—十八世纪西欧各国哲学》，第14页。

② 培根:《新工具》I,59,《培根全集》司佩丁本第4卷，第61页，《十六—十八世纪西欧各国哲学》，第20页。

下，以此取代哲学的思维与存在关系的传统哲学问题。显然，这种把语言意义的分析当作哲学研究本身，当作哲学活动的基本内容，并以此反形而上学、反对传统的哲学问题，这就从培根"市场幻象"说的真理性中向前走得太远了。

"剧场幻象"(Idols of the Theatre)是指不加批判而盲目顺从传统的或当时流行的各种科学和哲学的原理、体系及权威而形成的错误。

在培根看来，流行的哲学体系都不过是舞台戏剧，以一种不真实的幻景来表现哲学家自己所创造的世界，这比真实的世界可能使人感到更精致、更加令人满意，但却远离了客观真理。据此，培根批判了只凭"个人玄想和机智活动"的理性派的诡辩哲学，还批判了"听任幻想驰骋，想在神圣鬼怪中寻求科学起源"的迷信哲学。在这方面，培根集中批判了权威主义、教条主义和伪科学。揭露了神学的唯心主义以及一切谬误的根源，正在于以自己臆造的虚幻世界取代真实客观的世界。

培根关于"剧场幻象"的内容，我们在本书不少章节中都会论及到它，这里从略。

以上是对培根四幻象说的简要述评。培根关于幻象的分析，具有重大的革命和理论的意义。

首先，培根的幻象学说有力地支持了他反对迷信古代权威，反对脱离自然，反对空谈和诡辩，以及反对经院哲学的权威主义、烦琐主义、教条习气、伪科学的斗争。

其次，培根揭示了人们错误的各种各样的认识论根源。人的认识是一条螺旋形曲线。培根没有像他的某些后继者那样，简单地把神学唯心主义斥之为"胡说"、"怪诞之体系"，而把它们看作复杂曲折认识过程的产物，探讨其认识论根源，并且接触到人的主观性、片面性是认识产生谬误的思想方法的原因。在理论上,这不能不说是深刻的。

再次,在谬误的分析过程中,培根提出了一连串认识论的复杂问题,如认识过程中主观与客观的问题,感性认识与理性认识的关系问题,思维与语言的矛盾与统一问题等等。这些问题在以后的哲学发展中都是富有启发性的。

培根关于谬误的分析为后来的穆勒所继承和发展。穆勒在他的《逻辑体系》中,对谬误的问题专门作了深入、细致、全面、系统的研究。在对谬误的这些讨论中,他完全接受了培根关于主观偏见是产生谬误的主要根源的思想。

总之,培根幻象说的意义是重大的。它试图对错误根源的揭露具有永恒的价值,并受到人们的重视。18世纪法国的孔狄亚克赞扬培根的幻象说对错误原因的揭示,认为没有人能说得更为清楚。19世纪的麦克卢尔则认为培根的幻象说有着许多永恒有价值的东西。①

然而,我们也要指出,培根的"幻象说"的经验主义倾向,使之未能对理智的本性与唯心主义的虚妄加以严格区分。在关于种族幻象的分析中,培根谈到许多他认为属于理智的缺陷和不健全的方面。也在这里既有把唯心主义的错误夸大为人类理智的本性,又有把理智本性的抽象性质混同于唯心主义的妄谬,二者都是错误的。

其次,培根在幻象说里,虽然看到了主体的认识结构(包括世界观、方法论、一定的理论知识背景等等)中存在的幻象偏见对观察认识的消极影响。然而,他据此却忽视了认识结构在认识中的巨大作用。他在要求人们排除幻象、剔除谬误的同时,去掉一切主观因素,

① 参看麦克卢尔:《培根选集·序》,《培根选集》,《人人丛书》英文本,XXXVII。

不带任何主观偏见地进行客观观察，实际上，这是做不到的。认识本来就是一种积极的主动的建构，而并非简单的描摹或机械的照相，从系统论角度看，这就是认识的自主性问题。培根的“幻象说”正是对此缺乏认识，因而也就忽视了认识的能动性，认识的社会性，而陷入形而上学的机械的反映论中，并且把主体的创造性、能动性混同于主观性的妄谬。

最后，培根幻象说最大的一个局限，就是把真理与谬误绝对地对立起来。培根认为，在求真理性的认识中，只有把幻象排除了、摒弃了，理智才会成为一块印刻自然的清白石板，为求真理的认识就必须排除偏见、净化心灵。波普在《猜测与反驳》、《科学发现的逻辑》中，曾一再讥讽培根要求解释自然之书的科学家纯洁有偏见之心灵，就如同宗教的神秘主义者要求净化心灵准备神的显圣一样。① 培根没看到产生错误的复杂的多方面的原因，既有主体方面的原因，也有客体方面的原因。由于事物的发展、显现有一个过程，人们的认识总是难免犯错误的。即使在揭露了偏见成见、排除了幻象错误而获得的认识中，甚至是经过多次确证的认识，也并非就是绝对无误的知识，就是终极真理。正像波普指出的，任何科学理论，不管受过多少严格的检验，都可以被证伪。如像牛顿的万有引力定律，应该说是受过最好的确证了，然而事实证明爱因斯坦的广义相对论才是更全面更精确的理论。即使爱因斯坦也认为自己的引力理论，仅仅是通向更好的理论的一步。

显然，错误也并非罪恶，人是从错误与试探中学习的。波普就曾指出：“我们可以从错误中学习”。② 科学家进行科学探索的逻辑，乃

① 参看波普：《猜测与反驳》，1963 年伦敦版，第 7、第 15 页；《科学发现的逻辑》，《哈泼火炬丛书》1968 年版，第 279 页。

② 波普：《猜测与反驳·序言》，1963 年伦敦版，第 VII 页。

至整个科学进化的逻辑就是:试探、错误、再试探、再错误……循环往复,永无止境。波普讽刺培根、笛卡尔,认为他们主张真理一旦被提出,永远就是真理,无须作进一步的争辩,这实质上依靠的是“神的诚实”,“自然的诚实”做成真理的确实性。[①] 的确,任何理论只要被奉为终极真理,本质上就成为一种神学了。

实际上,培根在“三表法”中,强调收集否定例证,表明培根对否定例证在推动认识发展中的积极作用是有了解的。然而,他在对待认识的错误中,却对真理性认识是通过发现和纠正错误,逐渐向真理逼近,使认识与实际相符合、相一致的过程缺乏认识。总想杜绝一切谬误,追求十全十美的绝对知识,这实际只是一种善良愿望,在实践上是不可能的。实质上,这也就是恩格斯所说:“科学史就是把这种谬论逐渐消除或是更换为新的、但终归是比较不荒诞的谬论的历史。”[②]谬误不是罪恶,要排除谬误,但又不能不犯错误。显然,培根还缺乏这样的辩证思考。

第四节　近代经验论认识原则的奠定

反映了新兴资产阶级的社会要求和新科学发展的需要,培根在对科学现状的研究中,痛感认识脱离经验、脱离事实、脱离自然是科学不景气的重要原因。要革新科学,促进科学的发展,就得从根本上研究认识的主体与客体的关系问题,因而认识论问题便成为培根哲学的中心问题。近代把认识论问题作为哲学研究的中心问题,并置于经验的基础上,是从培根开始的。

---

① 参看波普:《猜测与反驳》,1963 年伦敦版,第 7 页。

② 《马克思恩格斯全集》第 37 卷,第 489 页。

经验的认识原则

培根对思维与存在、主体与客体的考察涉及到各个方面,但主要的还是从内容方面考察怎样使主体与客体同一的问题。作为这种考察的前提,培根首先确认了认识的客体就是感性的自然,就是客观存在的经验事实,而不是什么超感性的精神性的东西。

我们知道,在欧洲的中世纪从宗教观点看,自然界只具有有限的、虚幻的、非本质的意义。因此,对自然界的研究一方面被看作渎神的、罪孽深重的,另一方面又被看作卑贱的、有失尊严的。此后,经过宗教改革、文艺复兴,独自思考的自由精神复苏了,自然的研究才从被湮没被唾弃的境地中逐步摆脱出来。培根正是在这个时候强调、展示了自然的宏伟、崇高和无限,他明确宣布:"人是自然的仆役和解释者",自然的自发进程就是人们的认识对象,一切的自然现象都是人们直接观察的对象,直接研究的对象,最低下最卑贱的事物与最庄严最华贵的事物,都有着同样的权利成为科学认识的对象。因此,正像我们在培根的知识体系新结构中所看到的,培根既主要以自然界中的物质及其结构、运动规律为其认识对象,但同时对自然界中的变态、反常、变异也同样加以探讨研究。培根认为,人们绝不会因为认识和研究自然一切现象,而玷污了自己,"正像太阳照耀着宫殿,也同样照耀着阴沟,而并不损其灿烂的光辉。"[①]"凡值得存在的东西,就值得知道。"(Whatever deserves to exist deserves also to be known)[②]这就是培根的信条。培根对自然的这种强烈追求,坚定地以自然为人们认识的对象,自己哲学的对象,这既是反映了、代表了

---

① 《培根全集》司佩丁本第 4 卷,第 106—107 页。

② 同上。

近代科学精神的开端，同时在理论上更是培根认识论的唯物主义前提。

在确认感性自然为人们认识的客体以后，培根又在近代头一个最明确地提出了自然的本源性，认为只有通过自然界自身才能解释和说明自然界，即要按自然界的本来面目接受自然界的影像①，依据自然界自身对它作出积极的规定，而不要以想像的幻梦当作世界的模型。

在培根看来，认识的本质就是对客观实在、感性自然的描摹，人类的认识活动就是一种反映活动，"知识就是存在的映象"②，反映主体与被反映客体是一致的。培根明确提出："存在的真实同知识的真实是一致的，两者的差异亦不过如同实在的光线同反射的光线的差异罢了。"③显然，培根是把感性的自然、客观的物质存在，作为认识的客观源泉、作为经验的源泉。

在培根看来，只要人们遵循着、凭借着事物的证据，用经验事实去回答问题，报告自然的真相，则事物的一切原因都可以发见出来。"尊重感性现象、承认感性现象、睁开眼睛观看存在的东西"④，这是培根认识论的整个立足点。

培根以经验事实为立足点的思想贯彻于他对认识过程考察的整个始终，经验既是认识的起源，认识的依据，又是认识整个阶梯不可须臾离开的东西，最后还是认识真理性的准绳。

培根认为一切认识都开始于感官知觉，他不止一次地强调，知识的全部路程应当从感官开始。在《新工具》里他明确写道："全部对自

---

① 《培根全集》司佩丁本第 4 卷，第 32 页。

② 培根：《新工具》I，120，《培根全集》第 4 卷，第 107 页。

③ 培根：《论学术的进展》（《崇学论》）关琪琍译本，第 26 页。

④ 《黑格尔哲学史讲演录》第 4 卷，第 19 页。

然的解释由感觉开始，由感官的知觉沿着一条径直的、有规则的、谨慎的道路，达到理智的知觉，即达到真正的概念和公理。”[①]也就是说，概念和公理的认识来自感觉经验。他反对人们认为概念和公理的认识是“人类头脑的土著”，是生而有之的。在培根看来，感觉经验正是主体与客体联系的桥梁，因此，抛弃了经验，也就把主体自身封闭住、堵塞住了。

在以感官知觉开始以后的认识过程，即寻求公理性的认识过程中，培根仍然强调对经验事实的绝对顺从，要一刻不离开事实。他强调从感觉与特殊事物把公理引申出来，一定要循序渐进，要经过一切中间步骤，不越等级，由最低的公理，进到中间公理，而从中间公理进到最高的公理。他责难有些人在观察有限事实以后，一下就飞到最广阔的概括结论中，并认为它们就是确定不移的。他在《伟大的复兴·序》里，论及自己时，就曾自白：“我是完全的、经常的停留在自然事物当中，即使抽身旁观，运用理智，也只是从使自然事物的形象和光线像在视觉中交会于一点为限。”[②]培根所倡导的归纳法也就是经验的认识方法。

最后，作为认识的终结，在检验认识成果的真伪时，培根还是以经验为依归。培根通过引述古人的思想，说明事理究竟能否知道，不是争辩所可能解决的问题，而是只有诉之于试验才能有望。而且，培根较之古人更进一步的，则在于提出科学实验证实的原理，即通过科学实验纠正弥补感官的局限，保证认识的真理性。

综括起来，要认识事物必须与事物密切接触，要通过经验、依据经验，以经验为准绳，从经验中寻求普遍必然的规律知识。这就是培

---

① 培根：《新工具》I，38，《培根全集》第 4 卷，第 192 页，关琪瑚译本，第 236 页。

② 培根：《伟大复兴·序》，《培根全集》司佩丁本第 4 卷，第 19 页。

根在近代开创的经验认识原则。

我们知道,古代也有人主张从经验去求取知识,他们对经验的认识作用也曾有所了解,特别是古代最伟大的思想家亚里士多德,在一定场合曾肯定感觉经验的认识作用,并且对经验作了明确的规定,经验就是由感觉产生对同一事物的屡次记忆的积累。[①] 可以说,这是人类的思想史上对经验概念作出的第一个介说。后来晚期希腊的伊壁鸠鲁和古罗马的卢克莱修都曾有过从个别事物的感觉出发求取认识的思想,这些实际上都是近代经验论的思想渊源。那么,培根所增添的新东西是什么?我们可以从下述三个方面回答:

(一)在新的历史条件下,培根恢复了古代关于经验的认识作用的思想。我们知道,在古代人们对于生活在其中的自然界的各种现象,总是力图从对自然的观察中寻求解释,尽管这种解释还很幼稚、很原始,然而,正是这种对自然的观察,反映在哲学上才有上述论及的关于经验作用的认识。但是,到了中世纪,在宗教神学的精神垄断中意识形态的一切形式全都合并到神学中,成为神学的科目,根本反对对自然的观察研究以及理性考察。从思维内容到思维形式,人们崇尚的都是超自然的东西,鄙视感性形式的东西,盛行的都是抽象空洞的思辨,以及烦琐细屑的逻辑推理。对一切现实的存在视而不见,听而不闻。这就是中世纪思维的主要特征。培根正是在这个时候针锋相对地提出要睁开眼睛观看存在的东西,以感觉经验为认识之起源和依据的思想,这既是对古代关于感觉经验的认识作用思想的恢复,但又绝非简单的复归,而是在新历史条件下,赋予了与传统经院哲学、神学统治思想作斗争的性质,以及力图取代一代的统治思想,其意义是深远的。

---

① 亚里士多德:《形而上学》981a。

（二）培根把感觉经验从一向受贬抑鄙视的地位提升为科学的原则，成为哲学的必然性。他把经验从古代直到中世纪一向受鄙视、受贬抑的卑贱地位提到了首要地位，成为一种科学原则，成为哲学上一种不可避免的必然性，成为哲学上的事情。此后，经验的认识成为盛极一时的思想，在哲学领域里，不仅作为培根开创的经验学派，就是与之对立的唯理学派的大多数主要哲学家也不能不予以重视。

（三）关于经验的概念，培根也较古代有了发展。亚里士多德定义经验为由感觉产生的同一事物的记忆的积累。显然，这种经验是从自身产生，并被自身理解的。培根对经验没有作出明确的界说，但综观其整个认识论体系，培根的经验显然已经不是简单的看、听、摸，不是从自身产生并被自身理解的幼稚的原始的自我论证的简单日常体验。培根强调作为认识依据的经验，并非自然获得的，而是通过作为经验的认识形态的观察方法、实验方法求得的。显然，培根关于经验概念的内涵，较之他的先辈更为充实、丰富，并具有科学的形态。正是这样，培根所提出的经验认识原则，较之古代也就更具科学依据，摆脱了古代的原始、幼稚的性质。培根的经验认识原则是古代原则在新历史条件下的继承、发展、创新。

培根开创的经验认识原则的确是意义重大的。首先，在欧洲，特别是在英国，影响整个一代人的思想方式。人们的思维从天上回到了地上，尊重感性现象，承认感性现象，重经验重实际也就日渐成为英国民族的风尚。

其次，经验认识原则作为哲学的认识论原则，并不止步于自然科学的领域，而且在社会领域也得到了运用。比如，过去个人对个人、个人对君主、国家对国家、国家对教皇的权利和义务，一切都以《圣经》为准则，如国王的册立、国王的权柄、祭司的权利、什一税的征收，都依据《圣经》的旧约全书。如今关于人的权利义务什么是合法的、什么是应当的、什么又是应当摒除的、什么又是人应有的欲望等，都依据经验来研究和考察，从人的身上、从人的历史来作出判决。这种以人而不是神的眼光看待社会历史，在当时都具有革命性影响，是资产阶级反对封建教权思想、反对宗教的禁欲主义的重要思想武器。

最后，经验的认识原则在近代科学发展中的意义更是巨大的。经验认识原则产生于自然科学的迅速发展；它的形成，反过来又大力推进了科学的发展。特别经验原则在科学方法上的实现，提出干扰自然，强迫自然回答人的问题的实验兴趣建立起来，这对推动自然科学的发展具有巨大意义。

经验与理性的婚配

培根虽然倡导经验认识原则，可是并不止于感觉经验；培根虽为经验学派的创始者，却又没有像他的某些后继者那样陷于极端狭隘的境地。这是因为培根对感觉的局限性有较明确的意识。

有一种十分流行的说法，说“培根认为感觉是完全可靠的”。这种说法不妥。实际上，培根虽然十分重视经验在认识中的作用，但他也看到感觉的局限性。培根明白地写道：“感觉虽然能了解一切事物，可是它的了解是不可靠的。”①

“感觉确实是能骗人的。”②

“人类理解力的最大障碍和纷乱，还是起于感官的暗弱、无力和欺骗。”③

“感官自身就是脆弱而易误的。”④

---

① 培根：《工作计划》，《培根全集》司佩丁本第 4 卷，第 26 页。

② 同上。

③ 培根：《新工具》I，50，《培根全集》司佩丁本第 4 卷，第 58 页，关琪桐译本，第 51 页。

④ 同上。

有关这方面的论述不必一一列举，从这里我们已经清楚地看到，培根并不认为感觉是完全可靠的。不仅如此，培根还进一步分析了感觉之所以不完全可靠的原因。他写道："感官的失败有两条途径：有时完全不能给人以报告；有时它只能给人以虚妄的报告。"[①]关于前者，他指出，有些物体过于庞大或过于纤小，或距离太远或运动太缓或运动太快，感官对它们都不能作出反映。有些物体或现象太习以为常，也常为人所忽略，因而感觉也不能作出报告。关于后一条途径，培根指出，这主要是由于"感官的证据或报告往往参照于人，而少参照于宇宙"。[②] 为此，培根还特别批判了"感官是万物的准绳"的感觉主义观点，他认为人的感官和心理的一切知觉，都是以个人为衡量，而不是以宇宙为衡量，因此反映时已经把自己的本质混合进去了。

应该说，培根对感觉的主观性、相对性是有一定了解的。但更为可贵的是，培根并没有像唯理论者那样，因感觉的主观性、相对性而否认感觉作为认识来源的无法取代的作用。在培根看来，"感觉确乎能骗人，不过同时它们还能够供给人们以方法来发现它们的错误。"[③]在《新工具》里，培根写道："感觉的缺点是可以补救的，它的欺骗亦是可以改正的。"[④]正是在这种信念的支配下，培根在其理论著述中，用了相当篇幅专门研究阐述"补救感官错误之方法"。

培根在《新工具》第2卷所讲的"门户的例证"中，提出了通过加强、加大或改正感官的直接动作来使视觉看到不可见的物体，看到远隔的物体，或使看得模糊不清晰的变为看得清楚些、精确些。显然，

---

① 培根：《工作计划》，《培根全集》司佩丁本第4卷，第26页。

② 同上。

③ 同上。

④ 培根：《新工具》I，69，《培根全集》司佩丁本第4卷，第70页，关琪桐译本，第65页。

培根对当时为数不多的科学仪器在扩大和改进感官，作为感官的延长的重大认识作用作了充分的肯定。

又如在所谓“传唤的例证”中，培根提出可以使不可感的变为可感的，即用明显的东西把不能直接知觉到的东西显现出来。他分析了物体之所以能逃离人的感官的各种原因，通过各种测量转换，使不可见之物变成可见之物，使不可直观的运动形式转换为可以被感知的运动形式，这也就是以后科学对微观世界进行认识的方法。

至于感官的欺骗，培根认为这不是上述仪器测量转换的方法所可解决的，而需要用“理性和普遍哲学来救济它”。[①] 这里所谓的“理性和普遍哲学”，主要指的也就是他的归纳方法和实验方法，特别是实验的方法。他明确说过，在他为改正感官的错误所寻求的种种方法中，他“依赖于实验者多，依赖于工具者少，因为实验的微妙作用，要比感官在受了最精工具的帮助所具有的微妙性还要大”。[②]

感官不是绝对可靠的，然而，通过实验的中介，通过比较研究，通过仪器的帮助，以及测量转换等包含理性因素他称之为“理性和普遍哲学”的方法，感官的局限、欺骗又是可以弥补和纠正的。正是基于这样的认识，培根才不至于从感觉的相对性、主观性陷入否认感觉的认识来源作用的唯理论，或否认感觉内容客观性、否认感觉的客观源泉的不可知论或唯心论，而仍然坚持唯物主义经验论。

其次，感性经验的局限性还在于它不能提供培根十分重视的对自然现象的原因和形式(规律)的知识。培根认为认识为人类的生活谋福利的目的，是通过技艺的理论研究，通过公理、形式、规律的发现

① 培根:《新工具》II,40,《培根全集》司佩丁本第 4 卷,第 201 页,关琪琍译本,第 246 页。

② 培根:《工作计划》,《培根全集》司佩丁本第 4 卷,第 26 页。

来实现的。他一再强调他不是以“实验的直接效用来给人帮助，我的主要目的在于供给一些光明以求把原因发现出来”。[①] 他强调的是光明的实验(experiments of light)，而不是果实的实验(experiments of fruit)。按照培根的解释，所谓光明的实验，就是自己没有用，而只是用来发现原因和公理的实验。培根指出，他之所以采取这样的主张，是因为他分明知道，“公理一旦发明以后，就可以带着大量工作来，而且产生工作时，不是东一件，西一件，而是一堆一簇的。”[②]在培根的著作里，反复强调要对基本理论进行研究，强调要去发现和认识的，不仅是自然界的表面感性现象，而是要超出感性经验范围，深入自然界底蕴，把握事物内部规律，只有这样才能推动实践的迅猛发展。这就从经验论的狭隘前提大大跨出了一步。

培根倡导经验，但在一定程度上，也看到了单纯经验的弊端。他曾写道：“以纯主经验而无学理的医生为例，如果他们徒工技术，死守验方，妄敢自信，冒险施诊，不识病因，不察体况，不谙危险征候，不晓治疗真法，那我们若把自己的身体，交托在他们手里，还不是荒谬么?”[③]培根尖锐地批判了狭隘的经验派哲学，认为这种哲学是建立在少数狭隘和暧昧的实验上，而拒绝“共同概念光辉的照耀”，结果陷入经验的迷宫，指出它所产生的教条甚至比诡辩的理性派更为荒诞、更为丑恶。

培根认为人们一向把经验能力、理性能力、经验方法、理性方法割裂了。他说：“历来研究科学的人不是单务实验的人，就是只重教条的人，单务实验的就如蚂蚁似的，他们只图采集，专供实用。爱行推论的就如蜘蛛似的，他们只是凭着自己的材料织成网子。”他认为

① 培根：《工作计划》，《培根全集》司佩丁本第4卷，第29页。

② 同上。

③ 培根：《论学术的进展》(《崇学论》)关琪珂译本，第9页。

经验和理性的离异和割裂，给人类带来了重大灾难。

应该说，培根敏锐地抓住了历史上一直沿袭下来的理论研究和经验研究的割裂状况。这是两种对立的历史传统。只崇尚经验研究的，知其然不知其所以然，对自然的原因，甚至对自己的创造发明不能提出解释，不能扩大所获的成果。只崇尚理论研究的，又悬浮在空中，缺乏根基，缺乏生命的气息，不能结出果实。为此，培根提出经验与理性结合的呼吁："有学问的亦应当注重经验；以经验擅长的，则应当注重学问所教的方法。"[①]正确的认识"既不专凭人心的能力，亦不只从自然历史和机械实验中，收集起材料来，照样保存于记忆中，而是把材料置在理解力中，加以变化和消化。"[②]正像蜜蜂不仅从田园中采集花粉，还要以自己力量来变化它们，消化它们，酿成蜂蜜。培根认为他所提出的经验归纳法，强调大量收集经验材料，然后由理性进行概括、推导，得出一般的概念和公理。这就是感性与理性结合的典范。培根说，"借着我这些方法，可以永久确立经验能力和理性能力两者的真正合法的婚姻。"[③]

培根关于经验与理性结合的思想是可贵的。他是近代提出这个任务的第一人。库诺·费舍认为，在企图把经验方法与理性方法综合起来方面，培根是康德的先驱者。我们认为，这个判断是公正的、符合事实的。培根的经验论承认和重视理性的作用。那种认为培根的经验论是完全缺乏思想的观点，恐怕是过于武断而不符合培根的真实了。

尽管培根强调以经验能力与理性能力的结合为自己研究的任务

---

① 培根：《论学术的进展》(《崇学论》)关琪桐译本，第151—152页。

② 培根：《新工具》I,95,《培根全集》司佩丁本第4卷，第93页，关琪桐译本第90—91页。

③ 培根：《伟大的复兴·序》,《培根全集》司佩丁本第4卷，第19页。

和职责，并且宣称自己解决了这个对立。然而真正说来，培根只是试图解决而实际上并未解决这个问题，原因在于他对理性的理解还是比较狭窄和肤浅的。

培根理解的理性是什么？他没有明确说明。我们从培根认识论的整个体系，以及他所倡导和主要凭借的认识工具——归纳法中，可以看到培根所承认的理性，实际上主要就是对可感知的经验材料的排列和整理，分析和排除。他所承认的抽象，主要就是对个别事物特殊点的舍弃，以及事物共同的、经常出现的属性的分离。然而，由此所获得的一般，并不一定就是事物真正的本质，往往仅仅是事物纯粹外部的共同特征，仍然停留在可感知的范围内，也就是黑格尔所谓的"知性的共性"而已。

然而，理性思维要求认识的却不是事物直接呈现的面貌，而是不同于表面现象的本质，即不是事物的直接性，而是由它引申出来的间接性。也就是说，理性思维的真正本质应是对事物和现象的本质和必然性普遍性的反映。培根不了解理性思维从感觉经验出发而又必须超越感觉经验，扬弃感性形式，才能发现和掌握事物的普遍性和必然性，才真正抽象、反映、抓住不仅是事物的表面的共性，而是事物的全体和事物的内部联系和本质。

培根正是由于对理性思维缺乏正确的了解，所以对感性到理性的过渡没有看到是通过质的飞跃进行的。他认为从个别到一般，从感觉与特殊事物到公理是循序渐进，逐步上升实现的。因此，从本质上讲，培根对于扬弃了感性形式的理性思维是不信任的，或者起码是不放心的。在培根的著作里，多次提到理性中那种自然而自发的进程是不可信托的。他认为理性通过抽象形成概念时，已经把自己的本质混合到事物的本质中，并且认为这是人类的天性。为此，他提出，不应让人心"自由动作"，而应对之步步加以指导，使之精确不紊，如机器所做一样。

因此，尽管培根声称解决了感性能力与理性能力的对立，而实际上，由于他理解的理性还是极为狭窄肤浅的，对于真正意义上的理性思维还缺乏了解，经常把它与经院哲学的脱离实际的空洞思辨、神奇幻想混同，因此，他终究没有摆脱他自己经常加以批判的经验主义。培根虽是近代提出这个任务的第一个人，但他的努力、他的尝试并没有获得如期的想望。他终究还是重经验而轻理性，这突出地反映在方法论问题上，重归纳轻演绎，重质的探索而忽视量的研究，以及忽视假设在认识中的作用。

真理的确立在于实践的证明

在培根的认识论中，无论就认识目的、认识手段，或认识真理性的准绳等问题上，都曾接触到实践在其中的作用与意义的问题。诚然，培根的实践概念与马克思的实践概念是不尽相同的。但是应该指出的是，培根的实践概念绝不仅是日常生活活动，也不仅是科学实验活动，很多时候还包括了物质的生产活动。可以说，培根所讲的实践，是指支配自然、改造自然的客观现实活动。培根无疑没有也不可能从辩证的和历史的唯物主义高度理解实践，但就旧唯物主义哲学而言，对实践能有如此卓越的了解，并广泛接触到它在认识中的作用，这是难能可贵的。

下面我们将就培根关于实践在认识中的作用作些评述。

(一)认识自然，为了驾驭自然、变革自然。

在关于培根的“科学学的前驱”一节，我们对此已有所涉及，这里只是作些概述。培根一贯主张认识以探求事物性质的形式、本质属性和原因为自身职责，人们一旦发现了某种性质的形式，就可以用相应的性质加于任何别的物体上，从而产生或形成一些新的物体，或发现和造成一些从来未产生过的效果。培根在他的著述中，提到过诸如合金的制造，有色玻璃、不碎玻璃、抗热玻璃的制造，早熟的豌豆、樱桃、草莓的培养，过夏不腐的橘子、柠檬的保存等等。诚然，培根在这些具体思想的阐述中，带有某些幻想、想像的成分。但是，培根强调了认识的目的是为了实践，是为了变革自然；强调把科学应用在生产上，反对为科学而科学；反对只求认识自然，而不求变革自然。这是毋庸置疑的。

（二）认识不仅是对自然的静观，更是对自然的干预。

培根虽然没有专门去阐述认识对实践的依赖，也没有明确做出实践是认识的基础的结论。但是，他把实验引入认识论，强调了实验比直观优越的认识价值，就包含了上述思想的萌芽和因素。这是培根在认识论发展史上的贡献之一。

实验作为一种认识方法并非始于培根，在13世纪的欧洲就曾出现过一个短时期的“实验风气”，然而，这只是昙花一现，很快便被教会扼杀。15世纪下半叶，随着自然科学的诞生和发展，实验方法开始为人们用来研究自然现象。培根在实验问题上的功绩在于，当现代科学刚开始兴起，新的研究方法也刚刚开始探索，便能高瞻远瞩，以其敏锐的洞察力，抓住了科学发展的这种趋势，从哲学上对这种科学方法加以研究，为它提供哲学的论证。

在培根看来，实验的价值，就在于它对自然的认识是在人主动地干预自然、变革自然中求得的。在培根看来，“事物的性质是在技艺的激动后，比在自由状态下，更能把真相显露出来。”实验不像观察那样受着自然条件的局限，它可以人为地控制或模拟自然的条件，它可以把复杂的自然现象分析为简单的个别现象，把观察的对象，从复杂的联系中抽取出来，去掉不相干的因素，使事物的因果联系更为显露，因而更有助于把事物的本质规律进一步揭示出来。在培根看来，对自然的干预主要是科学的实验，但也包括一般的劳动技术活动。也就是说，在培根那里，实际上把人对自然的一切有意识有目的的干预都列入实验范畴。培根把主动地干预自然，作为人们认识的重要手段的思想是很可贵的，接近认识到“不单独是自然界本身，而是人所引起自然界的变化”，[1]才是认识的基础。

（三）真理的确立，是由于实践的证明，而不是由于逻辑或者甚至于观察的证明。

在培根以前，真理的确立和衡量主要凭借逻辑的证明，即前后一贯、无逻辑矛盾、能自圆其说。诚然，逻辑的证明在判别认识的正确与否方面是有一定作用的。然而，前提与结论的一致，并不一定就是真理，因为真理是认识与对象的符合，而不仅是推理中逻辑上的一致。培根的卓越之处就在于对此能有深刻的洞察。他赞同并欣赏古希腊学者提过的而在中世纪已湮没了的关于“事理究竟能否知道，这不是争辩所能解决，只有诉之试验才能有望”的思想。

培根重提这一论断，并且加以继承发展。他不仅提出真理的确立“不是由于逻辑的证明”，而且还明确提出“甚至也不是观察的证明”。应该说，这是对古希腊的上述思想的重要发展。无论诉之经验、诉之观察，这都只是停留于感觉，这对于判别一些可以直接感知的知识是有一些作用的。对于人类大量超越直接感知范围的理性知识，感觉是无能为力的，经验是不能证明必然性的，而且就是感官的见证，也因感觉自身的主观性相对性而有极大的局限。感官是不足以作为真理准绳的。

显然，培根看到了这些问题，因此，在《几种想法与几条结论》中，

---

① 《马克思恩格斯选集》第3卷，第551页。

他明确地提出，“真理的确立……不是由于逻辑或者甚至于观察的证明”①，而是“由于工作②的证明”。③ “在自然中，实际的结果是真理的保证。”④此后，在《新工具》的第1、2卷，培根又再次重复这个思想，“果实和工作正好像是哲学真理的保证。”⑤在培根看来，以“实际的结果”(practical results)、“果实”(fruits)、“工作”(works)(都是同一个意思)来检验认识的真伪，作为真理的保证，这如同“在宗教里，一个人必须以他的工作来表明他的信仰”⑥一样，是理所当然，同等适用的。

培根的这种以实践(工作、果实)作为检验、衡量认识的真理性的思想并非偶然的思想闪光，而是和他的“知识就是力量”、知识与效用相统一的思想一脉相承，是它的发展的必然结果。在《新工具》里，他写道：“在操作上最有用的，在知识上也就是最真实的。”⑦在培根看来，科学的价值是由实践决定的，认识只有能够指导实践才是有价值的，而能够有成效的指导实践的认识，只有反映客观、符合客观的认识。因此成功的实践使人们达到了预期的目的，表明人们对事物的认识是正确的，主观是符合客观的。由此必然以实践(工作、成果)作为真理的确立、准绳、评价准则。

---

① 培根：《几种想法与几条结论》，芝加哥大学1966年版，第93页。

② 这个字的拉丁文原文为“OPUS”，在法灵顿的拉丁文英译本或司佩丁的拉丁文英译本中，对这个字的英译都是“work”，有些中译本译为“实践”，从培根上下文的原意看也没有错，不过未能把这个字的语感完全表述出来，为此这里还是用“工作”。

③ 培根：《几种想法与几条结论》，第93页。

④ 同上。

⑤ 培根：《新工具》I，73，《培根全集》第4卷，第73页，关琪琍译本第70页。

⑥ 培根：《几种想法与几条结论》，第93页。

⑦ 培根：《新工具》II，4，《培根全集》第4卷，第122页，《十六—十八世纪西欧各国哲学》，第48页。

第五节　近代科学方法的奠基人

培根时代经验科学的发展，引起了人们对经验观察和实验方法的注意和重视。于是总结和提供一种与以往相异的有效认识手段、认识方法便成为人们的迫切要求。培根把方法论问题作为他的哲学的首要问题，正是反映了这个时代的要求、潮流和趋势。

在培根看来，认识方法的需要，是由认识的主客体双方的特性决定的。在客体方面，人类认识的对象具有无限的复杂性，人类要认识自然是不容易的，仅凭人类的机智而不借助任何方法的指导，要获取成功是困难的。在主体方面，由于理性和感官自身的局限，听其自然，是极易陷入谬误的：因此，在培根看来，要对自然有正确的、深入的认识，创制一种比较完善的对于人的心灵的使用和应用的方法指导就是极为必要的了。

培根把这种对于人的心灵的使用和应用的方法的研究和制定，称为一种发明的艺术，是属于人类研究理性的哲学。科学的方法、良好的方法，如同燃着的灯烛，借着它的光亮，才可以给人指出道路来，才能在经验的森林中一直前进，抵达公理的敞地。否则，或者会完全抛弃经验，或者就会在经验的迷宫中来回游荡。

培根认为有了科学的方法，可弥补天赋之不足，可以使才智得以充分发挥；没有科学的方法，或者用不良的、错误的方法则起相反的作用。在探索自然、寻觅科学的道路上，可贵的创造性的才华，由于方法不对而可能受到压抑，甚至被扼杀。他常说，“瘸子走着正确的路途，亦可以赛过走在错路上的善跑者”，可以比善跑者先到达终点。应该说，培根对科学方法的作用这个估量还是正确的。在科学发展的早期，对科学方法的意义就有清楚的认识，强烈的观念，还是值得赞赏的。

对旧逻辑方法的批判

培根在着手制定自己的科学认识方法——归纳法的时候，首先对传统的逻辑加以批判。

培根认为传统的逻辑只能发现思想中的矛盾，发现概念中所含的错误，而不能帮助发现新的科学；只求在争辩中战胜对方，而不求在实践中征服自然；它们只能用于辩论，强人同意命题，而不能把握事物。

逻辑学是一门古老的学科，在它建立之初，其职责主要就是作为一种论辩的艺术。诚然，到了亚里士多德的时候，已经不再把逻辑看作纯论辩的艺术，但是他所考察的，终究主要是语言手段，即怎样才能使论辩有逻辑力量，因而，他的逻辑仍然是关于怎样证明、怎样论证真理的一种论辩的逻辑。所以，培根指出，旧逻辑只是争辩的一种方法，而不是认识客观事物的方法。这不仅是指中世纪形式主义化的逻辑，还是直接指向亚里士多德的逻辑。

培根的指责无疑是对的，但却缺乏历史主义。他没看到在上古、中古的条件下，对逻辑还不可能提出方法论的要求。只是到了近代，随着自然科学的发展，才向逻辑提出提供认识手段、认识方法的要求。在近代，是培根首先意识到这个时代的任务，第一个把逻辑与科学方法结合起来，使逻辑也成为探求科学发现的艺术。这是培根的历史功绩，也是时代的产物。

其次，培根把自己的归纳方法与三段论法对立起来，对三段论法给予了严厉的批判，具体地分析了其中三个方面的问题。

第一个方面，是三段论所据以进行推理的大前提自身，是不能用三段论给予证明的。既然大前提自身不能证明，那如何能确信由此推演的结论呢？所以培根说："三段论不能应用于科学的第一原则，只是徒然应用于中间公理"[①]罢了。

第二个方面，是三段论的中词也是无法用三段论证明的。培根写道："我们纵然承认人们推得了一些正确的原则和公理，但是，关于自然现象，我们仍不能说，中段命题是可以借三段论法，从这些原则演绎出来的，仍不能说，在借中名词把这些大原则演绎为小原则以后，就可把中段命题推出来的。"[②]

第三个方面，培根认为三段论的整个基础也是不牢靠的。三段论是由命题构成的，命题是由语词构成，而语词是概念的符号，因此，作为这一切的基础的概念，如果本身是混乱的，是由事实轻率地抽象来的，那么上面的整个建筑就不会牢固。

总之，通过三段论的推演，那只能是把人们由一般接受的概念为基础的那些谬见，更加固定化和扩大化。因此，他极力反对三段论。他说："至于我，则竭力排斥三段论法。"[③]

培根对三段论的批判，无疑是有其偏颇之处。但是，在这里我想着重指出的是：历来人们在论及培根对于三段论的批判时，往往只持否定的态度，往往忽视其中所包含的积极意义。我认为，起码在下述两个方面，培根的批判是富有成果的。

其一，是培根首先给人们揭示了演绎推理的局限。演绎是从一般到特殊的推理，它的结论是已经潜在包含在大前提的内容中，因此，即使前提正确，若仅限于演绎推理本身的范围，结论的意义是有限的；若其前提错误，那么，演绎便会固定错误、发展错误，从而封闭认识真理的道路。上千年来，迄至培根时代，人们都奉演绎推理为唯

---

① 培根：《新工具》I，13，《培根全集》司佩丁本第4卷，第49页，关琪瑚译本，第39页。

② 培根：《论学术的进展》(《崇学论》)关琪瑚译本，第162页。

③ 培根：《伟大的复兴·序》，《培根全集》司佩丁本第4卷，第24页。

一正确合理的思维方法，培根对演绎法的这些弱点的揭露，无疑使人在迷醉中清醒，耳目一新。

其二，从培根对演绎的批判中，给人们提出了演绎在认识中的作用，以及演绎与归纳的关系问题。培根自己曾一再声言，他并不完全反对演绎，因为在人们的实际思维活动中，各种形式的推理是交替并用的。在《新工具》里，他曾说过："我们的道路并不是平坦的，而是时上时下的，先上升到公理，然后下降至工作。"[①]"在用归纳法把公理确立起来之后，我们还必须考察和试验一下，这样确立起来的公理，是否只是按照那些由之把它引申出来的特殊事例的尺度形成的，抑或它比这些事例的范围，还要更大更广一些。"[②]从这些论述看，培根显然并不完全否定演绎。因此，认为培根根本反对演绎，这并不符合培根的真实。可是，在培根的实际理论著述中，并没有对上述思想加以发挥，更没有在创建自己的科学方法中实际加以采用，相反，培根倒是在多处提到，他给演绎留下的地盘，只是"日常的事务"和"依靠谈论和意见的那些艺术"。显然，培根的确弄不清演绎在认识过程中的作用，以及演绎与归纳的相互联系，相互补充。然而，正是如此，却向后人提出了这个问题，这对后来哲学史、逻辑史的发展是富有意义的。

此外，培根还对简单枚举归纳进行了批判。

培根揭露了一向使用的简单枚举归纳的弊病。他认为，根据简单列举来进行归纳是幼稚的。它只是根据少数的、并且只是那些手边的事实来作决定，因而其结论是不稳固的，只要碰到一个与之相矛

---

① 培根：《新工具》I，103，《培根全集》司佩丁本第4卷，第96页，《十六－十八世纪西欧各国哲学》，第43页。

② 培根：《新工具》I，106，《培根全集》司佩丁本第4卷，第98页，《十六－十八世纪西欧各国哲学》，第45页。

盾的例证，便会发生危险。培根指出："只根据特殊事物的列数，而没有相反的例证以资反证，则所有推论，将不成其为推论，只是一种猜想罢了。"[①]因此，这种归纳仍是"粗疏简陋"的。

穆勒认为，培根在发现简单枚举的不足上，是很有功劳的。正是以此为起点，培根把归纳发展到一个新的水平，提出了科学的归纳法。

科学的归纳法

培根在近代不仅开创了经验的认识原则，还开创了经验的认识方法，即科学的归纳法。它是从对一类对象的许多个别事物的观察实验研究中，推断出这一类对象的一般性的结论，从而实现认识由个别到一般的过渡，以求得对规律的认识。培根的这个科学的归纳法，是经验认识原则的具体化和现实化。培根对归纳的目的、作用、性质、基本程序都作了深刻的、系统的阐述，从而奠定了归纳学说的基础。所以，培根被誉为"近代归纳学说之父"。

首先，培根强调了他的科学归纳法的目的是要认识客观事物，要发现客观真理，要把握事物的形式(即规律)。它要给人们带来新的知识，它是一种认识的工具，而不是议论工具。他反复申述："我的逻辑学的目的……是要使理解能力凭着真理来解析自然，来发现物体的性质和作用，以及在物质中所具有的确定的法则。"[②]"我的理解方法兼及事物的本质，不像普通逻辑那样，只限于人心的作用和推论。"[③]

显然，培根关于归纳逻辑的职责的规定，的确是与传统的逻辑大

---

① 培根：《论学术的进展》(《崇学论》)关琪桐译本，第 161 页。

② 培根：《新工具》II，52，《培根全集》司佩丁本第 4 卷，第 246 页。

③ 培根：《新工具》I，127，《培根全集》司佩丁本第 4 卷，第 112 页。

相径庭的。培根不仅强调了归纳逻辑要研究思维纯形式的方面,更主要的,他强调了要研究思维反映客观事物、把握事物本质和规律的问题。培根的科学归纳法正是要通过探寻和判明事物的客观因果必然联系,作出关于事物一般的结论,从而提供关于事物形式(即规律)的认识。

其次,培根强调了科学归纳法必须遵循的两条基本规则:一是暂时要抛弃传统的概念;二是暂时不要作最高层次的概括。

培根认为现在通用的概念,大部分都是粗率而无原则地由个别事物汇集而来的,既缺乏严格的定义,又缺乏确定性,它们不能正确反映客观事物,它们是纷乱的,不适当的。在培根看来,我们对这些概念必须存疑,必须对它们重新试验、重新判断后,才可以相信并使用之。否则,纵然对推理、论证或命题的真理性加以严格的检验,也不能免于错误。因为概念是思维的起点和细胞,如果概念本身是虚假的,判断和推理就不可能正确。可是,怎样去获得健全的概念,培根却未有论及。但培根强调要有真实健全的概念作为归纳推理的必要基础,这无疑是正确的。

至于归纳推理的另一条准则,培根强调的是,公理必须适当地、循序地形成,要由较低级的公理,进到较高的公理,不能从感性个别事物出发,一下子就飞跳到最高的公理。显然,培根这里针对的是亚里士多德演绎逻辑,他反对亚里士多德用抽象公理来证实个别判断,强调从个别判断到最高的公理之间,必须经过中间公理。在培根看来,最低的公理过于简单,和赤裸裸的经验没有太大的区别;而现在的最高最普遍的公理,又过于概括,是概念性的,是抽象而不牢靠的。培根认为,只有中间公理,才是“真正的、坚固的、活的公理”。[①] 中间

① 培根:《新工具》I,104,《培根全集》司佩丁本第4卷,第97页。

公理是各门科学中最重要的,"人类的事务和幸福都以它为依据。"①培根认为,经过中间公理往上追寻,并受中间公理的限制,最后所达到的最高公理,这才不是抽象的公理,而是真正的事物的本质和精髓的反映。因此,就是"自然亦会承认它是它们的第一原则"。②

培根很看重这两条规则,把遵循这两条规则看作是对人类思维积渐的旧习气旧方法的摒除,是人心原初的真纯力量的还原恢复。由此可见,这两条规则在培根归纳逻辑中的重要意义。

再者,培根提出了科学归纳法的基本程序。

第一步,材料的搜集。

搜集材料只是归纳法的一个准备步骤,但培根却很重视它,认为经验事实作为知识的材料,是不可取代的,是归纳法得以开始工作的一个先决条件。

搜集事实,凭借的是观察方法、实验方法。培根认为过去的观察都是粗疏的、不规则的、听凭于机会的。他所强调的则是观察的客观性、全面性、准确性以及计划性、目的性。而这些正是科学归纳法的观察不同于一般的观察之处。尤其是观察的计划性、目的性,因为科学的观察不能听凭于机会,而必须依照研究有目的地进行。不过,培根他却未能由此进一步领悟到观察并非是纯直观的,它处处渗透着观察者的积极思维。

对于搜集事实,培根更多强调的是运用实验的方法,把归纳与实验结合起来,这是以往的归纳法,不论完全归纳法或简单枚举归纳法,都不曾有过的。通过人工控制自然现象,把不易出现的现象再现出来,或把复杂的自然现象加以分析、分解,分别加以观察研究。与

① 培根:《新工具》I,104,《培根全集》司佩丁本第4卷,第97页。

② 培根:《工作计划》,《培根全集》司佩丁本第4卷,第25页。

简单观察相比较，它为人们提供了更为丰富、更为充实的认识材料。

不过，在培根那里，搜集材料与依据材料进行研究和推断，这似乎是两件事。在他的乌托邦的科学院（所罗门宫）里，收集材料与依据材料进行研究判断，是由不同的两部分人来进行的。培根对观察与理论的割裂，和他对感性与理性的关系缺乏辩证的理解有关，是他的经验主义认识论在方法论上的具体体现。

第二步，三表法——通过例证列表，对感性材料进行整理。

培根认为，具体事物纷繁错杂，足以使人的理解力迷惑纷乱。因此，他认为在材料准备齐全以后，人们就必须运用分析方法，把材料归类在适当的秩序以内，使理智易于处理它们、使用它们。为此，培根提出了他的著名的“三表法”。

首先，培根认为应该把那些实质虽极差异，但却具有某种同一性质的例证列为一表，他称之为“本质和具有表”（Table of essence and presence）即“肯定表”（The table of firmatives）。比如关于热的研究，培根就把太阳光之热，被反射被聚集的太阳光之热，带火焰的流星之热，引起燃烧的闪电之热，滚热的液体之热，天然温泉之热，燃烧着的固体物之热，物体摩擦之热，水浇在石灰上生之热，强硫酸生之热等共 28 项都一一列入“本质和具有表”内。

其次，培根依据关于当给定的性质存在时，形式也存在，当给定的性质不存在时，形式也不存在的原理，把与上表所列物体相近但却缺乏这种性质的例证列为一表，他称之为“接近中的缺乏表”（Table of deviation or of absence in proximity）即“否定表”（The table of negatives）。比如在热的研究中，他把一切不具有热的特性，但与具有热的特性的物体十分类似的物体列表，如月亮与太阳相应地皆为天体，但月亮却没有热性，又如磷火与火焰类似，但却不能发热，如此等等。

最后，培根把所研究的性质出现的各种不同程度加以列表，即把同一物体或不同物体中该性质的增减加以比较，他称之为“程度表”（Table of degrees），也称“比较表”（Table of camparison）。比如在热的研究中，把那些只是具有发热或受热能力，但热度还不能为感觉感知的物体，以及确实发热，热度能为感官所感知的物体，以及这些物体热的不同程度的增减都一一列入“程度表”内。培根认为，只有当形式跟着性质的增减而增减时，才可以把这种性质看作真正的形式。

培根赋予三表法的功能主要是运用分析方法，对搜集的感性材料加以整理。把归纳建立在分析法的基础上，这是培根科学归纳法之一大特征。培根认为，没有运用分析的方法，没有否定例证的列表，这正是旧归纳逻辑之不足。而通过分析法，在第三表中则较易显现事物前提与结果的关系，对于探寻事物的因果必然性大有帮助。

第三步，排斥法——通过概括与排除，淘汰非本质的规定。

在培根看来，通过上述二表，既整理了正面的例证，又整理了反面的例证，同时又整理了不同情况下不同程度的例证，至此，培根认为真正的“归纳本身便开始工作”了。这就是培根认为自己引进的归纳逻辑中最有价值的部分——排斥法。培根指出，要发现事物的形式，就是在对“三表”整理的例证作综合的观察、分析、比较的基础上，把如下的一些性质挑出来，这些性质是：在给定的性质存在的例证中，它却不存在；而在给定的性质不存在的例证中，它却存在；或者在这些性质中，给定的性质减少，它却增加；或给定的性质增加，它却减少。培根认为，这些也就是与形式不相干的、非本质的性质，应该加以剔除。在培根看来，对这些性质加以拒绝排斥之后，“一切轻浮的意见便烟消云散，而最后余留下来的便是一个肯定、坚固、真实和定义明确的形式。”[①]

培根十分重视这种先充分考察否定例证，后根据肯定的例证以求得结论的方法。他认为若一开头就从肯定着眼，那么所获得的必然只是“幻想、猜测、界说不清的概念，以及时刻都待修正的公理”。[②]人类要获得认识，必须从否定的东西出发，最后才可以终结于肯定的结论。应该说，培根这些关于认识的肯定、否定关系的阐述，是具有一定的辩证思想因素的。

不过，培根的排斥法也有其明显的缺点，首先人们很难穷尽一切事物的肯定解释；当然，同样地，最后也就很难“穷尽一切排斥”。其次，随之而来的，就是我们如何由此就可以确信我们所获得的就是“肯定的、坚固的、真实的形式”呢？这些在排斥法里，却是不可解决的，对于后一点，培根似乎有所意识，所以在他的归纳程序中，还有最高一步。

第四步，“初次的收获”——试探着来解释自然。

培根强调排斥、否定，这只是建立“真正归纳法的基础”[③]。只有“达到了肯定的程度以后，归纳法才算真正地完成了”。[④] 所以，培根归纳法程序的最后一步就是要做出肯定的结论，要在肯定方面试探着解释自然，他称之为“初次的收获”(first vintage)或“解释的初步”(commencement of interpretation)。

培根认为，经过事实的搜集、列表的分析整理，到排斥法把非本质的性质剔除，至此，便可以收获形式的肯定结论了。这里要遵循的

---

① 培根:《新工具》II ,16,《培根全集》司佩丁本第 4 卷,第 146 页,《十六－十八世纪西欧各国哲学》,第 55 页。

② 培根:《新工具》II ,15,《培根全集》司佩丁本第 4 卷,第 145 页。

③ 培根:《新工具》II ,19,《培根全集》司佩丁本第 4 卷,第 149 页。

④ 同上。

规则就是:一物的形式,必须在该物中每一个例证和一切例证中都可以找到,并且不能有任何相反的矛盾例证存在。在培根看来,满足这些条件的性质,也就是该物的形式了。

在对热的研究中,把一切不属于热的本质的规定性,如关于宇宙之物的规定性(如月球就是冷的)、特有的物质结构的规定性(如任何构造的物体摩擦都可生热)等统统排除掉,最后就可以见到“热是一种性质的一种特殊情况,这种性质就是运动”。[①] 培根称之为“关于热的形式的第一次收获”,得出热的本质规定性的结论就是:“热是一种膨胀的、被约束的,而在其斗争中作用于物体的较小分子之上的运动。”[②]培根早在17世纪就达到了热是分子运动的结论,无疑是极为天才的。对此,恩格斯曾给予高度评价:“最初的、素朴的观点,照例要比后来的形而上学的观点正确些。例如,培根(在他之后有波义耳、牛顿和差不多所有的英国人)早就说,热是运动(波义耳甚至说是分子运动)。”[③]

培根的归纳法到此可算完成了。必须指出的是,培根虽然强调最后一步是要获得肯定的结论,然而,他所获得的,乃是一个尚待证实的假设。尽管他并没使用这名词,并鄙弃假设,但他所赋予的名称——“初次的收获”、“初步的解释”,也都反映了这个结论还待证实,还待最后判定的性质。事实上,这倒是更符合认识的发展规律。

培根所倡导的科学归纳法,他为归纳逻辑的目的、性质、作用、规则、基本程序所作的明确具体的规定,赋予了归纳逻辑以新的内容、

① 培根:《新工具》II,20,《培根全集》司佩丁本第4卷,第150页,《十六—十八世纪西欧各国哲学》,第57页。

② 培根:《新工具》II,20,《培根全集》司佩丁本第4卷,第155页,《十六—十八世纪西欧各国哲学》,第58页。

③ 《马克思恩格斯全集》第20卷,第623页。

新的意义、新的生命，为归纳逻辑的进一步发展奠定了基础。正是在这一意义上，培根被誉为近代归纳法的创始人。

分析方法

科学归纳法的很大一部分工作就是分析的工作，即从杂多、混沌的事物中，把非本质的偶然的东西剔除，而抽象出本质的必然的规律。所以我们说，培根的科学归纳法是建立在分析法之上的。

培根不满意古代自然哲学家那种笼统的模糊的总体观点，认为他们只从事物概括的组织和形相去把握自然，因而只能在自然的外庭徘徊，不能深入自然的内室。培根明确宣布："我们的目的不在于把自然归纳为一些抽象，而是在于把它分解为许多部分。"①

从思想的源流来说，培根正是在亚里士多德思想的启迪下，突出了分析的方法。培根认为要把握自然，必须对自然加以分离和分解，要把事物分解为它的组成因素去加以认识。培根的归纳法所要寻求的，正是事物的简单性质的形式。在培根看来，事物是许多简单性质的组合和结合，要把握事物的简单形式，就需要把它们从组成同一事物的其他性质中分离出来，加以考察研究。比如，他认为要探求黄金的形式，就要把它分解为如黄色、重量、韧性、固定性、可溶解性等各种简单性质的形式。培根认为，愈接近事物的简单性质，事物就愈变得明显和易于把握，因为事物已经从复杂变成简单，从不可通约变成可以通约，从不尽根变成有理量，从无限和不清楚变成有限而确定，如同字母系统中的单个字母和乐谱中的音符一样。

培根的分析法，显然是对当时的实验方法的哲学概括。实验方

① 培根:《新工具》I，51，《培根全集》司佩丁本第4卷，第58页，《十六一十八世纪西欧各国哲学》，第18页。

法是在仪器仪表的帮助下，把要考察的现象，从总的联系中抽取出来，孤立地隔离地进行研究的方法。不过，应该指出的是，培根并不停留在实验分析法上，他强调对物体的分解和解释，不仅用蒸馏方法，用火的方法来实现，而且要在实验帮助下，用理性的方法，即用归纳和推理的方法来实现。

从对自然的素朴的直观，进到对自然界的解剖、分析，这是人类认识史上的一个巨大进步。只有把组成整体的各个部分的相互联系暂时割裂分解，把被考察的因素从整体中抽取出来专门加以研究，才可以深入事物的内部，掌握它们的细节，最终才可能从总体上把握对象。对于培根的分析法，无疑应给予充分的肯定。恩格斯曾指出，对自然界现象的分析方法，正是百年来在认识自然方面取得巨大进展的基本条件。我们知道，人类正是把自然界分解为各个部分，把自然界的各种过程和事物分成一定的门类，对有机体的内部按其多种多样的解剖形态进行分别的研究中，不断地深入自然界的各个领域及其内部过程，并为整体上把握自然积累大量材料。分析法为自然科学的发展，新学科的建立和生产的发展都起了巨大的促进作用。

然而，培根分析法的局限也是明显的。因为他把对全体的认识归结为只是对于全体各个组成部分的孤立的认识，全体成了部分的简单总和，这样对部分加以孤立研究的结果，就把活生生的具体内容变成僵死抽象的东西了。黑格尔指出："用分析方法来研究对象，就好像剥葱一样，将葱皮一层又一层剥掉，但原葱已不在了。"[①]把整体分解为各个部分的认识，往往导致人们认为一切事物就是它的组成因素的机械的结合，忽视或抹煞了它们之间的相互联系、相互转化的关系，容易造成片面孤立看问题的弊病。

---

① 黑格尔：《小逻辑》，商务印书馆 1980 年版，第 413 页。

培根自己也深受这种思想方法的影响，在培根那里，多样化的大千世界被简单化了，世界被分解为一些有限数量的简单性质和形式，物体被看成简单性质的机械结合；简单性质组成的物体，就像字母组成的词语、音符组成的乐章一样。培根提出，只要掌握了黄金的各种具体的性质，并知道诱导它的办法，就可以产生出黄金来。这种具有浓厚的炼金术气息的思想和语言，正是这种思想方法的产物。培根的分析法固然给近代实验科学开辟了道路，产生了重大作用；但同时也促成了 18 世纪以来形而上学思维特有的局限性。

最后，我们还需要指出的是：培根尽管强调分析法，但他并不否定或排斥综合法。当然，这与分析、综合在人类认识的行程中，在一定条件下相互依赖、相互转化是直接相关的。分析达到一定程度后，人们的认识行程就会倒转过来，而需要进行综合了。培根在《新工具》第 2 卷里就明确指出："我们的理解力在发现了许多特殊的形式以后，虽然可以把所研究的性质区别了，分划了，但却不能满足而停留在这种分别，它应当进一步来合法地发现出较大的形式，它不应当承认那种性质本来就是繁杂的、分歧的。因此，它不应当把那种性质的进一步加以联合的工作视为多余的精细和倾向于抽象而加以拒绝或抛在一旁。"①

应该承认，培根对分析与综合以及它们在认识过程中的作用，是有所认识的。在《新工具》第 1 卷里，他说："我们若只思维自然的物体的简单形式，则足以使人的理解力破碎消逝；反之，我们若只思维他们的概括组织和形象，则足以使人的理解力虚玄迷离。"②他认为，从方法论上说，分析与综合两种方法"必须交替为用，才能使人的理解力又能深入又能综合"。培根对分析与综合这种辩证关系的理解

① 培根：《新工具》II，26，《培根全集》司佩丁本第 4 卷，第 162 页。

② 培根：《新工具》I，57，《培根全集》司佩丁本第 4 卷，第 60 页，关琪琍译本第 53 页。

是可贵的。遗憾的是，无论是在理论上，还是在实践上，培根对自己这些宝贵的思想，都没有作进一步的发挥或贯彻到底。他所强调的，所使用的，所推崇的，还是分析的方法。

对自然解释的其他辅助方法

培根在讲述他的科学归纳法之后，接着提出了九个项目，作为在解释自然和进行归纳时的“辅助”。这九个项目是：1. 优先权的例证；2. 归纳的凭借；3. 归纳的改正；4. 按对象的性质改变研究的方法；5. 研究对象的先后程序；6. 研究的极限；7. 实践中的应用；8. 研究的准备；9. 公理的上升和下降的阶梯。①

在这九项辅助方法中，培根只对优先权的例证一项作了论述，因此，我们也只能评述他关于这种例证的思想。培根关于优先权的例证涉及不少问题，但过去却很少为人注意。

所谓优先权的例证(prerogative instances)，就是培根在无数普通例证中选出来，要求理性给予特别注意的例证。培根在《新工具》第 2 卷以近 1/3 的大篇幅论述了优先权的二十七种例证，在这些作为自然解释的辅助方法中，虽然提供的不是成体系的方法，而且其中还夹杂了许多不科学的、虚妄的东西。然而，在这些优先权例证中，还是对人们的理智提供了许多有用的、中肯的方法论指导，我们选择其中一些较有认识价值的加以阐述。

(一)“孤立的例证”(solitary instances)。

这里涉及的是这样一些现象，它们除了具有所研究的性质以外，在各个方面都没有共同点，或者各个方面都是相似的，只是没有所研

---

① 培根：《新工具》II，21，《培根全集》司佩丁本第 4 卷，第 155 页，关琪琤译本，第 196 页。

究的性质。显然,培根的这个例证,对于通过求同的逻辑推论来发现事物的因果联系是有帮助的。在科学史上,虹的生成的原因,正是利用这种方法求得的。阳光通过三棱镜、雨后的天云、晴天时瀑布的水星都出现彩虹,它们共同的是光线通过球形或棱形的透明体,由此,提出光线的屈折反射是彩虹出现的原因。穆勒的"共同法"(契合法)正是在培根这个"孤立的例证"和"本质和具有表"的基础上总结发展而得出的。

(二)"转移的例证"(migratory instances)。

这里所研究的性质是逐渐变化的,在变化中形式或出现或消失,或增加或减少,掌握这些变化,观察事物形式在转移过程中是必然地传达过去或必然地消失,这都有助于对形式的排斥或肯定。

(三)"组成的例证"(constitutive instances)。

这里所研究的性质涉及的是一种较小而又位于深处不易寻找的形式。培根认为把某种特定的形式,一组一组的事例集合在一起,形成某种公共概念,谨慎精勤地加以注意,总会为形式的发现开辟道路。培根称这为组成的例证。在组成的例证中,培根实质上讲及的是一种综合的方法。上文我们援引培根关于综合方法的论述,指出通过分析方法把握了性质的区别和分划以后,不能安于这种分划,而排斥或鄙弃这些性质的进一层综合的议论,就是在"组成例证"这个方法论指导中提出来的。

(四)"相契合的例证"或"相似的例证"(instances conformable or of analogy)。

这里涉及的事物的相似关系,主要是物理的相似性而不是偶然的貌似的相似性。在培根看来,这种例证对发现形式不会有什么助益,但对人们理解自然的统一性,以及宇宙物质的构造方面是有启发的。抓住事物的相似关系,大胆地作类比,在科学上确有方法论的意义。哈维正是见到了血管中有一种机括，和水压机中的活门相仿，受到启发而提出了血液循环的理论的。

（五）“单一的例证”（singular instances）和“反常的例证”（deviating instances）。

这两种例证所涉及的都是自然物体中种别的特殊差异或反常的现象。培根是从方法论的角度来谈这类现象的研究的。他认为这种研究有助于进一步揭示事物的普遍规律和把事物的公共形式呈现出来。他说：“凡知道了自然的道路的人，就易于知道自然的反常，反之，凡知道了自然的反常的人，也就能较容易描述自然的道路。”[①]天文学史上海王星的发现，正是这个例证的最好的实例。

（六）“邻接的例证”（bordering instances）。

这里涉及的物种似乎由两种种别所组成或是介乎两种种别之间的一种原形物。在培根看来，蝙蝠是介乎鸟和四足兽中间的，飞鱼是介乎鸟和鱼中间的。他认为对这种似乎是“跨界”的现象的研究，有助于揭示事物的组织和结构，并使理智从现存事物的理解进到将来可能存在的事物的理解。培根要求人的理智注意研究物种之间的“边界”的思想，在当代科学也是很有意义的。

（七）“指路标的例证”（instances of the fingerpost）。

顾名思义这是在道路上的分叉处给人们指示方向的例证。培根认为，当人们面临揭示事物原因的选择有多种，而理性犹疑不决时，指路标的例证则给人以方向，它教导你先排除那些与所研究的性质的联系是变异的和可分的性质，而留下与所研究的性质的联系是稳固的、不可分的性质，这些性质即可认为是原因。比如关于潮汐有两种可能的解释，由于发现大西洋两岸同时发生来潮和退潮，培根认

① 培根：《新工具》II，29，《培根全集》司佩丁本第4卷，第169页。

为，依据指路标例证，我们就可以判定潮汐不是递进运动而是升降运动。

（八）“门户的例证”（instances of the door or gate）。

这种例证涉及的是增强视觉观察能力的三种手段。一是通过放大镜、显微镜使许多不可见的物体成为可见的。二是借着望远镜，使人见到了远隔的物体。三是借着测杆、天文观象仪等，使视觉的观察更加准确、更加清楚。

（九）“传唤的例证”（summoning instances）。

这里强调的是人们感官知觉的感知范围并非人们认识的绝对界限，人们通过各种手段，主要是实验的手段，可以使各种不可感的东西，变换为可感的东西，而呈现在人的感官或理性面前。比如，通过脉搏、粪便可以了解人体的健康状况。在培根列举的例子中不少今天看来是错误的、不科学的，然而，培根在这里所遵循的基本思想、基本方法却是可取的、有意义的。

（十）“道路的例证”（instances of the road）。

这里涉及的是把自然作为一个过程加以观察研究，比如植物，要考察其整个的成长过程，从种子、发芽和出土后根、茎的整个成长过程，都一一加以不间断的连续观察。培根认为，这种例证有助于人们揭示自然的各种运动的渐次等级。

（十一）“数学的例证”（mathematical instances）或“度量的例证”（instances of measurement）。

在这个总名称之下，培根又分列了三个名目的例证，专门谈及事物数量方面的方法。

所谓“测杆或尺度的例证”（instances of the rod or rule）讲的就是事物相互发生作用的空间距离的度量问题。所谓“进程的例证”（instances of the course）或“流水的例证”（instances of the water），则是以时间的段落来度量自然。所谓“分量的例证”(instances of quantity),培根又称之为“自然的剂量”,它涉及的是事物可测量的属性的分量的测定。

从培根这几个“数学例证”中可以看到,它已经注意到了对事物作量的考察分析的必要性。认为培根完全否定数学的方法,显然不符合真实情况。不过,无论就培根所论及的内容,或者所举例子看,培根对量的研究的必要性的理解还是比较肤浅的,对真正的数学方法也还缺乏理解和研究。这与同时代的伽利略相比,则更是大为逊色,并远为落后了。

从上面培根以“优先权例证”之名阐述的这些作为对自然研究的“辅助方法”里,我们可以看到,培根在倡导归纳法的同时,对于观察方法、实验方法、分析法、综合法、类比法、求同法,甚至数学方法也都涉及了。尽管对它们都没作进一步深入的考察研究,但却表明了:培根承认它们在自然解释中具有的方法论意义,承认它们在自然解释中都是可取的辅助手段。

对待假设的态度

培根对归纳以及其他一些基本的逻辑方法都有程度不等的论述,而唯独对在科学发展中起着巨大作用并且被广泛应用的“假设方法”,却没有专门的论述。史家们对此议论纷纭,甚至持截然相反的看法。我们认为,在假设问题上用非此即彼的态度去对培根进行评价,似乎太简单了些。培根在假设问题上的态度,反映了他的哲学的一些性质和特点,有认真加以探讨的必要。

关于培根对假设的态度,首先我们必须指出的是,培根是接触到这个问题的。

只要自然科学在思维着,它的发展形式就是假说。因此,不管培根多么沉湎于经验，而不理解假设的作用，但他还是摆脱不了这个规律的支配。当他概括自然科学的研究方法时，也就必然要接触到假设这个问题。

C.J.杜卡斯讲过："如果我们单看培根的著作目录，那么，认为培根没有估计到假设在收集实验材料上的作用，这种批评可以说是公正的；可是，另一方面，如果我们重视培根所提出的要求，即必须依赖于实验，而不是依赖于单纯的观察，那么，这种非难就不必要了。因为不可能有一种实验没有某些假设，即使是含糊的假设"①。实验的进行，必然要有个指导思想，而这个指导思想也就是一种假设。从这个意义来说，培根不可能完全否定假设，然而，培根本人却没有明确提出这个问题。

培根的所谓"第一次收获"，集中反映了他既没有明确提出又不可能不接触到假设的这种情况。在培根规定的归纳程序里，在经过排斥法把一些非本质的例证加以淘汰后，可以允许理智试探着对自然作出解释。对于这种试探，他称之为"理智的放纵"(indulgence of the understanding)。例如，"关于热的形式的第一次收获"就是"热是一种分子的运动"。培根称这为关于热的研究的"初步解释"或第一次收获。显然，这一结论实质上就是一个尚待证明的假设。然而，培根对曾接触到的假设的思想并没有足够的理解，更没有进一步的发挥，当然更谈不上把假设提到方法论原则的高度。

培根对假设的不理解，集中地反映在他对理智想像力的蔑视。在培根看来，理性的作用主要就是对感性材料加以分类和整理，理性的方法主要也就是归纳、分析、比较、实验。然而，任何真正有价值的创造性的思维，却远不止于此，它包含着丰富的想像、思想的驰骋，遐

---

① C.J.杜卡斯：《弗兰西斯·培根的科学哲学》，纽约1951年版，第139页。

想、幻想。正像列宁所指出的:"即使在最简单的概括中,在最基本的一般观念(一般'桌子')中,都有一定成分的幻想。"[①]"有人认为,只有诗人才需要幻想,这是没有理由的,这是愚蠢的偏见,甚至在数学上也是无法理解的,甚至没有它就不可能发明微积分。"[②]对此,培根却是无法理解的。在他看来,想像使事物屈从人心的欲望,而理性则使人心屈从事物的本性[③]。因此,培根把想像从理性中分离出来,认为想像只适用于诗学。

培根不懂得,就是诗人的想像也不是凭空产生的,而科学的想像则更是建立在一定客观事物基础之上的。有些想像在开始时好像违背事实,实际上却是一些创造性的思想。伟大的发现都是要突破旧的思想体系的,正是因为如此,它在创立的时候,更是需要丰富的想像,否则便不可能打破常规,开辟新的道路。缺乏丰富想像力的人,不能跳出既成事实圈子的人,只能作感性材料的搜集者,而这正是培根自己批评过的蚂蚁式的爬行经验主义者。

尽管培根大力倡导实验,但由于他不理解假设的作用,因此,当需要在理论上、认识上对实验作出说明时,培根即始终未能清楚地加以解说。比如,培根一再批评"盲目的偶然的实验",强调实验必须遵循一定的途径。可是,怎样才能使实验不是盲目的,不是偶然的,他却没法作出说明。正是由于假设的提出,才使实验具有目的性、方向性,才使科学的实验区别于毫无目的的随意的物体的结合或分离。因为培根轻视假设、贬抑假设,当然也就不能阐明假设在实验中的巨大作用,不能阐明实验与理论的关系。

由于轻视假设的作用,培根对他同时代的杰出的实验科学家如

---

① 《列宁全集》第 38 卷,第 421 页。

② 《列宁全集》第 33 卷,第 282 页。

③ 培根:《论学术的进展》,《人人丛书》英文本,第 83 页。

哈维、吉尔伯特等人,也持否定批判的态度。我们知道,吉尔伯特的名著《磁石论》根据磁石球的实验,设想整个地球是一块巨大的磁石,只是表面上为一层水、岩石和泥土遮盖着,他认为地球这个巨大的磁石由于磁力的特性而有自身的运转①。吉尔伯特的《磁石论》对电磁学的创立起了重要作用,但培根由于不理解假设的作用,却抨击吉尔伯特“只依据少数辛勤和仔细的实验后,便勇往直前地来进行推导和构造各种体系”。② 并因此把吉尔伯特和炼金术士并列,斥之为比诡辩派“更加丑恶和怪诞的经验派”。

培根反对哥白尼学说,被史学家指责为最不可恕的错误之一。培根之反对哥白尼学说,除了他的“神学不彻底性”的因素,以及他对具体的天体学说的错误认识以外,不能不说也是和他对假设所持的态度有关的。在培根的时代,哥白尼的学说还处于假说的阶段;作为假说,培根认为是“不能被接受的”。

培根对假设所持的态度,不仅影响到他自己的整个哲学体系,影响到他对同时代的人物的科学成果的认识,而且,对他的一些追随者也产生了不少影响。

培根倡导的经验的认识原则和经验的认识方法,在哲学史、科学史上无疑都产生过重大的作用和影响。培根生活在近代科学产生的开始阶段,科学首要的任务在于冲破神学的思想桎梏,积累和收集事实材料。为此强调观察与实验,倡导经验与事实,扭转长期以来思辨的方法,是科学得以建立和发展的必要条件。培根的历史功绩在于反映了时代的要求,从理论上肯定认识起源于经验,以归纳作为由个别到一般的认识过程的思维形式,这些都是正确的,为人类的认识史

---

① 参看梅森:《自然科学史》,第129页。

② 培根:《新工具》I,62,《培根全集》司佩丁本第4卷,第64页,《十六—十八世纪西欧各国哲学》,第23页。

增添了真理的颗粒。

然而，培根关于经验的认识原则和经验的认识方法，也有很大的局限性，特别从当代科学看来更是如此。这主要表现在对认识中理性的创造潜力缺乏理解，不能保证认识的普遍必然性，只着重思维内容的考察，而忽略对思维形式的研究，因而不认识逻辑领先的重要地位等。培根具有这些局限绝不是偶然的，它们和他的历史功绩一样也是时代的产物。当自然科学处于收集材料的阶段，对各种事物的变化过程及互相联系的系统研究尚未提上日程，而对个别事物、现象的考察，材料的积累，主要是通过实验、观察、分析的方法获得的。当时科学的成果大都是比较直观的，容易掩盖概念的思辨性质，因而给人产生错觉，好像理论仅仅是归纳的结果。这样，在强调认识离不开经验和归纳的时候，忽视了理论思维、演绎推理的作用，就一点不足为奇，也是我们不能苛求于前人的。

第六节　自然观和宗教观

培根在给科学的认识开辟道路的过程中，也大量地涉及到本体论的问题，阐述了他关于物质、运动、形式的学说。培根在反对神学唯心主义以及继承德谟克利特唯物主义基础上，建立起自己的自然哲学，开了近代英国唯物主义的先河。

物质和运动

培根继承和发展了古代哲学关于物质是万物的本源的思想，认为世界和一切事物都是由物质所构成。他把构成宇宙万物的物质称为原始物质(primary matter)。他在《爱神或原子》(Cupid or an Atom)一文中，以爱神代表原始物质。我们知道，爱神(Cupid)是众神中最年长的神，同时又是一切事物中最古老的事物；而且，爱神是没有父母的。因此，培根以爱神代表原始物质，表明他把物质看作不是被产生的，它在自然界外"没有原因"，没有什么东西在它之前，没有比它更为原始的东西。[①] 培根不仅肯定了物质是宇宙万物的本源，而且赋予了物质以实在的、自因的、运动的特性。

首先，培根认为物质是实在的。在《论本原与起源》中，培根指出，不论我们把物质和它的力量和作用看作是什么，它都是实在的。他反对把物质看作抽象的，他说："抽象的物质只是议论中的物质，而不是宇宙的物质。"[②]

培根赞赏德谟克利特的原子学说。除了虚空和物质不变两个具体观点外，培根基本上接受德谟克利特的学说。培根肯定物质就是许多微小分子的集合体，又称物质的最小单位为基本分子(primary element)，不过这些分子不是被虚空所隔开，而是彼此互相精妙地适应着的。培根从物质结构方面去把握物质，把物质归结为最小粒子的思想，这是对德谟克利特思想的继承。对于"基本的分子"，培根并不仅看作是一种物质的最小单位，一种纯粹量的关系，他较德谟克利特还进一步赋予分子以"质的规定性"。他认为这些基本分子具有物质的"原始感情"(original passions)和"欲望"(desires)。所谓物质的原始感情和欲望，他指的是物质的稠、密，热、冷，重、轻，固体、流体等等。[③] 培根把这些原始感情和欲望又称之为自然的基本品德(cardinal virtues)。可见培根所理解的物质或"基本分子"，具有密度、温度、重量、体积等实在之属性。物质是实在的具有质的多样性，而不

① 参看培根：《古人的智慧》，《培根论文集》1883 年纽约版，第 271 页；《论本原与起源》，《培根全集》司佩丁本第 5 卷，第 462 页。

② 培根：《论本原与起源》，《培根全集》司佩丁本第 5 卷，第 468 页。

③ 参看培根：《工作计划》，《培根全集》司佩丁本第 4 卷，第 29 页。

是抽象的玄虚的东西。马克思曾把培根理解的物质生动地描述为："物质带着诗意的感性光辉对人的全身心发出微笑。"[①]

其次，培根认为物质是自因的。在他看来，物质包含着原因的动因，但却不能在哲学上看作有任何自身之外的原因。这如同"上帝是原因的原因，唯独它自己是没有原因的"。[②] 培根坚持在自然哲学里没有第一原因，因为如果有第一原因，原因的链条就会断裂，因果关系通过引证无原因的原因，而成为不可理解的了。

第三，培根认为运动是物质的根本属性。在培根看来，物质是能动的，运动是物质自身所固有的属性，物质与运动是不可分离的。培根认为古代哲人关于物质能动性的思想是完全正确的。他写道："对此，任何人都不能有别的想法，除非公然抛弃经验。"[③]培根认为那种消极的物质观念，完全是主观思想的虚构。

培根还认为，物质的运动是绝对的，静止是相对的。培根明确指出："我们所见的一切物体，无论全体或部分，都没有真正的静止，只是表面上有静止罢了。"[④]在培根看来，静止只是运动的一种形态，他称之为"休息的运动"(motion of repose)而归入他所列的19种运动中。在物体表面的静止中，物体内部的物质分子仍在不断地活动着。

正是基于物质运动的绝对性，培根把物质看作永恒的、不灭的。他赞同德谟克利特关于物质永恒的思想。在他看来，任何大力，任何重力(或压力)，任何猛力，任何长久的时间，都不能使极小的物质部分归于无物。培根断言："在自然中有两条最真不过的命题：一条是

---

① 《马克思恩格斯全集》第2卷，第163页。

② 培根：《论本原与起源》，《培根全集》司佩丁本第5卷，第462页。

③ 同上书，第467页。

④ 培根：《新工具》II，48，《培根全集》司佩丁本第4卷，第232页。

说任何东西不能由无中生起;一条是说任何东西不能复归于无。”[①] 而培根认为物质之所以绝对不能消灭,正是由于“运动内存于物质的各部分中”[②]。

培根强调并论证了物质与运动不可分割,并把运动看作在物质的固有属性中第一的、最重要的特性。这些思想是可贵的。这和后来霍布斯、洛克以及笛卡尔、斯宾诺莎等人认为物质是被动的、僵死的、惰性的机械主义的物质观不同。

正是基于运动是物质最主要特性的思想,运动在培根的自然哲学里的确是个很重要的主题。培根认为,过去人们对于运动的研究是注意不够的。在《新工具》里,他具体地指出,古希腊哲学在对象的研究中,他们只注重研究对象产生时所依的“静止原则”,即“由何物”(wherefrom),而不注意对象产生时所依的“活动原则”,即“凭什么”(whereby)。也就是说,只注意物质因,而对动力因没有给予应有的注意。[③] 因此,培根认为古希腊的哲学家在运动观上,似乎都是缺乏眼光的、幼稚的。

在对古代运动观的总结、批判、吸收的基础上,培根提出了自己关于多种运动形式的学说。他强调对运动要从它的原因、它所揭示的发展,而不仅是它的结果来考察。正是以此为依据,培根提出了19种主要运动形式。

对培根的19种运动形式没有必要一一加以列举介绍,他声称是依据“物质的真正法则和自然的结构”[④]提出来的。但是,毋庸讳言,由于受当时科学发展所达到的水平,以及培根自己所具有的科学素

① 培根:《新工具》II,40,《培根全集》司佩丁本第4卷,第197页。

② 培根:《新工具》II,48,《培根全集》司佩丁本第4卷,第214页。

③ 培根:《新工具》I,66,《培根全集》司佩丁本第4卷,第67页。

④ 培根:《新工具》II,48,《培根全集》司佩丁本第4卷,第230页。

养的局限，它们难免带有许多素朴、想像、甚至谬误的成分。特别在培根列举的例证中，更为突出。但是，从这个多种运动形式学说中，所集中反映出来的培根运动观，的确也包含着不少辩证法的思想因素。

除上述已谈及的物质与运动的不可分割性外，培根明确肯定一切运动形式全都是物质自己的运动。正是物质自己的欲望——逃避非自然的压力，恐惧、厌恶新的扩张、新的收缩，恐惧连续的分解、反抗解体，同质相合的欲望、厌动性等等——促成物质的运动。虽然，培根还不可能掌握物质自己运动的钥匙，但是他的确明白表示了物质运动的根据不是在物质的外部，而是在物质内部的辩证思想，这是很可贵的。

其次，培根表达了运动形式的多样性。他认为位置变动，这仅是多样运动形态中的一种，运动还包括物质内部的运动，有化合、有分解、有同化、有异化、有排斥等等。这正像马克思指出的，培根"这里所说的运动不仅是机械的和数学的运动，而更是趋向、生命力、紧张或者用雅科布·伯麦的话来说，是物质的痛苦[Qual]"①。

在这里，我们还想特别指出，培根虽然提出了19种运动形式，但是，他并没有认为自己已经穷尽了全部的运动形式。培根在陈述了19种运动形式之后，紧接着即作了两点很重要的声明：一是这里所陈述的只是"那些在自然中性质最普遍的运动、趋向和活动的品德"②；二是"我并不敢说，此外再不能加上别种运动，也不敢说，我这些分类不能按照自然的脉络再精确地加以划分，或归成较小的数目"。③ 过去颇为流行的一种观点认为，培根把运动仅仅限

① 《马克思恩格斯全集》第2卷，第163页。

② 培根：《新工具》II，48，《培根全集》司佩丁本第4卷，第230页。

③ 同上。

于19种形式，因而具有形而上学的性质。这种指责显然是一种误解。我们不否认培根的运动形式思想具有形而上学的性质，但不是体现在这方面；培根把运动形式看成是相互孤立的，彼此不能相互转化的，这才是培根多种运动形式学说的形而上学性之所在。

关于形式的学说

从培根关于运动形式的陈述中，我们已可以看到他所理解的物质运动是循着一定规律进行的。这种物质运动的规律，培根称之为"形式"。在培根的哲学体系中，形式的学说占有重要的地位。然而，它同时也是培根思想中新旧混杂较多而较难理解的部分。在培根的著作里，我们可以看到，培根的形式概念其含义确是紊乱而不确定的。他有时把形式等同于物体；有时等同于规律；有时等同于性质；有时说形式规定性质，有时又说形式来自性质，等等。然而，归纳起来，最常使用的主要有如下两种意思。

第一，培根所讲的形式是指物质运动的规律。这是他多次直接讲及的。在《新工具》里，培根写道："在自然中真正存在的东西，虽然除掉个别物体按照一定的规律进行纯粹个体的活动之外，没有什么别的……而当我说到形式的时候，我的意思指的也就是这种规律及其所包含的部分。"[①]在《新工具》第2卷第17条箴言里，培根更明确地讲过："当我讲到形式的时候，我所指的不是别的，正是支配和构成简单性质的那些绝对现实的规律和规定性，如各种物质中的热、光、重量和能够接受这些性质的东西。因此，热的形式或光的形式和热

---

① 培根：《新工具》II，2，《培根全集》司佩丁本第4卷，第119—120页，《十六一十八世纪西欧各国哲学》，第46页。

的规律或光的规律乃是同一的东西。”[①]

第二，形式是指事物的本质属性、物体的内在结构。培根在《新工具》第2卷第4条箴言里写道：“一种性质的形式就是这样：有了一定的形式，一定的性质就必然跟着出现。因此，当这个性质存在的时候，这个形式总是存在的，它普遍地蕴含着这个性质，而且经常是这个性质所固有的。其次，这种形式也是这样的；如果被取走了，这个性质也就必然跟着消失，因此，如果这个性质不存在，它总是不存在的，总是蕴涵着这个性质的不存在，并且绝不为别的东西所固有。”[②]显然，在这里，培根把形式看作事物的内在结构，是物体属性（性质）的源泉，是物体属性的内在基础和根据。

不论培根把形式看作规律或物体内在结构，他总是把形式看作是事物内在的规定性，事物是外在的表现，形式是内在的根据。他说：“一物的形式就是此物本身，而事物与形式的区别不过是表面的与实在的、外在的与内在的之间的区别。”[③]从这个意义上去理解，培根的形式概念又是确定的，并非难以捉摸、难以了解的。

从培根对形式概念的理解中，显然可以看到，他强调了形式的物质性，形式与物质的不可分割，这也就是培根与柏拉图、亚里士多德的形式的根本区别。

在培根看来，形式是永恒的和不变的，至少就理性而言、就其为规律而言是这样。培根认为，就物体的形式而言，它是多样的、无限的，而物体简单性质的形式则是为数有限，而且一切事物的形式都是

---

① 培根：《新工具》II，17，《培根全集》司佩丁本第4卷，第146页，《十六－十八世纪西欧各国哲学》，第55—56页。

② 培根：《新工具》II，4，《培根全集》司佩丁本第4卷，第121页，《十六－十八世纪西欧各国哲学》，第48页。

③ 培根：《新工具》II，13，《培根全集》司佩丁本第4卷，第137页，《十六－十八世纪西欧各国哲学》，第54页。

由此组成的。因此,培根认为,我们不应以物体的形式如一只狮子、一棵橡树、金、水、空气等形式为研究对象,因为那样的形式,正如同由字母组合排列成的文字,数目可以多到无限,而且彼此交互混淆分歧错杂,难以研究。在培根看来,人们应该加以还原,返回到组成文字的有限数目的字母去加以研究,即人们只应当研究物体简单性质的形式,例如物体的感觉、自发的动作、生长、颜色、重、轻、冷、热、稀、稠等的形式。因为培根认为,愈是接近简单性质,一切事物就愈变得容易和明显。"因为事情已经从复杂变成简单,从不可通约变成可以通约,从不尽根变成有理量。从无限和不清楚变成有限而确定,如同字母系统中的单个字母和音乐中的音符一样。"①

对于形式的研究,培根赋予它以重要的意义。他认为形式的发现就是人类知识的目的。不仅如此,培根认为,人们若是了解了形式,就可以在极不相同的实体中抓住自然的统一性,因而人们就能够发现从来没有发现过的东西。因此,在培根看来,只有形式的揭露和发现,人的力量才可以"从自然的普通进程中解放出来,扩大和提高到新的效力和新的活动方式上面去"。② 因此培根断言,由于形式的发现,我们就可以在思想上得到真理,而在行动上得到自由。显然,在培根那里,形式既是人类认识的目的,科学发现的目标,又是把人类权力扩大到最大限度的重要前提。

上述表明,培根与他的时代开始重视对现实界作数量关系的研究有所不同,仍然带着浓重的传统自然观的特征,侧重自然的质的观点。但终究已经不是对自然作臆测,也不是凭靠理性自身的反思证

---

① 培根:《新工具》II,8,《培根全集》司佩丁本第4卷,第126页,《十六一十八世纪西欧各国哲学》,第52页。

② 培根:《新工具》II,17,《培根全集》司佩丁本第4卷,第147页,《十六一十八世纪西欧各国哲学》,第56页。

明自身，而是在事物自身的状态中寻求其本质。这是非常接近近代科学规律的观念了。

培根的形式学说和他的其他学说一样，具有两重性。当培根强调形式是物质所固有的、活生生的本质力量，由它构成了物质的各种特殊的差异时，培根表达了质的多样性的思想，这既具有唯物主义，又具有辩证法的思想因素；然而，当培根强调形式是永恒的、不变的，而且最后把物体归结为有限的简单性质及其形式的组合时，培根既否定了发展、变化，又抹杀了质的多样性，陷入了形而上学的窠臼。

目的论还是决定论

培根的哲学是目的论还是因果决定论，这个问题在国内关于培根学术研究中还没有接触到，它的确是培根学研究中有待阐明的一个问题。

从上述我们关于培根哲学思想阐述中可以看到，培根是一个因果决定论者，这应该是没有什么疑问的。其依据主要有二：

一是培根肯定自然是物质的，而物质是实在的、能动的、自因的，自然界除自身之外没有任何其他的原因，即自然事物的原因就在自然本身之中，而无需超自然、超物质的原因来加以解释，这就是培根所谓原初物质是无双亲的思想。

二是培根肯定自然规律的客观存在。“自然中真正存在的东西”就是“个别物体按照一定的规律进行纯粹个体的活动”。培根承认一切现象都有必然的因果联系。据此，他强调根据原因得到的知识才是真正的知识，只有懂得了事物的因果联系，人们才能控制自然，征服自然。培根的归纳学说形式学说也都是建立在自然事物的客观因果必然联系之上的。为此，才有所谓“有了一定的形式，一定的性质就必然跟着出现”的命题。

此外，我们知道，培根还明确地申述了不能依据目的因来考察自然。他认为，从物理学的角度看，说睫毛的存在是为了保护眼球，下雨是为了润湿土地等等，都是愚蠢的。在他看来，目的因"只是和人的本性有关，和宇宙的本性是没有关系的"[①]；目的论的产生，正是由于人们以感觉为事物的尺度，把人自己的本性掺杂和强加到事物的本性上面而形成的。同时，培根指出，目的论也是由于理智的不安定，总要追求原因的原因造成的。因此，在培根看来，对自然作目的论的考察，把自然界事物的产生和存在归结为某种目的因，只会"败坏科学"，"并不能推进科学"。

从上述的培根思想看，他是主张因果决定论，反对用目的因去考察自然的。但是在培根著作中，我们可以看到他还有着另外的一些思想，这些思想一直不太为人注意。为了全面地掌握一个思想家的真实面貌，这些思想是不可忽视的。我们只要全面地考察一下培根的思想，就可以看到培根反对用目的因来考察自然，而并非反对目的因自身。培根曾明确指出：他责难柏拉图、亚里士多德的目的因，并不是认为目的因在适当的范围之内也是不真实、不值得研究的。在培根的知识体系的新结构中，他把目的因列为形而上学的研究对象，认为目的原因与物理原因并非互相冲突。"两种原因，一则表现意向，一则指示结果。所以不但可以同真，并且可以互契。"[②]在《古人的智慧》里，培根在讲到自然界除了自身之外无任何其他的原因时，紧接着附加了一句"上帝除外"。[③] 显然，培根在这里承认神灵的意志作为目的的原因。有神论者培根承认神作为世界事物和世界秩序

---

① 培根：《新工具》I，48，《培根全集》司佩丁本第4卷，第57页，《十六－十八世纪西欧各国哲学》，第16页。

② 培根：《论学术的进展》(《崇学论》)关琪桐译本，第134页。

③ 培根：《古人的智慧》，《培根文集》，1883年纽约版，第271页。

的造物者、安排者，这是合乎逻辑的。不过在培根看来，“上帝用其智慧加以照耀，要比上帝把他的天意的印记、特性传递到一切自然的形象和运动中去更加值得赞美”。[①] 因此，我们可以认为，培根关于神意的目的因，主要表示在自然万物的进程中包含着、显示着神意，却并不是直接由它作为支配整个宇宙万物的普遍的根源和普遍原则。正因此培根才认为目的因在形而上学的范围内是正当的，而涉及物理学的范围则是不合适的。

不过，培根关于目的因的思想并非止于此，更明显地反映在关于万物都具有知觉的学说里。在《林木集》里，培根是这样写的：

“不管什么样的物体，虽然它们没有感官，然而它们有知觉，这是确实无疑的。当一个物体应用到另一个物体上，就会有一种选择，接收令人愉快的东西，排斥、驱逐嫌恶的东西，不管物体是引起变动或接受变动，知觉总是在作用之先的，否则一切物体都会彼此相似了。”[②]

在《论学术的发展与价值》的第4卷第3章中，培根写道：

“哲学家们应该把感觉与知觉之间的区别的适当解释作为一个最基本的问题，放在他们论感觉与可感觉的论文的前头。因为我们看到一切物体都有明显的知觉能力，并且都具有一种接受令人快慰的东西，躲避敌意及异己的东西的选择能力。……关于这个学说，看来人们犯了两个错误：一是他们对这个学说大都未曾接触过……；二是偶尔有人把心思转到这个上面来，但又走得太远，认为一切物体都有感觉。”[③]

---

① 培根：《论学术的发展与价值》，《培根全集》司佩丁本第4卷，第364页。

② 培根：《林木集》，转引自M. 普里麦克：《对培根哲学的重新解释》，美国《哲学史杂志》1967年第5卷第2期。

③ 培根：《论学术的发展与价值》，《培根全集》司佩丁本第4卷，第402—403页。

在培根的这两段关于一切物体都有知觉能力的阐述里，实际上赋予了物体以合目的性。一切物体都有趋利避害的选择能力，物体都是按照选择行动的，随着决定选择的性质的不同而对此物体起不同的作用。培根所理解的物体的能动性，也就包含着物体相互之间有选择的反应。

培根这种物体合目的性的思想，在关于物质运动自身的源泉的解释上也明显地反映出来。比如培根在解释"自由运动"、"反抗运动"、"连接运动"、"连续运动"、"同化作用"等运动形式中，就是物质的"欲求"，物质嫌恶、恐惧持续的被瓦解，或欲望同质相合等来解释物质的运动。显然，这些所谓"欲求"所包含的，不仅仅是物体相互间有选择的适应性的反应，而同时也包含有某种有领悟有感情因素的东西。而这就超过了培根自己讲的知觉，而是有感觉的性质了。这和培根自己讲的一切物体都有知觉，但并非一切物体有感觉的学说有些矛盾。毋庸讳言，培根在这里显然受着物活论的深刻影响。在培根的时代，关于自然普遍有生命、有灵性的物活论思想还是广为流行的。

综上所述，我们认为简单地把培根自然观断定为决定论，完全不理会它的自然合目的性的思想，是不妥当的。同样，由此断定"培根的自然概念就是一种反映了 16 世纪物活论思想首尾一贯的观点"①，认为"在培根看来，世界是一部机器，它的各个部件是有目的"②，显然也不符合培根哲学思想之真实。M. 普里麦克在提示对培根哲学作重新解释的大纲中，提过的一个论断，倒是可取的(可惜他没有首尾一贯地坚持这个论断)。他说：培根的"自然观是介于 16

① M. 普里麦克：《对培根哲学的重新解释》，美国《哲学史杂志》1967 年第 5 卷第 2 期。

② 同上。

世纪的物活论到17世纪机械论之间的过渡”。[1] 我认为这个判断比较接近于培根自然概念的真实。

哲学和神学的分和合

关于培根的宗教观，历来是个困难而又重要的问题，学者们的看法众说纷纭，莫衷一是。有着重他的思想的笃信宗教的方面，有的则相反强调他的反宗教方面。在国内的培根学研究中，在一个时期里把培根的宗教思想看得很轻的看法较为流行。因此如何正确评价培根的宗教思想，是一个有待弄清的问题。

我们在培根的著作中，可以看到在他论述科学的伟大复兴这个中心思想时，采用了不少《圣经》的语言，引证《圣经》作为根据。有人以为这不过是培根在当时的历史条件下，为科学争取地盘的一种“权宜之计”，是一件完全可以脱掉的外衣。然而事实表明培根对宗教信仰的确是虔诚的。他在《论无神论》一文中毫不含糊地声称他“绝对不相信宇宙结构是没有一个主宰精神”，并认为真正的无神论是没有的。[2] 在培根看来，对神的信仰使人获得提高人性使之区别于动物的力量。曾任培根的秘书和牧师比别人更了解培根的罗利博士在他的《培根传》中写道：“这位勋爵是富于宗教性的……只要健康，则他总是常到教堂做礼拜，听讲道……并且一直到临终他还是固守着英国教会的真正信仰。”[3]这样，终生致力于发展科学而又笃信基督教的培根，就必须解决理性和信仰、哲学和神学的关系问题。

---

① M. 普里麦克：《对培根哲学的重新解释》，美国《哲学史杂志》1967年第5卷第2期。

② 培根：《论文集》，1883年纽约英文版，第58、59页。

③ 罗利：《培根传》，载《培根全集》司佩丁本第1卷，第14页。

信仰与理性、神学与哲学的关系，在教父哲学时期，问题并不突出，两者完全在信仰、神学的基础上一体化。但在12世纪阿威罗伊提出了双重真理论，兴起了阿威罗伊主义思潮以后，托马斯·阿奎那为回击这种思潮，从多方面论证哲学与神学的关系，提出“哲学是神学的侍女”的命题。从此哲学与神学，信仰与理性两分还是融合的问题便成为突出的哲学神学问题。

对培根这方面的思想，我们过去一般只提到培根主张双重真理论，这无疑是事实，但绝不是问题的全部。培根的主导思想，首先是要打破经院哲学关于哲学神学融合的一元论的基本信念，主张哲学与神学两分的二元论。培根认为，哲学研究的是“事物的存在”，“事物在自然中本然的状态”；而神学的对象则是神圣的天启之物。哲学的目的是要征服自然；神学则是“人类一切思想的归宿所、安息日”[①]，是一种比有形实体高尚得多的精神实体的证明。哲学依据的是理性的方法；神学依据的则是神圣的启示。总之，哲学是理性的事情，神学则是信仰的事情。关于神学哲学的区别，托马斯也是承认的。然而，培根之为培根，而绝不是托马斯·阿奎那，就是在区别哲学与神学的基础上，培根强调了它们各自的独立性，彼此不可混淆，不可干预。而托马斯·阿奎那则强调它们的和谐性、统一性。

培根反对哲学与神学的融合，强调要划清信仰与理性的界限，既反对从神学中寻求哲学，也反对从哲学中寻求神学。培根认为要在哲学中找寻神学，就无异于从死人中寻找活人；要在神学中找寻哲学，就无异于从活人中找寻死人。培根如此强调哲学与神学不能混淆，就是要使理性、科学不受信仰支配，获得独立发展。始初，培根在这方面的论据主要还是宗教的。后来在《新工具》中，培根对这个问

---

① 培根：《论学术的进展》(《崇学论》)关琪琍译本，第126页。

题的论述，显然前进了一大步，他从哲学神学的混杂是科学发展的障碍角度提出问题。他把这种哲学神学的混杂看作一种迷信，一种盲目的宗教狂热，是哲学、科学发展所面临的大敌。

正是在这样认识的基础上，培根批判了经院哲学把宗教体系与亚里士多德哲学结合在一起，认为正是这种结合使当时人们对自然的研究更为烦难、更为危险。在《新工具》里，培根还批判了他的同时代的人 R. 弗洛德（Robert Fludd，1579—1637 年）依据《圣经》的《创世纪》、《约伯纪》建立他的物理学，写出了《摩西的哲学》。培根认为，这完全是物理学与神学的糅合。他严正指出，这种科学、宗教的混合既损害真理，又损害宗教。

培根既反对从神学中推出哲学，也同样反对从哲学中推出神学。在培根看来，借着人类知识得来的原理，用以论证信仰，就是把上帝的神秘拽下来，接受我们理性的裁判，这是不妥当的。我们只应该把理性提上去，以求冥合于神圣的真理。显然，这是要护卫宗教，“净化”神学，不容形而上学思辨哲学的侵害。

培根在论证信仰与理性，哲学与神学各自的独立中，除突出它们的不可混杂，反对它们的融合外，还有另一层涵义，这就是哲学与神学彼此不可干预。在信仰方面，培根强调神学家们、学者们都“不要以为关于自然的研究在某一方面是应该受禁止的”①因而妨碍他人，或使自己为此裹足不前。在理性方面，这就是培根在他的祷告文及著作中反复申述的：人们在感官之路洞开以后，不要对神圣的奥秘产生怀疑，对于信仰，人们应当不顾理性的反对，而相信神的话语，神的秘密愈加荒诞不经，愈加不可思议，我们对上帝愈加尊敬，愈加相信神的秘密。要求人们必须严加遵守“世俗的事情不要干涉了神圣的

① 培根：《伟大的复兴·序》，《培根全集》司佩丁本第 4 卷，第 20 页。

事情”。

然而培根这种哲学与神学、理性与信仰的二元论的观点，并非始终如一、纯一不杂的。特别是当他强调神学不要干预限制哲学对自然的研究时，培根强调了哲学不但不侵袭宗教，而且是“滋养信仰最完善的养料”[1]。培根甚至提出：“哲学正可以给宗教作为忠心的侍女”[2]。显然，这样的观点与把哲学、神学截然分开的“双重真理观”是背道而驰的，是向托马斯为批驳双重真理观时提出来的“哲学是神学侍女”命题的妥协。

在培根那里反对从哲学的原理中推出宗教的信条，或对上帝的存在作出论证，和哲学能支持神，是信仰的“养料”、“侍女”，是毫不矛盾的。培根的“养料说”、“侍女说”，不是就哲学的内容，而是就哲学的作用而言的。在培根看来，浅学肤知，停留在哲学的入门处，人们所能接触的仅是一些不相关联的事物的表面现象，事物的第二级原因，这使人忘失了最高的原始力量。而进一步深入地研究事物，就可以使人深入事物的底蕴，就会看到一连串第二级原因之间的相联相属，从而就会把握事物的因果关系，就会领悟和相信在这些自然因果联系中定有最高的环节，对上帝的神妙工作就会有更深切的领悟。这就是培根著名论断：“一知半解的哲学使人倾向无神论，深刻的哲学，则把人导向宗教。”[3]从这里我们可以看到，培根的这一论断与他所反对的经院哲学和神学有相通之处。应该说，这是培根向神学妥协调和的主要之点。然而，我们却不可把培根的这一论断同托马斯·阿奎那的话等同起来。培根的“养料说”、“侍女说”，是仅仅从哲学的作用上、效果上说的。在《论学术的进展》中，培根就指出：上帝分明

---

① 培根：《新工具》I，89，《培根全集》司佩丁本第4卷，第89页。

② 同上。

③ 培根：《论文集》，1883年纽约英文版，第58页。

在我们面前摆着两本书，一本是《圣经》，把上帝的意志显示给我们；一本便是万物，把上帝的力量表现给我们，而由事入理，万物正可作为《圣经》的锁钥。人们通过上帝工作的花样新奇，经纬万端，就会对上帝的全能有适当的思量忖度。仅此而已。在这里，培根仍然坚持哲学与神学不同，不能相混。然而，托马斯·阿奎那的主张则是"哲学真理与神学真理汇集在一个真理上"。托马斯说："人的理性通过被造物上升到认识上帝，而信仰则相反，使我们通过上帝的启示去认识上帝。前者是上升法，后者是下降法，但二者是同一的。无论是由超越理性而获得信仰，或是通过理性获得上帝的认识，其实是殊途同归。"①显然，这种哲学与神学、信仰与理性的具体同一与培根是相异的。在信仰与理性上，培根还是强调它们之间的相互排斥。正是这样，培根才强调在信仰领域，理性必须受限制，并处于从属的地位，服从的地位。他提出，在信仰领域，人们不能只相信合乎理性的东西，否则，那我们只是赞同事物，而不是赞同造物主了。培根提出，对于神，我们的意志纵有不甘，亦必须服从它的法律，我们的理性，纵有些勉强，也必须相信它的言辞。从这里我们可以看到，培根既看到信仰与理性的对立、排斥，同时亦安然让这种对立、排斥保存在各自独立的领域里。这就是培根与托马斯·阿奎那的根本相异之处。

综上所述，我们认为，不承认培根在宗教问题上从双重真理论的二元论立场向一元论的一些摇摆、倒退，是不合适的；但把培根的宗教思想等同于神学家所谓的哲学是神学侍女说的全部含义，把培根完全看作神学的有力同道，看不到二者的差异，也是不公道的，是不符合培根的真实的情况。同经院哲学、封建神学的斗争，毕竟是培根哲学的主流。

---

① 托马斯·阿奎那：《反异教徒大全》第4卷第1章第3349节。

第三章 霍布斯

托马斯·霍布斯(Thomas Hobbes,1588—1679)是培根之后17世纪英国最重要的哲学家。霍布斯生活的时代,是英国专制王权由盛而衰、英国资产阶级革命从酝酿、爆发到获得胜利的年代,是英国社会的经济、政治和思想各个方面都经历着深刻变革的年代。在这风云变幻、激烈动荡的年代,现实生活中的迫切问题,尤其是有关政治方面的问题,首先吸引了人们的目光,霍布斯也不例外。但是思想深刻的霍布斯,并没有就事论事地回答现实问题,而是力图把问题的解决置于合乎科学新思潮的全面系统的哲学体系的基础上,以之作为理论的根据。所以,霍布斯在继承了培根提倡科学、宣扬知识就是力量和经验的认识原则的同时,大大向前推进了英国经验论哲学,提出了系统的机械唯物主义的自然观、认识论、语言哲学、人与社会国家学说和无神论,反映了发展科学和反封建的新的时代精神,在当时和对后世都有重大的影响。

第一节 霍布斯的生平和著述

求学牛津

霍布斯于1588年4月5日生于英格兰南部威尔特郡马姆斯伯里的韦斯特波特镇。霍布斯的父亲是个乡村牧师,曾任维斯堡镇的英国国教的教区牧师。据说,有次他在教堂门口用拳头打了一个后来成为下任教区牧师的人，因此不得不离家出逃，在西斯尔沃思默默无闻地生活[①]。霍布斯的母亲出身于一个自耕农的家庭，史家对她除了因恐惊而早产外，不再知道什么了。

霍布斯的叔叔弗兰西斯·霍布斯(Frances Hobbes)是个商人、市议员，为人慷慨，霍布斯父亲出走后，霍布斯就由他抚养。

弗兰西斯·霍布斯很重视霍布斯的教育，在霍布斯正式进入大学前，即受教于在宗教改革后第一次来到英格兰的很有造诣的希腊语言学家罗伯特·拉铁默，因此，在进入大学前，他已有很好的拉丁文、希腊文的基础。霍布斯十四岁时，即进入牛津大学马格达伦学院学习。在牛津他努力学习各种科目，包括亚里士多德的逻辑和物理学，并爱到书店里细看众多的地图。

1608 年霍布斯经五年学习获得学士学位，曾留校一年讲授逻辑，后经校长推荐到卡文迪什(哈德威克男爵)家做家庭教师。卡文迪什不久即成为德文郡伯爵，这是英国一个很有权势的家族，从此开始了霍布斯与卡文迪什这个显贵家族的终生联系。卡文迪什家为霍布斯提供了一流的图书馆、国外的游历、思考的闲暇，以及与一批有造诣、有影响、有社会地位的文学家、科学家、哲学家、政治家、自由主义者等名流结识、交往的许多良好的机会，这些对霍布斯之成为杰出的思想家，的确不是无足轻重的。

三访欧陆

家庭教师的生涯一开始并不都是愉快的，据奥布里[②]讲，霍布斯甚至要在雨天里替他的学生去向人借钱(霍布斯和他的学生、年轻的

---

① 克拉克编：《奥布里的传略》(Aubrey's Brief Lives)第 1 卷，1898 年，第 391 页。

② 奥布里(1626－1697)，霍布斯传记的权威作家。

伯爵年龄相仿），为此霍布斯几次受寒。不过，对这些不愉快的任务，霍布斯没有动怒，而是利用在门厅等候的时间阅读袖珍本的恺撒和其他古代著作家的著作，以保持他对古希腊罗马语言的谙熟[1]。

1610年霍布斯陪同他的学生游历了法国、意大利。第一次欧洲大陆之行，霍布斯除了使自己的法语、意大利语得到了很大的长进，获得了"及格通过"外，还获得了开普勒与伽利略的新的科学成果，特别发现了牛津大学所讲授的亚里士多德的逻辑和哲学在欧洲大陆已不受欢迎并已衰落。不过，此时，霍布斯还没有致力于哲学研究的意欲。

返国后，霍布斯决心致力于追求学问，据说，霍布斯此时与培根的相识直接加强了这种决心。我们知道，霍布斯并不看重培根的归纳法，但赞成培根对亚里士多德学说的轻蔑态度，赞成培根关于知识就是力量的观念，赞成知识应运用于改进人类生活的主张。

这期间霍布斯阅读了许多希腊和拉丁等古典语文的历史著作，以及小说、诗歌、戏剧等作品，这可能是霍布斯读书较多的时候了。我们知道，霍布斯在此后漫长的一生中，大部分时光都用于思考、写作，用于读书的时间不多。有人抱怨霍布斯请教其他作家和参考其他书籍太少，这是事实。然而，霍布斯正以此自夸说："假如我也像别人读得那么多，我所知道的也只不过是他人那么多。"[2]他认为读太多的书，学太多的学问，会把人的才智遏制窒息了。但是，阅读古典著作，尤其文学历史著作大概除外。据云，后来霍布斯也曾懊悔第一次访欧回来在这方面耗费过多时光。不过，奥布里却指出，这种耗费时光却给他带来幸运，使他的"语言仿效者"之名声更引起注意[3]。

---

① 《奥布里的传略》第1卷，第347页。

② W. 莫里斯沃思编：《霍布斯全集》第5卷，第311、441页。

③ 《奥布里的传略》第1卷，第361页。

我们知道，霍布斯在拉丁文以及英国文体方面的技巧都是很有造诣颇有名气的，应该说，这与此期间霍布斯对古典语文的学习研究不无关系。

1629年霍布斯出版了几年前已翻译的古希腊修昔底德的著名历史著作《伯罗奔尼撒战争史》，这是可考的他公开刊行的第一本书。他之选译这部著作绝不是偶然的。1624年继位的查理一世上台后，力图增加税收以建立王室的常备军，以巩固专制秩序，因而同国会发生尖锐的冲突。他的横征暴敛，引发了民众普遍怨愤。在宗教方面他对清教徒实行高压政策，把清教徒全都赶到自己的敌对方面。这样，反对查理的人都集结在清教旗下，成为反王权的国会党人。斯图亚特王朝面临严重的财政危机和政治危机。霍布斯想借修昔底德的历史著作，使人看到雅典民主制的弊端和愚蠢，教导人们应该反对民主政体，单个政治家要比一群人英明得多。显然这时的霍布斯的专制主义的政治思想倾向已十分鲜明，寻求对抗国内日益高涨的民主倾向的手段是后来霍布斯的政治理论著述的主要课题。

1626年德文郡伯爵第一去世，接着霍布斯的学生、朋友德文郡伯爵第二也于1628年逝世，由于一时的经济窘迫，伯爵夫人辞退了霍布斯。霍布斯带着忧伤离开了卡文迪什家，受聘于杰维斯·克林顿家做家庭教师。

1629年霍布斯陪同他的新学生，克林顿的儿子到欧洲大陆旅行，曾到巴黎、奥尔良，也许还到过威尼斯。正是在这个第二次大陆之行中，霍布斯对几何发生了强烈的兴趣。

据奥布里告诉人们，霍布斯对几何的兴趣还有些偶然，他说，霍布斯在一个绅士的图书馆里，看到一本摊开的欧几里得的《几何原本》，摊开的地方就是第一卷命题47。他读了命题，看了它的证明，又接着一个命题又一个命题往下看，最后他信服了它的真理性，霍布斯就这样爱上了几何学[①]。我们知道，自此霍布斯把几何的方法作为达到无可置疑的结论的方法。在此后的著述中，霍布斯常以几何的形式表达他的论证，在这方面霍布斯还在笛卡尔之先哩！

1630 年 9 月，霍布斯又回到卡文迪什家，作为德文郡伯爵第三威廉的导师。据霍布斯自己讲，他以七年的时间勤奋地教他的新学生拉丁文、修辞学及其他的课程，同时亦加速地开展了自己的研究工作。

1634—1637 年霍布斯陪同他的学生，年轻的伯爵游历了欧洲。在法国霍布斯结识了梅尔森－圣芳济会的僧侣，梅尔森的居室是巴黎知识界一切最新观念畅述之所，他支持笛卡尔与伽桑狄，是巴黎知识界的中心人物。霍布斯把自己研究的心得成果，每周一次或两次的告诉梅尔森。显然，霍布斯成了梅尔森的朋友以及巴黎知识界中的一员。

1636 年，霍布斯到意大利拜访了伽利略，彼得斯称此行为“朝圣者之旅”[②]。的确，霍布斯对伽利略作为新的自然哲学的解释者的首领十分敬重。据说：早在 1632 年，霍布斯为了寻得伽利略的新著《关于两个世界体系的对话》，跑遍了伦敦大小书店而仍无所获。据彼得斯云，霍布斯把几何方法、运动概念推广应用于社会和人的身上，也许就是这次朝圣之行时，伽利略对他的建议哩[③]！不过，几何方法显然早在此行之前，霍布斯已运用于他的著述的论证中，但运动概念之运用于社会领域则的确是在此行之后。

霍布斯在自传中曾生动地叙述了他在第三次欧洲之行中，怎样在心中时刻萦绕着关于无处不在的运动的问题，甚至在船上、马背上都在考虑着运动是物体的自然状态，若无障碍，它们将无限制地运

---

① 《奥布里的传略》第 1 卷，第 332 页。

② 彼得斯(R. S. Peters)：《托马斯·霍布斯》，载《美国大百科全书》。

③ 同上。

动,而这是与感官的粗糙的证据,以及很久以来的静止才是物体的自然状态的亚里士多德的自然观背道而驰的。

霍布斯哲学的觉醒,是从对感觉问题的兴趣开始,而霍布斯对感觉的兴趣,据他在自传中称,是产生于一次和一些学者的相遇。当时,这些学者正在讨论感觉的原因,其中一个人嘲笑地提问:“什么是感觉?”霍布斯惊讶地发现,竟然无一人能够回答出来,从此感觉的原因和性质的问题就常萦回霍布斯心头。《简论第一原理》(A Short Tract on First Principles)一文就是运用运动的新观念解释感觉问题的。论文没有署日期,被认定写于1603—1637年期间,许多人认为写于1603年。这是霍布斯哲学觉醒的第一个成果。在第三次欧洲大陆之行期间,霍布斯得出结论,运动不仅是解释物理世界的基本概念,也是解释人、公民世界的基本概念。他构思好了按物体、人的本性和社会三部分建构自己的哲学体系。

从欧洲回国后,英国国内的动乱,促使霍布斯特别关切社会政治问题,写作《法律要旨》(Elements of Law)。手稿在1640年国会开会期间流传开来。书中强调了统治权之不可分割,人们只有把自己隶属于专制国王,才能求得和平生活。这是用几何方法以及机械学、心理学对当代现实利益问题的分析。霍布斯在1640年5月9日写的书的献词中,明确说:他著述该书的目的就在于依照数学的方式把正义和治术的学说还原为埋性的规则和理性的绝对可靠性。[①]

流亡法国

1640年查理一世因战败须偿付苏格兰巨额赔款,不得不召开国会,结束了十一年的个人独裁。新一届国会对王权展开猛烈的进攻,

---

① 霍布斯:《法律要旨》献词。

制定一系列打击专制主义的立法，初步建立起英国的君主立宪政体。霍布斯鉴于他写的《法律要旨》倡导绝对专制论，在新局势下会有生命的危险。因此，于 1640 年 11 月逃离英国，开始了为期十一年之久的在法国的流亡生活，同时开始了他的哲学著述的高产时期。

霍布斯到巴黎后，受到了梅尔森等知识界的热烈欢迎，霍布斯是作为哲学家被接待的。霍布斯至巴黎后的第一个工作就是应梅尔森的要求，对笛卡尔行将出版的《沉思录》提出意见。霍布斯在 1641 年 1 月写出了他的十六条意见并寄往当时在荷兰的笛卡尔，后来这些意见，连同笛卡尔对这些意见的答复，都与《沉思录》一道作为《诘难》印行出版，从此亦开始了霍布斯与笛卡尔两人交往中相当紧张的关系。

完成了笛卡尔《沉思录》的《诘难》后，霍布斯即着手构架他的哲学体系的三部曲——物体、人、社会。不过具体写作时，霍布斯没有按这个体系的顺序进行：鉴于当时英国的政治动乱，霍布斯认为有必要，而且也正是在这状态下先成熟起来的第三部分，首先加以发表印行。因此，《论公民》(De Cive)于 1642 年在巴黎出版了。实质上，《论公民》就是《法律要旨》第二部分的扩大了的英译本。扩大增加的部分大多是关于教会和国家权力的关系的详细论述。书出版后，立即引起学术界的极大注意，作者声誉鹊起。

接着霍布斯以四年时间著述他的哲学体系的第一部分《论物体》(De Corpore)，遗憾的是这种形而上学的抽象思辨工作由于被聘为流亡的英国王子的数学老师以及霍布斯自己的重病而中断了。

1646 年，卡文迪什家族的另一支，威廉·卡文迪什、纽卡斯尔伯爵也到了巴黎。同时威尔士王子(即未来国王查理二世)也逃到法国圣热尔梅娜他母亲处，经纽卡斯尔伯爵的推荐霍布斯被任命为王子的家庭教师。霍布斯在流亡宫廷并不受欢迎，皇后因他的《论公民》中的反教皇而不喜欢他，王室的人对宫廷里竟然有一个“无神论者”

而感到愤慨。因此，霍布斯只许可讲授数学而不是哲学、政治理论等课程(此时，霍布斯在数学上有很高的声誉)。故霍布斯从来都不曾是流亡宫廷中的一员，事后他自己也说，他仅是个“临时雇员”而已[①]！正因为此，霍布斯后来才敢于提出返回克伦威尔治下的英国，并得以成行。霍布斯作为王子家庭教师的工作，因1647年的几次生病而中断，其中有次病危，被认为临终而领受了圣体，不过后来又痊愈了。

1647年《论公民》的第2版的增订本在荷兰印行，这是用拉丁文写的，增加了一些必要的注释、献词以及致读者前言。后来在1651年，霍布斯又亲自把《论公民》译成英文，书名改为《关于政府与社会的哲学基础》在伦敦出版。

流亡法国期间，霍布斯为了使他关于人和公民的观点在英国能广为人知，因此以一个吸引人的名字“利维坦”(Leviathan，《圣经》里一种力大无比的巨兽的名字的音译)，作为书名。

全书十分详尽地阐发了他的伦理思想、政治思想，而且提出他对于教会和国家、神学和哲学之间关系的见解。全书分四部分，论人类、论国家、论基督教体系的国家、论黑暗的王国。第1、第2部分主要是依据《法律要旨》的两个部分的内容再行加工的，第3、第4部分则是以《论公民》的后一部分扩大而成。全书较先前的这两部论著在体系的完备、内容的充实、论证的严密都更胜一筹，成为政治哲学史上有着重大学术价值的世界名著。

《利维坦》在巴黎写成，但返回英国后才刊行。

返回祖国

霍布斯于1651年结束在法11年的流亡生活，在严寒的天气及

① 《奥布里的传略》第1卷，第194页。

充满海盗流寇的危险中返回英国归顺克伦威尔，此后再也没有离开过英国。霍布斯返国的原因，据其自述，并非流亡宫廷对他的冷漠，而是法国的僧侣对他的不信任和猜疑，使得他逃回英国。另外，据说法国当局也在密切注视他可能支持、鼓励反叛，在巴黎，霍布斯无法待下去了。当然，霍布斯的返回克伦威尔治下的英国，也与克伦威尔政治、军事大权独揽，消弭战乱与霍布斯政治理想相吻合有关。可是霍布斯由于与巴黎流亡宫廷有关系，朋友对之有着怀疑的眼光，与僧侣利益不一致又被视为无神论者，因此，霍布斯返国之初，心境并不舒畅。

无论如何，霍布斯返回英国时的政治形势，提供了《利维坦》出版的最佳时机。经过 1642 年和 1648 年两次内战，王党军队被粉碎，查理一世于 1649 年被处决，英国废除了君主制，建立了共和国，克伦威尔在此时作为护国主一直在寻求一种合适的政府形式。《利维坦》于 1651 年在英国出版，这是一种很合适的时间和地点，《利维坦》强有力地支持了克伦威尔不可分割的绝对统治权观念，它承认民众的代表，但那是被社会契约所规范着的，也就是说，他们亦是接受了不可分割的统治权观念的。

霍布斯回国后即卷入一场始料未及的激烈论争。

1646 年纽卡斯尔伯爵到巴黎后，霍布斯与从德里逃亡来的主教约翰·布拉姆霍尔在纽卡斯尔巴黎的家曾就自由意志问题展开热烈的讨论，纽卡斯尔很愿意看到这个问题的不同看法，请双方写下各自的观点。显然，这并不是为发表的。然而，八年后，这份手稿的副本不知怎么落到基第维里的约翰·戴维斯[①]，一个霍布斯主义者的手

① 索利在《英国哲学史》第 55 页说这是个无名氏，其实奥布里指出了他是谁，参看《奥布里的传略》第 1 卷，第 359 页。

中。他未经霍布斯的同意，于1654年以《论自由与必然》(Of Liberty and Necessity)为题加以发表，并且还加上一个具刺激性的前言，把“黑外套”(指主教们)比作“无知的思想家”。[①]

手稿发表后，像霍布斯其他著作一样，引起了广泛的诵读，布拉姆霍尔主教的愤怒是可以想见的。1655年发表了一个很激烈很长的反驳，对霍布斯每一个论证都作了详细的考察，布拉姆霍尔不怀疑霍布斯在手稿发表问题上的清白，但在行文中仍然对霍布斯作了尖刻的人身攻击。这迫使霍布斯于1656年又以内容充实的名为《关于自由、必然和偶然的若干问题》(The Questions Concerning Liberty, Necessity and Chance)的一卷书对此作出回答，对主教的每一个反驳都作了又长又痛快的“批判”。布拉姆霍尔于1658年用题为《谴责霍布斯最近的非难》(Castigations of Mr. Hobbes His Last Animadversions)并有一副题：《抓住利维坦这条大鲸鱼》(The Catching of Leviathan the Great Whale)一书加以反击。布拉姆霍尔于1663年去世，霍布斯在几年后作了最后的答复。霍布斯的这些著作主要从心理学的角度研究意志自由的问题并按严格的决定论的观点来回答。

在英国相对平静的生活，使霍布斯有可能回到搁置了八年之久的建构他的哲学体系的工作。原来在法国时为了给他的自然哲学作准备，他研究了感觉和光学并发表了一些论文。1644年作为梅尔森的《光学》的第七卷他发表了《光学论》，论文的大部分与霍布斯1641年给笛卡尔的信基本相同[②]。同年他在梅尔森的《Ballistica》发表了《序言》(论感觉)。1646年霍布斯完成了《光学初稿》的

---

① 《霍布斯全集》第4卷，第235页。

② F. 勃朗特：《托马斯·霍布斯机械的自然概念》，哥本哈根1928年英译版，第97页。

手抄本，他认为这是他最重要最有创造性的工作之一。这个手稿是霍布斯的感觉学说的一个重要大纲[①]，后来成为《论物体》后一部分的草稿[②]。

《论物体》(De Corpore)于1654年完稿，1655年在伦敦出版。《论物体》作为霍布斯自然哲学的论著，是他的哲学三部曲的第一部，是他的整个哲学体系的基础。《论物体》主要依据运动原则解释各种自然物体和现象，着重论述了逻辑学、数学、物理学的基本原理。霍布斯强调了物体是哲学的唯一对象，物体是不依存于我们的思想而自在地存在的占有空间的物质实体，广延性是物体的根本特性，运动不仅是物质的规定性和差别性的原则，而且是事物本身的普遍原则，而机械运动则是运动的唯一形式。

《论物体》英译本于1656年出版，译本虽不是霍布斯自己亲为，但却是在他的督察下进行，尽管他并非完全满意。英译本题目为：Element of Philosophy the First Section, Concerning Body(哲学要旨第一部分，论物体)。英译本修改了关于数学的论辩，特别是关于化圆为方的讨论。

1657年《论人》(De Homine)出版，这是霍布斯哲学体系三部曲中的第二部分，是对精神现象及人性原则的讨论，至此，霍布斯雄心勃勃要构筑的哲学体系宣告完成。

《论人》篇幅不大，其所论及的光学、视觉理论、人性和心理学的一些问题，其实在《法律要旨》和《利维坦》都已有更好的阐述，霍布斯说他要写作此书，也只是为了“遵守诺言”[③]，为了体系的完整而已！由于《论人》的内容都是人所已知，故书出版后，未引起人们的注意，

---

① J.拉德:《霍布斯》,伦敦1934年版,第11页。

② F.勃朗特:《托马斯·霍布斯机械的自然概念》,第170—171页。

③ 《霍布斯全集》第2卷,献词。

也没有再译成英文。

与此同时，霍布斯与牛津学者进行了一场旷日持久的论战，对手一位是牛津的天文学教授，一位是牛津一流的几何学教授。他们在宗教上都是清教徒，在科学方法和学术思想上都是培根主义者，1663年他们都是“皇家学会”前身的“哲学俱乐部”的成员，他们对霍布斯对他们信仰的宗教的攻击，对归纳法的轻蔑以及对大学的辱骂甚为不满，于1654年在一篇为大学作辩护的文章开始了对霍布斯的指责，接着批驳霍布斯关于发现化圆为方的自诩。霍布斯对此作了答复，结果你来我往。这个论争差不多持续到霍布斯去世，它占去了留给霍布斯的生命的最后20年的相当岁月，论争乏味而且双方常常流于个人的咒骂和人身攻击。

1660年王朝复辟，昔日霍布斯在法国流亡宫廷教授的学生威尔士王子，返回英国成为查理二世。国王很喜欢霍布斯的智慧和敏捷的应对才能，国王赐予霍布斯一百镑的年金以及自由进入王宫的权利。据说，王宫还挂有霍布斯的画像。霍布斯不仅得到国王的宠爱，也得到他的伯爵的尊敬。在主教们都反对霍布斯的情况下，国王和伯爵的恩宠，无疑给霍布斯提供了不少庇护。1665年伦敦发生大瘟疫，接着1666年又发生大火灾，人们归因于神的不悦。为此，1666年下院通过了禁止无神论著作出版的议案，并设立一个委员会检查霍布斯等人的渎神和无神论著作。可能由于国王的干预，霍布斯没有受到进一步的迫害，但此后霍布斯被禁止发表意见，因此《利维坦》的拉丁文译本不得不于1668年在荷兰的阿姆斯特丹出版。

晚年笔耕

1668年霍布斯完成了按他对人和社会的观点解释1640—1660

年的长期国会史的著作，名之为《贝希莫思》[1]（Behemoth or the Long Parliament），人们有时就称之为《国内战争史》。霍布斯将之呈送国王，但被劝阻勿出版，因此该书于霍布斯死后的1682年才刊行。

1660年11月，伦敦的一批科学家在牛津大学格雷沙姆学院开会，正式提出成立一个促进物理数学实验知识的学院。1662年，查理正式批准成立“以促进自然知识为宗旨的皇家学会”。

皇家学会包容了当时英国一流的科学家和作家。然而霍布斯却被排斥于皇家学会门外，没有被吸收为皇家学会成员，史家都认为这是不公平的。其原因，据说对当时每一个人都是很显然的。

首先，皇家学会的前身是以约翰·威尔金斯（清教徒牧师，他写的《新行星论》对历书制定者改变观念有相当影响）为领袖的一批自称“哲学俱乐部”的年轻科学家，成员包括牛津大学曾与霍布斯论争的对手。他们没有或不愿意邀请霍布斯参加到他们的学术活动中来是可以想见的。

其次，早期的皇家学会具有浓重的培根主义色彩、实验主义的气息，因此，皇家学会前身的哲学俱乐部成员中和霍布斯并非敌对的一些人，他们反对霍布斯的非实验的理想。而霍布斯对作为哲学俱乐部成员的活动中心的格雷沙姆学院以及后来的皇家学会的实验主义道路也不满意。显然，霍布斯在皇家学会里，“敌人”和朋友都不欢迎他，因此，霍布斯被拒之门外就毫不为奇了。不过，被皇家学会拒之门外，不等于在英国人们不承认霍布斯的学术地位，比如皇家学会著名成员之一，威廉·配第就认为霍布斯是英国当时活在世上最伟大的思想家之一，是古典时期之后八个真正伟人之一。在国外，尤其法

---

① 贝希莫思是《圣经》中类似河马的软弱无力的怪物。

国，霍布斯有着更大声誉，学术界的外国来访者像朝圣似的拜访他。然而，霍布斯在英国的比较孤独，丝毫没影响他在学术上继续奋进，即使此时年事已高，但仍笔耕不止，令人感动。

1668年，《贝希莫思》完稿时，霍布斯已是八十高龄，在这同时，还写作了《哲学家与英国习惯法学者的对话》(Dialogue between a Philosopher and a Student of the Common Laws of England)，这是部未完稿，是19世纪分析学派的法律哲学的萌芽。

1672年八十四岁时，霍布斯用拉丁文写了一篇生气勃勃的诗体自传。在这之前，霍布斯曾用散文体写过一篇自传，因被教堂主持牧师约翰·费尔擅自删改其中一些叙述，并攻击《论公民》意味着煽动，霍布斯认为有必要重新另行撰写自己的传记。

1673—1675年，霍布斯已八十五到八十七岁高龄了，虽然有震颤麻痹的疾患，手不听使唤，然而，头脑仍十分敏捷有力，此时，他感到没有什么事可做了，因此转向青年时喜爱的古典文学，先后完成了荷马的《伊利亚特》和《奥德赛》押韵诗的翻译。直到九十岁，霍布斯还完成了最后一部著作《生理学研究》(Decameron Physiologicam)。

霍布斯不知疲倦的勤奋精神连他的敌人也不得不承认并加以赞扬。

霍布斯于1678年12月4日逝世，终年九十一岁，葬于哈德威克城堡公园的豪尔特赫诺尔，墓碑上写着：

> 他是一个真正的人，他的学问在国内外有着极高的声望。①

这是对霍布斯作了很公允的盖棺论定。据说，霍布斯曾为自己

---

① J. 拉德：《霍布斯》，第31页。

拟过一个碑铭:“这里是个真正的哲学家的墓石”①。

第二节 论人的自然理性的哲学

霍布斯无论在自然哲学的著述《论物体》或公民哲学的著述《利维坦》,都用相当篇幅论及一般的哲学问题、认识论问题,对哲学的定义、对象、内容、目标、认识的起源、认识方法、知识的体系、分类等问题都曾一再重复的论及。显然,霍布斯把这些问题看作其哲学学说的重要部分,了解霍布斯对这些问题的界定,是把握霍布斯哲学三部曲的前提。

哲学的对象与功能

霍布斯在《论物体》一书的“致读者”里,开宗明义的向人们宣告:“哲学是人的自然理性,它在被创造物中间匆忙地上下飞翔,从而给它们的秩序、原因和结果带来一个真实的报告。”②把自己的哲学观与中世纪的炼金术和经院哲学形而上学的哲学观直接对立起来,而强调要把经验表达为哲学本身。

霍布斯明确指出:哲学的对象是现实的物体,是“每一个这样的物体:这种物体我们可以设想它有产生,并且可以通过对它的思考,把它同别的物体加以比较,或者是,这种物体是可以加以组合与分解的,也就是说,它的产生或特性我们是能够认识的”。③

而哲学的任务“乃是从物体的产生求知物体的特性,或者从物体

① J. 拉德:《霍布斯》,第 31 页。

② 《霍布斯全集》第 1 卷,xiii,《十六—十八世纪西欧各国哲学》,第 59 页。

③ 《霍布斯全集》第 1 卷,第 10 页,《十六—十八世纪西欧各国哲学》,第 64 页。

的特性求知物体的产生”。[1] 不是产生出来的，或不具有特性的东西，就不是哲学的对象。

据此，霍布斯明确地宣告：“哲学排除神学”[2]，“哲学排除关于天使以及一切被认为既非物体又非物体特性的东西的学说”[3]。因为神是永恒的，并非产生出来的，不可思议的，在神学里面没有东西可以分合，也不能设想有任何产生。天使也是既不能分合，也不能作任何增加或减少。

从霍布斯把哲学作为纯粹物体学说的这种哲学对象的规定，与现代我们所讲的科学近乎同一。他写道：“哲学是关于结果与现象的知识，我们获得这种知识，是根据我们首先具有的对于结果或现象的原因或产生的知识，加以真实的推理，还有，哲学也是关于可能有的原因或产生的知识，这是由首先认识到它们的结果而得到的。”[4]显然，在霍布斯那里，哲学就是关于自然原因的知识，是人们通过推理获得的关于事物因果性的知识。因此在《利维坦》里，霍布斯所开列的知识体系的图表中，就把数学、天文学、地理学、工程学、建筑术、航海术、气象学、星象学、矿物学等自然科学与基本哲学并列，全部汇总在哲学名下，而且明确写道：“科学是关于推理的知识，也称为哲学。”[5]

关于哲学的目的，霍布斯强调其效用，哲学要给人类生活带来利益。他不赞成为学术而学术，为知识而知识。他明确宣告：“知识目

---

① 《霍布斯全集》第1卷，第10页，《十六－十八世纪西欧各国哲学》，第64页。

② 同上。

③ 同上。

④ 《霍布斯全集》第1卷，第2页，《十六－十八世纪西欧各国哲学》，第60－61页。

⑤ 霍布斯：《利维坦》（牛津大学出版社1929年版以下简称牛津本），第65页，中译本（黎思复、黎廷弼译，商务印书馆，1985年）第63页。

的是力量”,“全部思辨的目标乃是实行某种活动,或者是使事情做成”①。他认为“哲学的目的或目标,就在于我们可以利用先前认识的结果来为我们谋利益,或者可以通过把一些物体应用到另一些物体上,在物质、力量和工业所许可的限度之内,产生出类似我们心中所设想的那些结果,来为人生谋福利”。② 霍布斯关于哲学的目的使命的阐述,从思想甚至文字上与培根都太相似了。显然,霍布斯完全继承了培根关于知识是力量的思想。

论认识的开端——感觉

霍布斯继承了培根关于认识起源于感觉经验的思想,明确指出:“知识的开端乃是感觉和想像中的影像。”③人们正是通过种种感官,对于对象的种种性质得到种种观念。因此,在霍布斯看来,人类心里的概念没有一种不是首先全部或部分地是由于外部对象对感觉发生作用时产生的。因此,霍布斯曾明确地宣告:我们必须承认,我们所有的一切知识都是从感觉获得的。

正是基于这样一种认识起源的坚定信念,霍布斯批判了笛卡尔的天赋观念,断言“任何观念都不是天赋的”④,包括上帝、灵魂、天使等观念,都是由人们的抽象思维对那些可见事物的观念进行推理获得的。

霍布斯不仅肯定知识的感觉开端,同时亦肯定感觉与外物的因

---

① 《论物体》,《霍布斯全集》第1卷,第6页,《论十六－十八世纪西欧各国哲学》,第63页。

② 同上。

③ 霍布斯:《论物体》,《十六－十八世纪西欧各国哲学》,第66页。

④ 霍布斯:《对笛卡尔〈沉思录〉的诘难》,《笛卡尔哲学著作选集》,英译本第73页,剑桥1912年版。

果关系。他写道:“每一思想都是我们身外物体的某一种性质或另一种偶然的表象或现象。这种身外物体通称为对象,它对人类身体的眼、耳和其他部分发生作用;由于作用各有不同,所以产生的现象也各自相异,所有这些现象的根源都是我们所谓的感觉。”[①]可以看到霍布斯完全肯定感觉具有客观的来源。因此,在认识论上,人们把霍布斯与培根、洛克归为唯物主义经验论派别,而与休谟的唯心主义经验论派别相区别。

我们在肯定霍布斯承认感觉具有客观来源的同时,必须指出霍布斯在感觉原因、感觉生理机制的分析中,却又十分强调突出感觉来自身体内部运动的转换的方面。而且应该说,这是霍布斯感觉研究中相当重要的方面。

在《利维坦》里,霍布斯在分析感觉的生理机制时指出,由外界物体对感觉的器官施加压力后,这种压力通过人身的神经及其他经络和薄膜的中介作用,继续内传而抵于大脑和心脏,并在这里引起抗力、反压力或心脏自我表达的努力[②],这种努力由于是外向的,所以看来好像是外在之物。这一假象或幻象(seeing or fancy)就是人们所谓的感觉[③]。

在《论物体》一书中,霍布斯根据感觉的原因及产生的次序的解释而提出的“一个完全的定义”则是:“感觉是一种影像(phantasm),由感觉器官向外的反应及努力造成,为继续存在或多或少一段时间

---

① 《利维坦》,中译本第4页。

② “努力”是霍布斯哲学中相当重要的概念,原文 endeavour ,迄今似乎没有一个十分合适的译名,《利维坦》中译本译为倾向,北京大学的《十六—十八世纪西欧各国哲学》译为努力,有时则译为意向。在霍布斯看来,endeavour 同时是一种运动,故译为努力似较切合原意。

③ 《利维坦》,中译本第4—5页,译文略有改动。

的对象的一种向内的努力所引起。”[①]

从霍布斯对感觉的两个界定中，我们可以看到：霍布斯在指出了感觉是外界物体对身体施加压力的结果的同时，强调了感觉是“由感觉器官向外的反应及努力”所造成。即当对象对感官施加压力引起的运动，这种运动通过神经传达到大脑，并进而传达到心脏——在霍布斯看来，心脏是“最后的感官”——心脏针对这种运动则产生一种抗力，一种反压力，一种企图通过向外推挤的运动，使自己从对象的作用中摆脱出来的努力，由此才产生感觉的影像。

显然，在霍布斯看来，任何感觉都有着两种互相对立的运动，一种是对象的作用，另一种是感觉的努力的反作用或反应。也就是说，霍布斯不仅把感觉看作外界的最终结果，同时看作是感觉者内在运动的作用的产物，感觉活动是外界运动与人的活动之间的桥梁。应该说，这是依据当时的物理学、生理学的科学水平所能作出的对感觉的唯物主义解释。

在这里，值得注意的是霍布斯提出的“努力”概念。霍布斯很强调 endeavour 的活动，甚至认为“感觉也不外是感觉者的内在部分的运动”[②]。因此在霍布斯那里，“组成感觉的更多是反压力，而不是来自对象的原初的压力。”[③]大概亦正是在这意义上，霍布斯虽然肯定了感觉的外界来源，却并不认为感觉是自然的标记，而强调是假象、影像和幻象，突出感觉的主观性的方面、对象参照性的方面。

在霍布斯看来，人无论在睡梦中或醒觉时，可感性质的表象都是

---

① 《论物体》，《霍布斯全集》第 1 卷，第 391 页，《十六－十八世纪西欧各国哲学》，第 91 页。

② 《论物体》，《霍布斯全集》第 1 卷，第 380 页。

③ 巴诺（F. Barnoum）：《霍布斯对感觉原因的解释》，见《美国哲学史杂志》1980 年 4 月号，第 117 页。

幻象，颜色和声音与造成它们的物体之间是彼此分离的。“真正的对象本身虽然在一定的距离之外，但它们似乎具有在我们身上所产生的幻象，不过，无论如何，对象始终是一个东西，而映象、幻象则是另一个东西。”①

然而我们不能因此认为霍布斯否定了感觉具有客观实在性的来源。霍布斯这里所申述的，无非是强调了感觉是客观对象的主观映象，感觉的映象与感觉对象并非同一的东西，也不是绝对一一对应的。应该说，这是认识论研究的进步。

我们也还必须指出，霍布斯在涉及物体的第一性质时，是否有否定其客观性质的问题，我们将另行讨论。

在论及感觉时，霍布斯强调人们正是通过对感觉影像的比较和区分，才得出关于对象的判断，这就要求感觉影像具有多样性，否则无从比较和区分。假如某个人除视觉外没有别的感觉，而且总是注视着同一个对象，而这个对象在形状和色彩上又没有任何差别和多样性，那么，这个人虽然注视着和凝视着，可是等于什么也没有看见。因此，霍布斯断言：“对一个人来说，总是感觉到同一个东西，与什么也没有感觉到，是同一的。”②这是十分卓越的见解，费尔巴哈对此大加赞赏。

论推理的工作——思维

霍布斯肯定了认识的感觉经验起源，同时也肯定了感觉经验的认识。在霍布斯看来，一个人对过去事物的经验比另一人多多少，他就比另一人谨慎多少，其预测的失算也就少多少。自然界中所存在

---

① 《利维坦》，牛津本第12页，中译本第5页。

② 《论物体》，《霍布斯全集》第1卷，第394页。

的只有现实，过去的事物只能在记忆中存在，而未来的事物则根本不存在。未来只是心灵将过去行为的序列应用于现存行为序列而造成的假设，经验最丰富的人所作出的假设最为肯定，当然也并非完全肯定。霍布斯把这种依据过去经验对未来作出的假设称为慎虑(prudence)。不过，他认为慎虑并非人兽区别之所在，有些一岁的兽比十岁的儿童所能观察的事物更多，并能更为谨慎地追踪自己需要的东西。

为此，霍布斯提出，人的认识不能止于感觉经验，而必须具有理性的学识。霍布斯指出，感觉提供的，只是关于事实的知识，这是木已成舟不可改变的东西，我们凭本能就知道得很清楚。但是，认识它们为什么存在，或者根据什么原因而产生，却是推理的工作，这是一种理性的认识。霍布斯认为理性不像感觉和记忆那样是与生俱来的，也不像慎虑那样单纯是从经验中得来的，而是通过辛勤劳力得来的，惟有理性的认识才提供人们关于结果以及一个事实与另一个事实之间的依存关系的知识，霍布斯称之为学识(science)[①]。

霍布斯认为通过学识，人们就可以根据目前所能做的事情，推知自己愿意的时候，怎样做其他的事情，或者怎样在其他的时候做类似的事情；因为当人看到一事物是怎样发生的，由于什么原因以及在什么方式之下产生以后，当类似的原因处于人们能力范围以内的时候，人们就知道怎样使它产生类似的结果。

那么，什么是推理的工作？霍布斯认为推理就是人的心理的计算官能，他写道："我所谓推理是指计算。计算或者是把要加到一起的许多东西聚成总数，或者是求知从一件事物中取去另一个事物还

---

① 《利维坦》，牛津本第36页，中译本第32页。

剩下什么。”[1]为此霍布斯更明确宣告:推理=加减,“一切推理都包含在心灵以这两种活动——加与减里面”[2]。

推理一般凭语词进行,但也可以不应用语言,只利用心灵在无声的思想里进行加减。霍布斯举了一个例子:假如一个人模糊地看到远处有某样东西,他便会有一个如果加上一个名称就可称之为物体的观念。其次,等到再走近一些,他看见那个东西一会儿在这个地方,一会儿在那个地方,他就会有一个我们现在称之为活的东西的观念。第三,当站得更近时,他觉察到形状,听见声音,并且看见其他一些作为一个理性心灵的标记的东西,他于是就有了第三个理性的观念。最后,当他充分地、仔细地注视它,理解到他看见的一切乃是一个东西时,就从他以前那些观念在心中集合的次序,也就是这三个单个名称——“物体”、“活的”、“理性”——在言语中组合成一个名称“物体—活的—理性的”或“人”的观念。

显然,在霍布斯那里,推理亦即计算,不仅适用于数目上,而且适用于许多对象,认为物体、运动、时间、性质、程度、作用、观念、比例、语言与名称都能加减。比如几何学对线、形、角、比例、倍数、速度、力与力量等都讲加减;逻辑学对名称、命题也讲加减运算,两个名词相加成为一个断言,两个断言相加成为一个三段式,许多三段式形成一个证明;政治学把契约相加以探求人们的义务;法律学把法律与事实相加探寻私人行为中的是和非,如此等等。

显然,在霍布斯那里,理性思维也就是名词、观念的加减计算活动。霍布斯把理性的认识活动划分为三个步骤。

第一步:恰当地用名词,要从所用名词的定义和确定涵义开始。

---

① 《论物体》,《十六—十八世纪西欧各国哲学》,第61页。

② 同上。

霍布斯认为那些除了声音外什么也想像不出的语词就是所谓谬论、无意义或无稽之词。比如:“圆四角形”、“非实质的实体”、“自由臣民”、“自由意志”等。

霍布斯认为推理若不从由定义确定下来的名词涵义开始,正像人们可以不知道数词一、二、三的值而能算账一样,只会造成荒谬结论。他明确指出:“定义是人类进行计算的开端”[①]。任何一个要寻求真实知识的人,必须“记住他所用的每一个名词所代表的是什么”,认真检验以前作者的定义,需要时,必须对之加以修正甚至重定,否则,定义的错误在计算进行时会自行增值,而不能免于谬误。

第二步,使用一种良好而有条不紊的方法,把一个名词与另一个名词,连接起来组成命题,有时他又称之为序列(consequence)或断言(affirmation)。比如“人是一种生物”或“如果他是一个人,他就是一个生物”等等。

霍布斯指出,后一个名词——谓语——的意义必须包括了前一个名词——主词——所涵盖的一切意义,只有这样,这命题、序列、断言才是真实的,否则就是虚假的。在霍布斯看来,真实与虚假只是语言的属性,而不是事物的属性。比如,我们预料某事会发生,或怀疑某事曾发生过,这都会有错误的问题,但任何时候,任何情况下,都不可能说这人不真实。因此,霍布斯强调,真实在于断言中名词的正确排列,而正确的关键在于依据每一个所用名词的确切涵义加以排列。否则人们就会像一只鸟在上了粘鸟胶的树上一样,纠缠在语词里,愈挣扎就粘得愈紧。

第三步,把一个命题与另一个命题联合,形成三段论证。

霍布斯指出,希腊人把推理的活动称为三段论法,其意义就是言

---

① 《利维坦》,牛津本第 28 页,中译本第 22 页。

语之间序列的总结。霍布斯认为通过不断地把许多命题组合成三段论式向前推进，直到获得有关问题所属名词的全部结论为止，这也就获得了人们所谓的学识——科学知识。

霍布斯把思维这种最内在的精神活动看作是一种机械的计算作业，忽略了人类理性思维具有的创造本质，带有机械论的色彩。因此，长久以来，一直受到人们的批评。不过，到了现代，随着数理逻辑与计算机科学的发展，人们愈来愈来感到霍布斯这个思想所包含的真理颗粒，人们正是根据霍布斯关于思维的推理可以用计算来进行的思想，认为霍布斯是早于莱布尼茨提出数理逻辑的基本观念的哲学家。现代计算机科学的发展，也表明人类思维活动中，的确具有大量的机械性的推理活动，完全可以为计算机的运算所替代，而霍布斯正是较早看到了人类理性思维活动这一方面的哲学家，因此，人们誉之为“数理逻辑的前驱”。

获知的方法

霍布斯认为在哲学里，“方法就是根据结果的已知原因来发现结果，或是根据原因的已知结果来发现原因时所采取的最便捷的道路。”[①]霍布斯和17世纪上半叶的其他思想家一样，认为人是天生就具有发现真理的能力，但人类却缺乏正确使用天赋能力的方法，致使认识未有长足的进步，并常陷于认识的谬误中。因此，霍布斯十分重视方法论的问题。他的方法更多的偏重传统的方法，深受帕多瓦(Padua)方法的影响[②]。

霍布斯认为，既然推理就在于组合、分开或分解，因此，人们用来

---

① 《论物体》，《霍布斯全集》第1卷，第66页，《论十六—十八世纪西欧各国哲学》，第65—66页。

② 参阅华特金斯：《霍布斯的观念体系》，1965年伦敦版，第3章。

发现事物的原因的方法，没有别的，只有组合法(compositive)或分解法(resolutive)或者部分组合法与部分分解法。分解法也就是通称的分析法，组合法也就是通称的综合法。

霍布斯认为在凭感觉获得的认识里，对整体要比对部分了解得多。比如，我们在见到一个人时，在观察到他的特点之前，首先看到整个人，注意到他的存在。因此，在这种关于某个存在东西的知识里——霍布斯称之为是什么(what they are)的科学——人们的探寻从整体开始；而在凭理性获得的知识里，即关于某个事物的原因的知识——霍布斯称之为为什么(why they are)的科学——人们对于部分原因的知识要比对整体的原因知道得多，因为全体的原因是由各个部分的原因所组成的，但我们在能认识整个组合物之前，必须先认识那些将被组合的东西。因此，为了说明某一事物的原因，就必须由其部分开始着手①。

因此，霍布斯认为，人们应该根据所探求的问题，即或者探讨某种现象的原因，或寻求某种东西的确定性，或求了解某种偶性属何主体，或问如何使某种结果从许多偶性中产生等等，依不同的情况，有时应当用分析的方法，有时应当用综合的方法。

霍布斯认为，要寻求事物的原因，一方面需要用分析方法，一方面需要综合方法。寻求原因的这种分解—组合法也就是霍布斯认为最为便捷的发明方法。

在运用这种分解—组合发明方法之前，人们必须对原因有明确的概念，所谓原因，就是主动者和被动者双方中所有的这样一些偶性的总和或集合：这些偶性会合起来产生所提出的结果；这些偶性是全都存在一起的，只有结果与它们一同存在，原因才能得到了解；或者

---

① 《论物体》，《霍布斯全集》第1卷，第66—67页。

是,如果它们中间缺了某一个,结果仍有可能存在。

对原因有了明确的定义之后,人们就可以开始运用分析方法,单独考察每一种伴随结果或先于结果的偶性,看其以何种方式对结果的产生有帮助,看看那些偶性中某一个不存在,而设想的那个被提出的结果仍存在,并且用这种方法把不是会同产生与会同产生上述结果的偶性分开来,在此之后,人们就可用综合方法,把那些会同的偶性放在一起,看看当这些偶性全部出现时,上述结果是否会跟着出现,结论若肯定的,那么,这些偶性的集合就是全部的原因,否则就不是全部的原因。至于其他的偶性也要寻找出来,并把它们放在一起考察。

霍布斯的分解—组合法是直接源于伽利略的机械力学的分解组合法。

我们知道,伽利略关于抛物线的飞行轨迹理论的研究,就是依据这种方法学的准则,分解—理想化—重组的一个范例。伽利略考虑了一个球以均速滚过桌面,再从桌边沿一根曲线轨道落到地板上的运动。在这里,把运动分解为水平运动和垂直运动。水平运动根据惯性原理始终保持均速;垂直运动受引力影响,随时间加快,这里暂时假定没有空气阻力与其他摩擦,也没有地球的曲度。在水平的方向,球在同等时间内越过同等距离,但在垂直方向越过的距离则和时间的平方成正比,而这两种速度的性质的合量,就决定球走出的轨迹是半抛物线。由此,伽利略进行一连串计算,结果也就解释了大炮发出的抛射体的轨迹是一条全抛物线,当炮身的角度抬高到45度时射程就最远[①]。

霍布斯的分解—组合法正是直接源于伽利略,亦是继伽利略、哈

---

① 梅森:《自然科学史》,第145—146页。

维后继承采用帕多瓦的方法——认为要了解事物就要把事物拆开，确定其“零件”的本质后，然后再把它装配好，即分解之，再重组之。

霍布斯还把这种分解—组合法运用到他的政治哲学的研究中，在《论公民》的英译本序言中，他曾谈及把这方法运用于政治社会：“至于我的方法……我是从公民政府的内容开始，然后研究政府如何发生，政府的形式如何，以及最初的司法又如何，要了解一件事最好了解它构成的原因。因为好像在手表或类似的机器内，其内容、形状、齿轮的运转并不为人所熟知，除非把它拆开，观察它的零件，所以，若要精确地研究国家的权利与国民的义务，需要的不是把它们拆散，而是要把它们当成好像已经分散的。”①

华特金斯认为霍布斯把社会看成分散的，也就是要想像社会成员处于自然状态，正是人类的“自然”情况恐怖吓人，可能逼使人们认识到，人类绝对需要结合在一个唯一的全能的政治权威统治下。霍布斯的分解—组合法的自身，对于“君王的冠冕是上帝直接放在他头上还是由选民送给他的问题，早已包含了答案”。② 君王的政权的建立是在“人的自然天性之上”。

L.斯特劳斯在他的著名的《霍布斯的政治哲学》中亦指出：霍布斯政治哲学最具特色的内容，可说是被他的分解—组合法所决定，而且蕴涵于其中③。由此可见，霍布斯的分解—组合法在他的理论著述中的重要意义。

除了分解—组合的发明方法，霍布斯还特别倡导一种证明的方法，这就是把欧几里得的演绎法作为叙述方法、证明方法。

---

① 霍布斯：《关于政府与社会的哲学基础》（即《论公民》英译本），《霍布斯全集》第2卷，前言第xiv页。

② 华特金斯：《霍布斯的观念体系》，1965年伦敦版，第4章第13节。

③ 斯特劳斯：《霍布斯的政治哲学》，1936年芝加哥版，第5页。

霍布斯认为思维与几何学一样，完全是一种证明的科学，只要定义即基本的原理、证明原则是正确的，那么通过不断地把命题组合成三段论式向前推进最后得到的结论，也是正确的。

作为三段论推理前提的基本命题，霍布斯强调必须是定义，除了定义以外，没有别的命题可以称为基本命题或者算作原则。霍布斯强调，如果各种学说都有真实的定义为前提，那么，证明也就是真实的。霍布斯认为定义有两种：一种是对不能设想有原因的东西的名称所下的定义。这是以尽量简短的言语，使听者心中对于某个名称所指的东西，产生了完全的、清楚的观念或了解。例如把运动定义为连续地离开一个位置，又获得另一个位置，人们一听这话，心里就会出现一个清楚的运动观念。

另一种是对于那些具有原因与起源的事物所下的定义。在这种定义里必须包含表示它们的产生的原因或方式的名称。例如，圆的定义就是：一条直线在一个平面上固定一端而旋转所造成的图形。

对于下定义的方法，霍布斯沿用传统的最普通常用的种加属差的方法。不过，霍布斯也看到它的局限性，客观事物最大的类就没有属。对此，霍布斯提出，这就要用“那个名称的力量解释得最好的迂回累赘的陈述(circumlocution)来下定义”。[①] 这也就是霍布斯提出的：“定义是一个命题，如果可以，这个命题的谓语就分解主语，如果不可以，它就用例子解释主语。”[②]

霍布斯关于定义的研究中，还提出了定义的性质、功能和规则的问题。霍布斯认为定义提供的是被定义的东西的一个普遍概念，表象出那个东西的某种普遍图景，但不是视觉表象，而是心灵表象。

---

① 《论物体》，《霍布斯全集》第1卷，第83页，《十六—十八世纪西欧各国哲学》，第77页。

② 《论物体》，《霍布斯全集》第1卷，第83—84页，《十六—十八世纪西欧各国哲学》，第78页。

“定义的本性就在于表现出被定义的东西的清楚观念。”[①]为此，定义必须不能有歧义语，这就是今天逻辑教本也讲的，定义应当清楚确切，不能包括含糊不清的概念。否则，定义就无法揭示概念内涵、明确概念的作用。

从定义的逻辑方法，霍布斯紧接着即引申、阐述了他的证明方法。

霍布斯认为，定义的引申或组合本身就叫做证明[②]。任何可以组成一个三段论式的两个定义，都产生出一个结论。由于结论是由定义即原则引申出来的，因此，结论也就被证明了。在霍布斯看来，组成证明的方式也是多样的。如果一个三段论式由两个命题造成，其中一个是定义，另一个是得到证明的结论，或者两者都不是定义，而是以前得到证明的命题组成的三段论式，也可叫作证明。据此，霍布斯给证明作了个界定：“一个证明就是从名称的定义引申出来，并且继续推到最后结论的一个三段论式，或一系列三段论式。”[③]

显然，霍布斯所持的，就是欧几里得的证明法。霍布斯相信，把伽利略的分解—组合法与欧几里得的演绎法相结合，是推理的正确方法。他相信，这些方法的结合会使得包括政治哲学在内的知识，变成一门精确的演绎科学。

事实上，霍布斯自己的著述，从《简论第一原理》到《利维坦》，都是遵循着这种证明方法，他首先宣布他的最接近于最一般事物的定义，这构成他的第一哲学的哲学内容，然后依照运动的由简而繁逐步

---

① 《论物体》，《霍布斯全集》第1卷，第84页，《十六—十八世纪西欧各国哲学》，第78页。

② 《论物体》，《霍布斯全集》第1卷，第86页，《十六—十八世纪西欧各国哲学》，第79页。

③ 同上。

演绎，从而发现、叙述那些通过简单运动得到证明的事物——即几何学对象；其次是发现、叙述那些可以通过冲击和引力这些可看得见的运动而得到证明的事物——这就是运动学的部分；再次，是由此过渡到发现、叙述看不见的部分的运动，或这些部分的变化再过渡到感觉和想像的学说——这就是物理学的部分，最后，就过渡到考察心灵的运动——这就是公民哲学、道德哲学的部分。

霍布斯这种以物体为整体，包括自然物体、人造物体而囊括一切自然社会现象的有系统有层次的研究推理及其系统证明，在当今霍布斯的研究中，有人认为，这正是系统论思想方法的体现，有人为此提出，霍布斯正是现代系统思想的先驱，这是值得注意的。

不过，我们还必须指出的是：霍布斯从未认真地、仔细地执行这里所讲述的，由一个系列到另一个系列的推演及论证。就在上述问题的阐述中，其自身是自相矛盾的。当他讲及从几何学、物理学过渡到道德哲学、政治哲学时，认为由哲学的第一原理出发的向前推演，我们就可得到关于心灵的情欲与纷扰的知识，以及公民哲学的知识。但与此同时，霍布斯又提出，没有学过第一哲学，不懂几何学、物理学的人，"只要考察一下自己的心灵就可以凭他的经验认识"[①]到公民哲学的原则。显然，在这里霍布斯强调的是以内省为基础去构筑其相当独立自足的政治哲学。因此，R. S. 彼得斯(Peters)认为霍布斯的三部曲体系，并非严格的演绎体系，而只是以运动概念松弛地相连一起罢了[②]。这论断是有一定道理的。

谈到霍布斯的获知方法，有必要论及霍布斯对待归纳的态度，以便对霍布斯的方法有更清楚全面的观念。

---

① 《论物体》，《十六—十八世纪西欧各国哲学》，第 71 页。

② R. P. 彼得斯：《托马斯·霍布斯》，载《美国大百科全书》。

对于霍布斯，人们常会把他与培根联在一起。毫无疑问在认识的经验起源上，霍布斯承继了培根的唯物主义经验认识路线。然而他们之间有着重大差异，其中很重要的是在对归纳法的不同态度上。培根作为近代归纳法的创始人，对归纳法是推崇备至的，而霍布斯对归纳法是持怀疑、扬弃的态度的。

应该说，早期的霍布斯，在选译修昔底斯的《伯罗奔尼撒战争史》时，对归纳是默认、肯定的，但在此后的著述中，霍布斯则明显对归纳持怀疑、否定的态度。霍布斯的一个基本观念是：经验并不包含普遍。在《法律要旨》一书中，霍布斯指出：人们不能从“每一个被观察的 A 曾经是 B”，推论出“任一个 A 即为 B”或“下一个 A 即为 B”，霍布斯认为归纳法的结论基本上都是推测性的，“它们有几分确定，但绝不十分明白……，经验的结论是没普遍性的事物。”[①]

在《利维坦》里，霍布斯在论及慎虑时，也曾指出：有时人们想知道一种行为的后果，于是便假定类似的行为会造成类似的后果，然后逐一地思索过去的类似行为及其产生的后果。霍布斯认为由于将所有情况观察周全是非常困难的，因此，这种推测是“非常靠不住”的[②]。

也是在《利维坦》，在讨论国家的性质及成因时，霍布斯更明确指出，人们不能由以往的一系列判定中，就推论出下一个判定，他写道：“纵或全世界的人都把屋基建造在沙滩上，我们也不能由此推论说屋基应该建造在沙滩上。”[③]

虽然，霍布斯没有就归纳展开专门的讨论，但上述引文已清楚表明他的态度，应该说，霍布斯意识到了归纳法的局限性。加上他之赞

---

① 转引自华特金斯：《霍布斯的观念体系》，1965 年伦敦版，第 2 章第 6 节。

② 《利维坦》，中译本第 15 页，译文稍有改动。

③ 同上书，第 162 页。

赏并推崇数学方法、演绎方法，因此正如罗素所指出的："霍布斯是个不好分类的哲学家，他也像洛克、巴克莱、休谟，是经验主义者，但霍布斯与他们不同，因为经验主义者很少受数学影响，对数学方法往往有不正确的理解，霍布斯则没有这个缺点，霍布斯不仅赞赏纯数学中的数学方法，而且赞赏数学应用中的数学方法。"①正是据此，罗素提出："霍布斯的一般见解宁可说是在伽利略的默化下，而不是在培根的默化下形成。"②这论断是中肯的。

知识的分类

对作为认识成果的知识分类，霍布斯显然是依从了培根按主观认识能力划分知识的原则。但在原则下的具体划分，霍布斯并没接受培根依据记忆、理性、想像三种认识能力而把知识分为历史、哲学、诗三大类；霍布斯依据知识来自感觉记忆或理性推理而划分为历史与哲学两大类。

霍布斯把知识分为两种，一种是关于事实的知识，它来自感觉和记忆，事实的知识记录下来，就称为历史；另一种知识是关于断言推理的知识，被称为学识，对断言推理之论证，一般称为哲学。

霍布斯认为，历史必须排除于哲学之外。由于在霍布斯那里，哲学也即是科学，把历史排除在哲学之外，亦即把历史排除于科学之外，其理由就是历史不是来自推理，而是来自人、兽皆具有的感觉、记忆和经验的能力。霍布斯认为历史知识是过去一连串事态的记忆，这种知识不具有由理性推理而获得的普遍、永恒、不变的真理性的特

---

① 罗素：《西方哲学史》下卷，商务印书馆 1976 年版，第 66 页。

② 同上。

质，历史只包含着慎虑的原始知识。

哲学在霍布斯那里，实质上包含了历史和神学以外的一切学科，甚至包括了在培根科学分类中属于想像的诗学。

由于哲学的对象是物体，而物体分为自然物体以及人造物体，因此，哲学相应分为两个部门，一为自然哲学，这是从自然物体的性质推理而得到的知识，另一为公民哲学，是从人造物体即政治团体的性质推理而获得的知识。

自然哲学亦分为两部分：

1. 依据一切物体共有的量与运动的推理知识。其中有关非确定的数量与运动的推理知识，就是哲学的原理或第一基础，称为基本哲学。有关确定的数量与运动的推理知识有三类：由图形或数字得出的是几何学、算术；和宇宙的较大部分如星球或地球有关的是天文学、地理学；和特种形状的物体有关的是霍布斯称为力学与重量论的工程学、建筑术、航海术。

2. 依据物体物理学或质的推理知识。其中一部分是关于暂存物体即有时出现有时消失的物体的质的推理知识，这是气象学；另一部分是关于永恒物体的质的推理知识，这包括三个部分。一是有关星体性质的天体计时学、星象学；二是有关星际空间的流体物质的性质的推理知识；三是有关地球物体性质的推理。

地球物体性质的推理分为地球无感觉部分的推理（包括矿物学、植物学）和动物性质的推理两部分。后者又分为一般动物性质的推理（包括视觉的推理光学、听觉的推理音乐）和人类特有性质的推理（包括人类激情的推理伦理学、语言的推理诗学、雄辩术、逻辑学、正义论）。霍布斯把人的知、情、意的内容包括进自然哲学，显然具有机械论的色彩。

至于和自然哲学并列的公民哲学，则分为从国家的制度直到政治团体及君主的权利义务的推理知识，以及从国家制度直到臣民的权利与义务的推理知识两个部分。

以上是霍布斯在《利维坦》中所阐述的知识分类，后来写作的《论物体》里对这个分类作了一些改动。

比如逻辑学，在《论物体》里，霍布斯把它置于哲学之前，因为逻辑学是理性之光，人们的思维的推理正确与否取决于它，没有它，人们便不能获得任何知识。

此外，关于伦理学，实质上霍布斯把它列于公民哲学之内。公民哲学包括了人和服从的学说的讨论，因为要研究公民的职责，即服从命令的学说，从认识的特性说，必须先知道人们的意向、情感和行为，而这正是伦理学说即道德哲学的任务。

霍布斯的分类用今天科学分类的眼光看，显然只能算得上是个现象的分类，一些本质相异巨大的学科被列在一起，而相近的却又远隔，明显使人感到具有人为的性质，而且乍看似乎有些凌乱。实际上当他以物体统摄自然科学、社会科学，用运动的不同方式去划分科学时，还是有其自身的系统性、顺序性的，这也就是他自己在《论物体》的"致读者"讲及的把握哲学应有的方法次序，即按摩西的创世纪的次序：光明、日和夜的区别、苍穹、天体、有感觉的生物、人，跟着创世纪之后，就是诫命。因而，人沉思的次序也就是：理性、定义、空间、星球、可感觉的性质、人，等到人成长起来，就是服从命令[①]。显然，霍布斯的科学分类的知识结构是与此相一致的。

---

① 《论物体》，《霍布斯全集》第 1 卷，1839 年伦敦版，xiii。

第三节　语言哲学

为什么要研究语言哲学

在霍布斯的著述中，对语言哲学给予了极大关注，霍布斯对语言哲学的研究涉及到语言的起源、一般性质、特征、名词、指称、意义、语言的误用等问题。为此，有人誉之为现代分析哲学的前驱。

首先，让我们从霍布斯关于理性推理的基本观念中寻求其何以研究语言哲学的答案。

我们知道，在霍布斯那里，理性思维的推理就是普通名词所构成的序列的加减。人们正是通过语词将自己所发现的结果变成被称为定理或准则的科学。霍布斯提出了一个非常重要的论断："真实与虚假只是语言的属性，而不是事物的属性。"[①]没有语言的地方，便不可能有真实与虚假的存在。错误是可能的，比如，人们预计某种事不可能发生，或怀疑某种事情不曾发生过，但事情却发生了便是这样。但在任何情况下人们都不可能说这人不真实(untruth)。因此，霍布斯明确指出，"真实在于断言中名词的正确排列。"[②]他告诫人们：要寻求论断、命题的严格真实性，必须记住他所用的每一个名词所代表的是什么，并根据这一点来排列。

在《利维坦》一书中，霍布斯把清晰的语词称为人类的心灵之光，[③]而把隐喻、无意义和含糊不清的语词称为"鬼火"(ignes fatui)[④]，认为根据这种语词推理就等于在无数的谬误中迷走，其结局是

---

① 《利维坦》，牛津本第 27 页，中译本第 22 页。

② 《利维坦》，牛津本第 28 页，中译本第 22 页。

③ 《利维坦》，牛津本第 37 页，中译本第 34 页。

④ 同上。

争斗、叛乱或屈辱。

显然,在霍布斯看来,弄清词的意义,对语言进行分析,对语言的形式与意义加以澄清,是哲学中十分重要的问题,是一切科学知识得以正确表达陈述的基础。

应该说,霍布斯这些思想是十分可贵的,这也就是20世纪初才建立起来的严格意义的语言哲学的主要任务。我们知道,西方哲学中的"语言学转向"被认为是哲学研究进入一个新阶段的标志,是20世纪哲学的重大变革和突破。不容否认,在重视语言在哲学中的作用,强调语言对哲学的影响,重视对语言问题的研究,强调概念的明确性,强调语言的分析方法等方面,霍布斯的确堪称是作为"语言学转向"的分析哲学的前驱。

其次,霍布斯是把他的语言哲学作为批判经院哲学的一个部分。霍布斯认为,经院哲学家、神学家们,根据他们的所谓"抽象的本质"、"实体的形式",胡说人死后,灵魂能离开躯体行走,面包的形状、颜色、滋味在没有面包存在的地方存在;美德可以和有美德的人分廾等等。

霍布斯指出,这些"抽象的本质"与"实体的形式"的概念是极其有害的。为了揭露它们,使群众免受其愚弄与欺蒙,霍布斯认为必须弄清楚他们根据什么理由说有"抽象的本质"和"实体的形式"的存在,必须考虑一下这些词的本意是什么。为此,霍布斯认为必须从语言的本质、分类、功能等语言哲学开始,最终揭露出这些概念无非是用以吓唬人的"空洞无物的名词"罢了。显然,霍布斯的语言哲学批判的锋芒直指经院哲学。

第三,霍布斯把语言哲学作为其政治哲学的基础。他认为经院哲学家、神学家依据亚里士多德的虚妄哲学搞出来的一套独立存在的本质的说法,正是用一些空洞无物的名词来吓唬人,让人们不服从自己国家的法律,其作用都是直接动摇臣民对自己国家的主权者的服从。试想当人们相信有独立本质存在，有无形体的实体存在，当他希望“服从”会灌到或吹到他们身子里去时，他又怎么会自动去服从法律呢？一个祭司如果能造出上帝来，人们又怎能不服从祭司，而去服从自己的主权者以至上帝本身呢？为此，霍布斯明确宣告：其语言哲学，正是要使人们不再受这些欺蒙，以维护其服从主权者的学说。

语言的起源、本质、功能

霍布斯依据《圣经·创世记》的记述，肯定了第一个创造语言的就是上帝。是上帝教导亚当怎样为给他看的生物取名[①]，并在使用中需要时再起更多的名称，同时还逐步以某种方式把它们连接起来，使自己意思能被理解，像这样经过若干时候以后，他就获得了自己所需要的那么多的语言。

霍布斯依据《圣经》的记述同时亦指出，亚当及其后裔所获得并扩充了的语言，在亚当的后代挪亚的后裔背叛上帝，企图建立一座通天塔时，又全部丧失了。是上帝使他们语言变乱了，使每一个人忽然间忘了自己原先的语言，被迫流散到世界各地[②]。上帝所创造的语言全部失去后，现存人类使用的语言，是人类需要的产物，是人类的发明。霍布斯指出，现存语言“是在需要（一切发明之母）教给他们的方式下逐步从他们身上产生的，而且经过一段长时间后在当地愈来愈丰富”。[③] 霍布斯关于“需要”使人类产生语言的思想十分可贵。的确，人类为了从事劳动，需要用语言作为纽带，交流思想，协调彼此的共同工作及活动，人类的语言就是在这种“需要”下，在人们的共同劳动过程中，经历漫长的岁月逐渐产生出来的。

---

① 《圣经·创世记》，2：19－20。

② 同上书，11：1－9。

③ 《利维坦》，牛津本第 24 页，中译本第 19 页。

显然，在关于语言的起源上，霍布斯事实上更为强调、更为突出的是：语言是人的发明创造。这与宗教的传统观念："语言是上帝赋予人类的礼物"的观念是背道而驰的。

什么是语言？语言的本质是什么？这是个古老的长青问题，迄今人们仍在讨论它。霍布斯历来喜欢下定义，可是，奇怪的是对语言却没有正式作出一个界说，只是从结构上说过，语言是"由名词或名称以及其连接所构成"[①]。这未涉及语言的本质、性质的问题。不过，在著述的行文中，尤其在他论及语言功能问题上，我们会看到霍布斯对什么是语言的问题，还是从多方面作了回答。

霍布斯首先从语言与思维的关系上讨论语言的本质，强调了思维与语言的不可分割，语言是人类思维的工具，人们通过语言"将心理讨论转化为口头讨论，或把思维序列转化为语言序列"。[②]

我们知道，人总得借助语言才能有目的地清楚地思考一个问题，因为在获得语言表达之前，思维具有非离散性、非线性的特点。正如著名语言学家索绪尔(Ferdinand de Saussure，1857—1913)所说的："思想本身好像一团星云，其中没有必然划定的界限。"[③]此时，思维的内容往往交织在一起，无法分解成一个界限分明的单位和有条理的步步展开的先后次序，因而认识处于无组织的混沌状态，为此，人们需要凭借语言把思想加以整理，使思想能清楚地有层次地展开。这亦正是大语言学家洪堡所指出的，思维活动完全是精神的、纯粹内在的，而且是无踪无迹地进行着的，只有通过语言的物质化，使之能为人所感知。

因此，霍布斯提出的，通过语言，使心理讨论转化为口头讨论，把

---

① 《利维坦》，牛津本第 24 页，中译本第 18 页。

② 《利维坦》，牛津本第 24 页，中译本第 19 页。

③ 索绪尔：《普通语言学教程》，商务印书馆 1980 年版，第 157 页。

思维序列转化为语言序列是非常重要的，只有经过这种转化，作为思维结果的思想才可能被揭示出来。

思维序列一经转化为语言的序列，思想也就被固定下来，而不再是转瞬即逝的无法捉摸的、隐隐约约的意念，而形成了概念，成为人们可认识的对象，成为另一次思维活动的起点。这也就是霍布斯在《利维坦》里讲的，语词作为记忆标记的功能。“思维序列由于容易遗忘，使我们必须从头进行构思，但通过作为标记的语词就可以回忆起来。”[①]在《利维坦》、《论物体》，霍布斯都重复举了以上的例子，对此作了清楚的说明。

一个人如果生来完全聋哑并一直保持这种状况，完全不能运用语言，那么，当他把一个三角形摆在眼前，旁边再摆两个直角(如一个正方形的两个角)时，他就可能通过默想加以比较，发现这三角形的三个角等于旁边的两个直角。但如果拿另外一个形状不同的三角形给他看时，他要是不从头想过一次，就不可能知道这个三角形的三个角是不是也等于这两个直角。但一个能运用语词的人，当他观察到这种相关关系，不是由于边的长度，或他那三角形中的任何其他特殊条件造成的，而只是由于边是直的，角是三个——这正是他把这图形称为三角形的全部条件；这时他就会大胆地做出一个普遍的结论，说这种角的相等关系在所有的三角形中都存在，并且会用以下的普通语句来表示他的发现：“三角形三角之和等于两直角”。于是，从一个特殊中所发现的结论，便会作为一个普遍法则而被记录和记忆下来，使我们不必在心中计算时间和地点，并且除开第一次以外，也可免除一切重复的心理劳动，使我们在当时当地发现真确的事物，对一切时间和地点说来都真确[②]。

---

① 《利维坦》，牛津本第 24 页，中译本第 19 页。

② 《利维坦》，牛津本第 26—27 页，中译本第 21 页。

霍布斯同时又指出，对于运用语词表达思想最明显的地方是在数数上。一个天生的傻瓜如果从来记不住一、二、三等数字次序的话，那么他在敲钟时便一下一下数，而绝不可能知道钟到底敲几点了。过去当数字名称还没通用时，人们想计数就不得不用一只手或两只手指头来数。因此，现在任何民族的数字名称便都只有十个，有些民族还只有五个，数完就得从头数起。因此，霍布斯说："没有语词是不可能计数的，更不能计算量值、速度、力等等，而这类的计算对人类的生存或福利说来都是必需的。"①

显然，语言是思维的依托，思维只有在语言材料的基础上才能产生和存在。

其次，霍布斯亦揭示了语言是人类交际的工具。语言的本质就在于交际，语言在社会中形成。凡是有人类社会的地方就有语言。人类社会的形成实际从语言的产生时开始，反过来说，语言也是随着人类社会的出现而产生的。因此，"没有语言，人类之中就不会有国家、社会、契约或和平存在，就像狮子、熊和狼之中没有这一切一样。"②

应该说，霍布斯清楚地表达了语言是属于社会现象之属性。的确，没有思想的交流，人们在与自然的斗争中就无法协调共同活动，就不可能在社会生产中获得成功，因而也不可能有社会生产的存在。当然，霍布斯还不可能从这个角度理解语言的社会性。

名称理论

霍布斯的语言哲学，既以语言为对象，就从他所认为的语言的基

---

① 《利维坦》，牛津本第27页，中译本第22页。

② 《利维坦》，牛津本第24页，中译本第18页。

本单位名称开始，因此，霍布斯以名称（name）（包括专名、共名）为重要对象。霍布斯语言哲学的重要贡献之一，就在于提出了名称理论。

对词/名称的研究在西方哲学史上，早在古希腊时代即已开始，当时即有词的性质是本质的或约定的之争。这成了日后语言哲学关注的问题，霍布斯对名称的研究，也是从这问题开始的。霍布斯从名称的形成、产生提出了他的名称所指理论。霍布斯认为，人的思想是容易消退的，要依赖自身可靠的经验才能得以恢复。无人可以在没有当下可感觉的大小而能记忆数量，也不可能在没有当下可感觉的色彩花样中而能记忆颜色，因而，人们藉着易于在经验上把事物联结在一起的心理，通过随时可觉知的可感觉事物，使曾经出现的相关的思想观念，得以记忆或唤醒记忆，这就是标记（mark）①。标记是纯个人的，是完全为唤醒自己思想之用；而为了使他人寻找到被显示的东西，并使他人能认识的记号，霍布斯称之为符号（sign）②。标记、符号常常就是那些事物的结果在先出现的东西，或那些在先出现东西的结果。这些标记有自然的，如密云就随之下雨，密云就是自然符号；也有是人为的，如商店外面挂着葡萄藤，意味这里有酒卖（西方古代酒店以挂葡萄藤为招牌）。

标记与符号的区分在于前者是为了记忆自己的思想，后者是为了使自己的思想为他人所知。所有人为的符号都是标记，但并非一切标记都是人为的符号。只有当作为个人使用之标记逐渐变成公开被接受时，才成为符号。名称也就是这样形成的。“词的连接使之成为我们思想的符号，被称为语言（speech），它的每一部分就是名称。”③名称就是尽标记和符号的两种职责。所以，霍布斯指出，名称

---

① 《论物体》，《霍布斯全集》第1卷，第14页。

② 同上。

③ 同上书，第15页。

的性质就在于：这是一个为记忆的原因而采用的标记，同时也用于表示并使他人能知道我们自己记忆的东西的符号。因此霍布斯给名称作如下的界定："名称是一个随意采用作为标记的词，它是可以在我们脑海里引起我以前有过的某个观念，同时，在向他人述说时，这又是一个会使他人脑海引起一个与述说者相同观念的符号。"①

至此，我们可以清楚看到，霍布斯赋予名称的特性：

第一，名称是思维的一种符号系统，是一种思维的工具、交际的工具。

第二，名称的任意性。

霍布斯对名称的任意性，不仅在名称定义中，而且在著述中一再谈及，就在上述定义后，紧接着又重申，他认为名是随意的，不同民族有不同的名称，在名与物之间，要研究其相似，或作任何比较是不可能的。

第三，名称的社会性——社会的契约。

名称从标记到成为符号，其间就需要为他人所公开接受，这也就是说，名称是由社会约定俗成的。

从霍布斯关于名称的性质和定义的界定中，我们对霍布斯的名与物的关系，应该可以做出论断了。因为霍布斯已明白告示：名称就是随意采用引起自己回忆已有观念的标记，又是使人引起与讲者相同观念的符号，显然，名称就是观念之名。在《论物体》的"论名称"一章中他郑重地指出："在语言中有序的名称，也就是概念的符号，而不是事物的符号。"②而且指出，争论名称表示内容或形式，或两者的复合，这都是多余的，是误入歧途，而不是对词的理解。

---

① 《论物体》，《霍布斯全集》第 1 卷，第 15 页。

② 同上书，第 17 页。

把名看作概念之名是霍布斯指称论的主导，这应是确定的。不过，霍布斯也强调“名称与被命名的东西有某些关系”，他说：“虽然我们命名的东西并不常常是一个本性上是存在的事物，但为了学理的缘故，把事物这个词运用到我们所命名的东西上，这是合理的，正像不论是真正存在的事物，或只是杜撰出来的东西，俨然是相同的一样。”①至于名与物的某些关系是怎样的关系，霍布斯未加以阐述。霍布斯在著述中阐述的主要就是“名(符号)—概念”。

霍布斯的名称指称理论，为后来的洛克、休谟所继承发展，洛克认为，每一个词(名称)的意义，就在于与这个词相联系的概念，其所指示的，不是事物，而是作为精神现象的观念。休谟认为，每个有意义的词，都与一个简单观念相联系。应该说，洛克、休谟这个被称为观念论的意义理论，在霍布斯的指称理论已有其萌芽了。

霍布斯把名词分为专名(proper name)和共名(common name)。专名就是只为某一对象所有的，让人在心中只能想起一个对象，如彼得、约翰、荷马，也就是说，这只是指称个体和单一体的。不过，值得注意的是霍布斯的专名，不仅包括罗素称谓的普通专名，也包括后来罗素称谓的“逻辑专名”如“这个人”、“那个人”……。共名则是许多东西所共有的，这因为它们在性质或共有偶性方面的类似，让人能在心中想起那许多对象中的任一个，如人、马、树，这又称为“通名”(universal name)。

霍布斯强调称为通名者，仅是个名词而已，世界上没有任何事物是普遍的，一切事物皆是个别的，唯一可称为普遍的，也就是通名本身而已。他在《利维坦》中写道：“世界上除了名词以外，便没有普遍，

---

① 《论物体》，《霍布斯全集》第1卷，第18页。

因为被命名的对象每一个都是一个个体和单一体。”[1]显然这是唯名论思想的典型表现。

霍布斯指出通名有普遍性、公共性范围程度大小多寡的问题,如生物比人、马、狮子就更具公共性普遍性,它包容了这一切。为此,依据包含普遍性公共性之不同程度,划分为属(genus)或特别名,这是含公共性较少者,相反的则称为种(species)或总名。前面,我们论及,霍布斯正是依据“种”、“属”来作为下定义的一种方法。

在霍布斯的名称研究中,专名通名仅是名称区分之一,此外还有很多的区分:肯定的否定的、第一意向第二意向、确定的未确定的、单一意向与模棱两可、绝对的相对的、简单的复合的,这里就不一一细说了。

霍布斯很重视对名词的划分,他认为未采纳在内的词皆属无意义的声音,是谬误之词,而把词的分类混淆了,也会导致谬误之词。

霍布斯指出,除声音外,想像不出的词,如经院哲学者经常大量创造的:“无形体的物体”、“圆的四角形”、“注入的美德”、“自由臣民”、“自由意志”等等,把一些矛盾名词相连在一起,都属谬误之词。

而把名的分类混淆了,导致名的滥用谬误。如将物体的名词赋予偶性;或是将偶性的名词赋予物体;或把我们身体物体的偶性名词赋予我们本身的偶性;又或将物体的名词赋予名词或语言;把偶性的名词赋予名词或语言。霍布斯认为,这实质把一些从未构想过的东西,表达为自己的概念,因而欺骗了自己,这些都是造成谬误断言的一些因素,是语言的滥用。

---

① 《利维坦》,牛津本第26页,中译本第20页。

第四节　论自然物体

我们追随霍布斯沉思的次序——仿照造物主创世过程的次序——已经考察了他称之为理性之光及逻辑学的符号、名称或词的研究了，现在继续这次序的进程，进入霍布斯哲学体系的自身，即关于物体的学说——自然物体及人造物体，而首先是自然所创造的物体，即自然物体的自然哲学。

费尔巴哈曾经指出，霍布斯的自然哲学，实质上无非是关于物体与运动的学说，应该说，费尔巴哈的论断是符合霍布斯的实际的。

物体与偶性

霍布斯认为宇宙的每一部分都是物体，不是物体的东西就不能成为宇宙的构成部分。由于宇宙包括了一切，所以不能成为宇宙构成部分的东西，就不存在。显然，在霍布斯那里，客观世界唯一实体的实在就是物体本身，那么，什么是物体呢？

霍布斯认为物体的最本质的规定性就是具有量的广延性，即“具有量纲”，“具有长、阔、高”，与空间的某个部分相合，或具有同样的广延。同时，霍布斯强调物体是“一个自己存在的东西，它不依赖我们的思想”，它在我们以外。在《论物体》里，他给物体的界定就是：“物体是不依赖于我们思想的东西，与空间的某个部分相合或具有同样的广延。”①

正是从物体的这种客观的具广延的根本特性出发，霍布斯一方面批判了亚里士多德及经院哲学的“抽象本质”、“实体的形式”，认为

---

① 《论物体》，《十六—十八世纪西欧各国哲学》，第82页。

世界存在这些与物体脱离的要素是荒谬的；同时，亦批判了笛卡尔与人脱离的无形体的“思想实体”，指出：“不能想像没有思想者的思想，因此看来，从事于思想的东西是某种有形体的东西，因为一切活动的主体只能设想为某种有形体的东西或物质的东西。”①

然而，我们必须同时指出，霍布斯的物体概念的自相矛盾及其在哲学上的缺陷。

首先，霍布斯在强调不是物体的东西就不存在，物体与占有空间的有形体的存在是同一时，却又指出不能由此得出结论，灵(spirits)并不存在。他认为灵具有量纲，因而是实际的物体，尽管他不得不承认，在一般说法中，物体一词，只用于可见、可感知的物体，也就是具有一定程度不透明性的物体，但他强辩说，人们称灵为无形体的(incorporeal)乃因“这一名词更加尊敬，可以更加虔诚地用于上帝本身，最能表示我们尊敬上帝的愿望”。显然这是自相矛盾的，不能服人的。

其次，霍布斯既有从物质与精神、思维与存在的关系的哲学高度去规定物体的思想萌芽，但更主要是从力学的角度认为物体的唯一本质规定性是广延(占有一定空间)。显然，这只是力学中量化了的抽象的物体，万物之间只有量的差别，自然界多种多样的质被排除了，自然界不再是活生生的丰富多彩的存在。结果，在霍布斯那里，“感性失去了它的鲜明的色彩，而变成了几何学家的抽象的感性。”②

既然霍布斯只承认广延是物体的本质的规定性，那么，偶性又是什么呢？霍布斯特别强调偶性不是物体，不是一种东西，它只是物体的一种能力。在《论物体》里，霍布斯特别指出：说一种偶性在一个物体里的时候，不要了解为好像某件东西包含在那个物体里，例如红色

① 《霍布斯对笛卡尔〈沉思录〉的诘难》，《笛卡尔哲学著作选集》第2卷，1912年英译本，第62页。

② 马克思：《神圣家族》，《马克思恩格斯全集》第2卷，第163—164页。

之在血液里，就好像血液之在一块染了血的布里，也就是好像一个部分之在整体里。因为这样，偶性就也是物体了[①]。也就是说，偶性不是自然物的某一部分，而是物体藉以得到了解的方式，是物体的一种能力。霍布斯对偶性作的界定是："一个偶性就是某个物体藉以在我们心里造成它自身的概念的那种能力。"[②]

应该说，把客体的性质解释为客体的能力，这是霍布斯首创，洛克接受这个思想，把物体的某些性质看作是客体的一种特殊能力。

霍布斯关于偶性并非物体一部分这思想与亚里士多德是一脉相承的。亚氏认为一个偶性之在它的主体里，并不是作为主体的任何部分，因为偶性可以消失而主体仍然留存。霍布斯基本接受亚氏观点；不过作了一些修正：这就是对一些并非为一切物体而仅为某些物体所特有的偶性，如颜色、静、动、硬等，它们在物体里，可以消失而为别的偶性所替代，而物体却仍然存留，永不消灭。但作为一切物体皆有的偶性——广延形状的偶性，霍布斯则强调除非物体消灭了，这种偶性才消灭，因为没有了广延，物体是不能设想的。

从霍布斯对亚里士多德的修正中，我们可以看到，他把偶性分成两类：一是为一切物体普遍具有的、不可取代的性质，这就是广延、形状；另一类则仅为某些物体所具有，这些偶性可以被取代，物体却仍留存不消失。第一种偶性显然为物体本身所固有，并且"存在于心灵之外"，第二种偶性色、声、味在霍布斯那里却另有解释。他以钟锤敲钟的声音为例加以分析指出：钟锤没有声音，只有运动，它在钟的内部产生运动；钟有运动，而无声音，它使空气振动；空气有振动而无声音，它的运动通过神经传到大脑；脑有运动而无声音，这运动从大脑

---

① 《论物体》，《十六一十八世纪西欧各国哲学》，第 84 页。

② 同上书，第 83 页。

折回，沿着神经向外走，成为在外部的显现，我们称这显现为声音。也就是说，钟锤、钟、空气以至运动刚传到大脑时，都只是运动而没有声音，声音实际是大脑向外的显现。因此，霍布斯指出，声、色、味既非知觉者心灵的运动，也不是被知觉的物体本身的运动，而是两种运动相互作用造成的。显然，声、色、味的偶性，既依赖于观察者主体的接受器，亦依赖于客体的性质，但并非为客体本身所固有。

把物体性质区分为两类，在古希腊时就有了，最早来自德谟克利特。近代随着经典物理学的诞生，机械论在新科学中占了统治地位，从伽利略开始许多科学家和哲学家又复兴了这种观点。应该说，霍布斯的这种思想是直接源于伽利略的。

其实，这两种性质观表现了近代自然观的主导思想，即自然的真理存在于如力学中的数学事实之中，自然中真实的和可理解的就是那些可测量、可定量的东西，至于物理、化学等质的差别，色、声、味等可以和必须还原为力学运动中量的不同，它们本身在自然结构中并不存在，是自然物在我们感觉器上造出的衍生物。这种只承认自然的数量的观点虽然片面，但在促进现代自然科学的发展上，却曾起过重要作用。

运动与“努力”(endeavour)

在霍布斯那里，客观世界就是物体的总和，而物体唯一本质的规定就是具有量的广延。显然，物体本身就是僵死的、无质的区别的、相互分离的，世界当然不再是有生命有灵性的世界。为此，要摆脱无差别性及相互分离，就必须需藉着运动，才使之结合联系，才形成生命，才具有规定性，才有了感性的质。在《论物体》里，霍布斯明确指出，运动是事物的一般原因，即一切事物的偶性所以产生和变化的一般原因。他写道：“一般的事物……总共只有一个一般的原因，就是运动”,“一切变化都在于运动”[1]。显然,运动在霍布斯那里,是物质规定性及差别性的原则,从而是事物本身的原则、普遍的原则,物质世界由此成了由量组织起来的整体。以探究原因为己任的科学,其任务自然也就成了考察各种事物的运动了。霍布斯也是据此划分科学各门类:几何学考察物体的简单运动;力学考察物体对另一物体的推动;物理学考察物体最小部分的运动;道德哲学则考察心灵的运动等等。

霍布斯给运动的界定就是:“运动是不断地放弃一个位置,又取得另一个位置。”[2]显然,霍布斯所理解的运动,仅仅是从力学方面规定的运动,是机械的位置移动。这是典型的机械论的运动观。所以,霍布斯直接把伽利略制定的机械力学的惯性定律引入哲学把它普遍化,在《论物体》中他写道:“任何一件静止的东西,若不是在它以外有别的物体以运动力图进入它的位置使它不再处于静止,即将永远静止。”[3]“同样情形,任何一种运动的东西,除非在它以外有别的物体使它静止,即将永远运动。”[4]

霍布斯认为前一个论断,即“静者恒静”,其真理性是没有人怀疑的,但后一论断,即“动者恒动”,其理虽同,却不易为人所接受,这主要是人们不仅从自我观察他人,而且从自我出发论断外物;人们在运动后即感觉劳累而寻求休息,为此,认为物体也同样会逐渐厌倦运动,而自动寻求休息。霍布斯指出,经院哲学关于重物下降寻求休息,以求在适当位置上保持其本质的欲望的思想,即是由此而来。霍布斯认为把人类个体寻求自身保存的欲望赋予无生命物体是荒谬

---

① 《论物体》,《十六—十八世纪西欧各国哲学》,第 68 页。
② 同上书,第 85 页。
③ 同上。
④ 同上书,第 86 页。

的，而且就人类自身而言，亦不具有这种可能，物体一旦处于运动之中，就将永远运动，不论什么东西阻挡它，总不能立即完全停止它的运动，而只能逐步地慢慢地将其停止。比如，人们在水中所见，风虽止，而浪却经久不息，又或当物体已经移去，或将眼闭合时，被看到的物体仍有一个映象保留下来。霍布斯强调运动是无处不在的，即使被驱动的东西看不见，或者由于运动的空间太小而无法感知时，虽然人们想像不到那里有任何运动存在，但这却不妨碍运动的实在存在。霍布斯指出，因为空间即令小得不能再小，这个小空间也是被驱动的东西移经的较大空间的一个部分，它必须移经这较小空间。

关于运动之原因，从霍布斯引入的惯性定律中已很清楚：一切运动的原因不是在事物内部，而在事物的外部，是外力的推动。在《论物体》里他明确写道："它之所以如此运动的理由，是在它以外的某样东西中，同样地，如果它以别的方式运动，以那种方式运动的原因也是在它以外的某样东西中。"①

这样，古希腊和文艺复兴早期的"天然运动"概念，被彻底抛弃了，物体自己运动思想也荡然无存了，物体的惰性观念却跃然纸上。生命本身也被这种数量的、机械的自然观仅仅看作一架机器，"生命只是肢体的一种运动……一切像钟表一样用发条和齿轮运行的'自动机械结构'……心脏无非就是发条，神经只是一些游丝，而关节不过是齿轮。"②

在阐述霍布斯的物质与运动的学说时，我们绝不能忽略霍布斯的"努力"(endeavour)概念。它在后来哲学的发展中，特别在克服笛卡尔身心二元论及莱布尼茨哲学发展中，都产生过重大影响。

---

① 《论物体》，《十六—十八世纪西欧各国哲学》，第85页。

② 《利维坦》，牛津本第8页，中译本第1页。

什么是 endeavour/conatus？霍布斯从不同的角度有不同的阐述，在《论物体》里，他下的定义是："我定义 endeavour 为……在一瞬间或时间点通过一个点的长度所做的运动。"[①]霍布斯对 endeavour 的这个界定，并没有全面表述这个观念的含义。在霍布斯对速度界定时曾指出，速度就是物体以它当下的速率运动的力[②]，因此，华特金斯说，endeavour 作为瞬时速度，更确切地说不是运动本身，而是运动背后的压力或动力[③]。应该说，华特金斯这个表述是符合霍布斯的实际及原意的。

我们知道，霍布斯最早是在《法律要旨》提出 endeavour 概念的。他写道："当对象令人喜悦时，这个诱惑就是努力(endeavour)，也即动物运动内部的开始，称为欲求。"[④]显然，从这个界定中，我们可以看到 endeavour 就是促使动物运动的那个力；从心理学角度讲就是欲求；从生理学角度讲，就是动物运动(即自觉运动)的内在开端，是体力最初发动的细微动作。后两个方面，在《利维坦》里作了更具体表述："当被驱动的东西看不见，或其运动空间由于太小而无法感知时，无知的人虽然想像不到那里有任何运动存在，却并不妨碍这种运动的实际存在……人体内部这种运动的微小开端，在还没有表现为行走、说话、挥击等等可见的动作以前，一般称之为努力(endeavour)。当这种努力是朝向引起它的某种事物时，就称为欲望或愿望。"[⑤]

显然，霍布斯的 endeavour，既作为瞬时速度运动背后的力，是物理属性，但同时又是与欲求、欲望同义的，是确定方向运动的意向。

---

① 《论物体》，《霍布斯全集》第 1 卷，第 206 页。

② 同上书，第 204—205 页。

③ 华特金斯：《霍布斯的观念体系》，第 124 页。

④ 《法律要旨》，《霍布斯全集》第 4 卷，第 31 页。

⑤ 《利维坦》，牛津本第 39 页，中译本第 35 页。中译文有改动，endeavour 原译为"意向"。

这种以确定方向运动的意向，也就具有心理的精神的属性。这是后来广延实体能够思维的思想的前奏。显然，这突破了霍布斯和17世纪占统治地位的惰性物质观，是物质与运动观中一个进步。在这里我们需要特别指出的是霍布斯藉 endeavour 解释感觉的产生、激情的产生、心理现象的形成，试图以身心的唯物主义一元论克服笛卡尔的身心二元论的矛盾。

霍布斯的 endeavour 概念还是莱布尼茨单子概念的重要思想来源。他在早年即受到霍布斯关于努力的思想的影响，直接采用"努力"一词，认为这是运动的开始、是运动背后的力、是瞬时之点的运动等等[①]。但是在机械论物质观的影响下莱布尼茨又断言"努力"只能是精神的，不可能是物质的。莱布尼茨又考虑到具有广延的量的原子在理论上可以无限分割，实际上并非原子，不能是构成万物的最终的基础，所以他认为真正的原子必定只有质而没有量，而其质必定是积极能动的力才能衍生出千变万化的世界。莱布尼茨正是在把原子论和霍布斯的"努力"思想精神化和实体化的基础上，形成他的"形而上学的点"——能动的精神实体单子的概念。后来狄德罗又是通过莱布尼茨的单子论明确提出物质与运动统一不可分的原理。

空间与时间

讨论物体和运动，则必然涉及空间和时间，而霍布斯对物体和运动的机械论观点，又必然导致他对空间和时间同样采取机械论的观点，亦即把空间和时间同物体及其运动完全割裂开来。

霍布斯基本接受当时机械论空间观中把空间看作纯粹空的容器

---

① 参阅华特金斯：《霍布斯的观念体系》，第125—126页。

的观点，认为空间是物体有可能置于其中或在其中运动的场所，它可以被充满而不是已经被充满。因此空间并非广延，并不永远伴随在其中的物体。同一空间有时包容这一物体，有时包容另一物体。物体从原来所占的空间离去，它的广延也伴随而去，但并不带走空间。那么，对于经验论者霍布斯来说，这个空的空间观念，既不表象物体也不表象物体的偶性，是怎样得来的呢？霍布斯认为空间观念是由物体的广延亦即物质的大小，他称之为真实的空间引起的人心的影像，这影像并不设想那物体是这样或那样，只设想它存在于心灵之外。所以他给空间的界定是："空间是一个单纯在心灵以外存在的东西的影像；就是说，空间是那样一种影像，在那种影像里面，我们不考虑别的偶性，只考虑它在我们之外呈现。"①由此可见，霍布斯虽然承认空间观念是由外物广延引起，但空间本身是人心想像的影像，是想像的空间。他自己就明确地说："当然是一种想像的空间。"②因此空间是心灵而不是物体的偶性。割裂空间和物质的联系导致霍布斯的空间观具有走向唯心主义的倾向。

霍布斯的时间观与他的空间观一样，也认为时间是一种影像，霍布斯认为正像物体在心灵里留下一个关于它的大小的影像一样，运动的物体在心灵里，也留下一个关于它的运动的影像，也就是说，物体运动留下那个物体按照不间断的先后顺序，时而在这里，时而在那里奔跑着的物体的影像，也即是从一个空间持续不断地过渡到另一个空间的影像，霍布斯认为，这个观念或影像，就是我叫做时间的东西③。在这个时间的界定中，霍布斯强调了三个方面：

---

① 《论物体》，《十六－十八世纪西欧各国哲学》，第 81 页。

② 同上书，第 80 页。

③ 《论物体》，《霍布斯全集》第 1 卷，第 94 页。

第一，时间只在心灵里，而非在我们之外的事物里。当人人承认一年是时间时，人们并不认为一年是某个物体的偶性或性质，如同人们在说到祖先的年代时，这时代除了在人们记忆里之外，不可能还能在任何别的地方。因此，年、月、日也就是人们心灵所作的时间计算的名称而已！霍布斯把物质存在的形式时间同物质运动割裂开来，并混同于人对物质运动的时间测量，使他的时间观和空间观同样滑向唯心主义。

第二，时间是通过运动来度量的。要知道时间的流逝，就要利用这种或那种运动，比如太阳的运动、钟的运动、滴漏中沙的运动，除却运动，则没有其他可觉察时间的方法了。霍布斯认为亚里士多德把时间称为运动的尺度，并不十分确切，相反，我们是以运动来度量时间，而不是以时间来度量运动。

第三，时间是有先后顺序的。因此，霍布斯认为，时间是运动的影像的更确切的定义，应是："时间是运动中先与后的影像"①，也就是说，时间具有物体运动中的连续的概念。

原因与结果

在霍布斯那里，哲学就是根据结果的已知原因来发现结果；或者根据原因的已知结果来发现原因的知识，哲学是探求因果性的科学。因此，霍布斯很重视因果性范畴。

霍布斯认为，当我们寻求某种被提出的结果的原因时，人们必须对原因有个确切的概念，而为了对原因作界定，又必须对因果的相关的因素有认识。霍布斯认为当一个物体在另一个物体中产生偶性或消灭某种偶性时，我们便说是一个物体作用于另一个物体，亦即对另

① 《论物体》，《霍布斯全集》第1卷，第95页。

一个物体做了某件事情，这称为“动作者”。而产生或消灭了某种偶性的那个物体，我们便说是被作用者，也就说是另一个物体对它做了某件事情，被称为“被动者”。以手烤火为例，把手烤暖的火就是动作者，烤暖了的手就是被动者，在被动者里产生的偶性，就叫做结果。

霍布斯认为一切结果的原因，就在于动作者与被动者双方面之中的某些偶性，这些偶性全部出现了的时候，就产生结果；但是，如果其中缺少了任何一个，结果就不产生，因此，霍布斯认为原因的确切界定是：“一个原因，就是主动者和被动者双方中所有的这样一些偶性的总和或集合：这些偶性总合起来，产生所提出的结果，这些偶性是全都存在在一起的，只有结果与它们一同存在，原因才能得到了解。”①

在霍布斯看来，原因与能力的分别，只在于原因是对已产生的结果而言的，能力则是对于以后要产生的结果来说的；亦即原因是对过去说的，能力是对未来说的。动作者与被动者的能力合在一起，也就称为完全的或全部的能力；同样也可以称为完全的原因。所产生的偶性对于原因而言，就是结果，对于能力而言，则是作用。因此，原因与结果，同能力与作用实际是同一的，不过从不同的角度而有不同的名称罢了②。

对于因果之间的关系，霍布斯也作了详细的讨论。

首先，霍布斯指出了因果具有互为前提的依赖性。“没有结果，就不能有原因；没有东西能称为原因，也就没有东西能称为结果。”③

---

① 《论物体》，《霍布斯全集》第1卷，第77页。

② 同上书，第127页。

③ 同上书，第122页。

其次，霍布斯提出了因果相互作用的连续性。当某个动作者由于受到别的动作者的作用，而发生连续的变化时，那么受到它们的作用的被动者，也就连续地发生改变和变化[①]。

第三，因果的接近性。霍布斯认为，除了物体的接触和移动，否则不可能有运动。因此，如果两个物体不接近，它们之间的空间是空的，或在两个物体之间插上一个静止的物体，则前一物体的运动，不可能使后一个物体运动[②]。

第四，因果的恒常性。霍布斯认为相同的动作者和被动者，虽然在不同的时间里出现，但假如以相同的方式结合起来，则会产生相同的结果。[③]

必然与自由

在论及霍布斯的因果观时，我们必须指出：在霍布斯那里，因果性与必然性是混同了的，霍布斯认为任何事物都有其原因，因此，也就是必然的。他写道："一切已经产生或将要产生的结果，都在先行事物中有其必然性。"[④]

显然，这也就否认了偶然性的存在，霍布斯明确指出，所谓的偶然性、偶然原因，只是人们尚未把握其必然原因罢了。霍布斯写道："一般说来，一切偶然的东西都有其必然的原因，但是，它们相对于它们所不依赖的那些事件，而称为偶然的原因。比如说，明天要下的雨，将是必然下的，就是说，将是由于必然的原因下的；但是，我认为它是偶然下的，并且也说它是偶然下的，这是因为我们还不了解它的

---

① 《论物体》，《霍布斯全集》第1卷，第123页。

② 同上书，第124页。

③ 同上书，第125页。

④ 同上书，第123页。

那些原因,虽然它们现在存在着,人们通常称它是偶然的,那是因为他们没有感知到它的必然原因。”①

霍布斯既然主张一切事物因果均有其必然性,其逻辑结论也就是:反对存在可以摆脱因果必然性制约的自由意志,人的意志作出的抉择,不是在意志自身,而是基于外在的事物。霍布斯写道:“没有东西从它自身产生,它的发生来自外在的直接主动者所从事的活动,……一个人对某些原先没有欲望和意愿的东西,有了一个欲望和意愿,这不是由于这个欲望和意愿自身,而是某些不在他自己控制下的其他事物。”②比如人放弃其“自然权利”,把它让与主权者,这不是因为人的意愿自身,而是为了免受他人侵害而自我保存的绝对权利。

但霍布斯并不否定自由的存在。霍布斯理解的自由也就是没有外在的障碍,他写道:“自由一词就其本义说来,指的是没有阻碍的状况,我所谓的阻碍,指的是运动的外界障碍。”③这里霍布斯强调指出的是外在而非内在的障碍,如在任何事物中,若受束缚或被包围,只能在一定空间之内运动,而这一空间又由某些外在物体的障碍决定时,人们就说它没有越出这一空间的自由,如生物被墙壁、锁链禁锢,水被堤岸或器皿挡住就是这种情形。运动的障碍存在于事物本身的构成之中时,人们就不能说它缺乏运动的自由,而只说它缺乏运动的力量,像静止的石头、卧病的人就是这样。

据此,霍布斯认为所谓自由人,指的也就是“在其力量和智慧所能办到的事物中,可以不受阻碍地做他愿意做的事情的人”。所谓

---

① 《论物体》,《霍布斯全集》第1卷,第130页。

② 《霍布斯全集》第4卷,第274页。

③ 《利维坦》,牛津本第161页,中译本第162页。

"自由地说话"指的不是发音的自由、吐字的自由，而是指说话的人没有法律限制他以旁的方式说话。所谓"自由意志"也不是指意志、欲望、意向自身的自由，而是人在从事自己具有意志、欲望或意向想要做的事情上不受阻碍。因此，霍布斯认为，当人因害怕船的沉没而把货物抛到海中时，这是有自由的人的行为，因为愿意的话，他也可以不这样做；又如因害怕监禁而还债，这也是自由人的行为。霍布斯认为，一般说来，人们在国家之内，由于畏惧法律而做的一切行为，都是行为者有自由不做的行为。因此畏惧与自由是相容的。我们知道，后来，霍布斯正是值此确立了法律与自由的关系，霍布斯认为，把自由理解为免除法律的自由是荒谬的，围绕着臣民的自由，必须是以遵守法律为前提的自由。

同样地，霍布斯认为自由与必然是相容的，水顺着河道往下流，不仅有自由，而且也有必然存在于其中。霍布斯认为人们的自愿行为也是如此，这种行为出于人们的意志，所以是自由的行为，但人的每一种出于意志的行为、欲望、意向都是出自某种原因，而原因一环扣一环追溯到第一因，这都是出于必然的行为，也就是说，就自愿行为的不受阻碍地进行而言是自由的，而就其出于一定的原因而言的，则是必然的，应该说，霍布斯这种把自由与必然相连的观念有其合理的因素。

当然，我们还应指出，霍布斯在理解必然对自由的制约的同时，却忽视了主体能动性在自由中的地位，仅把自由看作没有外在障碍，而没有看到自由还正存在于主体克服障碍的活动中。霍布斯的自由观是围绕着他的国家社会观而展开的，它对17—18世纪的英法哲学家的自由观及政治学说产生着深远的影响。

第五节 论人——功利主义伦理学和专制主义国家学说的理论基础

趋利避害、自我保存是人的自然本性

循着霍布斯的思路，在对自然物体认识后，就应进入对人的了解，然后才得以进入对国家的把握。我们知道，霍布斯把了解人作为认识社会国家——人造物体的前提，而对人的了解，霍布斯强调是在内省的基础上去认识，这就是"认识你自己"，但这个你自己不纯是个体，而是全人类自身，为此，围绕了解人自身是霍布斯所关注探讨的问题。在霍布斯关于人的学说中，激情的理论对他的伦理学和政治学具有特别重要的意义。

在霍布斯看来，激情是人的自觉运动的内在开端。霍布斯认为，动物具有两种特有的运动，一是生而具有的，从出生始至生命结束，终生不间断持续的运动，它无需外界刺激、无需构想帮助，如血液流通、脉搏、呼吸、消化、营养、排泄等称为生命运动；另一种则是自觉的运动，这是指需要构想帮助的运动，依着构想好的方式行动，说话就属于这种运动。这些自觉运动取决于事前出现的"往哪走"、"说什么"的想法。霍布斯认为当其未见诸"说"、"行"的可见行动前，这种人体的微小运动开端就是"努力/意向/endeavour "，当 endeavour 是朝向引发运动的某种事物时，就称为欲求或欲望，当 endeavour 避离某种事物时，称为嫌恶，欲望与嫌恶都是一种运动，这种运动的表象就是我们所说的愉快或不愉快的心理。因此，霍布斯认为，所以愉快就是因为这种朝向引发运动的对象，对促进生命的运动是一种加强，或起码是一种辅助，不高兴或烦恼的，则是由于引发运动的事物阻挠或干扰生命运动。

在霍布斯看来，人们欲求的东西，也就是人们爱的东西，而嫌恶的东西，则是人们所憎的东西，欲求与爱、嫌恶与憎，实际是一回事。不过前者（欲求、嫌恶）是对象不存在的情形，后者（爱、憎）一般指对象存在时的情形。任何人的欲望对象，对其本人言，就是善，嫌恶的就是恶。

显然，在霍布斯看来，激情作为自觉运动的内在开端，而又直接与生命运动相连，能加强或辅助血液循环的活动者，即促使生命运动的，则喜好欲求，高兴愉快；干扰、阻碍生命运动血液循环者，则嫌恶、不高兴、烦恼。

在霍布斯看来，人们都同样具有欲望、嫌恶的激情，但具体欲望什么？嫌恶什么？其具体对象却是不同一的，由于前者，人们可以藉着对自身激情的了解认识他人的激情，这是霍布斯激情论中的同一性原理，但由于后者，即激情对象的不同一，霍布斯又承认人的个别差异论。在《利维坦》引言中，霍布斯同时清楚地表述了这两种似是矛盾的思想。"由于一个人的思想感情与别人的相似，所以每人对自己进行反省时，要考虑当他在'思考'、'构思'、'推理'、'希望'和'害怕'等等的时候，他是在做什么和他是根据什么而这样做的；从而他就可以在类似的情况下了解和知道别人的思想感情。"[①]紧接着他就指出："我说的感情相似是指人人都具有的，如'意愿'、'害怕'、'希望'等等，不是指感情对象的相似，即'所意愿'、'所害怕'和'所希望'等对象的相似，因为各人的素质和各人所受的教育千差万别。"[②]

在关于人类心理同一性原理中，霍布斯最强调的就是人的自我中心。霍布斯在解释人的激情笑、同情等成因时，皆以此为轴心：笑，

---

① 《利维坦》，牛津本第 9 页，中译本第 2 页。

② 同上。

这是人的自我赞许;同情,则是自我关怀加上想像力的结果,即由于想像类似的苦难可能降临在自己身上,而引起身同此痛而发生的哀伤。霍布斯关于人的自我中心,在他日后的伦理学、社会政治学中起着重要的阐释作用。

当我们在强调霍布斯的同一性原理时,我们也不要忽视霍布斯的个别差异论/隐居独处论。人皆有激情,但各人的激情有差异,其对象、程度都是有别的,由此导致"个别差异",因此,每个人又都是封闭孤立局限于自己躯体内的。

霍布斯关于激情的差异的阐述最集中在关于"智慧之德"的讨论上。他强调智慧能力的差异,即思维构想的敏捷或迟钝,"是由于人们的激情不同而产生的,也就是由于爱憎不同而产生的。"[①]霍布斯认为最能引起智慧差异的激情,主要是程度不同的权势欲、财富知识欲和名誉欲,而最重要是权势欲。霍布斯认为一个人若对以上欲望没有很大热情,而只抱着无所谓的态度,就不可能有很大的想像、很多的判断。霍布斯强调"没有欲望就是死亡"、"激情淡薄就是愚钝"。

以感官生理感受性作为判别善恶的依据

霍布斯直接把他的激情理论和人判别善恶的价值观联系起来。在他看来,人体运动最微小的内在开端就是努力/endeavour ,由此开始了生命的运动,努力/endeavour 所指向者则欲望,规避者则嫌恶,而所以指向、所以规避全视乎对象是为人带来快乐或招致痛苦,霍布斯认为快乐感觉则促进生命运动,则人欲之;痛苦感觉,阻碍生命运动,则人恶之。即人所欲者则快乐则爱;人所恶者则痛苦则恨。

霍布斯认为欲望与嫌恶,有些与生俱来,是本能的,如饮食、排泄

---

① 《利维坦》,牛津本第 53 页,中译本第 50 页。

等，此外，则是后天人藉经验得知其给自身带来快乐或痛苦，故而欲之或恶之；也就是说，趋乐避苦实质亦即生命的自我存在，也就是人欲望之依据。而霍布斯认为，这欲者、恶者，对感受者、承受者的个体来说，也就是所谓的善与恶。在《利维坦》里，霍布斯写道："任何人的欲望对象，就他本人说来，他都称为善，而憎恶或嫌恶的对象则称为恶。"[1]

正是由于善恶直接与感性个体生理基础相连，所以霍布斯承认善恶的相对性，他说："由于人体结构经常不断地在变化中，所以同一类事物便不可能全都在同一个人身上永远引起同一类欲望和嫌恶，而所有的人对任何一个单一对象都具有相同的欲望就更不可能了。"[2]

总之，霍布斯的善恶观，就是以人的自然本性，自我的趋乐避害作为基础，其中人的利益，即对个体的利或害则是其轴心、实质。

由于欲望与善是同一的，因此，他认为最高的善是不存在的，他批判了柏拉图、亚里士多德这方面的观念，指出：旧道德哲学所说的那种极终的目的或最高的善根本不存在，原因就在于欲望终止的人与停止了感觉映象的人一样，是无法生活下去的。霍布斯认为人的幸福就在于欲望从一个目标到另一个目标不断地发展，达到前一个目标，不过为后一个目标铺平道路。霍布斯认为，人类欲望的目的，不是祈求在一瞬间享受一次就完了，人的今世幸福不在于心满意足而不求上进，而是要永远确保达到未来欲望的道路。

显然，在霍布斯看来，人生就是要在一场无尽的追逐私利的赛跑中获胜。

自然状态必然是每个人对每个人的战争

显然，在霍布斯看来，好争胜就是人的自然本性，在《利维坦》里，

---

① 《利维坦》，牛津本第40页，中译本第37页。

② 同上。

霍布斯具体分析了人好争斗的原因，认为这正是基于人求利、求安、求荣的自爱本性。

求利，促人相互竞争，甚至以暴力去奴役他人及其妻儿；

求安，则为保全获得的一切，使人彼此猜忌；

求荣，求名位让人敬畏自己，不能容忍他人对自己乃至亲朋的民族、职业、名誉的藐视。

霍布斯认为这些都是引起相互争执、残杀的重要原因。而人的这种求利、求安、求荣的欲念归结起来也就是人的权势欲。霍布斯认为这种权势欲是得其一，思其二，死而后已，永无休止，这是全人类的普遍的倾向①。

对于这种无止境的贪婪，人们都会责之为比无理性之动物有过之无不及，动物在食欲满足后便会安静下来，而人则不然，得寸进尺，欲壑难填。然而，霍布斯认为，这其实是人为求自我保存——既是动物亦是人的本性——的逻辑必然。在《利维坦》中他指出：这并非人们永远得陇望蜀，祈求获得比当下更多的快乐，更大的权势，而是因为“他不事多求，就会连现有的权势以及取得美好生活的手段也保不住”。②

不管作何解释，但人性之无尽的欲求及好争斗却是不争的事实，对此，霍布斯不仅从人的自然本性的自然情欲阐述，并且还从人的自然能力的平等上加以分析。

在霍布斯看来，自然创造人类，按其自然本性，人的自然能力，无论智力、体力都是十分相等的。其中尽管体力的强弱、智力的敏迟会稍存差异，但这差别极小，它们加在一起，都不会构成人们在享受任何利益上应有不平等。即一个人可以享受的利益，绝不能说他人就

---

① 《利维坦》，牛津本第75页，中译本第72页。

② 同上。

不配享受。

霍布斯批驳了亚里士多德所谓人的体能天生不平等，从而社会地位不平等，奴隶与奴隶主之分，基于天生素质差别的论断。霍布斯指出，“就体力而言，最弱的人运用密谋或者与其他处在同一危险下的人联合起来，就能具有足够的力量来杀死最强的人。”①至于智力，霍布斯认为人与人之间更加平等，因为所谓智力，就是一种慎虑，就是一种经验，这并非天生，而是习得的。因此，霍布斯认为“在相等的时间就可以使人们在同样从事的事物中获得相等的分量”。就是说，人们在同样的条件下，从事同样的事情，其结果必然大体相同。

由于人在自然能力上的相同，由此就产生了人们对目的、欲求和希望的平等权利，也即希望有同等机会去占有和享用相同的事物。然而，可供人享用的对象的数目总是有限的，因此，当欲求相同，而欲求东西不足的情况下，人们将会怎样？会出现什么情景？对此，霍布斯就当时十分流行的“自然状态说”提出了他自己的理解。

霍布斯指出，“任何两个人，如果想取得同一东西而又不能同时享有时，彼此就会成为仇敌。”②人们的目的主要是自我保全，在达到这一目的的过程中，彼此都力图摧毁或征服对方，甚至剥夺对方的生命和自由，而当侵犯者得逞时，自身亦面临着来自别人的同样危险，为此人人自危，互相疑惧，为求自保，则又先发制人，或用欺诈、或用武力，以控制一切他所能控制的人，以消除一切足以危害自身的力量，甚至还扩张侵略，以扩大统治权，为自己求得更大安全保障。显然，为求自保，人与人之间就像狼一样。霍布斯亦是据此，作出其著名的论断：“在没有一个共同权力能使大家慑服时，人们便处在所谓

---

① 《利维坦》，牛津本第 93 页，中译本第 92 页。

② 《利维坦》，牛津本第 95 页，中译本第 93 页。

的战争状态之下"，"这种战争是每个人对每个人的战争。"[1]

这里所谓的战争，霍布斯特别指出，"不仅存在于战役或战斗行动之中，而且也存在于以战争进行争夺的意图普遍被人相信的一段时期之中。"即战争不仅是实际真刀真枪的双方直接搏击驳火，还包括在整个没有和平保障期中人所共知的战斗意图。霍布斯举例说，这就如说坏天气，这并非仅指降暴雨，而是接连的阴天且有下雨倾向亦属坏天气。霍布斯认为这种每个人对每个人的战争状态，也就是在国家社会产生以前，人类生活的"自然状态"。

在"自然状态"下，没有财产，没有统治权，没有"你的"、"我的"之分，每个人能得到手的东西，在他能保住的时期内便是他的；这里没有法律，当然也就无所谓是和非，公正与不公正的观念是不存在的。因此，自然状态给人类生活带来十分严重的后果。由于成果拥有的不稳定，因此，产业也无法存在下去。这一来，"举凡土地的栽培、航海、外洋进口商品的运用、舒适的建筑、移动与卸除须费巨大力量的物体的工具、地貌的知识、时间的记载、文艺、文学、社会等等都将不存在"[2]，"人的生活孤独、贫困、卑污、残忍而短寿"。[3]

霍布斯承认这里所揭露的人对人像狼的"自然状态"并非全世界所有地方都具历史准确性、真实性，但他强调他基于人性的自爱利己的自然本性所作的推导分析，无论在前提及结论上，都是有其经验基础的。

首先，在前提上，在人性的自私利己的经验事实上，这是俯拾即是的。霍布斯提出，人们考虑一下自己的情形，就是最佳的经验证实。比如，人在外出旅行时，总会带上武器，并设法结伴而行；就寝

① 《利维坦》，牛津本第96页，中译本第94页。

② 《利维坦》，牛津本第96—97页，中译本第95页。

③ 《利维坦》，牛津本第97页，中译本第95页。

时，人总会把门闩上；在屋里也要把箱子锁上。霍布斯提出，当人带武器外出时，他对自己的国人是什么看法？把门闩起来，对同胞又是什么看法？把箱子锁起来，对自己子女仆人又是什么看法？霍布斯认为这也就是人的利己本性的体现。霍布斯指出，甚至三内角之和等于两直角的公理，若与人的野心、欲望、利益相冲突相妨碍时，也会遭到人们的抛弃乃至把几何书籍焚毁的。

其次，在结论上，霍布斯虽然指出："我也相信绝不会整个世界普遍出现这种状况(指自然状态——引者)"[①]，但他还是认为有许多地方的人现在却是这样生活的。他以美洲的土人为例，指出美洲有许多地方的野蛮民族，的确就是生活在自然状态的那种野蛮残忍的状态中，因为他们除开小家族外，并无其他政府，而家族自身的协调又完全取决于自然欲望之故。

应该说，霍布斯虽然努力为"自然状态"的存在提供可作证实可作推论的经验依据，但实质上自然状态是否具有历史的存在，是否就是历史时序上原始社会的描述，对霍布斯而言，其实并不重要，重要的是，它的分析，它的逻辑必然性。它要说明：在没有一个凌驾于人的权力的状况下，人按其自然天性各行其是，必然出现的只能是无政府状况。这才是霍布斯所关注并力图要阐明的。

己所不欲勿施于人的自然法

人从自保的欲望出发，结果却走到了自身欲求的反面，反而丧失了利益，丧失了安全，导致"孤独"、"贫困"、"卑污"、"残忍"、"短寿"，这是人类欲求的悖论。人能走出这困境摆脱这悖论吗？

霍布斯的结论是肯定的，答案仍在人的自然天性中寻求。霍布

---

① 《利维坦》，牛津本第 97 页，中译本第 95 页。

斯认为在人的天性中,就有着倾向和平的激情。这"和平的激情是对死亡的畏惧,以及通过自己的勤劳取得这一切的希望"。[①] 也就是说,人都本能地反对死亡,寻求安全,人的自我保存和享受快乐的欲求,使人产生了和平观念;而人的天性具有的理性,又为人们之寻求和平条件,提供了可能性。理性所启示人的自然法就是可以使人同意的、方便易行的和平条件,是导引人走出困境摆脱悖论的律法。

对此,霍布斯就从人拥有的自然权利及理性对这种权利的约束,即从自由与义务的角度,阐述自然法的产生、内容、作用等。

霍布斯认为每个人都具有一种"按照自己所愿意的方式运用自己的力量保全自己的天性——也就是保存自己的生命——的自由"。[②] 这种自由也就是用他自己的判断和理性认为最适合的手段去做任何事情的自由,霍布斯认为,这也就是人们所称谓的人的"自然权利"。然而,当每个人完全自由毫无制约地在使用这种"自然权利"时,就出现人人相互为战,人的生命不能自保的状况,这就是霍布斯所指出的,"当每个人对每事物的这种自然权利继续存在时,任何人不论如何强悍或聪明,都有不可能获得保障,完全活完大自然通常允许人们生活的时间。"[③]为此,作为人的自然天性一部分的理性,为确保人的激情所追求的生命的自保,生活之舒适之欲求的实现,需要寻求调节、制约这种自由,为人们提供和平的条件,霍布斯认为,"自然法"就是理性为此所发现的戒条或一般法则。

自然法禁止人们去做损毁自己的生命或剥夺保全自己生命的手段的事情,也禁止人们不去做自己认为最有利于生命保全的事情。为此,自然法最基本的规定就是:"每一个人只要有获得和平的希望

① 《利维坦》,牛津本第98页,中译本第96—97页。

② 《利维坦》,牛津本第98页,中译本第97页。

③ 《利维坦》,牛津本第100页,中译本第98页。

时，就应当力求和平，在不能得到和平时，他就可以寻求并利用战争的一切有利条件和助力。”[①]这里包括了两部分的内容，前一部分是寻求和平，信守和平；第二部分则是要尽一切可能保全自己。显然，这是自然权利的概括，这是基本的自然法，其余的自然法由此派生。

从第一条力求和平以保全自己的自然法，引申出第二自然法：要求人们在他人也愿意这样做的情况下，为了和平和自身的安全，他会自愿放弃这种对一切事物的权利；而在对他人的自由权方面，满足于相当于自己让他人对自己所具有的自由权利。也就是说，他应放弃超过他人权利的自然权利，否则，每个人都保有凭自己所好做任何事之权利，就永远处于战争状态之中，为此，人应把那些保留起来就会妨碍人类和平的权利放弃或转让给其他人。但霍布斯强调，这种权利的放弃，必须是相互的、对等的，即别人也愿意这样做的条件下才行。假如他人不像自己那样同样放弃自己的权利，那么，任何人也都没理由也绝没有必要剥夺自己的权利，因为那样就等于自取灭亡，而不是选取和平了。

霍布斯指出：一个人放弃或让出自己的权利的时候，并不是给予任何其他人以他原先本来没有的权利。因为事实上，每个人对任何事物皆具有自然权利，所谓“放弃”或“让出”，无非是自己退让出来，让对方不受自己妨碍享受其原有的权利而已。霍布斯从人的利己本性出发，强调“任何人的自愿行为，目的都是为了某种对自己的好处”。因此，人对权利的转让、放弃，那总是由于考虑到对方也将以某种权利回让给自己，或者藉此自己会获得某种其他利益。当然，这种利益最根本的还在于：“保障一个人使他的生命得到安全；保障他拥

① 《利维坦》，牛津本第100页，中译本第98页。

有既能保全生命，而又不对生命感觉厌倦的手段。”[1]霍布斯认为，这也就是人放弃权利、转让权利最根本的动机和目的所在。

总之，对于第二自然法，霍布斯强调就是人为其本身根本利益，要放弃、让出足以妨碍人类和平的权利。也就是说，每个人享有的自由、每个人追求的权利，以不损害他人的自由和他人的私利为限。为此，霍布斯说，一切人的准则就是：己所不欲，勿施于人，即自己不希望他人来损害自己，自己也就不要去损害他人。这也就是《圣经》福音书的戒律所言的：你们愿意别人怎样待你们，你们也要怎样待人。

霍布斯认为，权利的转让，也就是人们所谓的契约。霍布斯强调一个人一旦放弃或让出权利之后，他就负有义务或受约束来不妨碍接受他放弃或允许让出权利的人享有该项权益，不能使自己的自愿行为归于无效，这是一种责任 。因此，从权利的放弃与让度就产生了第三自然法：“所订信约必须履行”。[2] 这一自然法极重要，没有它，权利转让的契约就徒具虚文，全然无用。因为权利转让不像现金交易，或物物交换那样立即交付，而是双方当下立约，而在往后履行，这也就是信约，履行就是践约、守信，不履行则是违约、失信，在这里，没有相互间的接受，就没有信约。

霍布斯十分重视这一自然法，在霍布斯看来，履行信约也就是道德的源泉和基础，因为事先没有信约出现的地方，就没有权利的转让，每个人对一切事情都具有权利，因此也就没有什么行为是正义或不义的，只有在订立信约之后，失约就成为不义，霍布斯认为“非正义的定义，就是不履行信约，任何事物不是不义的，就是正义”。[3] 也就是说，有了信约，才有了正义与不正义的标准。守约就是正义，违约

---

① 《利维坦》，牛津本第 101 页，中译本第 100 页。

② 《利维坦》，牛津本第 110 页，中译本第 108 页。

③ 《利维坦》，牛津本第 110 页，中译本第 109 页。

就是不正义。

霍布斯反对从平等的角度界定正义，而坚持遵守信约是正义的唯一准绳。十分清楚，这是资产阶级要求自由支配财产以及资本主义商品经济交换关系准则的反映。

霍布斯还推出其他一系列的自然法，它们涉及人际关系中处理自身利益关系的方方面面所应有的行为操守和规则。霍布斯把所有自然法归纳概括为一条最简单易行的总则，这就是："己所不欲，勿施于人。"[①]霍布斯认为：这也就是人们在认识自然法时，所要求于人们的，也仅是这一点。当人们把自己和他人的利害在天平上加以权衡时，假如觉得他人较自己为重时，把二者位置置换一下，把他人放在自己一边，自己放在他人一边，那么他自己的激情、自爱就不会再在里面增加重量，这时他就会感到上述的自然法都是极为合理的。

功利主义的伦理观

从霍布斯关于自然法内容的推演中，人们可以清楚看到寻求和平、保存自身的自然法，在霍布斯那里，同时也就是人们的道德律令，是人们的道德规范，是一切行为的善恶标准，自然法、道德律令是同一的。

在霍布斯那里，道德根源于感性的人的自我保全、追求幸福、去苦求乐的利益的欲求。离开人的自我保全、幸福和利益则无所谓道德。霍布斯明确指出，人之需要道德是人的利益之驱使的欲求。"任何人之自愿行为，目的都是为了对自己的好处。"比如，怜悯同情的美德，霍布斯认为这实际上是想像类似灾难可能降临到自己身上而引起的。为此，这美德的基础仍在于自身的去苦求乐的利益的欲求。

---

① 《利维坦》，牛津本第121页，中译本第120页。

在霍布斯看来，人类正是通过自然法使和平仁慈、感恩报德、服从权威、尊重他人等美德成为产生社会和谐的手段，也就是说，道德具有达到更高目的的手段意义。在《利维坦》里，霍布斯特别指出：虽然许多道德哲学家都同样视自然法所体现的正义、感恩、谦谨、公道、仁慈为美德、为善，但却不知道美德、善之所在，仅把之看作激情之适度，而没有看到美德、善是作为取得和平、友善和舒适生活的手段而加以称道，而霍布斯认为，这才是美德、善之真正所在①。也就是说，道德之为善，在于它是达致和平、幸福生活的手段。

霍布斯以感官生理的感受性为基础，以人自爱的本性为出发点，以人的苦乐、幸福、利益为依归建立起来的道德原则、道德戒律，在康德及其后的理性主义伦理学家看来，丝毫不是道德的善本身。因为所谓人的去苦求乐的本性，归根也就是建基于感官生理的感受性的经验基础之上，这不过是人的动物性；而且幸福、利益的欲求，这是人各不同，时各不同，而根本不可能确立普遍必然的道德律令。康德认为道德律令应是任何有理性者都适用的原理，是一种无条件的、强制性的、必须服从的"绝对命令"。以人的利益幸福为基础的道德律令，则是相对的有条件的假言命令。康德在《道德形而上学基础》中写道："如果行为所以善，因为它是得到什么别的东西的手段，那么，这个命令就是假言的，如果这行为被认为本身就是善的，从而为理性相一致的意志原则所必须，那么，这个命令就是绝对的。"②

显然，霍布斯的道德律令，包括经验主义伦理律令，用康德的区分来说，皆属假言命令，而与康德义务论的绝对命令正相对立。

诚然，对于霍布斯这种以利益、幸福为前提的道德律令，人们可

---

① 《利维坦》，牛津本第122页，中译本第122页。

② 康德：《道德形而上学基础》，商务印书馆1958年版，第27页。

以提出，这是否还可以称之为道德？虽然他也具有公共性质，限制着自己的权利，承担着他的义务，履行着社会的责任，但以个人利益、幸福为前提及轴心，这种道德实质无非是个人的“慎虑”，最多是“聪明人的慎虑”而已！显然，霍布斯的伦理观是有这个问题的。而且，从个人的生理感受直接引出道德，对揭示产生道德的物质基础未免过于简单化了。但是也应看到，功利主义的伦理观避免了义务论把道德和人们的利益完全隔离开来以及只讲动机不问效果的片面性，为后人从社会经济生活寻找道德的根源以及把动机和效果统一起来，准备了一个方面的思想材料，这种历史贡献是应当肯定的。

国家的起源及其绝对权力

在霍布斯看来，自然法实际是对人的天赋自由——自然权利的约束限定，以求人们获得安全保障，并因此而得到更为满意的生活。然而又怎样才能使自然法得到真正的遵从？放弃权利、转让权利的契约又怎样才能得到真正信守？谁人可以对此作出承诺？作出保证？霍布斯的国家成因论对此作出了他的回答。

在《利维坦》的“论国家”里，霍布斯首先指出，人，作为自然权利拥有者个体自身，是没有力量确保自己可以永远持守对自身自然权利的限制束缚，因为人，并非如亚里士多德所断言的是社会的动物。人类在生理机制上是完全同一的，并没有天生治人者与治于人者的不同构造，这也就是霍布斯一再强调的“自然使人在身心两个方面的能力都十分相等”。人类既然无使人安于不平等的天然生理机制，而天性却具有求荣欲求权势的竞争心态，这注定了人自身不可能主动地遵从自然法，以限制约束自己的自然权利，而必须有一个外在的强大的公共权力，才足以保证这种对自身的约束得以实现。对此，霍布斯在“论国家”中特别指出：“各种自然法本身（诸如正义、公道、谦谨、慈爱以及总起来说，己所欲，施于人），如果没有某种权威使人们遵从，便跟那些驱使我们走向偏私、自傲、复仇等等的自然激情互相冲突。没有武力，信约便只是一纸空文，完全没有力量使人们得到安全保障。”①也就是说，语词的约束过于软弱无力，如果没有强制力量使畏惧心理存在，就不足以束缚人们的野心、贪欲、愤怒和其他激情。

在霍布斯看来，人是不可能自动依靠自己的力量和智慧防卫自身免于毁灭之祸，而必须建立一个强大的公共权力，使人人畏服同意遵守契约，这样安全和平幸福生活才能获得保障。

那么，人怎样去建立一个强大的公共权力？霍布斯认为“道路只有一条”，这就是“把大家所有的权力和力量付托给某一个人或一个能通过多数的意见把大家的意志化为一个意志的多人组成的集体”。② 也即是人人彼此立信约，指定这个人或这个集体来代表他们的人格，每个人都承认这个代表了自己的人格的人，在和平安全方面所采取的一切行为，每个人都把自身意志判断服从这个人格的意志和判断，这样也就是把社会“全体真正统一于唯一人格之中”③。霍布斯认为这样一个唯一人格之出现，也就是国家的产生，霍布斯在《利维坦》一书中写道：“像这样统一在一个人格之中的一群人，就称为国家。”④也就是说，国家就是保证信约可以遵行的共同权力，就是保障社会和平安全的威慑力量。

很清楚，在霍布斯看来，国家是每个个体相互订立信约而形成的。它的方式就好像是人人都向每一个其他的人说：我承认这个人或这个集体，并放弃我管理自己的权利，把它授予这个人或这个集

---

① 《利维坦》，牛津本第128页，中译本第128页。

② 《利维坦》，牛津本第131页，中译本第131页。

③ 同上。

④ 《利维坦》，牛津本第132页，中译本第132页。

体，条件是你也把自己的权利拿出来授予他，并以同样方式承认他的一切行为。霍布斯认为，这一步骤做到了，国家也就形成了。为此，霍布斯给国家作的界定是："这就是一大群人相互订立信约，每个人都对它的行为授权，以便使它能按其认为有利于大家的和平与共同防卫的方式运用全体的力量和手段的一个人格。"①

霍布斯关于国家契约起源的非历史主义性质是显然的，这如同关于自然状态并非一定在历史存在过一样，重要的是霍布斯在这里为国家即其政治秩序有效性提供了法律基础。事实上，霍布斯自己亦作明确宣告，他的著述所涉及的有关问题不是事实的问题，而是公理的问题②。同时，从这个国家生成论中亦可看出，国家是被霍布斯作为解决社会不可克服矛盾的手段，这是深刻的。

应该说，在这个国家生成的契约说中，霍布斯特别强调突出了单个人自身的意志，这是具有重大意义的。

在霍布斯的国家起源契约说里，是每一个人与其他人订立信约；是每一个人对统一人格授权；是每一个人的意志组成了群体的普遍意志——需要有共同权力使大家畏服以守信约——在此基础上，才建立了国家，即以保护普遍化的契约关系来保护个人。也就是国家直接建筑于每个个人的同意之上，社会是个人与国家直接发生关系，而不是像柏拉图或亚里士多德所强调的，在国家形成中，是依托于社会阶层，或社会的政治组织。这种个人—国家的思维模式，显然是突出了人类意志在社会进化中的作用，以及个人利益的重要性。

这种突出个人，以个体本位代替社会本位的思想，在人类政治思想史上是一个变革，有人誉之为哥白尼式的革命。我们知道，个体在

---

① 《利维坦》，牛津本第 132 页，中译本第 132 页。

② 《利维坦》，牛津本第 555 页，中译本第 576 页。

过去是没有独立存在意义的，在古希腊罗马时，人首先是作为公民而存在，然后是隶属于贵族阶级或平民阶级；在中世纪，等级身份更是一个人的终身属性，然后还有家族人身份，某家族的成员等，也就是说，人，首先不是被视为单个的个体，而是被视为一个特定团体中的成员，亚里士多德之视人为政治动物其源盖于此。迄至霍布斯时代，视国家如有机体，不同等级的人，不过是其中不同的构件罢了。

霍布斯的个体本位对国家社会的诠释，无疑是对整个社会观的突破，是社会进化变迁的结果，表明社会发展已挣脱了血缘关系的脐带，用地域的国家代替了血缘性的氏族，个体成为社会的本位而各自独立。霍布斯以个体本位取代社会本位的政治观念，正是这种变化了的社会结构的体现。而霍布斯的个体本位，以个体作为社会国家观的基石和出发点，其深层根源也正在于此。

在霍布斯的国家起源契约说里，依据着个体—国家的思维模式，国家的根本使命，当然是极清楚的，这就是：凭借着每一个体的授权，以其威慑的力量，组织大家的意志，对内谋求和平，对外抗御外敌，藉此保护普遍化的契约关系，保护个人。

国家的力量是巨大的，霍布斯把之喻为《圣经》中的海中巨兽“利维坦”(Leviathan)。

霍布斯把国家比喻为这样一个具有无与伦比的巨大威力的海兽之王，而且就把国家叫做“利维坦”，足见在霍布斯心目中，国家拥有至高无上的权利。霍布斯甚至亦把利维坦国家喻为“活的上帝”，而仅次于永恒不朽的上帝。因为在霍布斯看来，人们在永生不朽的上帝之下所获得的和平安全保障，就是从利维坦国家那里得来的。

霍布斯认为国家之拥有其巨大力量，正是来自其集所有转让的权力于一身，形成一个统一意志、统一人格，因而能控制所有的意志的结果。为此，作为承当这个统一人格的体现者的主权者(元首或君主或议会)，霍布斯强调其拥有绝对不受限制、不可分割的权力。而这个无限权力正来自人人相互订约时，都承认主权者是承当着自己的人格，自己是主权者所做一切的授权人。为此，主权者有权利做任何他意欲的事情，任何人若不同意、反对甚或要废黜主权者，这都是破坏自己所订契约，是不义的，是自己在剥夺自己的东西。

不仅如此，霍布斯更进一步指出，臣民亦根本无权解除主权者的权力，因为主权者之拥有承当众人人格的权力，这是众人相互订立契约授予的，而并非主权者与众人订约取得的，契约是单个个人相互订立的，主权者并非立约一方，根本不受契约约束，为此不存在违约的问题，要解除权力的问题。

退一步而论，霍布斯认为众人既是主权者一切行为与裁断的授权者，那么主权者一切行为对众人都不可能构成侵害。因为从常识而言，一个人依据他人的授权而行事，那么在该桩事情上，是不可构成对授权人之侵害的。由此，霍布斯又再声言，任何人抱怨或控告主权者进行侵害，这是无理由的、不义的；依据这些理由处死一个主权者，或臣民以任何方式对主权者加以其他的惩罚都是不义的①。

显然，在霍布斯的利维坦国家中，主权者作为普遍意志化身，拥有绝对权力；而被交出权力后的人民，不再是人民，是主权者代表了人民，主权者就是国家、就是人民。臣民对主权者只有服从，而不可置疑，更遑论反对。把群体普遍意志系于主权者身上，用之取代了臣民个体意志，实际以主权者意志充当普遍意志。霍布斯这种把主权者意志与群体普遍意志等同，却又不接受臣民监督制约，显然已经是一种独裁、一种无限膨胀、绝对的专制主义了。

当然，我们应该指出，国家主权者，作为一个公共权力，一种威慑

---

① 《利维坦》，牛津本第136页，中译本第136页。

力量，使人们得以进行联合的社会行动，其权威是绝对必需，服从也是绝对必要的，然而，这个权威不能没有了监督，不能把异议视为不义、不正当、不允许。霍布斯正是缺少这一个环节。否定了这一个环节，在霍布斯这个群体普遍意志说里，从民主产生的国家，结果却成了专横独裁的统治，这就毫不奇怪了。

霍布斯详细开列了他认为主权者必须拥有的种种权力，即立法权、司法权、军队最高统治权、审定学说权、甄选官吏权、颁赐荣衔爵禄以及施行体刑罚金权。他认为这些是主权者的最基本权力，也是主权者之成为主权者的必备元素，对主权者言，这些权力，是绝对不可转让、不可分割的。霍布斯指出，若把军队交出去，那保留司法权就没有用，因为没有了武力来维持法的执行；把征税权让出去，保留国民军也成为空话，因为没有了财政的支援补给；把统治学理之权交出去，人们思想难免受到侵害，而易生叛乱。因此，霍布斯认为，“分割国家权力，就是使国家解体，因为被分割的主权会互相摧毁。”[①]

总之，霍布斯强调国家灵魂只有一个，主权者权力绝对不可分割，分割了，国家也就失去了保卫臣民的力量，“国将不国”，这与建立国家的初衷，以及国家本质相悖。为此，霍布斯强调，保持权力的完整，这同时就是主权者的职责、义务，将其中任何一种权力让渡予他人，或加以放弃，这就是失职，就是与其应尽义务相违。

霍布斯认为他生活的时代，英国动乱频仍，因政见、因宗教接连发生内战，都是这些论断的佐证，是权力被分割的惨痛教训。在1651年写就的《利维坦》里，他写道：“如果英格兰绝大部分人当初没有接受一种看法，将这些权力在国王、上院、下院之间加以分割，人民便绝不会分裂而首先在政见不同的人之间发生内战，接着又在宗教

① 《利维坦》，牛津本第251页，中译本第254页。

自由问题方面各持异议的人之间发生内战。”①

显然，霍布斯对正在进行的英国资产阶级革命，持否定的态度，认为这正是主权者权力被分割而导致的惨痛的教训，霍布斯的保守主义立场是昭然若揭的。其出发点，正是绝对权力论。不过，我们这里需要指出的是：霍布斯在这个绝对权力必要性的历史论证中，我们可以看到，霍布斯之强调绝对权力，不是对权力的神化，如同君权神授论者所做的那样，恰好相反，霍布斯从现实及历史得来的教训，才反复强调要强化权力，要无限集中权力。

在霍布斯看来，主权与其形式是一个不可分的整体。权力掌握在谁手上，其权力、职责皆一样，但通过什么形式掌握权力却是不同的。主权不是归一个人所有，就由许多人握有，或全体握有。因此，国家的政权形式也就有三种：由一个人掌握的就是君主政体；由全体臣民大会掌握就是民主政体；由经过指定的或以其他方式使其与旁人有别的某一部分人组成的议会掌握的就是贵族政体，政权形式也就只有这三种。在霍布斯那里，君主制近乎与国家长治久安等同，而民主制，则与无政府等义，这是极偏颇的。

那么，在拥有绝对权力的国家里，臣民的自由有多少？它们又是些什么呢？

依据自由不能超越必然性的理解，霍布斯明确地宣告：臣民的自由只是相对于“锁链”的自由而已！霍布斯认为人们为求得和平、人身安全，制造了人造的物体——国家；又通过国家，制定了国法，这些皆是人为的锁链。透过契约，这些锁链一头系在主权者身上，一头则系在自己耳朵上。霍布斯认为，锁链之得以维持，并不在其材料的特别坚牢，而仅在于人们畏惧其断裂后的危险。

---

① 《利维坦》，牛津本第139－140页，中译本第140页。

显然，霍布斯讲的自由，亦包含着个体自身行为所承担的义务，为自身的安全，信守契约，维护“锁链”不要折断。因此，自由不是免除法律、免除义务的自由，霍布斯认为，这种要求是荒谬的，人们不懂，正是法律的锁链，保障他们自身生命财产的安全、生活的安宁。

为此，服从主权者，服从法律，既包含着我们的义务，也包含着我们的自由。义务也就是我们同意建立国家时，自己所放弃了的权利，放弃了的自由，任何人所承担的义务，都是由他自己的行为中产生的。为此，霍布斯认为，臣民的自由，仅在于“主权者未对其行为加以规定的事物中存在，如买卖或其他契约行为的自由，选择自己的住所、饮食、职业以及按自己认为适宜的方式教育子女的自由等等”。[①]

当我们看到霍布斯强调臣民义务、臣民责任，强调自由的相对性时，我们亦不能忽视，霍布斯终究是个学者，不是政客，有其思想的彻底性。在论及“臣民自由”一章时，霍布斯强调每一臣民对于权利不能根据契约予以转让的一切，臣民仍具有完全的自由。他提出的原则是：只要是抵触了放弃权利的根本宗旨——保障自身的安全——的原则，人有自由拒绝服从主权者。

霍布斯这种保障自身安全的自由的彻底性，更体现在霍布斯一个十分重要的声明上：“臣民对于主权者的义务应理解为只存在于主权者能用以保卫他们的权利持续存在的时期。”[②]霍布斯认为，义务、服从都是基于保护，主权者一旦丧失对臣民保护能力，如被人掳去，或投降敌人，则人民对之所负义务也自然取消，因为人类自卫之权乃来自自然天性，如果无人保护这一权利，则必然进行自卫，设若君主被人掳去，而投降敌人，则其臣民自然解除对他的义务，而应服从战

---

① 《利维坦》，牛津本第163页，中译本第165页。

② 《利维坦》，牛津本第181页，中译本第172页。

胜的新主。

这个声言是霍布斯在论“臣民自由”一章之末尾提出来的，而在《利维坦》全书结束时，又一次加以阐述。这问题的提出，重复的阐述，史家普遍认为这是霍布斯为自己从法国返回英国，“归顺”克伦威尔之举作辩护论证的。当然，我们不排除霍布斯有此意向，但应承认就霍布斯自身的理论而言，这亦有其逻辑一贯性、必然性，是顺理成章，可以自圆其说的。

封建王朝卫士还是资产阶级政治思想奠基人

从霍布斯赋予国家无限权力的绝对专制主义的表面上来看，霍布斯似为斯图亚特王朝辩护，对王权有利。这亦是霍布斯在他的时代乃至当今仍受人诟病，不为人喜欢之处，然而，这里有些问题有待辨明。

霍布斯倡导的绝对专制主义并不能等同于君主专制。

首先，在概念上这两者就并非同一，前者论述的是国家的效能、国家的职责、使命，而后者讲的是国家的政权形式。霍布斯在著述中就特别对此作了划分，指出不论议会制、君主制、贵族制，皆同样可以实行绝对专制主义，政权形式无非表示主权在一人、少数人或多数人手上罢了；绝对专制主义强调的则是统治者的绝对权力，主权的至高无上、权力不容分割的绝对权力。

其次，在意旨上，霍布斯的绝对专制主义与贯穿其整个学说的自我保存的核心思想相一致，而非为王权效忠。霍布斯曾明确声言，当主权者不能保护人民，人民就可以解除对主权者义务，而转向获得其庇护的新主权者。

显然，这里没有丝毫保王党观念、王权卫士的色彩。相反，他强调的是，国家乃个人安全的奴仆，国家的权力、法律的权威只存在其为个人安全有贡献之时,才是正确的、才具有合法性、合理性。克拉雷顿从王室的角度就曾指出,霍布斯从来没有为其王室学生(当时的国王)辩护过。这是对的。

应该说,霍布斯倡导的绝对专制主义,是他所处的内战频仍以及社会转型时期的产物。自都铎王朝时代,民族国家兴起,反对教权主义,反对罗马教会干涉国家事务;以及资本主义发展,单个个人取代依附从属的整体,社会等级秩序在瓦解,传统束缚在解除。因此,无论社会与国家,都需要新建构相应的新的秩序。因此,在这旧的崩坏、新的待建立中,更需要有强有力的铁腕的政权,保障社会财富的积聚,以及个人的安全。霍布斯的绝对专制主义正是回应如何重组社会政治秩序的时代课题而产生的。事实上,某种形式的中央集权,亦是近代国家的重要标志。这与基于自然因素,要世袭、要保住江山世代的延续的君主专制制度显然是相异的。

第三,正是基于霍布斯绝对专制主义的目的、终极关怀上与君主专制主义相异,史家称霍布斯的专制主义为开明专制主义,这是不无道理的。从历史现实而言,在霍布斯之后,18 世纪大陆盛行的开明专制和 19 世纪波拿巴主义与之都是精神相通的。应该说,霍布斯的绝对专制主义,实质是封建君主专制到资产阶级共和政体的一种过渡阶段,是资产阶级的社会关系尚在形成中的产物。为此,霍布斯的绝对专制主义亦就被目为开明专制主义理论的先声。应该说,这样的判断较为恰当。

霍布斯国家学说的历史价值,不在这个学说的结论——绝对专制主义,而在其理论基础。

霍布斯的历史贡献在于他没有依循其先辈从人类以外,超自然的原则方面,而是从人和经验的角度去考察了这个问题,断然地宣告:主权来自人民,主权者的绝对权力来自被统治者的权利,是民众造出了国家，是民众造出了君王。君王头上的神圣光环没有了，它被单个个人的不可转让、不可放弃的权利取代了，把人的不可转让、不可放弃的权利作为国家权力的基础。这个原则是霍布斯首先确认的，正是在这个意义上，霍布斯被认为是自由主义政治学说的奠基人。因为正是这个原则奠定了西方近代国家学说的基本格式，乃至后来的洛克、卢梭、美国独立宣言草拟人（杰弗逊）等思想家，无不受其影响；是这个原则的确立，为政治走向大众化提供了理论基础，使政治民主化成为可能，因为一切关系都是单个个人的契约化的关系，没有任何人有权利垄断国家的权力。

就在霍布斯的时代，保皇党人、王权维护者对霍布斯这个学说的实在蕴含，也是看得很清楚的，为此，他们才斥责这是“邪恶的原则”（克拉雷顿语），认为这是一柄刺入国王心脏的匕首。因此，他们才认为霍布斯的“善意”（指其绝对专制的结论），与克伦威尔的恶意是同等的危险（指霍布斯认为主权者权力并非天生而是由人民的同意获得），为此，保皇党人大声斥责霍布斯“不要你的辩护”！

霍布斯不是革命党人，对资产阶级革命事业谈不上任何即使是思想上的同情或支援，然而，他却仍然被公认为缔造了资产阶级世界的英国的杰出的资产阶级政治理论家。最近一本风靡世界的著述《历史的终结与最后一人》的作者法兰西斯·福山在追溯当代的自由民主的先驱的时候就强调，美国的独立宣言和宪法中的美国民主诸原理，大多从霍布斯和洛克等英国自由主义传统引出来的，他以相当的篇幅谈及了霍布斯。他写道：“霍布斯……陈述绝对君权论，此学说常跟洛克反暴政、主张革命权更自由的见解做对照，因而不受欢迎。不过，霍布斯尽管不是现代意义的民主主义者，也依然是自由主义者，他的哲学是近代自由主义的源泉，因为政府的正当性不是源于神授君权或统治者自然的优越性，而是来自被统治者的权利。最先确立此一原理的就是霍布斯。在这方面,霍布斯跟洛克或美国独立宣言起草者的差异……简直是微不足道。”①

应该说,这是十分公允的判定,也是霍布斯国家学说的价值之所在。

第六节　霍布斯的宗教观

就霍布斯自身的思路而言,宗教问题也应是纳入政治哲学范畴加以陈述,因为他之讨论宗教问题,其目的在于为其国家学说的主旨——国家权力的至高无上论服务,要使王权高于教权,在王权教权关系的论证过程中,霍布斯表述了他的宗教观,其中不无有价值的思想。此外,霍布斯是有神论或无神论,这亦是众说纷纭的问题,值得探究辨明。为此,我们把宗教单列一节。

宗教的起源

要了解宗教,首先要了解宗教的起源,霍布斯对宗教的产生、传播,从认识论、心理学、政治学的多角度进行了考察。

首先,霍布斯认为,从认识论而言,宗教,这是人穷究终极原因而产生的。

霍布斯认为,对于所见事物好探求其原因,是人类特有的本性。兽类安于每日的饮食、安逸和肉欲之乐,对所见的事物的顺序、后果及依存关系缺乏观察和记忆,对未来则更少或没有预见,而人类却能观察事件怎样从另一事件中产生,并记住其前因后果。而对一些事物的真正原因感到没有把握时,却往往会凭靠想像的提示或信靠自

① F. 福山:《历史的终结与最后一人》,时报文化出版公司 1993 年版,第 195 页。

己认为的权威而设想出一些原因来。

霍布斯认为，人们正是在探求事物的原因中，从这个原因又去探求这原因的原因，一直到最后就必然会得出一个想法，认为在某一个原因的前面再没有其他原因存在，它是永恒因。当人们深深卷入原因的探求中时，最后必然认为，有一个原始推动者存在，有一个万物的初始和永恒的原因存在。因此，霍布斯的结论说，"要深入研究自然原因，就不能不使人相信有一个永恒的上帝存在。"①

其次，霍布斯认为从心理学而言，宗教则是对不可见力量的恐惧而产生的。霍布斯认为，有些人很少或根本不探求事物的自然原因。然而，正是对原因的无知，人类像处于黑暗中一样，不知道到底是一种什么力量可以大大地为福为祸，而有极大的恐惧，为此亦设想，有某种不可见力量存在，并对之表示敬畏，急难时求告，弱小时感谢，把自己幻想创造出来的东西当成神。霍布斯认为自然宗教诸神，就是这样由人的恐惧创造出来的。霍布斯认为，"这种对不可见的事物的畏惧，便是每个人自己称作宗教的自然种子"②，这些自然种子"只存在于人类身上"，任何其他生物身上是找不到的。

第三，从政治学而言，霍布斯认为宗教是有意识培育的结果。

霍布斯认为，作为人类本性特有的宗教的自然种子，是受到两种人的培育，一种人就是异教建国者、立法者，他们是根据自己独创加以栽培整理；另一种就是亚伯拉罕、摩西及教主基督，他们根据上帝的命令与上帝的指示，其共同目的都是要使依附于他们的人更服从、守法、平安相处、互爱、合群。霍布斯认为在前一种人的状况下，宗教仅是人类政治的一部分，宣讲尘世君主要求于臣民的一部分义务；后

---

① 《利维坦》，牛津本第 81 页，中译本第 78 页。

② 同上。

一种情形，宗教便是神的政治的一部分，是作为许身天国的子民的人的戒律。著述中，霍布斯特别讲述宗教作为人的政治的部分，他指出开国君主们、立法者们，首先使人民在头脑中有一种信念，认为他们提出的宗教信条不是他们制定出来的，而是神的指令；或者就是要使人们相信统治者不是凡人，以使其法律更易获得接受。

例如，罗马历史传统中的第二个王鲁玛·庞贝利乌斯（Numa Pompilius）是仪式法度的建立者，便假称他自己在罗马人中所制定的仪式是从罗马送水女神伊吉利娅（Nymph Egeria）那里得来。

其次，这些开国君主、立法者要使臣民相信法律所禁止的事情也就是神灵不悦的事情。

再次，他们制定仪式、祈祷、祭祀、节日使人相信这一切可息神怒，而战争失败、大瘟疫、地震以及个人的灾难都是由神明震怒而来。

总之，通过宗教，统治者为求国家安宁，使臣民在遭受不幸时，归于自身或是祭仪之不谨有误，或是自身之不服从法律等等，而不会对统治者不满、抱怨甚至反抗、叛乱。霍布斯认为当年征服了已知世界之最大部分土地的罗马人，毫不迟疑地给予任何宗教以极大宽容，此其原因也。

显然，霍布斯从统治者对宗教的培育中，看到了宗教作为统治者统治群众之有效工具。

霍布斯这里讲的是异教，是人的政治的部分，但在他后来论及的基督教，作为神的政治的部分，霍布斯亦同样强调了申述了神学政治的同样功能。而这一切，霍布斯都是作为正面表述的，也就是说，霍布斯是赞赏宗教的这种功能的。

上帝的观念

在上述宗教产生的论述中，霍布斯认为关于神最初是由人类的恐惧创造出来的，这主要是就自然宗教诸神而言。作为永恒、无限、全能的上帝，则是从人类探求自然物体的欲望中导引出来的。霍布斯在以下关于宗教问题的讨论，涉及的主要都是这位永恒全能的上帝了，即关于基督的宗教了。

霍布斯认为人们或者是过多地服从世俗方面而冒犯了上帝，或者是由于怕冒犯上帝却又违反了国家的命令。霍布斯认为人们要避免在这任何一方面触礁，就需去认识神法到底是什么？

霍布斯认为神法所规定者，一是人伦之间的自然义务，这在道德哲学中已经陈述。另一就是对主权者上帝自然应有的崇敬之道，而要崇敬上帝，首先就要从弄清上帝属性开始。

对上帝属性的讨论，霍布斯最后的结论极简单，就是“存在”。霍布斯认为一个人对自己认为根本不存在的对象，就不会去崇敬的。因此，“我们显然必须认为‘存在’就是上帝的属性。”①

正是从上帝存在这根本属性出发，霍布斯批判哲学家中两种错误观念，其一说，“世界，或世界的灵魂是上帝”。霍布斯认为，这既是贬低了上帝亦是否认了上帝的存在。因为上帝应理解为世界的原因，若说上帝就是世界，那等于说世界没有原因，也就是说没有上帝。

其二，说“世界不是创造的，而是永恒的”。霍布斯认为永恒的东西就是不具有原因的。因此，这便等于否认有上帝存在。

总之，霍布斯以为“存在”就是我们对上帝属性说明的唯一概念，此外，再要企图说明上帝是什么，这就是把上帝限制在我们幻象限度之内，而把上帝看作有限，就是不崇敬上帝之表现。为此，霍布斯列举了好些关于上帝的概念都是不当的、都非崇敬之道。

(1)“把形象赋予上帝”，这是不当的，因为形象是有限的。

---

① 《利维坦》，牛津本第 279 页。

(2)“心中想像出上帝，构想出上帝，甚至对上帝有个概念。”这亦属非崇敬之道，因为人所以想像出任何东西都是有限的。

(3)“认为上帝具有部分或全体的属性”，这亦属有限事物范畴。

(4)“说上帝在这个或那个地方”，在一个一定范围内，这当然亦属有限了。

(5)“说上帝具有忏悔、愤怒、怜悯的激情，或具有机体的欲望、希望、欲念等消极官能。”激情乃受其他东西制约的力量，当然，如此的认识，亦非崇敬之道。

最后，霍布斯所作出的论断就是：若人要把那些自然理性作依据的属性归上帝，那只能用“无限”、“永恒”、“不可思议”等否定的属性形容词；或者就是“至高”、“至大”等最高级属性形容词；或者就是用“善”、“公正”、“神圣”、“造物主”等无定属性形容词，而目的并非为说明上帝是什么，而仅是为表达我们的赞美以及我们的服从[①]。也就是说，我们对上帝所用的这些属性形容词，不是表示我们对上帝性质的看法，而只是表示我们希望用自己认为在我们之中最高贵的名称来尊敬他。

在著述中，霍布斯一再重复这些思想，“上帝的性质不可思议”、“我们对于上帝是什么完全不能理解，而只知道上帝存在”[②]。区分知道上帝的存在与知道上帝是什么，这在14世纪思想家奥康及其倡导的划分神学与哲学中已提出来，他强调哲学不能告诉人们关于上帝的知识。霍布斯再次强化了这种区分的观念。

从上述霍布斯关于上帝的性质的不可理解、不可思议，我们唯一可以具有的上帝性质概念就是“存在”的论证中，我们已经可以看到，

---

① 《利维坦》，牛津本第281页，中译本第283－284页。

② 《利维坦》，牛津本第309－310页。

在霍布斯那里已显示出信仰领域与理性领域之不同。依据自然理性去论证辩论上帝的本质，这不会获得对上帝的任何知识，因为这是信仰领域的事情。对此，人只能以最大的崇敬之情，对之做出最大的虔诚心意而已。同样的，对于上帝的传谕之道，对于宗教的奥秘，霍布斯认为其中有“许多东西是超乎理性的”①，是人无法用自然理性加以证明，亦没法用自然理性加以否定。对于传谕之道所载的东西太难，而无法加以研究时，人们就不要费许多力气用逻辑方法去寻求奥义的哲学真理。霍布斯提出了一个很著名的比喻：“宗教的奥义就是像治病的灵丹一样，整丸地吞下去倒有疗效，但要嚼碎的话，大多数都会被吐出来，一点效力也没有。”②

显然，在这里霍布斯是把理性、科学与信仰、宗教从认识方法、思维方式上揭示它们之分别，理性、科学凭靠的是逻辑分析，其要求是精确性、客观性、科学性；信仰、宗教凭靠的是崇信，要求的是坚定的信心、敬畏的感情，它需要的是整丸吞下去，而不是嚼碎，其含义即在此。这样从方法论去划分科学和宗教、理性和信仰，较之前人是前进了一步。

对教权至上主义的批判

霍布斯对宗教的讨论，在作了一些基本概念的澄清后，就进入他最核心的问题，即对教权至上主义的批判。批判是从论证上帝的王国就是地上的世俗国家开始，这是批判教权主义的前提。

霍布斯认为《圣经》中关于上帝的王国在大多数地方，指的都是正式的王国，即是由以色列人民以一种特别的方式投票建成。在这

---

① 《利维坦》，牛津本第287页，中译本第291页。

② 同上。

种方式下，由上帝应许他们具有迦南地，而他们则与上帝立约，选上帝为王。霍布斯指出，在上帝与亚伯拉罕所立的约中(这就是旧约)，虽然还没有称上帝为王，也没把亚伯拉罕和他的后裔称为王国，但事情实质即按约建立了上帝对亚伯拉罕后裔的主权，所以后来当摩西在西奈山(Mount Sinai)重订此约时，这种按约建立的主权，便明确称之为犹太人的特殊上帝王国，这就是《圣经·出埃及记》所载的："如今你们若实在听从我的话，遵守我的约，就要在万民中作(特别)属我的子弟，因为全地都是我的。你们要归我作祭司的国度。"①

因此，霍布斯得出结论说，"上帝的王国，原来本是指一些人经过同意后所建立的一个国家，他们服从这个国家是为了求得一个世俗政府，并且在正义问题上不但管理他们对自己的王——上帝的关系，同时也管理他们彼此之间的相互关系，此外，还在平时和战时管理他们对其他国民的关系。"②霍布斯认为，这就是一个王国，其中上帝是国王，而摩西、大祭司就是他的代治者，这一王国只是后来选了扫罗为王时被抛弃了，这王国便被中断了，而主祷文中说，"愿你的国降临"，便是祈祷这一王国的恢复。

霍布斯依据《圣经》提出的这个上帝王国是地上"世俗国家"的论断，是针对罗马教会甚或长老会的所谓上帝王国就是现今教会因而教权凌驾世俗国家之上的断言而发的。

霍布斯论证了上帝王国是一个地上世俗王国后，便从各个时代逐一论证在上帝王国中，主权包括教权的不可分割的统一性。霍布斯指出，从上帝王国的最初建立到巴比伦被虏时止，宗教最高权力和世俗主权一直是并存于一个人手中。霍布斯认为管理政治和宗教权

---

① 《圣经·出埃及记》，19:5，和合本。

② 《利维坦》，牛津本第317页，中译本第324页。

利，原是不可分割的，统治者只能有一个；否则在一国之内，教会和国家之间，就必然会随之出现党争和内战，而神与人的一切律令亦将被摧毁，一切秩序、政治和社会等亦将化为原始的暴力与内战的混乱状况。

正是基于这种主权包括教权统一不可分的观念，霍布斯给教会的界定亦是颇独特的。他写道："我对教会提出一个这样的定义，说它是证明基督教信仰并结合在一个主权者的人格之中的一群人，他们应当在主权者的命令下聚会，没有主权者的权力为根据就不应当聚会。"[①]这样世俗管理、宗教管理就同一了，政权、教权归于一尊。霍布斯明确指出，是基督徒的主权者，就是百姓最高的牧者，举凡宗教的仪式，宣言教规、教义，教会的管理都由主权者授予，并受法律、政府支配。总之，在主权教权合一中，王权高于教权，教权必须服从王权，这就是霍布斯关于宗教问题的主旨。

霍布斯认为教皇、主教作为基督的使者，其职分是使人相信并信仰基督，这既不是靠强制命令，且亦与之不相干。霍布斯认为信仰"这是上帝公平的赐予，人无法通过应许报偿而加之，或通过刑罚威胁而夺之"。为此，作为基督的使者，只是教师而非管辖者，宗教的戒条，是有益劝谕，而非法律。因此，教权乃宣教之权，其无权发号施令，相反应服从当权者，除非同时拥有世俗权力，否则无统辖他人之权柄。

霍布斯在著述中，特别对罗马教会侵犯世俗权力成了太上皇，作了无情的揭露批判。霍布斯首先断言，教皇是不能在另一国王的领土中理所当然地具有法权，教皇在自己不是主权者的地方，不能具有任何司法裁判权。这只能是世俗主权者拥有的权力，否则都是不合

---

① 《利维坦》，牛津本第 362 页，中译本第 373 页。

法的。

其次,霍布斯强调教皇的权力,根本就不是君王的权力,即使教皇是圣彼得亦是如此。其权力只是宣教的权力,而在宣教中,不容强制,因为上帝不接受强制,而只接受自愿的服从。

最后,霍布斯在批判中指出,正是基于编造的"今世地上的教会是上帝的国"的教义,教会十足的成了统治基督教世界的太上皇。霍布斯认为所有这一切,从编造教义至成为太上皇,这完全基于僧侣们的统治欲,是他们自身的利益之所在。正是基于此,霍布斯把教皇喻为罗马帝国之鬼魂。他写道:"教皇之位不过是已死亡的罗马帝国的鬼魂带着皇冠坐在帝国的坟墓上。"①

为此,霍布斯大声疾呼号召,"教会的世俗主权者都应当从这一太上权力中,收回自己手中原先拥有,而又轻率地放走的那些权力。"②

应该说,要求摆脱罗马教皇的束缚,这是霍布斯时代欧洲君主国兴起的整个潮流。霍布斯以一片"忠君、爱国之心"紧紧抓住了时代的这个趋势,而极力强化之、突出之,这是富有积极意义的。

有神论?无神论?

霍布斯自身对神到底持什么态度?是有神论?或无神论?这是个比较复杂的问题,在霍布斯的研究中,众说纷纭。

在霍布斯的时代,欧洲教会,甚至他自己国家的教会,都曾把霍布斯作无神论者加以歧视和排斥,甚至焚其书禁其著述之出版等。我们读了上述关于其宗教观的陈述,当然对此亦不奇怪。他的一些

---

① 《利维坦》,牛津本第 544 页,中译本第 565 页。

② 《利维坦》,牛津本第 538 页,中译本第 559 页。

创新之论对传统教义无疑是“离经叛道”之说；他对罗马教皇及僧侣腐化堕落、贪得无厌、愚昧无知的揭露，他对罗马教会侵犯世俗权力之深恶痛绝，号召摆脱罗马教会之管辖等等，无疑都引起教会人士之极大恼恨，就此，霍布斯之被目为无神，无需论辩。我们要讨论的是霍布斯自身的真实思想是有神论还是无神论。

在关于有神还是无神的问题上，霍布斯的思想是矛盾和复杂的。他既有明确肯定上帝存在的论断，也有实际上否定上帝的言论。有一种看法认为，霍布斯的一些有神论言论，不过是出于在当时为求自身安全的策略上的考虑，只是一件涂上保护色的外衣，与霍布斯的实质思想无关。对此，明茨提出了一个颇为有力的诘问：果真如此，那么霍布斯在公开陈述上帝的本质时，为什么不更谨慎一些，而要像已表述的那样充满非正统意味，引来激烈的反对[①]？“策略说”最主要的弊端在于没有对霍布斯的有神论言论和霍布斯的哲学基本思想的联系作深入的分析。

还有人根据霍布斯的“哲学排除神学”的论断，得出霍布斯把神从自然界和人类社会生活中彻底排挤出去，因此是无神论者的结论。其实，就霍布斯这个论断而言，说的是他认为哲学和神学分属两个完全不同的领域，凭借理性的哲学无法也不应探讨依靠信仰的神学中的问题，丝毫没有否定上帝存在的含义。

一向言论严格遵循逻辑的霍布斯，由于历史的局限，有时也免不了陷入自相矛盾之中。在哲学上深思熟虑的霍布斯，作为机械主义的外因论者，不能不为世界万物的因果链条设定一个超乎万物之外的始因上帝。这个上帝不可能具有人世间事物的带有有限性的属性，或者只能具有它们的否定性亦即无限性，否则他便成为因果链条

---

① 参看明茨(S. I. Mintz)：《探寻利维坦》，1962 年版，第 44 页。

中的一环而不成其为始因。上帝于是成为一个很特殊的存在，它没有任何的属性，至少没有任何人的理智所能认识的属性。我们只知道他必定有或存在，却无从得知他是什么。其实这样的上帝不过是霍布斯从世界存在的万物中抽象出来而和万物割裂开来的存在一般。显然霍布斯违背了自己“哲学排除神学”的要求，以哲学的思辨论证上帝存在的神学中的首要命题。霍布斯和17世纪几乎所有机械唯物主义者同样，得出有神论的结论，这是出于理论的必然而非策略上的考虑。就此而言，他无疑是有神论者。

但是与此同时我们还要看到事情的另外一面。霍布斯明确肯定其存在的上帝，既没有愤怒和怜悯的激情，对人实行奖善惩恶，又不主宰左右按因果律运作的世上万物，他绝不是传统宗教的人格神。尽管人用一切最美好的言辞称颂和敬仰他，事实上他却对现实世界和人的生活没有什么作用，人们完全可以不理会这位“最伟大”的存在者。霍布斯在理论上没有交代和说清楚没有属性或只有否定性属性的上帝，怎么能成为有限事物的因果链条的始因，他也没有像后来的康德，把上帝从知识领域中驱逐出去后又在道德领域中牢牢地树立起来。对霍布斯的有神还是无神问题，费尔巴哈说得好：“从局部的、实在的方面来说，他当然是唯物主义者、无神论者；可是，en general[一般说来]他却是有神论者”，“霍布斯没有否认上帝；可是他的有神论按其本质、按其内容来说，和现代一般有神论一样，也是无神论；他的上帝只不过是一种否定的本质，或者毋宁说是一种非本质。”[①]对问题的这种解答，看来比较全面和符合实际。

① 《费尔巴哈哲学著作选》第1卷，商务印书馆1978年中译本，第95、96页。

第四章 剑桥柏拉图派

第一节 剑桥柏拉图派的形成

剑桥柏拉图派是17世纪英国资产阶级革命前后有相当影响的思想流派。他们是一批信奉国教的神学家、伦理学家和哲学家，其中大多数毕业于清教的思想中心剑桥大学伊曼努尔学院并在剑桥执教，由于学术的和个人的密切关系，从30年代起逐渐成为一个思想派别。他们的共同立场首先是在宗教态度上一致摒弃罗马天主教，痛恨无神论，同时又反对新教中卡尔文主义的非理性主义和关于上帝万能的意志可以任意行事的观念。他们主张真正的宗教必须和理性真理相谐和，提倡宗教宽容，反对宗教狂热；强调宗教中的道德因素和精神因素，认为基督教是一种生活的样式，宗教礼仪和信条除了有助于敬神外没有别的意义。他们支持建立单一教会，把教会看作是国教各派人人都可以参加的广泛的基督徒团体。在教会里人们可以按自己的方式而不必遵循某一宗派的教条去寻求得救。他们的宗教宽容思想受到教派中的极端分子的猛烈攻击，给他们起了个带轻蔑含义的绰号“自由主义者”(Latitudinarians)或“自由人”(Latitude Men)。政治上他们不站在任何党派一边，或者超然于政治旋涡之外，或者支持任何当权者。无论革命前英国国教中高教会派的得势，革命爆发后新教中长老派和独立派的统治，还是后来封建王朝的复辟，他们基本上都能继续他们在大学里的工作，没有受到干扰。

在哲学方面，他们感到在理性主义和科学思潮日益高涨，亚里士多德——经院哲学江河日下的形势下，有必要寻找另一种哲学以捍卫基督教，反对无神论。他们和新思潮同样对亚里士多德的学说持反对和批判的态度，但是他们的兴趣不在于探寻解释自然的新理论和认识自然的新方法，而在于清洗亚里士多德思想中他们认为有导致无神论危险的因素。例如他们全都反对亚里士多德的形式和质料的学说，不是因为经院哲学家捏造许多“实体的形式”和“隐秘的质”来代替对自然现象的本质和规律的研究，而是认为形式和质料的学说模糊了有形实体物体和无形实体精神的严格界线，而用隐秘的质解释自然现象则使人误以为从物质可以产生生命、感觉和思想，从而有导向唯物主义无神论的危险。

本来柏拉图主义的传统从一开始便对基督教有重大影响。后来教父最大的代表奥古斯丁也接受了柏拉图的某些重要思想，如严格区分来自感性经验的意见和源于沉思观念的知识，观念是我们自身内知识种子的发展，确实性的获得在于灵魂对真理实在性的经验，只有神的启示才能打开我们对实在世界的视野等。在历史发展中带有柏拉图主义色彩的哲学思想成为基督教思想结构的组成部分，当欧洲重新发现亚里士多德后情况虽有改变，但柏拉图主义在基督教思想中仍有其影响。因此很自然，在寻找代替亚里士多德哲学的代替物时，柏拉图主义便成为剑桥派哲学的基调。

剑桥派和柏拉图主义的共同性，由于他们把柏拉图和新柏拉图主义者攻击的古代唯物主义者、无神论者和怀疑论者同样看作是自己思想上的敌人而更为加强。在他们看来，同时代的唯物主义和无神论不过是重复古代唯物主义和无神论的旧错误的理论，没有什么新的东西，所以只要从根源上进行批驳就可以从根本上推翻。他们的柏拉图主义的倾向，使他们在反唯物主义和无神论斗争中，更多地援引和参照柏拉图主义的而不是其他唯心主义和有神论的论据。

剑桥柏拉图派直接接触柏拉图主义的机缘是文艺复兴时期在意大利佛罗伦萨兴起的新柏拉图主义，它通过人文主义者科利特(John Colet，1466 或 1467—1519)、爱拉斯谟(Erasmus，1466？—1536)和托马斯·莫尔(Thomas More，1478—1535)的介绍传入了英国。然而，17 世纪的英国毕竟不是古希腊，现实生活提出了许多新的哲学问题。就系统的哲学理论而言，没有一个剑桥柏拉图主义者采纳柏拉图或普罗提诺等新柏拉图主义者的整个体系，但是作为基督教传统的一部分的广义上的柏拉图主义无疑渗透了他们的哲学，他们总的哲学倾向以及某些具体学说不同程度和柏拉图、新柏拉图主义是相通的。所以，他们逐渐被称为"剑桥柏拉图主义者"。也有人把他们叫做"柏拉图派基督徒"、"信奉柏拉图的哲学家"、"剑桥信奉柏拉图学派"等等。

剑桥柏拉图派从形成、系统化到消亡经历了一个发展过程，它的鼻祖是惠茨科特。

本杰明·惠茨科特(Benjamin Whichcote，1609—1683)1626 年入剑桥学习。毕业后留校任职，从 1636 年起担任剑桥三一教堂星期日下午的礼拜的主讲人，前后达二十年之久，因而对剑桥的道德生活和宗教生活发生重大的影响。1650 年惠茨科特被选为剑桥大学副校长，他对剑桥的影响也达到了顶峰。他推崇理性，认为对理性无论怎样强调也不会过分，因为理性是"上帝的灯烛"，信仰不建立在理性基础上只不过是迷信。这使他和同事中的卡尔文主义者的分歧日益尖锐起来。

惠茨科特没有写什么著作，也没有提出系统的哲学思想，极少引用柏拉图派哲学家的言论。然而惠茨科特对心灵采取当时少有的不同寻常的看法，要求把灵性的宗教和理智的深思结合起来。因为在他看来“宗教就是把神圣的生活引进人的灵魂”，为此心灵必须从情欲中解放出来。这种观点十分接近柏拉图主义的核心思想。既然“宗教的作用首先是心上的和理智的”[①]，所以它排除盲从和狂热。上帝无疑在人心中比在人以外的世界的任何部分更多地显示自己，但这种启示不能和人类的普遍理性相冲突。他曾经写下这样的格言：“反对理性就是反对上帝。做理性要求做的事情和上帝指定要做的事情是同一回事。理性是人生神圣的统治者，它就是上帝的声音。”[②]

惠茨科特反对卡尔文主义把道德律令看成是上帝意志的表现，认为行为的善恶取决于行为本身的性质。行为的善源于它同理性所理解的事物本性的相符合，因而是永恒的、不变的。这种认为存在永恒不变的善的观点又是和柏拉图相似的。

提倡理性，宣扬宽容，缩小分歧，是惠茨科特的宗教观和伦理观的特点，对18世纪的自然神论和19世纪的自由主义神学有一定的影响。他虽然很少谈到哲学，可是他的宗教观和伦理观为剑桥柏拉图派的哲学指出了精神上的方向，推动他们从柏拉图主义吸取思想资料以建立自己系统的哲学理论。这就是惠茨科特之所以成为剑桥柏拉图派之父和精神领袖的原因。

在剑桥拥护惠茨科特的宗教伦理观点的人，为了弥补惠茨科特思想缺乏理论系统性之不足，逐渐着手这方面的工作。赋予剑桥柏拉图主义以系统的最终完成的理论形式的是莫尔和卡德沃思。

---

① 转引索利：《英国哲学史》，1951年英文重印版，第77页。

② 转引《美国哲学百科全书》第2卷，1972年英文版，第10页。

第二节 剑桥柏拉图主义的系统化者莫尔

站在剑桥柏拉图主义立场从笛卡尔的信奉者转变为反对者

亨利·莫尔(Henry More，1614—1687)出生在林肯郡的一个富裕的乡绅家庭。父亲是忠实的卡尔文主义信徒,可是却拥护国王反对清教派。莫尔在倾向宗教自由主义的伊顿公学读书时,抛弃了卡尔文主义的定命论思想,但仍然保留了他所谓的卡尔文主义的"对神灵存在的内在感"。1631年他到剑桥基督学院上学,当时学院分为英国国教的高教会派、卡尔文主义清教徒派和中间派三派,这些教派同时是披着宗教外衣的政治派别。莫尔的导师是中间派,直到后来莫尔仍称赞中间派的领袖米德(Mede)是"预言书的无可比拟的解释者",维护他对圣经的解释而反对雨果·格劳秀斯(Hugo Grotius)对米德的批判。

在大学期间,莫尔十分用功,对哲学抱有强烈的兴趣,大量阅读了亚里士多德和经院哲学家的著作。毕业前后,他的思想起了变化,对所读的一切深感失望,觉得除了怀疑主义外一无所获。后来他在回忆这一段生活时写道:"这些事情发生在我取得大学学位之前。但在取得学位后……我在学习中遭遇的巨大失望却真的使我十分快乐。因为它使我认真地思考,事物的知识是否就是人的真正的最高幸福;……或者如果是的话,那么知识的获得是通过热情地、专心地阅读新柏拉图主义和神秘主义的著作和对事物的沉思,还是通过彻底清除心灵中的一切罪恶。"[①]从此莫尔开始阅读新柏拉图主义和神秘主义的著作,相信要获得知识首先必须道德完善,而道德的完善则

---

① 莫尔:《哲学著作文集》第1卷,伦敦1712年英文第4版,第1章第4节。

是一个通过克服利己主义达到和神相似的境界的过程。

1639 年莫尔被选为学院研究员。不久革命爆发，莫尔的近亲由于站在王党一边受到严重打击。他自己无疑也是忠于国王的。然而对他来说，内战的冲突比清教徒的过失还要糟糕得多，只有使人心转向热爱上帝和真理才能医治世界的创伤和痛苦。他跟其他剑桥柏拉图派的多数成员不同，从不参加社会活动和学校的行政工作，拒绝任何一方的提拔，宣称要“在公共事务中保持中立的冷淡的不偏不倚的态度”。① 在动荡的岁月里他一直过着平静的学者生活，不受内战、共和国和复辟的干扰。他虽然在一定程度上脱离现实生活，但并非完全隐居。对校内外的许多朋友，不论是王党、清教徒、哲学家、学生、战栗派、教会人士、世俗人士，他都同样热情接待。莫尔对思想领域中发生的一切都很感兴趣，密切注视当时神学的争论和科学的新发展。他是英国皇家学会最早的会员之一。

莫尔在他发表的第一部著作《一首关于灵魂的柏拉图的歌》(A Platonical Song of Soul, 1642)中承认自己是柏拉图和普罗提诺的追随者。1647 年他用寓言形式写的《哲学诗》(Philosophical Poems)，用三位一体的术语解释新柏拉图主义，认为基督不是卡尔文主义的救世主，而是完全为上帝掌握的人；人生不是按信条行事的一生，而是通往得救的道路。从《哲学诗》可以看到莫尔是通过新柏拉图主义者普罗提诺去理解柏拉图的，同时又是通过文艺复兴时期的人文主义者去理解普罗提诺的，这些人文主义者用寓言使新柏拉图主义的形而上学基督教化了。

莫尔在宣告自己是柏拉图的追随者的同时，几乎以同样的心情

---

① 莫尔:《对神的崇高的神秘的解释》，转引自《美国哲学百科全书》第 5 卷，第 388 页。

敬仰同时代的笛卡尔。从1648年12月到1649年10月,他先后四次和笛卡尔通信,讨论哲学问题。在第一封信里,他热情洋溢地赞扬笛卡尔说:“我可以向你保证,在掌握和接受你的原理时我体验到同样的喜悦,在那里我看到你所发现的奇妙的美;你的充满智慧的光辉著作对我来说,就像我自己的著作那样可亲。你在《原理》以及其他著作中所写的一切,有着如此罕见的精确性、合乎比例的美以及同自然的完全一致,不可能找到比这更符合人类理性的壮丽景色了。”①莫尔之所以推崇笛卡尔,和他追随柏拉图一样,源于他深深植根于基督教的思想。他十分自觉地以反对唯物主义和无神论,捍卫基督教作为研究哲学的目的。在他看来,柏拉图的唯心主义提供了对宇宙的属灵的解释,笛卡尔的机械论则表明了机械论不能逾越的界限,所以除了柏拉图主义再没有别的哲学像笛卡尔哲学那样反无神论的了。他幻想把柏拉图主义和笛卡尔主义结合起来,建立适应近代科学条件下的维护宗教的新哲学。显然他起初并不完全了解笛卡尔哲学的全部含义,只是隐约感到笛卡尔的某些观点和他的哲学目的不那么相符,有必要提出来和笛卡尔商榷。

首先,莫尔在信中不同意笛卡尔用广延定义物体,把广延等同于物体,理由是包括上帝和人的精神在内的一切存在在某种意义上都是有广延的。所以物体最好定义为可触摸的、不可入的东西,这才能表明它区别于别的存在的特点。其次,莫尔不同意笛卡尔否认真空的观点。第三,他不同意笛卡尔认为物质无限可分的论断。第四,他不满意笛卡尔把广延的无限性理解为广延的不确定性。最后也是最主要的,莫尔反对笛卡尔的动物是机器的思想,认为不赋予动物以意识,便不能解释它们的恐惧、勇敢、羞愧、希望和千方百计取得食物等

① 《笛卡尔全集》第10卷,库赞法文版,第179页。

各种表现。如果一定要在动物是无生命的机器还是不朽的灵魂之间作选择的话，没有任何理由不仿效柏拉图、毕达哥拉斯等所作的较为仁慈的抉择。

笛卡尔对莫尔的异议作了答复，但未能使他满意。在后来的几封信中，莫尔还是坚持精神是有广延的实体和物体具有生命的观点。尽管这样，他在给笛卡尔的最后一封信中，还自认为他和笛卡尔的学说基本上是一致的，没有意识到他和笛卡尔的争论绝不是个别枝节问题上的分歧。

莫尔从一开始就是从柏拉图主义和维护基督教反对无神论的立场出发，去理解和看待笛卡尔把有广延的物质实体和能思维的精神实体完全割裂开来的思想。在他看来，笛卡尔把一切物质因素从精神概念中排除出去，这就保持了灵魂的纯洁性和独立性，改正了经院哲学模糊物质和灵魂的界线的错误，回到柏拉图的正确观点上来。因为在经院哲学那里，形式与质料、灵魂与物质不可分地联系在一起，结果灵魂失去了自己鲜明的特性。笛卡尔截然划分两种实体，限定了机械论适用的范围，从而保住了精神进行独立活动的地盘。而且两种实体的产生及其活动，归根到底可以一直追溯到绝对的实体上帝。这样也就批驳了霍布斯的无神论。因为霍布斯正是试图以物体的运动机械地说明包括精神在内的一切现象，否定精神的独立地位，进而实际上否定上帝的存在和作用。只是笛卡尔学说中的某些观点，例如否认精神实体也有广延、否认物体具有生命和断言动物也是机器等，给了物质以过高的独立性和过大的活动范围，有必要加以改正。由此可见，莫尔想用唯心主义的一元论去克服笛卡尔的二元论，以利于反对唯物主义和无神论。这种意图在给笛卡尔的第一封信中便有所流露，它使莫尔的思想在往后的发展中离开笛卡尔越来越远。

莫尔在 1653 年出版的《反无神论的消毒剂》(An Antidote

against Atheism)和1659年出版的《论灵魂不灭》(The Immortality of the Soul)两书中，开始着手详细制定自己的学说。1664年他在一封信中表示自己是站在笛卡尔派和反笛卡尔派之间，仍然称赞笛卡尔使物理学从经院哲学的实体的形式和隐秘的质的学说中解放出来，称赞笛卡尔宣扬了柏拉图的天赋观念说，反对把笛卡尔看作是无神论者。不久之后，莫尔终于觉得不能像笛卡尔那样将实在截然划分为机械地决定的和非机械地决定的两部分。如果精神实体上帝不具有广延，那便意味着他不处于任何地点，这样上帝创造和管理世界的活动便被否定了。他最后得出结论："整个宇宙中不存在纯粹机械的现象。"[①]他在《伦理学手册》(Enchiridion Ethicum，1667)、《神圣的对话》(Divine Dialogues，1668)和他的最后一部重要著作《形而上学手册》(Enchiridion Metaphysicum，1671)中完全站在反笛卡尔的立场上，骂追随笛卡尔的人为Nullubist[②]。在谈到笛卡尔派时莫尔写道："主要的权威和领袖看来是那个可爱的聪明人勒奈·笛卡尔。他的滑稽的形而上学沉思使一些人的理性能力受到如此严重的歪曲，脱离了正轨，以致说服了他们相信某些东西对他们来说是最真实最清楚的。这些人在别的方面很有理智和才思敏捷，但在这一点上却由于不小心过于敬重笛卡尔。他们部分地被他的虚伪的和诡诈的狡猾所欺骗，部分地被他的权威所欺骗。如果他们不受这个偏见的蒙蔽，他们永远也不会像他们已经想过的那样想得那么多。"[③]莫尔在反对霍布斯的唯物主义和无神论以及批判笛卡尔哲学的唯物主义方面的斗争中，形成了自己的哲学理论。贯穿他的全部哲学的基本原则是世界统一于一个能动的有生命的精神。

---

① 莫尔:《神圣的对话〈致读者〉》,1668年英文版,第10页。

② Nullubist指不承认灵魂在空间中存在的人。

③ 莫尔:《形而上学手册》,伦敦1671年英文版,第27章。

世界统一于能动的有生命的精神

在本体论方面，莫尔完全出于论证上帝创造和支配一切的考虑建立自己的实体学说。他接受传统的对实体的一般理解，认为“实体是由其自身而保持的存在而非某种存在的样式”，而“由自身保持存在的东西，只表明它是如此保持存在，不像主体固有的偶性那样要再有某种主体的支持”①。在他看来，一切实体都具有个别性、活动性和广延性的共同特性。任何实体都是个别的，但个别性并不意味着实体之间彼此隔绝，它们互相有着实在的关系。实体的活动性或者是天然的，或者是传递的（如物质一旦被推动可以推动其他物质）。至于认为一切实体都具有广延性是莫尔颇有特色的观点，下文还要专门论述。

实体有精神实体、精神或灵魂和物质实体或物体两大类。物质实体的特性在于它们的可分性、不可入性、不活动性（不能发起运动）和不具有意识。人人都同意物质存在，但“物质不属于那类自身中能产生其功效的东西……因为物质并非必然存在……而不是必然存在的东西就不是由于自身而存在”②。物质源于最高的生命上帝，由此可以得出结论物质是完全没有生命或感觉的迟钝的物质。

精神实体的特性在于它们的统一性或不可分性、渗透能力和自我活动或自我运动。精神实体有两种，一种是有生命的能动地创造一切的上帝。上帝是永恒、无限和无所不在的，是全知、全善和全能的，所以是最高的精神实体。莫尔花了很大力气去证明最高精神实体上帝的存在，但连篇累牍主要无非是过去神学家使用的本体论证

① 莫尔：《形而上学手册》，第28章第2节。

② 同上书，第9章第10、11节。

明、宇宙设计论证明等老论据。另一种是被上帝创造的精神实体，这类精神实体可以分为有塑造力的精神和知觉精神。有塑造力的精神包括普遍的自然精神和特殊的有塑造力的精神亦即生命精神(seminal form)，生命精神恰当地组织现成物质使之具有生命和能生长发育，为各种植物所特有。知觉精神则包括感觉精神(动物精神)和理智精神。感觉精神除了以生长能力为其本质外还有感觉，为各种动物所特有。理智精神除了具有生长能力和感觉能力外，还具有理性，按理性的程度又有人类灵魂和天使灵魂两个级别。

在谈到精神实体和物质实体的关系时，莫尔认为精神实体虽然不同于和独立于物质实体，但又和物质实体紧密相连。灵魂和物质的联结的第一种方式不是由粗糙的机械的方式造成，像两个物体粘贴在一起那样，而是另一种性质的谐和性，最好称之为"生命的谐和性"(vital congruity)。它主要在灵魂自身，但也在物质中，共有三种。一种是地上的，灵魂通过它与地上的物体相连。其次是气体的，它使人死时的灵魂和空气形体联结起来，成为妖魔鬼怪中的一类。第三是天上的，它属于天上的存在，人的灵魂中也有，使人死后适合于和天上的形体结合。精神和物质联结的第二种方式是通过灵魂对物质的作用，这表现为灵魂创造特殊物体或推动物体。联结的第三种方式是通过动物精神之运用感官和理智同时也就推动了身体。

就是这样，莫尔通过他编造的包罗万象的关于精神实体和物质实体及其关系的学说，使世界统一于能动的有生命的最高精神实体上帝。在莫尔的实体学说中，关于"自然精神"的思想和"精神实体也具有广延"的思想较有特色有必要单独专门论述。

"自然精神"及其作用

莫尔认为，在被创造的精神实体中在自然最普遍存在的是"自然精神”。他写道:“自然精神是……没有感觉和评判力(animadversion)的无形体的实体,遍布宇宙的全部物质,在其中起着塑造力的作用,它通过指引物质的方向和运动引起世界上那些不能只归结为机械力的现象。”[①]显而易见,莫尔是用超自然的精神原则来解释一切自然现象。

莫尔极力利用科学发展中暂时的困难和机械论的局限性,以证明非物质的精神实体“自然精神”的存在。当时,笛卡尔派机械论关于运动只有通过物体的直接碰撞才能传递的观点,难以解释引力现象。莫尔抓住这一点指出,按照笛卡尔派的理论,地面上未经固定的石块应当沿着地球的切线方向飞走。即使根据笛卡尔的旋涡说,石块也应当和地球保持等距随地球的自转绕地球运动,绝对不会朝地球垂直下坠。但实际情况却完全不是这样。“因此在整个自然再没有什么比引力现象和机械规律相矛盾更为确实和得到验证的了。还要指出,对它的解释不能归结为纯粹机械的和有形体的原因,这里必须承认某种非物质的和无形体的补充原因。”[②]此外,像内聚力、磁力、弦振动变为谐音、交感疗法、动植物的构造、动物本能的行为、先天的影响等现象,都不是单纯用机械规律所能说明的。既然产生这些现象的力量不是机械的,那么它们也就必定不是物质的而是精神的力量了。由此莫尔做出宇宙中不存在纯粹机械的现象的普遍结论。他在给波义耳的信中写道:“世界的现象不可能仅仅机械地解释,有必要靠不同于物质实体的即精神或无形体的存在的帮助来解释。”[③]总之,上帝在创造物质并使之受机械规律支配的同时,也创造

---

① 莫尔:《论灵魂不灭》第3卷,第12章第1节。

② 同上书,第13章。

③ 《莫尔给波义耳的信(1665年12月4日)》,《波义耳全集》第6卷,伯奇英文版,第513页。

了自然精神并使之遍布一切物质,成为物质获得活动能力和生命的源泉。因此离开自然精神便不能理解任何自然现象。

莫尔的所谓“自然精神”和古代哲学家特别是新柏拉图主义者的“宇宙灵魂”是一脉相承的,事实上他有时也把自然精神叫做“世界的普遍灵魂”。自然精神是最高精神实体上帝和物体之间的中介,上帝通过它作用于物质并在物质世界中实现自己的意志。

就在当时已经有人指出“自然精神”的概念必然导致削弱对自然现象进行精确的研究,动摇人们把纷繁的现象归结为有规则有秩序的原则的信心。对此莫尔辩解说,自然精神虽说是自然现象真正的原因,回答了为什么的问题,但它的表现是齐一的和恒常的,所以解决自然现象如何进行问题的科学还是不能忽视和取消的。他说:“我同意笛卡尔的是,除了那些由不同的运动、形状、组成部分的位置等构成的物质的变化以外,没有什么东西作用于我们的感官。我不同意他的是,我认为不仅仅和不单纯是机械运动引起所有这些物质中感性的变形。物质中直接的指引者往往是这个自然精神,它到处是同样的,在相同的情况下总是起同样的作用,好像一个头脑清楚的人,具有可靠的判断力,在相同的环境总是做出相同的决定。”[①]莫尔自认为他的自然精神的概念不仅不和新科学相冲突,相反是对力学和物理学从根本上作了必要的补充。

精神实体具有广延属性

莫尔断言广延是一切实体,不论是精神实体还是物质实体共同具有的属性。为什么精神实体也有广延性呢?“因为去掉某物的全部广延,就是把它归结为一个数学的点,而这个点只不过是纯粹的否

① 莫尔:《论灵魂不灭》第3卷,第13章第7节。

定或非实体。由于在广延和非广延之间如同在实体和非实体之间那样不存在中间的状态，所以很清楚，如果某种东西确实存在，它必定具有广延。”[①]不能怀疑精神的存在，因此它必定具有广延。笛卡尔主义者断言广延属性和精神属性是互相绝对排斥的，反对精神实体也具有广延。他们的大部分论据都暗含着把广延等同于物质作为自己的前提，其实二者是不同的。广延有形而上学的和物理学的两种不同的形式。形而上学的广延即纯粹的空间是永恒的、无限的、物理上是不可分的，不同于变化的、有限的、物理上可分的物理学的空间。莫尔写道：“我这里所理解的广延不是实际的大小，实际的大小和物质一样是真正可分的……而不过是某种广阔性，它是单一的和单纯的，所以按其本性来说是不能分为部分的”[②]，“这个无限空间因为它的无限性而区别于物质”[③]，空间是“无形体的因为它透进物质”[④]。因此具有形而上学广延的精神实体和具有物理学广延的物质实体虽然都同样具有广延性，但在其他方面却全然不同。物质实体是在物理上可分的、不可入的、不活动的，只有受到推动才会运动。精神实体则是统一不可分的、可入的（透进物质或和其他精神互相渗透）、自动的（能发起运动并将运动传递给物质）。

根据精神实体具有广延的观点，莫尔还认为精神能按其意志占有或大或小的空间，具有自我收缩和膨胀的绝对能力。他以一个光的亮点照射出一个光球作比喻，光球是亮点的扩散和伸延，但它在本性上依然是不可分的，精神实体也与此相类似。精神实体的核心本质在膨胀中向外扩散入第二个实体，这是膨胀的标志。从亮点发出

① 莫尔：《论灵魂不灭》，序言第3节。

② 莫尔：《形而上学手册》，第8章第14节。

③ 同上书，第8章第9节。

④ 同上书，第8章第12节。

的光线遇到障碍时会反射回照射的中心而不丧失它的性质和存在，这是自我收缩的标志，精神实体也有这种情况。

莫尔肯定作为最高精神实体的上帝同样也具有广延属性。他推论说，如果否定上帝的广延性，便等于把上帝归结于数学的点，亦即把上帝从宇宙中驱逐出去。早在给笛卡尔的第一封信中他便说："使我相信上帝以自己的方式具有广延的理由，是他的无所不在和紧密地充塞整个宇宙及其每一部分。因为假如他不直接和物质接触，他怎么能将运动传递给物质？按你的意见这一点上帝早已经是这样做了，而且事实上也正在这样做……所以上帝是以他的方式具有广延性和伸展性的，由此可见上帝是一个有广延的存在。"①尽管有人反对，莫尔始终没有放弃上帝具有广延性的看法。

空间是"神的存在"

莫尔根据上帝具有广延性的观点，提出他的空间学说。我们知道，在笛卡尔那里空间和物质是同一的。霍布斯则认为要区分空间和物质，因为我们可以设想所有物体都消灭了，但我们不可能在思想中去掉空间。可见空间是心灵想像的产物，广延则是不依赖于人的物体的本质。莫尔同意要区分空间和物质，但却做出同霍布斯完全不同的结论。他推论说，如果空间不能从思想中去掉，这说明它必定是一种实在的存在，是宇宙一切有广延的实体的基础，具有自己一系列明显的性质。这种实在的存在不可能是物质，因为物质的运动正是相对于这个无限不动的空间才是可以测量的。笛卡尔关于运动的相对性原理以某个运动着的物体而不以不动的空间作为测量物体运

① 《笛卡尔全集》第10卷，第181页。

动的基准，必然陷入自相矛盾的困境因而是荒谬的。比如原来在同一位置上的甲、乙、丙三个物体，后来它们彼此之间的位置关系起了变化，甲跑到乙的前面，丙则落在乙的后面。乙相对于甲是做后退运动，相对于丙则是做前进运动，这样同一物体乙成了同时既向前运动又向后运动，显然这是不可能的。莫尔的责难暴露了他一点也不懂得运动的相对性原理的真正意义，但他的确觉察到一个深刻的问题，这就是按照机械论的割裂物质和空间的观点，运动及其可测量性事实上已经暗中假定存在着一个无限的几何系统即绝对空间作为自然界真实存在的背景，作为测量运动的基准。莫尔力图唯心主义地解释这个绝对空间。他认为绝对空间虽然真实存在，可是它除了广延外不具有有形体的东西的任何其他性质，既不是不可入的也不是可分的，因此它是无形体的精神性的实体。然而这样的结论使莫尔必然面对难以解答的难题。

首先，广延本身的性质到底是实体的属性还是独立存在的实体，对此莫尔的思想是自相矛盾和混乱的，没有明确的回答。其次，空间是有广延的无限精神实体，上帝也是具有广延的无限精神实体，那么它们是否是同一个实体？如果不是，它们的区别又在哪里？这是摆在莫尔面前的又一难题。对空间和上帝共同的属性，莫尔开列了不下二十多种，例如单一的、单纯的、不动的、永恒的、自在的、不朽的、不是被创造的、无限的、无所不在的等等。但是他也没有把二者完全等同起来 。莫尔说：“我已经清楚表明 ，通常看作只是空间的无限广延实际上是某种实体 ，它是没有形体的或者是精神 …… 。这个广大的精神场所（locus internus）或空间确实不同于我们的知性设想的物质 ，它是某种多少粗略的轮廓（ὑπογραφή），……就它不同于上帝的生命和活动而言，它是神的本质或本质的存在（presence）的某种多少含混的和模糊的表象。因为没有一种我们所列举的那些属性看来同神的生命和活动有关，它们只是同神起码的本质和存在有关。”[①]换言之，把上帝的无所不在的性质从上帝的生命和活动的性质抽象出来，只就他的无所不在而言，可以说上帝就是空间。在这范围之外，便不能把它们等同起来。就是这样，莫尔把空间精神化之后，又把它神化了。在他看来，具有神性的空间在自然界中起着神奇的作用。如果没有神性的空间，在运动规律不受限制的作用下，机械的物质世界不可避免会散裂成碎片。只是由于不动的、无形体的空间以及像引力、内聚力等那些不可见的力量的作用，才将宇宙的各个不同的部分集合成一个体系。

坚持“天赋观念”说

莫尔自命为理性的拥护者，声称他的著作和别人自由地运用理性所写的著作没有总的原则上的区别。但是，在他看来，人的理性只有参与神的理性才能发挥作用。因为理性需要某种东西作依据，需要“某种比理性更高贵和更内在的原则，没有它理性便将踌躇不前，或者至多只能认识卑微和琐碎的事物”。[②] 这个原则的性质是这样玄妙，无以名之，姑且称之为“神性的洞察力”(Divine Sagacity)。由于神性的精神作用它优越于理性，洞察那些理性的精确方法在后米才证实的东西。用他自己的话来说，“神性的洞察力”是“真理的内在的、更简洁的、更全面的展现，它甚至先于对理论至关重要的理性。理性只是在它之后根据最精确的验证才认为自己在各方面都是最牢靠和最完满的”。[③] 它是神性的精神的作用，所以人心必须纯洁才能

---

① 莫尔：《形而上学手册》，第 8 章第 14 节。

② 莫尔：《哲学著作文集》总序。

③ 同上。

接受“神性的洞察力”。上述表明，不管莫尔怎样肯定和尊重理性，理性在他那里始终是屈居于信仰之下的。

对莫尔来说，柏拉图和斯多葛的天赋原则的传统，笛卡尔派对演绎推理的强调，科学对感性知识日益增长的兴趣，神学的历史启示，神秘宗教的直接洞见都几乎有同样的价值和正当性。在知识的来源问题上，他不像一些极端的唯理论者走得那么远，完全排除在他们看来是变动不居和混淆含糊的感性知觉，宁愿追随经院哲学家承认感性的影像和理智的反思二者同样是我们对自然的知识所必需的因素。但总的来说，莫尔在认识论上奏出了和当时以经验为主旋律的17世纪英国哲学迥然不同的唯理论的调子。

莫尔知识理论最显著的特点是他的先天知识的思想。“天赋观念”、“共同意念”、“次级合成意念”(secundae notiones)、“积极的或实际的知识”等等，是他用来指知识中由心灵作出的因素而与来自外界对象的因素相对的一些词。他之强调先天知识和当时持同类观点的人有着相同的时代背景。在近代欧洲随着宗教改革而来的教会权威的衰落和个人成为一切中心的强调，导致多方探索从人心灵寻求宗教确实性的出发点。对莫尔来说为宗教信仰寻找确实可靠的基础较之分析认识的过程远为迫切和重要。这种探索的努力多半表现为对直至17世纪末仍颇为时尚的一些有关知识的原则不加明确区别的混合，这些原则是普遍同意、不证自明、天赋起源和心智能动构造自己的对象等。

“天赋观念”无疑是莫尔先天知识理论中的核心概念。莫尔在谈到他对天赋观念的理解时写道：“我的意思不是说存在着一些向评判能力(animadversive faculty)闪耀着和照射着的观念，就像许多火把或空中的星星之对于我们以外的景物那样，……而是理解为在灵魂那里存在一种主动积极的洞察力，由于某种小事的暗示便立即进入清晰的和较大的概念中。”[①]例如通过外感官向灵魂显示一个圆形的图形，灵魂立即承认这是一种图形，而且立刻可以作出这样的补充，如果圆形是完善的，那么从它的某一点到周边的直线都必定准确地相等。人们之所以反对“天赋观念”说，是因为错误地把思想的“外在机缘”当作思想“充分的或主要的原因”，其实外界对象不过是“我们知识的提示者而不是产生者或嵌入者”。[②] 天赋观念不是感性的东西而是属于理智的东西，是我们思考感性对象的样式。许多逻辑的、形而上学的、数学的概念以及某些道德概念都是天赋的。

莫尔主要根据感觉经验不能直接提供数学概念、关系概念和必然的真理的事实，断言人心存在天赋的观念。他认为数学的论证基于准确的理想图形，“可是在物质事物中不可能实现这种准确性。因此跟物质能给予灵魂的比较起来，灵魂在自身中还有对事物更充分更精确的知识”。[③] 其次，那些被称为“次级合成意念”的关系概念，也不是从感觉得来的，不是物体运动刻印在心灵的产物。例如“原因、结果，全体和部分，相似和不相似等等……相等和不等……比例和类比，对称和不对称等诸如此类的概念并不是物质的东西从外面刻印在灵魂上的，而是当灵魂注意外界对象时从自身产生的它自己的积极的概念”。[④] 最后，像全体大于部分，一切数字或者是偶数或者是奇数等必然的真理，任何神智清醒的人在确实清楚地知觉到它们时，一提出来灵魂便会同意它们是真的。所以这些复合的概念和那些单一的天赋观念一样，都只存在于我们的心灵之中。莫尔由此得出结论，“对一切感性对象来说灵魂是一张白纸，然而道德和理智

① 莫尔:《反无神论的消毒剂》第1卷，第5章第2节。

② 同上书，第5章。

③ 同上书，第6章第1节。

④ 同上书，第6章第3节。

的原则及其观念或概念却是灵魂的本质的东西。”①莫尔强调理性在认识中的积极能动作用,固然有其合理的因素,但他据此断言知识的先天性,否认自然知识的经验来源,却是错误的。

莫尔在晚年曾经表示对过去在哲学上花了过多的时间深感后悔,因为从哲学看到的全部真理都已包含在圣经里了。他除了唯心地解释新兴科学外,还大量引用种种奇闻逸事和鬼神传说,以证明精神实体的存在和基督教的信条。例如在《反无神论的消毒剂》中他主要根据有关动物的各种趣闻,对上帝存在进行了宇宙设计论的证明。书中还利用有关巫术和鬼怪的传说故事证明精神实体的力量真的在世界中起着作用。莫尔竭力反对无神论者、罗马天主教徒和宗教“狂热分子”。后来对新教中由下层群众组成的战栗派特别仇视,表现了他对劳动人民的阶级偏见。

在莫尔的著作中,《伦理学手册》是他生前流传最广的一部。按照他的伦理观点,人的情欲来自自然因而也是来自上帝,它们只要遵循自然法就是善的。自然法是“神法的耳语”,它的声音在人的理智状态中听得最清楚,所以情欲不仅服从自然而且也服从正确的理性,德行是理智控制情欲的能力。存在着由心灵识别的不变的善恶观念和作为伦理学公理的道德的第一原理。善固然使人愉快和快乐,适合于和有助于有意识的生物的自我保存,但只有疯子才认为凡使人愉快和快乐的东西都是善的。至于识别行为之是否合乎理性的能力和想做合乎理性的行为的要求,则源于某种特殊的良知(boniform)。德行最终的根据是理智的爱。莫尔关于伦理学的公理的学说,使他成为英国伦理思想中理智主义传统的创始人之一。

莫尔在剑桥度过他的一生,从来没有离开过。他去世前的七年

---

① 莫尔:《〈东方曙光〉注释》,第3章。

年致力于把他的英文著作译为拉丁文，以期引起欧洲大陆的注意和兴趣。莱布尼茨的确曾提到过莫尔，可是认为他是一种错误观点的代表。在1714年的一封信中莱布尼茨写道："当唯心主义者，例如柏拉图和亚里士多德，从终极的和形式的原因那里探寻万物的来源时，他们是正确的；但当他们忽视起作用的和质料的原因，而且像亨利·莫尔和其他柏拉图主义者那样得出结论认为存在着不能机械地解释的现象时，他们是错误的。"①虽然如此，莱布尼茨关于单子是能动的精神实体的思想，不能说和莫尔的能动的有生命的"自然精神"的概念完全无关。莫尔的这一思想也曾经引起笛卡尔的注意。他关于绝对空间的学说，显然对牛顿有较大的影响。牛顿在通信中说过他和莫尔是接近的，但从来没有公开引用莫尔的学说。莫尔的"天赋观念"说中认为某些概念源于理性自身的能力的观点，在一定程度上是后来康德的认识论的先声。

第三节　剑桥柏拉图派最大的哲学理论家卡德沃思

政治风浪中的不倒翁

和莫尔同时的拉尔夫·卡德沃思（Ralph Cudworth，1617—1688）建立了最系统的剑桥柏拉图主义的哲学理论，是这一派哲学思想的领袖。他出生于萨默塞特郡阿勒市，父亲是当地的教区长，曾任剑桥伊曼努尔学院研究员和詹姆士一世的牧师。卡德沃思从十五岁起开始就读于伊曼努尔学院，受到惠茨科特的影响。1635年获得学位，1639年选为学院研究员。跟莫尔的洁身自好完全相反，卡德沃

---

① 转引约翰·米尔黑德：《盎格鲁萨克逊的柏拉图传统》，1931年英文版，第35页。

思积极参与校内外的社会活动。在剑桥他积极反对卡尔文主义，捍卫惠茨科特大力宣扬的认为善恶的基础是理性而且是永恒不变的伦理思想。他同情清教，攻击教会的虚伪，1644 年在许多教授的反对下他还是被任命为克莱尔学院院长。第二年又一致批准他担任希伯来文钦定讲座教授。1646 年卡德沃思取得神学学位。

1647 年 3 月 31 日卡德沃思应克伦威尔的邀请在下议院讲道。那时教派的冲突正处于高潮，下议院因教会管理机构问题陷于分裂。卡德沃思大胆地对清教的议会宣传惠茨科特的学说，指出他们争论的问题不是宗教的主要问题。基督教本质上是一种生活的样式，人们应当可以自由选择符合他们个人习性的礼仪形式和教会管理方法。他在讲道中反复强调只有遵循基督的命令，才是认识基督的正确途径。卡德沃思说："对骂的争吵和三段式的推理并非权力的柱杖和对世上真理的支持；如果我们用内心和人生的神圣支持真理，便将立于不败之地。……如果我们像某些人所想的那样希望实行真正的改革，那么就让我们从改革我们的内心和人生开始，从遵循基督的命令这个地方开始。"①

卡德沃思在他的克莱尔学院院长任内，树立了许多敌人，经历了坎坷的道路。1650 年他终于离开剑桥，到萨默塞郡北凯德伯里教区任教区长。四年后重返剑桥，任基督学院院长，和已经在那里任教的莫尔共事。这时卡德沃思积极参与共和国的事务，先后在国会的好几个委员会中工作。1656 至 1657 年他是国会任命的修改圣经官定译本的委员会委员。1659 年克伦威尔的国务秘书瑟洛(Thurloe)写信请他推荐一批文职人员。他在回信中说他对被推荐的人只考虑他

---

① 《1647 年 3 月 31 日在威斯敏斯特对尊敬的下议院的讲道》，卡德沃思：《真正理智的宇宙体系》第 2 卷，伯奇英文版，第 581 页。

们的学识而对其政治态度则一无所知。他还写了《丹尼尔的预言》[1](Prophecies of Daniel)一书献给克伦威尔的儿子理查德·克伦威尔(Richard Cromwell)。这一切充分表明他和清教党有着良好的关系。1660年斯图亚特王朝复辟,政局急转直下。这时卡德沃思又对复辟表示欢迎,写了一首诗赞扬复辟促进了自由思想。他的宿敌企图解除他在剑桥的职务,但没有成功。不管政治风浪如何起伏,卡德沃思始终保住他在大学中的地位,表现出他那顺应时势,两面讨好,服从当权者的为人特点。他担任基督学院院长职务直至去世。

卡德沃思一生不停地从事写作,却迟迟不愿出版,他最主要的著作《真正理智的宇宙体系》(The True Intellectual System of the Universe)直到晚年1678年才发表。前此他只出版过两篇著作,一篇是他的讲道《圣餐的真观念》(True Notion of the Lord's Supper, 1642),另一篇是论文《基督和教会结合的征兆》(The Union of Christ and the Church, a Shadow, 1678)。《真正理智的宇宙体系》原先只准备讨论自由和必然问题,后来却远远超出了这个范围。他在书中提出要批判三种他所说的定命论。首先是批判唯物主义和无神论的定命论,捍卫对上帝存在的信仰。其次批判神学中非道德的定命论亦即笛卡尔主义,捍卫善的永恒的本性。第三批判神学中道德的但否定自由的定命论,捍卫意志的自由。与此相应全书共分三部分,十分冗长庞大。他本来就只打算出版第一部分,事实上也只出版了第一部分。第二、三两部分的手稿已经散佚。

卡德沃思死后由后人整理出版的《论永恒和不变的道德》(A Treatise Concerning Eternal and Immutable Morality, 1731),开头和结束部分谈的是伦理学问题,中间部分多半是讨论认识论方面的

① 丹尼尔是一位希伯来的预言家。

问题，因此是他的另一重要哲学著作。1837年还整理出版了他的《论自由意志》(A Treatise of Free Will)。卡德沃思所写的其他几千页对开本手稿保存在英国博物馆，内容十分广泛，涉及自然的正义、快乐主义、自然法、霍布斯的上帝观、精神的广延性和各种宗教问题。

曲解古代原子论以反对无神论

卡德沃思十分详尽地考察了种种反对宗教神学的理论，他在《真正理智的宇宙体系》中列举了四种无神论。第一种是"物感论的(hylopathian)或阿那克西曼德的"无神论，它从取得质和形式的物质引出万物。第二种是"原子的或德谟克利特的"无神论，它从成为原子和具有形状的物质引出万物。第三种是"宇宙塑造力的(cosmoplastic)或斯多亚的"无神论，它将一切都归因于"一个有塑造力或有秩序但没有感觉的自然"。第四种是"物活论的或斯特拉图[①]的"无神论，它把"某种有生命的充满活力的但丝毫没有动物性、感觉和意识的自然归因于物质"。这四种无神论可以归结为唯物主义和物活论两种形式。卡德沃思批判的公开的靶子是古人，实际上矛头是指向同时代的唯物主义的主要代表霍布斯和物活论的主要代表斯宾诺莎。在他看来，霍布斯重新提倡古代普罗塔哥拉的学说，属于柏拉图在《泰阿泰德篇》早已批判过的普罗塔哥拉一类的人。他在书的序言中不指名地提到斯宾诺莎正在写作中的《伦理学》时说，如果不是知道有一本新的著作即将出版，他对物活论会不屑一顾。可以肯定他的荷兰朋友已经把斯宾诺莎的观点告诉了他。

卡德沃思认为霍布斯的唯物主义是经过现代加工解释的古代理

---

① 斯特拉图：古希腊逍遥派哲学家，鼎盛年为公元前288年。

论，所以它的谬误必须在它的古代起源那里加以揭露。他断言最初的原子论者都是有神论者，都相信精神实体的存在。因为根据传说，原子论是经毕达哥拉斯的介绍传到希腊的。毕达哥拉斯则是在西唐地方和摩舒(Moschus)的一个继承者谈话之后知道摩舒的原子论的。摩舒和圣经中的人物摩西字音相近，很可能就是同一人。卡德沃思就是这样牵强附会地肯定首先提出原子论的是摩西，他的学说包括原子生理学和神学或灵物学两部分。德谟克利特的无神论思想使他只接受前者而抛弃了后者。毕达哥拉斯、恩培多克勒、阿那克萨哥拉和其他的一些古代哲学家则既是原子论者，又是唯灵主义者。原子论和有神论不仅不互相排斥，而且共同构成对实在世界的完整观点的必不可少的两个方面。

在卡德沃思看来，真正的原子论者只承认物体的形状、大小、位置和运动是客观的，物体的其他一切性质都看作是主观的。这种观点把生命和思维排除在物质之外，为证明无形体实体的存在开辟了道路。既然物质是没有生命的、消极被动的，那么不可避免要在物质以外寻找运动的源泉。首先必须区别惰性的机械实体和使之运动的能动的精神力量，对二者各自都有清晰的理解，然后再将它们结合起来，这样才能对世界作出合理的解释。古代真正的原子论者把"主动和被动的力量，有形体和无形体的自然，机械和生命，原子学和灵物学结合起来，从这些结合中他们建立起与在他们之外的实在世界相应的和一致的整个哲学体系"。[①] 德谟克利特和留基波后来否定存在无形体的实体，绝非真正原子论者的观点，而是对原子论的"歪曲"，霍布斯则重复了他们的错误。

---

① 卡德沃思：《真正理智的宇宙体系》第1卷，哈利森1845年英文版，第90页，以下未注明伯奇版的都引自同书。

卡德沃思使用最恶毒的语言咒骂霍布斯，说什么霍布斯的学说尽是些“酒醉糊涂和厚颜无耻”的话语，霍布斯所谓“思想应当是位置运动和人不过是机器，只有愚蠢和痴迷的无神论者才会欢迎”[①]，像霍布斯这样的人“只有机器才适合跟他辩论”[②]，如此等等不一而足。卡德沃思反对霍布斯只承认有广延的物体才是实体的观点，认为这样把实体混同于物体，也就否定了自身能动的、终极的原因和神的创造的智慧等一类更高的本原，否定了最高的实体精神。不错，霍布斯也谈到过精神以至上帝，可是他所说的精神是一种看不见摸不着的精细的物体，作为有广延的东西它仍然是物体。在霍布斯看来，上帝作为精细的物体也是看不见摸不着的，不可能成为感觉的对象，而我们的全部知识都源于感觉对象的运动，所以我们也不可能具有关于上帝的知识。因此有谁试图给上帝以任何实在的性质，赋予上帝与世间事物以实在的关系，都是毫无意义的。总之，霍布斯的观点“清楚的和毫不掩饰的意思看来是这样，上帝和实在的事物不同，不是哲学的课题”。[③] 卡德沃思宣称不否定精神实体和上帝的真正原子论驳倒了霍布斯渎神的唯物主义，也只有这样的原子论才符合科学的新思潮。至于物活论，它和唯物主义一样是完全错误的。按照原子论的理论，物质客体是充满空间的惰性的原子，以活动为本性的精神不是物质客体，所以物活论者假定一切物质都具有生命是毫无根据的。总而言之，卡德沃思认为关于物质的原子理论，不但不敌视有神论，相反是有神论最好的理论基础。

关于“有塑造力的自然”的学说

在卡德沃思看来，笛卡尔和霍布斯不同，他恢复了原子论的本来

① 卡德沃思：《真正理智的宇宙体系》第3卷，第419页。
② 同上。
③ 同上书第2卷，第558页。

面目，恢复了原子论必然得出的存在无形体实体的结论，对哲学思想做出了不朽的贡献。他说："古代原子论哲学近来如此成功地为笛卡尔主义所恢复，我们无论怎样赞扬它也永远不会过分。它清楚地指出物质是什么和能导致什么，亦即从大小、形状、地点、位置移动和静止只能产生什么。它以论证证实和用数学确定，思想不可能从物质力量中产生。"①笛卡尔哲学的价值还在于它把机械主义的原理同精神的原理明确地划分开来。卡德沃思和莫尔同样竭力利用笛卡尔肯定精神是脱离物质的独立实体的唯心主义思想为他的神学理论效劳。然而迫使莫尔从笛卡尔的追随者转变为反对者的笛卡尔哲学的唯物主义方面，同样也迫使卡德沃思不能不对笛卡尔持批判的态度。

卡德沃思不满意笛卡尔把上帝看成是"物体各种偶然和必然运动的结果的旁观者"，不满意笛卡尔排除作为究极原因的上帝观念，使上帝的智慧"仿佛完全封闭和禁锢在自己胸中，丝毫不作用于他以外的任何东西，一点用处和意义也没有"②。卡德沃思不相信像笛卡尔这样否定上帝的终极因的作用足以清除一切目的论，能够证明唯物主义可以解释动物机体巧妙的结构和自然现象惊人的和谐。和莫尔相比，卡德沃思对笛卡尔的批判没有走得那么远，在肯定上帝和精神支配物质的前提下，卡德沃思承认在物体世界的范围内机械原理还是适用的。

卡德沃思之强调精神和物质的区别，绝不是为了维护笛卡尔的二元论，而是要表明精神绝对独立于物质进而从柏拉图主义那里吸取灵感论证最高精神上帝主宰和支配物质。他承认在自然有形物体中机械规律的作用，但同时利用机械论不能解释许多自然现象的局

---

① 卡德沃思：《真正理智的宇宙体系》第 3 卷，第 646 页。

② 同上书第 1 卷，第 220 页。

限性，断言自然中还必定存在某种在机械结构之外因而是无形体的有生命的东西，它是神支配物质的中间环节，和机械结构混合贯穿于整个有形的宇宙。这样的东西卡德沃思称之为"有塑造力的自然"(Plastic Nature)。

卡德沃思认为为了更好地把握"有塑造力的自然"的概念，首先可以把它同人的工艺和神的工艺作一比较。在使物质取得一定的样式和活动的意义上，"有塑造力的自然"可以说是某种工艺，但是它和人的工艺不同。人的工艺是从外部作用或推动对象，"有塑造力的自然"则是作为事物内在的有生命的灵魂或规律直接作用于物质。其次人的工艺须不断改进因而是不完善的，"有塑造力的自然"则是完善的工艺，无须反复推敲毫不迟疑地立即起作用，它从不反悔或修正过去的所作所为恒常地世世代代进行下去。这些是"有塑造力的自然"优越于人的工艺的地方。但是它毕竟不是神的工艺。神的工艺本身是上帝心中的知识、理智或智慧，所以是纯粹的和抽象的，而"有塑造力的自然"则是具体的和形象化的，是神的工艺的复制品或摹本。它的活动虽然准确地模仿它的原型神的工艺从而贯彻了神的目的，然而就它自身而言没有趋向这些目的意向，不理解它所进行活动的目的，不能有选择地自由地从事活动。所以"有塑造力的自然"不能清楚地明确地意识到自己在做什么，它没有自我意识和自我感觉。就此而言它和人的工艺相比又有其不完善性和不足之处。

在卡德沃思看来，"有塑造力的自然"虽无明确的意识，却是属于那种没有意识和自我感觉的生命，而生命就是事物内部的能量和自我活动，因此可以说它是生命中最低级的。由于最低级的生命也是能量所以是自然的，因而不是偶然的而是有秩序有规则的。卡德沃思认为尘世秩序的命运和神的法律和命令实际上是同样的东西，是神为了完成命中注定的事物而构造的积极有效的原则。所以"有塑造力的自然”就是按神的旨意作为物质或有形世界真正的固有的命运。它是服从神而凌驾于整个有形体宇宙的实体，把天上世界和地上世界置于现在那样的结构之中，使包括有机物在内的一切事物无论在什么地方都受到激动并在一致和谐之中互相协调。

在总结对“有塑造力的自然”的论述时卡德沃思写道：“有塑造力的自然”“是某种比动物较低的生命，它按照心灵、理智、理性和智慧的指引有规划地模仿地为了某种目的或由于善而活动，虽然它本身并不知道它所做的事情的因由，也不是它活动的根据的智慧的主人，而只是其仆从和勤劳的执行者；它根据完善的理智向它颁布和发出的法规和命令命中注定地和彼此协同地运作；它或者是一种有意识的灵魂较低的功能，或者本身是较低级的生命和灵魂，但本质上依赖较高的理智。”①

卡德沃思的“有塑造力的自然”无疑包含了认为自然具有积极活动能力的思想，但他把这种活动能力和物质自然割裂开来，变成和他认为的僵死的物质相对立的从属于上帝的精神实体，得出违反科学的错误结论。

卡德沃思和莫尔同样认为精神也是具有广延的实体，但不是霍布斯那僵死的物体实体，而是高于物体的能动的实体。精神可以渗进物体，充塞物体占据的空间，“不是充满它的孔隙，而是和它共同存在于同一空间里”。② 唯其如此，精神才能运动和支配物质。

卡德沃思的自然观和柏拉图、亚里士多德、普罗提诺的自然观是一脉相承的。关于存在的等级的学说是柏拉图主义的基本学说，它

---

① 卡德沃思：《真正理智的宇宙体系》第1卷，伯奇版，第242—243页。

② 卡德沃思：《永恒和不变的道德》第3卷，1845年英文版，第1章。

的等级排列从最高的"一"开始，沿着神的影响的路线下降至作为神的观念在物质中最低的表现的无生物。卡德沃思以自己的方式表述同样的思想，以所谓在上的、自由的、创造的、神圣的目的和理念去解释无生物、生物和人的等级系列。他心目中的自然是一个逐步走向更实在和更完善的存在的等级体系，从排斥外物的广延上升为无意识的生命，再上升到有意识的生命。站在阶梯的顶端的是上帝。按照卡德沃思的逻辑，既然自然是从物质到精神的等级体系，而精神也和物质同样具有广延，那么就不能硬性把自然截然划分为广延和思维两个固定的领域，不能单靠机械原理说明自然的一切特别是生命现象。他强调必须承认上帝的存在，才能解释运动、生命以及心灵的现象。他争辩说，如果物质之外不存在别的实体，就不可能有运动、理智和意志，"所有一切都变成一团死物，也不可能有什么东西渗透入另一种东西之中"。[①] 在他看来，整个世界都证明上帝的存在。对上帝存在的证明，卡德沃思也采用了本体论证明等种种神学上惯用的方法。

从上述我们可以看到，在经院哲学已经江河日下的情况下，卡德沃思想用柏拉图主义代替亚里士多德主义作为基督教的哲学基础。为此他不能不考虑代近科学和哲学的新条件。卡德沃思没有简单地否定以力学（当时最完备的科学）为依据并在哲学中占据统治地位的机械论思想，而是采纳其中的某些观点，同时利用它的局限性和困难，作为柏拉图主义的新论据。他力图把机械论纳入柏拉图主义的思想轨道，创立与机械唯物主义相对立但又和经院哲学有区别的自然哲学，以达到他维护宗教的目的。

① 卡德沃思：《真正理智的宇宙体系》第 3 卷，第 225 页。

反对唯物主义经验论，坚持唯心主义先验论

卡德沃思反对知识起源于感觉经验的唯物主义经验论的基本原则，主张唯心主义的先验论。对知识他最常用的形象表述是“种子的成长呈现”。他的基本观点是“知识不是由任何心灵外的事物引起的激情，而是心灵在自身中展开的内在的力量、活力和能力的主动运用的结果；借以理解或认识事物的理知的形式不是被动地由外界铭刻在灵魂上的标记和印象，而是灵魂自身内部产生的生动地扩展或主动地运用的观念”。[①] 他否定知识源于感觉经验的主要理由是，知识属于灵魂较高部分的知觉，感觉则是灵魂和躯体相联系的较低部分的能力，只向我们提供“实体的影子”。“感觉只达到个别的东西，知识则达到普遍的东西。”[②]因此以自由、内心性、普遍性和确定性为特点的知识不能从经验而只能从灵魂的内在活动获得。卡德沃思的另一个理由是，以自然为对象的感性观念不是绝对地由灵魂也不是单纯由外物形成，而是从特定的灵魂和特定的躯体的自然共鸣中产生的，是“某种来自活的东西和死的东西之间的中间物”。[③] 它包含理解和感觉两种因素，是某种理性的东西和幻觉的东西结合的复合物，既不同于心灵的普遍观念也不同于物质世界的真实性质。第二性的质的观念特别明显地表现了感性观念的这种主观性的特点。具有客观真理意义的知识当然不能建立在具有主观性质的感性观念的基础上。

卡德沃思片面夸大一般和个别、理性和感性的对立，断言理智和以特殊的有形体的东西为对象的感觉不同，它以可以理知的事物的

---

① 卡德沃思：《永恒和不变的道德》第 4 卷，第 1 章第 1 节。

② 卡德沃思：《真正理智的宇宙体系》第 3 卷，第 63 页。

③ 同上书，第 568 页。

“缘由”(rationes)或事物的理性为对象。例如正义、责任、真理、原因等概念以及像“某物不能同时是某物又不是某物”一类的命题，就是这样的对象，而这些对象无非是进行认识的心灵的变形。这些观念有些不是相对的，例如聪明、知识、真理等；有些则包含心灵的比较活动因而是相对的，例如原因、结果、手段、目的、等级等。然而不管哪一种形式，都不可能来源于感觉，只能从构成心灵的无形体的精神的内在活动产生，也就是说是天赋的。

卡德沃思在强调知识的认识者和认识的对象都是同一的心灵的同时，又认为作为知识对象的观念存在于人的心灵之中时虽然是主观的，但同时又是客观的。因为观念永恒不变的性质表明它们具有自己固有的规定性，既不依赖变幻无常的个别事物，也不依赖变动不居的人的思想。“例如几何图形的本质以及源于这本质的全部真理体系都包含在理性思维的本性之中，是我们的思维所不能任意生造或改变的。”[①]就此而言，心灵是认识的主体，不变的观念是认识的客体，是客观的不属于心灵的东西，因而必定属于一个在上的最高的心灵亦即上帝。存在于上帝心灵中的观念世界是世间万物的原型。上帝思想的丰富性产生个别事物。上帝的理性决定了个别事物的本质的合理性。上帝的心灵又是人的心灵的原型，人的心灵出自这个原型。所以人的心灵虽是个别的，却可以分有上帝心灵的普遍性的品质。人的沉思和直觉的普遍性、必然性的特点保证它和上帝沉思的联系，通过上帝的中介也就分有作为万物原型的每一个理念。随着人的心智能力的逐步展开，便能形成我们所认识的一切事物的概念，认识外界对象的本质。卡德沃思就是这样借助上帝这座桥梁，把主观的观念和客观的事物连接起来，试图摆脱他的先验主义在二者之

---

① 卡德沃思：《真正理智的宇宙体系》第3卷，第625页。

间挖下的鸿沟所带来的困难。

卡德沃思的所谓“形成一切观念的潜能”(potential omniformity)的概念在他关于认识过程的学说中起着重要的作用。在他看来，人之所以认识事物，不是因为人心早已经存在着全部现成的观念和印象，而是由于人心具有“形成一切观念的潜能”。当外界物体作用于我们的身体时引起了感觉，感觉给予我们关于自然物体的提示，或者在心灵面前展现客体。心灵在外界机缘的刺激下开始活动，人心“形成一切观念的潜能”便会逐步形成一切存在着的事物的可以理知的观念。举例来说，当我们的眼睛看到一个白三角形时，我们的感知能力被动地知觉到一个白色平面这样的个别现象。我们的理性则由于“天赋的力量和活动”开始逐渐展示一系列和对象有关的观念，例如有广延的和不可入的有形体的实体，我们之外个别事物的存在，感性的质的主观性，由不存在于自然界的绝对的线、角和面构成的理想三角形、美、匀称、比例以至整个几何学真理的体系等等观念。感知的本性是被动地接受刺激和保留对象的内容。理性的本性是受到对象刺激时不保留内容，反而超越对象，甚至作出和感性经验相反的判断。因此，感觉虽然是认识的外部机缘，但它和知识不存在因果联系。在获得知识过程中，心灵首先认识到的是观念。在我们里面发生的知识从普遍开始，然后在普遍观念指引下去理解外界个别事物。卡德沃思写道：“理解和知识首先的和直接的对象不是存在于心灵之外的事物，而是心灵自身主动产生的观念，这些观念也就是事物可以理知的‘缘由’”；个别事物是“知识的第二个对象，心灵领会这种知识的途径不是像感觉那样从自身向外观察，而是从自身向内反省”。[1]由此他作出结论，认识过程始于心灵中的观念而终于心灵外的个别

① 卡德沃思：《真正理智的宇宙体系》第3卷，第580页。

事物。

卡德沃思不同意笛卡尔用上帝的诚实无欺来保证认识的真理性。因为按笛卡尔的说法，清楚和明晰的观念之所以为真是以存在一个不骗人的上帝为前提，可是上帝的存在又是以上帝观念的清楚和明晰来论证，这犯了循环论证的错误。既然认识的首先和直接的对象是在心灵之中，那么便不能在心灵以外寻找认识真理性的标准。"因为一切理论的真理的本质只不过是清楚的可理解性；而凡清楚地设想的就是本质和真理。"[①]一切清楚和明晰地理解的真理从来不会骗人，所有错误都是由于对事物缺乏清楚的理解而产生的。

卡德沃思追求的清楚明晰的确实的知识，它的样板其实就是数学。它在论述中引用的全部例证几乎都是数学领域的，甚至在讨论道德问题时也不例外。强调数学的逻辑推理而贬斥实证科学的观察实验，是当时的唯理论者共同的思想倾向。卡德沃思根据理性普遍的近似性，保证我们认知自己的本性时，也确实认知其他的自我和上帝。至于如何应用这种内在的确实性达到外界有形物体的本质的确实性，卡德沃思认为由于物质的本质在于广延因而占有空间，所以对之运用我们内在的数学原理能保证有关它们的知识的确实性。

卡德沃思的认识论为他的伦理学说提供了理论基础，他的"事物是什么不是根据意志而是根据性质"的观点明显表现了他的认识论和伦理学的联系。他认为认识上的真假不取决于上帝而取决于观念是否清楚和明晰，同样道德上的善恶也不决定于意志而决定于行为的性质。即便上帝也不能凭借他的意志使行为变成善的，更不用说人间的统治者的意志了。某种行为之属善属恶，永远都是如此，绝不会因神或人的意志而改变。尽管上帝的意志实际上只追求善的东

① 卡德沃思：《真正理智的宇宙体系》第3卷，第635页。

西，但他所追求的善的东西却不是他的意志决定的，相反他之所以追求那些善的东西是因为它们是善的。因此道德是永恒的不变的。卡德沃思的这些思想和惠茨科特是一致的。

卡德沃思的手稿有多少为同时代人读过，现在已经难以确定。洛克和沙夫茨伯里通过卡德沃思的女儿会读到其中的一部分。他们的伦理学说显然受到卡德沃思的影响。对卡德沃思的塑造力学说有不同的反应。一些生物学家颇为赞赏，它在达尔文以前的生物哲学中起过相当大的作用。也有人指责它带有无神论的倾向，因为它没有必要假定凡表现出目的性的地方都一定是上帝在直接起作用。狄德罗主编的《百科全书》也十分注意卡德沃思的这个学说。

第四节　剑桥柏拉图主义的传播和衰落

和莫尔和卡德沃思同时或稍后还有一批剑桥柏拉图主义者，他们在理论上没有提出什么新的东西，但对传播这一派的思想却起了不少的作用。他们主要是作为牧师而不是作为哲学家在当时颇有名声。他们在教会中的显要地位，长时间的和卓有成效的牧师工作，有利于他们把剑桥柏拉图派的影响传播到英国各地。此外，还有一些思想上和剑桥柏拉图派有联系或接近但又不完全一致的思想家，往往也被看作是剑桥柏拉图派的成员。

到了17世纪80年代，剑桥柏拉图派的主要理论家莫尔和卡德沃思先后去世，剑桥柏拉图主义也日趋衰落。一度倾向剑桥柏拉图主义的约翰·诺里斯(John Norris, 1657—1711)，可以说是剑桥柏拉图主义的最后余波。

诺里斯的思想起初是柏拉图主义和马勒布朗士哲学的混合物，后来成为马勒布朗士的信徒，有“英国马勒布朗士”之称。和卡德沃思广泛地谈论哲学的各个方面不同，诺里斯的哲学只讨论关于观念的理论。他和马勒布朗士同样认为上帝是发生的一切事情的作用因，是唯一的善和认识的对象。我们直接认识呈现在观念中的上帝的性质，也就能认识一切其他事物。至于精神观念为什么能表象物质世界，诺里斯坦白承认他无法解释。

1690年有人写信给诺里斯问及对洛克刚出版的《人类理解论》的看法，他的复信后来作为附录收入同年出版的他的《论美》(Discourse on Beautitudes)中，这是对《人类理解论》最早的公开批评。他反对洛克对天赋观念说的批判和关于一切知识来源于经验的原理，认为"观念世界的某些特殊真理"的呈现在"灵魂看来比别的东西更为清楚和确定，凭借这些真理能更好地引导灵魂走向理性生活的善，如同动物凭借它们感性的本能和倾向趋向感性的善那样"。[①] 为了反驳诺里斯，洛克写了《对马勒布朗士的考察》(Examination of Malebranche, 1692)批判马勒布朗士的哲学，后来在一篇文章中更直接指名批判诺里斯。概括地说在洛克看来诺里斯完全是一个开倒车的哲学家。诺里斯还和托兰德进行过论战。他在1697年写的《从基督教的神秘看理性和信仰》(An Account of Reason and Faith in Relation to the Mysteries of Christianity)就是为反对托兰德的《基督教并不神秘》中的自然神论观点而写的，他力图证明相信不可理解的东西并不违背理性。

诺里斯的哲学缺乏独创性。他把柏拉图关于观念和物质的对立的思想，笛卡尔关于思维和广延的二元论观点，马勒布朗士对观念的宗教解释，斐洛和奥古斯丁的三位一体神学理论等不加改变地拿来，不顾它们彼此间的种种矛盾折衷混合在一起。诺里斯之缺乏创新精

① 转引约翰·米尔黑德：《盎格鲁萨克逊的柏拉图传统》，第100页。

神固然有他个人方面的原因，但看来更重要的是剑桥柏拉图主义运动的内在矛盾导致的必然结果。在诺里斯之后便没有什么值得一提的剑桥柏拉图主义者了。

* * * *

英国剑桥柏拉图派从产生到衰落，主要活动于英国社会政治和经济急剧变动、思想十分动荡的革命年代。英国资产阶级革命是披着宗教外衣进行的，封建与反封建的矛盾在思想上表现为新教和旧教的激烈冲突，同时又表现为科学新思潮和经院哲学旧传统的尖锐斗争。推翻旧教和经院哲学的统治无疑是各反封建力量共同一致的要求，但用来反对旧教和经院哲学的理论武器却有很大的差别。同样反对正统旧思想的新教和科学新思潮是以对立的世界观为理论基础的，新教内部存在各种不同的派别，科学新思潮中也有各式各样的哲学，情况极其错综复杂。究竟应当以什么作为新的统治思想，一时没有也不可能有统一的解答。反封建营垒中利益不同的社会集团各有主张，即使属于同一集团的各个思想家也有不同的看法。在新旧交替的历史转折关头，在探索适应新制度需要的意识形态的过程中，这是不可避免的。

剑桥柏拉图派在新旧教的冲突中一方面反对罗马天主教，另一方面也反对新教中卡尔文派的定命论和宗教狂热。他们反对冲突双方的宗教迫害，提倡宗教容忍。在科学思想和经院哲学的斗争中，他们对经院哲学持批判态度，认识到不能无视机械主义理论，甚至程度不等地、有条件地接受机械论的某些论点；但作为在教会中有地位的神职人员，他们绝不容忍从科学得出任何有利于无神论的结论，竭尽全力维护宗教信仰，试图在信仰宗教的前提下证明理性与宗教的一致。这种种矛盾典型地反映了英国大资产阶级和资产阶级化新贵族上层在革命中动摇妥协的政治态度，而不是反映逆历史潮流而动的封建反动势力的利益，这也决定了他们的哲学思想的方向——为基督教寻找适应新的社会和科学条件的理论根据。因此他们批判经院哲学绝不是为了从根本上推翻宗教，另一方面他们批判霍布斯和机械主义也不是为了维护旧教和经院哲学。他们试图创立既能取代经院哲学又能战胜机械唯物主义的新哲学。在文艺复兴以来柏拉图主义有所抬头的影响下，他们在哲学理论上企图从柏拉图主义那里寻找出路。剑桥柏拉图主义者以为用柏拉图主义代替经院哲学的亚里士多德主义，利用和改造机械论的某些观点使之融合到柏拉图主义的哲学理论中，便能实现他们的目的。这种幻想说明他们没有把握住时代的脉搏，对新的社会需要和新的科学思想全都缺乏深刻的理解，不认识轻视实际的柏拉图主义和追求有用知识的新的科学和哲学思想之间的尖锐对立，因而注定了他们不可避免的失败的命运。历史的发展表明，各种不同的经验论更加适合英国新的社会历史条件的需要，适合英国新的统治阶级资产阶级在其发展的不同阶段上调和科学与宗教的需要，它成了英国近代哲学发展的主流。剑桥柏拉图主义在 17 世纪英国革命时期的整个哲学斗争中不过是一股支流，然而是不应忽略的在许多方面都有其影响的支流。

第五章 洛克

第一节 时代、生平和著作

暴风雨中成长

17世纪英国哲学最后一位杰出的代表人物约翰·洛克(John Locke),也是西方著名的自由主义和民主主义思想家,近代西方教育学、心理学和经济思想的先驱,1632年8月29日出生在英国萨默塞特郡林顿镇。30多年后,洛克在回忆自己的幼年时写道:“当我一意识到自己在世上时,便发现自己是处于几乎延续至今的风暴之中。”①的确,英国从40年代起直至80年代末,发生了国内战争、处决王帝、建立共和、军事独裁、王朝复辟、“光荣革命”等一连串震动欧洲的重大历史事件。反封建的革命风暴席卷英伦大地,社会生活的一切方面都经历着深刻的变革,各派政治力量和各种思潮进行着激烈的斗争。洛克的一生基本上是在社会大动荡中度过。

地处英国西南的萨默塞特郡是当时整个国家的缩影。它和海洋相通,而海洋是英国财富最大的来源。它主要的工业是当时英国最重要的工业毛织业,此外在山区还开采铅矿和煤矿。到洛克出生时,这里中世纪的秩序已成过去,手工业中行会的师徒关系已被雇佣关系取代。原来是天主教徒的商人大多改奉清教。社会贫富极端悬

① 牛津博德利安图书馆藏洛克手稿第28部分第2张a页。

殊，一方面是财富急剧增长，一些人大发其财；另一方面是可怕的贫困，饥民遍野。经济生活中的矛盾通过曲折的途径反映在宗教和政治的冲突上。国教的上层高教派反对清教徒，企业资本家反对旧式地主，野心勃勃的政客反对专横跋扈的王帝。社会尖锐的分裂和对立酝酿着一场大冲突内战的到来。

洛克的祖父和外祖父都是清教徒商人。父亲没继承祖业，从事律师工作，是萨默塞特郡的一个头面人物副郡长兼国会议员的秘书和代理人。1642 年内战爆发，被任命为这位副郡长组织的国会军的上尉。由于议员可以向国会控制的学校推荐学生，洛克通过他父亲的上司的关系在第一次内战结束后的 1647 年进入伦敦最著名的威斯敏斯特中学读书。学校的课程以拉丁文、希腊文、希伯来文等古代语言为主。校长是个矛盾复杂的人。他公开声明同情王党，但作为杰出的校长和教师，一再教导学生切勿未经思考便盲从当权者的主张。威斯敏斯特明显倾向王党的政治气氛，清洗了洛克从小便毫不怀疑的清教。从此毕生都没脱离英国国教，可是没成为王党分子，相反反对盲从的教育却种下了他日后的自由主义和民主主义思想的种子。中学毕业后凭借同样的上层关系，1652 年洛克有幸能到当时牛津大学最重要的学院基督学院就读。

牛津岁月

1649 年对国王查理一世的处决和英吉利共和国的宣告成立，标志着革命告一段落。对这一段极不寻常的历史，各阶层不同的人纷纷从各自的立场进行回顾和总结。还是大学生的洛克同意这样的观点，认为从最近的历史可以看到人类的错误有两个特别重要的根源，一个是盲目墨守传统，王党在政治上和社会生活上以及哲学家在学术上犯这种错误最为突出；另一个是所谓“狂热”，把基于感情的信念当作真理的基础，清教徒和非国教徒犯这种错误最为突出。只有科学能避免这两种错误，因为科学只遵从经验，不受传统的束缚；而且科学只诉诸理性，不会成为狂热的俘虏。所以他热烈拥护和追求科学。他对牛津仍然是中世纪的陈旧的教学内容和教学方法深感厌恶，但是对在沃德姆学院院长约翰·威尔金斯(John Wilkins)的保护和支持下发展起来的实验哲学却有莫大的兴趣。这位院长首先在牛津发起成立实验俱乐部，每周聚会一次，这是后来英国皇家学会的雏形。在科学上走着同样道路的还有为数不多的一些医生，他们反对囿于书本教条的传统医学，极力主张采用新的实验方法。其中有一位名叫理查德·洛厄(Richard Lower)的医生，从童年起就是洛克的挚友，在他的影响和推动下，热爱科学的洛克走上了研究医学的道路。自50年代末期起，他对大量医学著作做了详细的笔记。对医学的研究必然导致对其他有关学科的研究，他读了哈维晚年著名的论文《动物生育过程》并开始探讨化学问题。

1658年，洛克继三年前取得学士学位后又获得文学硕士学位。毕业后他被选为基督学院的高级研究员。接着又先后被任命为希腊文讲师(1661—1662)、修辞学讲师(1663)和道德哲学学监(1664)。在这期间英国政坛发生急剧的变化。随着克伦威尔在1658年的去世，局势陷于混乱。资产阶级和新贵族为了对付内战的威胁和群众运动的高涨，要求建立强有力的统治，于是迎立查理王子为国王。1660年斯图亚特王朝复辟上台，对此洛克和许多厌倦战乱的人一样表示欢迎。他的这种态度是和他当时持有霍布斯的社会政治观点分不开的。他在这个时期写的后来一直没发表的最初的几篇著作中，有两篇反对宽容的论文明显地表现出霍布斯的影响。论文对自然状态的可怕情景的描述、对社会契约的理解、对人民应绝对服从权力无限的统治者的论述等，和霍布斯的《利维坦》如出一辙，洛克矢口否认他和霍布斯的思想联系抹煞不了客观事实。但是也要看到，拥护君权至上的青年洛克同样追随霍布斯不以“君权神授”说而以“社会契约”论为论据，用人的眼光看待社会国家，这有利于他几年之后向自由主义立场的转变。①

此外还有两篇讨论自然法的文章。“自然法”指的是创世主对一切人明白昭示和强制执行的道德法则，不是指科学研究的自然规律。在古希腊晚期便已提出这个伦理学概念，长期以来对它有各式各样不同的理解和解释。洛克在文章中一方面接受传统的观念，认为既然上帝存在并创造了世界，那么为世界的运作制定规律的上帝也必定为人的行为制定规律，也就是说存在源于上帝的普遍永恒的道德法则。可是另一方面，从50年代中起便醉心于经验科学的他，把主要的篇幅和力量用于论证自然法知识的经验起源，驳斥伦理学的天赋观念论。这是两个在理论上互相矛盾的原则，洛克在以后的思想发展中一直坚持并设法加以调和，这是他的主要哲学著作《人类理智论》的重要思想萌芽，它孕育着洛克哲学思想中的许多矛盾。

在牛津任教期间，洛克认识了在科学和哲学上对他都有重大影响的科学大师波义耳。他被邀参加波义耳家中的科学实验和科学讨论，二人从此结下终生的友谊。洛克衷心拥护波义耳关于科学必须以观察和实验得来的事实为依据的主张，接受了许多波义耳对自然的观点，特别是他的物质微粒学说。波义耳是个虔诚热心的基督徒，鼓吹把神学研究和科学研究结合起来，洛克则要求学生牢记做神学家和做哲学家是同样重要的。

对于思想深邃的洛克来说，不仅要研究医学和实验科学，还要进

---

① 长期以来洛克的研究者都认为洛克从一开始便站在自由主义立场。莫里斯·克兰斯顿（Maurice Cranston）在他的《洛克传》（1957）中经充分的论证第一次明确地纠正了过去的看法。但是他只片面地强调洛克早年的君权至上的思想，没看到它的两重性。

一步研究医学和实验科学的哲学理论基础。大约从1660年起他开始阅读新的机械论哲学著作。他广泛地阅读了笛卡尔的著作,其中包括《方法谈》、《形而上学的沉思》和《哲学原理》。尽管他是站在以波义耳为代表的科学家的经验论立场批判地阅读这些著作,不同意笛卡尔的思辨体系和先验方法,但他还是把笛卡尔看作自己哲学思想的启蒙者和解放者。后来他怀着深为感激和尊敬的心情说,正是笛卡尔"第一次把我从(经院哲学家)莫名其妙的谈话方式中解放出来"。[①] 洛克的密友玛莎姆夫人(Lady Masham)回忆道:"正如洛克亲自告诉我的,使他对哲学问题兴趣倍增的第一批书籍是笛卡尔的著作。读这些书使他高兴,因为尽管他常常和这位作者的意见不同,但他觉得笛卡尔所说的十分易于了解。"[②]其实洛克从笛卡尔那里除了受到新的时代精神的感染外,在一些具体哲学观点上,例如他的二元论思想倾向,关于自我、上帝和外物三种存在的知识的论述,认为直觉的和解证的知识高于感性知识的唯理论思想因素,推崇数学等,都明显带有笛卡尔哲学影响的痕迹。

除笛卡尔的著作外,洛克还读过17世纪法国经验主义哲学家伽桑狄的对笛卡尔《形而上学沉思》的诘难和全面系统阐述自己的哲学观点的代表作《哲学体系》。伽桑狄哲学是洛克的经验主义思想的来源之一。

在宗教著作方面,他大量阅读了国教的神学理论书籍。这时洛克的宗教思想仍然遵循正统的国教传统,既反对罗马天主教,也反对不信奉国教的新教。

---

① 《给斯蒂林弗利特的第一封信》,《洛克著作集》第4卷,1823年10卷本修订版,第48页。

② 《玛莎姆夫人给拉克莱克的信(1704—1705年1月12日)》,手稿存忠告者图书馆。转引伯恩:《洛克生平》第1卷,1876年版,第61—62页。

总之，在牛津直到1665年以前，洛克的思想还在形成的过程中，没有定型。在医学和科学上他坚决站在新思想一边，有了较明确的方向，这对洛克日后的思想无疑起了巨大的重要作用。但是在政治、伦理和宗教等方面，则新旧思想交错在一起，基本上还没有突破正统观念的束缚。如果说他已经是处于萌芽状态的经验主义者，那么他还不是后来那样的自由主义思想家。在职业的选择上，他在当牧师还是医生之间动摇不定，更没想到要成为一名哲学家。然而接着发生了一连串对他的一生来说十分重要的事件，改变了他的思想和人生道路的选择。

自由主义者和医生

1665年冬洛克作为英国派赴勃兰登堡大使的秘书，第一次到了大陆，时间虽然只有几个月，当地的许多事情却引起他极大的兴趣。他特别赞赏那里容许基督教各派的存在，却没有引起因信仰的不同而产生的争吵和仇恨。事实表明，实行宗教宽容是完全可能，而且它比君主专制的统治更有利于实现国家的统一和社会的安定。他在一封给波义耳的信中谈到当地对卡尔文教徒、路德教徒和天主教徒全都容忍时写道："他们平静地彼此容许各自选择到天国之路。我没有看到他们因宗教而引起的任何争吵和仇恨。这种良好的一致部分是由于长官的权力，部分是由于人民的精明和良好的品性，通过研究我发现他们对待不同的意见不带有任何暗藏的憎恶或怨恨。"①从原来的反对宗教宽容到主张宗教宽容，是洛克政治思想的重大转折，表明他已经从霍布斯主义开始走向自由主义。第二年春天洛克完成出使

---

① 《给波义耳的信(1665年12月12/22日)》，德比尔编《洛克通信集》第1卷，克拉伦顿1976年版，第228页。

的使命回到牛津，对自己今后的职业选择也作出最后的决定，谢绝了基督学院请他担任圣职的要求，决心研究医学和科学。

1666年夏洛克第一次结识对他的一生影响最大的人安东尼·阿什利·库珀(Anthony Ashley Cooper)，亦即日后英国的大法官和政坛中的风云人物，代表资产阶级和新贵族利益的辉格党领袖沙夫茨伯里伯爵(Earl of Shaftesbury)。他非常赏识洛克的学识和才华，翌年春邀请洛克到伦敦担任他的私人医生和秘书，实际上也是他的顾问。从此洛克像家人一样住在阿什利家中并经历同样的政治浮沉。出于工作的需要和阿什利的要求，洛克更为注意社会的现实问题，系统地发展了他的自由主义思想。1667年他花了很多时间按自己的新观点写了论述宽容的论文草稿，其中已包括他在"光荣革命"后才出版的《论宗教宽容》等著名政治著作的大部分的原则。

不久之后被任命为财政大臣的阿什利要求洛克研究对他来说完全陌生的经济问题，于是洛克就利息问题写了一篇论文手稿，批判中世纪以来鄙视贷款收息的根深蒂固的传统观念。他指出如同土地分配不均必定产生地主和佃户那样，货币分配不均必定产生债权人和债务人，因此借出货币收取利息就像租出土地收取地租一样是自然和合理的。他坚决反对采用法律手段降低利息，认为这样势必使工商业者因借钱困难资金短缺而妨碍贸易发展，主张利率的高低应由市场金融的供求状况自由决定。洛克自由主义的经济思想反映了金融资本家和工商业资本家的利益，有利于资本主义的发展。

政治和经济的自由主义不可避免促使洛克改变他的正统国教的宗教思想，而这又是和剑桥柏拉图派的重大影响分不开的。1668年剑桥柏拉图派的鼻祖本杰明·维茨科特(Benjamin Whichcote)就任伦敦圣劳伦斯犹太区的牧师，洛克是他宣扬宗教自由主义的讲道的热心听众。洛克和这派最大的哲学家拉尔夫·卡德沃思(Ralph Cudworth)虽未谋面,却有密切的思想联系,洛克反对卡德沃思遵循新柏拉图主义,但是在一些具体问题上还是吸取了他的观点。例如对上帝的非物质性的论证,理性在人生中的重要性,道德实践在真正宗教中的首要地位,特别是反对宗教狂热提倡宗教宽容等。从洛克向学生推荐卡德沃思的著作,在论战中多次援引卡德沃思的权威,可以看到他对卡德沃思的敬重。

剑桥柏拉图派只是在30年代开始兴起的英国宗教自由主义运动中的一派,洛克和这一运动中不属剑桥柏拉图派的重要人物也有密切的关系。这个运动本身是英国国教中的运动,然而它的实际含义却越出宗教,宗教宽容的主张包含了思想信仰和言论出版自由的政治要求。洛克的宗教自由主义思想和政治上的自由主义思想是紧密结合的。

洛克迁居伦敦后不久,认识了当时英国最著名的医生、新派医学杰出的代表托马斯·西德纳姆(Thomas Sydenham)。西德纳姆主张医学必须以经验为师,摆脱传统医学的理论和书本的束缚。他在总结自己的方法时写道:"正如唯一真正的老师经验所表明,医生的职责(是)勤奋地研究病史和疗效……。真正的行医在于观察自然,这胜于任何思辨。因此自然医学优于哲学医学。"①观点的一致促使二人紧密合作从事研究。洛克对西德纳姆十分敬重,后来在《人类理智论》中把他和波义耳并提,誉之为科学上人类杰出的代表。西德纳姆对洛克也十分赏识。决心从事医学的洛克在基督学院选读医学博士学位的课程,写了一些有关医学的论文手稿或片断。除了医学他还研究其他科学。1668年洛克被选为5年前正式成立的对英国科学的发展比任何一所大学都重要得多的英国皇家学会的会员。至于哲

① 《西德纳姆著作集》第2卷,1848年版,第12、22页。

学，这时还没有成为他研究的主要方向。

《人类理智论》和《政府论》

洛克参加皇家学会的活动不多，自己另外建立一个小的俱乐部，定期讨论科学、神学和哲学问题。1671 年年初的一天，他和几个朋友讨论伦理学和天启宗教问题，遇到困难不得不停下来，一种深一层的想法在洛克脑海中出现：思路是否错了，看来在研究这类问题之前必须首先考察人的认识能力，看什么对象是理智力所能及的，什么对象是力所不递的，亦即首先要确定理智的性质和范围。洛克通过自己的思想道路敏锐地觉察到时代提出的迫切哲学问题。大家一致同意洛克的想法，委托他准备意见提供讨论。洛克先后写了两个草稿，第一个草稿的题目是"具有确实的知识和坚定的同意的人类理智"，第二个草稿的题目是"论理智、知识、意见和同意"。无论较简单的第一稿还是涉及面稍广的第二稿，讨论的范围和深入的程度比后来他的最主要哲学著作《人类理智论》都相差很远，但它们却是最终完成的巨著的开端和胚芽。洛克从此以哲学尤其是认识论作为研究的主要方向。要指出的是，洛克之探讨认识问题，开始时是出于解决伦理和宗教困难问题的需要，问题的解决当然要和他在医学实验科学中早已持有的经验主义观点相一致。因此他努力建立的是既适用于认识外物也适用于认识道德实践的普遍的认识理论，而不仅仅是前者。这一点对准确把握《人类理智论》的思想十分重要。由于种种原因，洛克对书的写作时停时续，直到 1690 年才完成出版，这时离最初着手已经过去 19 年了。

70 年代逐渐形成的辉格党和托利党，在英国政治舞台上日益成为主要的角色。和辉格党领袖沙夫茨伯里关系密切的洛克自然也参加辉格党的政治活动。1673 年他被任命为由沙夫茨伯里担任主席的贸易和殖民地委员会的秘书。不久因为健康的原因，从 1675 年至 1679 年洛克在法国休养。摆脱繁忙的公务和政治活动，使他有时间重新进行《人类理智论》的写作。在法国他结识了一批著名的知识界人士，读到或收集到在那里流传最广的最好的各种书籍，这些对他的研究和写作都大有裨益。

回国后洛克面对的是日益恶化的政治环境。地位巩固后的查理二世愈来愈露骨地准备恢复天主教会和君主专制制度。他解散国会，大举迫害辉格党人，肆意焚毁进步书籍，反动浪潮一时席卷全国。适应查理二世倒行逆施的需要，费尔默爵士写了名为《父权制，或国王的自然权力》的书，流传颇广，竭力为绝对君权辩解。为了反击这股逆流，洛克在 1679—1681 年写了他在政治方面的最主要著作《政府论》上下两篇，驳斥费尔默的谬论。[①] 在当时的政治条件下《政府论》不可能公开出版。

1682 年洛克认识了达马里斯·卡德沃思(Darmaris Cudworth)。她是剑桥柏拉图派主要代表人物卡德沃思的女儿，当时年方 24 岁，在父亲影响下多少也是个哲学家和剑桥柏拉图主义者。年龄的悬殊没有妨碍他们开始时有过一段浪漫的历史，可是始终没有结合，达马里斯成为玛莎姆夫人后仍然是洛克的敬仰者和终生的挚友。洛克则始终未娶。

流亡荷兰

80 年代初政治局势对辉格党人更形险恶，沙夫茨伯里因起义计划败露被通缉不得不在 1682 年底逃到荷兰躲避，翌年在荷病逝。洛

---

① 《政府论》写作的时间过去认为是在“光荣革命”后并随即出版，现在普遍认为在洛克 1683 年赴荷兰之前已大部分完成。上篇比较一致认为开始写作于 1680 年初，下篇开始写于 1679 年还是 1681 年仍有争议。

克意识到自己处境的危险，1683 年中也到了荷兰，在那里度过 5 年多的流亡生活。

在荷兰洛克把时间主要用于完成他的《人类理智论》，有时也涉及其他的领域。1684 年洛克从荷兰给在国内的好友和表亲爱德华·克拉克(Edward Clarke)夫妇写了一批信，详细谈论应如何抚养和教育他们的子女。信很长，可作为一部教育方面的专著，后来出版的《教育漫话》即以此为基础。这一年的 11 月王帝命令基督学院撤销对洛克的委任。

1686 年冬洛克给一位荷兰朋友用拉丁文写了一封谈论宗教宽容的信，它和洛克在 1667 年就同一题材所写的论文的观点是一致的。信由这位朋友保存，直到 1689 年洛克回英国后三个月才在荷兰匿名第一次发表。这封信在政治上的影响绝不亚于《人类理智论》在哲学上的影响。1686 年的最后一天，洛克终于全部完成他的不朽之作《人类理智论》。他意识到原稿是在很不同的时间写成，免不了有许多重复和安排欠妥的地方，使人感到零散和杂乱，所以在出版前他一直在修改上下功夫。但是不管怎样，《人类理智论》的基本完成使洛克能腾出时间参与政治等其他活动。大概是在到海牙的几次访问中，他遇见和熟识了荷兰执政威廉亲王。为了让公众在《人类理智论》出版前对这部篇幅庞大的著作有概括的了解，1688 年洛克出版了书的《纲要》及《纲要》的法译本。

洛克在荷兰期间，结识了一批荷兰抗议派新朋友。抗议派是荷兰自由主义的非国教教徒，认为对基督教来说道德行为高于一切，信仰上的分歧应由各人按自己对圣经的理解去解决。洛克的宗教思想受到荷兰抗议派的自由主义和理性主义的重大影响，他虽然还是国教教徒，但离传统的国教已经很远。

80 年代后期，面对詹姆士二世恢复天主教的共同威胁，辉格党和托利党联合起来对付国王，终于在1688年冬邀请信奉新教的詹姆士二世的女儿玛丽和她的丈夫荷兰执政奥伦治·威廉为英国国王。威廉率军进入伦敦，詹姆士逃往法国，政变获得成功，历史上称为"光荣革命"。第二年2月，洛克随同玛丽女王回到祖国，从此开始了生活新的一页。

致力维护新政权

洛克由衷地欢呼"光荣革命"的胜利，以满腔热情积极地从思想理论方面支持和捍卫新政权，同时也投身于许多改革工作。回国后的最初几个月，他忙于修改和出版大约10年前完稿的《政府论》和多年呕心沥血的成果《人类理智论》。前者在1689年10月匿名出版，后者则在年终时和读者见面。

在洛克回国后不久的春天，他第一次和英国近代科学巨人牛顿相会，其后不时也有接触和书信往来。在这之前他已注意到牛顿的理论，对他十分敬仰，在《人类理智论》的"致读者"中誉之为"盖世无双"的大师。但是洛克的机械主义的自然哲学主要受波义耳而不是牛顿的影响，他们的共同兴趣不在自然科学而在解释《圣经》。

在这期间，洛克还同意和帮助一位译者把他的《论宗教宽容》从拉丁文译为英文。英译本在这一年秋天匿名出版，很快便销售一空并引起保守势力的责难。为反驳批评洛克于1690年和1692年先后写了《论宗教宽容的第二封信》和《论宗教宽容的第三封信》。1693年洛克在原来给克拉克谈教育子女的信的基础上写成并发表《教育漫话》一书。1695年洛克匿名出版回国后新写的著作《基督教合乎理性》。"光荣革命"后的一段时期是辉格党的全盛时期，洛克作为辉格党的权威理论家和许多影响广泛的名著的作者，也成为红极一时的知名人物。

当洛克对《教育漫话》作最后的润色和付印出版时，开始考虑和着手准备《人类理智论》第二版的新材料。当时一个马勒布朗士的英国追随者约翰·诺里斯(John Norris)最先发表了对《人类理智论》的批评。1692 年洛克写了题为《洛克答诺里斯先生的非议》的论文片段，接着在 1693 年初又写了《评诺里斯先生的某些著作》和《对马勒布朗士关于在上帝之中看到一切的意见的考察》两篇较为重要的文章。这些片段和论文是第二版的某些新材料的来源。洛克在第二版的第 2 卷第 9 章第 8 节中加插了对他的好友莫利纽克斯(Molyneux)所提问题的回答，这个问题是天生盲人在复明后单凭视觉能否辨别例如球体和立方体这些不同的形状。第二版最重要的改动是在第 2 卷增加了新的讨论人格同一性的第 27 章“同一性和差别性”，在第 21 章“能力”中则以大部分是新的长得多的关于意志和自由的讨论作为全章的中心内容，这些都是洛克认为十分重要必须补充的有关人的思想。第二版出版于 1694 年 5 月，几乎完全没有改动的第三版于 1695 年底问世。

洛克在从事理论工作的同时，还积极投身于辉格党的政治活动和改革活动。1694 年英格兰银行一成立，洛克便意识到它的重要性，他是银行最初的支持者和捐助者之一。他从贸易自由和言论自由的观点出发，极力鼓吹而且实现了废除“出版管理法”。他组织了一个名为“学院”的政治俱乐部对议会施加影响。早在大部分写于 1668 年而于 1691 年出版的《论降低利息和提高货币价值的后果》一文中，洛克对改革货币已经提出不少建议。这时，流通的银币的磨损和盗削问题更为严重急需加以解决，洛克提出铸造成色十足的新币取代旧币的建议。1695 年底针对反对意见他发表了《再论降低利息和提高货币价值的后果》。在洛克和他的朋友的共同努力下，促成了按洛克的主张进行货币改革。从 1697 年起洛克担任了 4 年新的贸易和殖民地委员会的委员,在实际工作中他是事实上的首席委员。

晚年的论战

反对三位一体信条的英国索西尼主义者和正统派的争论在90年代达到了高潮,洛克的进步思想遭到保守势力的激烈反对,把他也卷进了论战的旋涡。先是卡尔文教极端分子约翰·爱德华兹(John Edwards)对洛克的《基督教合乎理性》一再进行攻击,洛克先后在1695年和1697年写了题为《为受爱德华兹非难的基督教合乎理性等申辩》和《再申辩》两本小册子加以反驳,否认自己是索西尼主义者。接着在国教中以能言善辩著称的武斯特主教爱德华·斯蒂林弗利特(Edward Stillingfleet)从哲学角度对洛克进行更加激烈的攻击,认为洛克哲学不可避免的逻辑结论是消灭实体,这必然导致消灭三位一体的上帝从而动摇了基督教的基础。洛克在1697年和1698年写了3封给这位主教的信予以回击,并对自己的一些哲学基本观点和概念作了澄清和说明。还有其他的一些攻击洛克没有理睬不予作答。他对莱布尼茨的短文《对洛克先生的〈人类理智论〉的反思》(写于1696年或之前)所提的批评并不理解,读后轻率地断言没有什么值得注意的东西。

和斯蒂林弗利特论战的一些问题在1699年12月出版的《人类理智论》的第四版有所反映。新的一版最明显的不同是增加了新的两章,即第2卷第33章"观念的联结"和第4卷第19章"狂热"。1697年开始动手但没有完成的著作《对理智的指引》,本来也准备作为新增的一章,因篇幅过长改为独立的著作,在死后两年出版的《遗著》中第一次发表。

大约在这个时期,洛克为玛莎姆夫人的儿子写了一篇介绍自然哲学的文章《自然哲学初步》。《人类理智论》第四版出版后,洛克再也没有发表著作，但是他继续记下对《人类理智论》的一些次要的修改，1706 年洛克去世后出版的第五版按照洛克这些修改意见作了改动。洛克坚持不懈地修改和完善自己的主要哲学著作，直到生命的最后，这种精益求精锲而不舍的精神的确感人至深。

在最后的岁月里洛克花愈来愈多的时间于宗教沉思，只要健康容许便坚持写作《圣保罗使徒书[1]注释》的计划。这部著作提供了洛克在神学问题上的详细观点，表明洛克是近代西方用理性主义精神研究《圣经》的先驱，同时思想上深深地刻上宗教的特点。《注释》由洛克遗嘱的执行人在 1705—1707 年出版。

此外洛克还写了两篇短文，一是 1702 年写的《谈神迹》，一是去世前几个月动手而没有完成的《论宗教宽容的第四封信》。

1704 年 10 月 28 日，全面反映了自己时代的新精神并在思想上哺育了整个 18 世纪西欧新一代人的伟大哲学家洛克在寓所与世长辞。

第二节　洛克认识论的本体论理论基础

洛克和霍布斯不同，他没有也不想建立一个包罗万象的哲学体系，他说只想“当一名小工，清扫一下地面，去掉知识道路上一些垃圾”。[2] 所以在他划分的知识的三个类别物理学（研究物质和精神）、实践学（研究人的行为）和符号学（研究作为知识工具的观念和词）中，他认为首先要解决好认识的工具主要是符号学的问题，才能对自

---

① 今译《罗马书》。

② 洛克：《人类理智论》“致读者”。尼迪奇编《人类理智论》，克拉伦顿 1979 年修订版，第 10 页。引文重新翻译，请参阅关文运（商务印书馆 1959 年版）中译本，第 13－14 页。以下引此书只注卷、章、节及页码。

然和人的行为有较明白的认识。他写下数十万字的巨著论述知识的起源、确定性和范围，却没有一部系统的自然哲学或伦理学著作，绝非偶然。但是这并不意味着洛克无视或拒绝研究认识论以外的哲学问题。事实上讨论人的认识按照西方哲学的传统不可避免或多或少总要涉及认识者主体和认识对象客体以及它们之间的关系问题，涉及本体论问题，自觉或不自觉地总要以一定本体论观点为理论基础和前提，如果局限于就洛克的认识论来谈认识论，对他认识论思想势必难以正确地理解、解释和评价。

洛克的本体论思想贯穿和散见于对认识论的讨论中，有着各种不同的思想来源，而且不可避免又受到洛克的经验论认识论的影响，所以对它作出准确的概括并不容易。这里试图以自然、意识和上帝三者的关系为线索，从作为认识论的理论基础的角度对洛克本体论的几个基本观点提出初步的看法。

微粒机械论的本体论基本立场

面对当时新旧各种主要的自然观，洛克坚决反对传统的亚里士多德——经院哲学的形式和质料学说，批判用所谓“实体的形式”、“实在的质”解释自然现象，也不同意颇有影响的炼金术的观点。他站在新的机械哲学一边，坚持以物质和位移运动这机械论的基本原则解释一切自然现象，在他晚年写的《自然哲学初步》中就是从讨论物质和运动开始的。在他看来，在笛卡尔的物理学、机械原子论和波义耳微粒说等各种形式的机械哲学中，“微粒假说对明了地解释物质的质被认为是最成功的。”①波义耳的微粒说虽然仍被称为假说，但是是假说中最好的，事实上成为洛克认识论的主要理论基础。

---

① IV. iii. 16. 第 547 页，中译本第 538 页。

洛克和波义耳同样认为，由难以想像地细小的微粒的不同结合构成较大的分子，通过这种越来越大的组合构成可以感觉到的较大的物体，进而构成整个物质世界。较大的可感物体在任何情形下都具有形状、体积、结构和运动等不可分离的性质，由此推出作为物体的一部分的细小不可感的微粒也必定具有这些性质，这是物体的原初性质，“用这些细小和不可感的微粒的形状、体积、结构和运动，可以解释物体的一切现象。”[①]从机械论的观点看来，复杂的东西不过是构成它的简单部分的机械组合，在质上没有任何新的东西，简单的部分也不因为组合的结果发生什么变化。我们只需将复杂的东西分解为它的较易认识的简单部分，然后通过综合简单的部分便能认识复杂的东西。机械的组合理论从量的角度提出和考察了简单和复杂、部分和全体的问题，但却忽视了质的方面，显然这是片面的。

洛克认为从经验中自然现象的重复性和一律性我们得知自然的合规律性，一切现象的产生和变化无不受物质微粒及其运动的因果律的支配，虽然经验并不告诉我们规律本身即原因引起结果的那种作用方式是什么。所谓“原因是使任何别的东西（简单理念、实体或样式）开始存在的东西；而结果则是由于别的东西而开始存在的东西”。[②] 和因果性思想密切相联系洛克还引入了在他的哲学中有重要作用的“能力”概念，他认为从对外物及内心的现象生灭不已的变化的恒常观察中可以得出结论，“同样的东西由相似的作用者以相似的方式在将来会产生相似的变化，就一个事物而言，它的任何简单观念具有被改变的可能，就另一事物而言，它具有产生这种变化的可

---

① 《自然哲学初步》，《洛克著作集》第3卷，1823年修订版，第330页。

② II. xxvi. 2. 第325页，中译本第298页。

能，这样我们便得到能力的观念。”[①]看来洛克所说的能力是指原因引起结果或结果被原因产生的那种作用。

洛克认为因果关系是一切关系中最广泛的一种，涉及一切确实存在或能够存在的东西。一切宏观可感物体之间都普遍存在因果联系，因此“完全没有思想、没有意欲的动作者在一切事情上都是必然的动作者”。[②] 整个自然是在因果上互相联系彼此依赖的各种现象的统一整体，是一部大机器，他说：“我们应当知道，在宇宙这个了不起的结构中，大的部分和齿轮在它们互相影响和作用上会有这种联系和依赖。”[③]

全能的设计师上帝是必要的

如同一般机械哲学那样，上帝也是洛克机械哲学不可或缺的组成部分。洛克需要上帝作为物质和运动的创造主以及物质运动规律的制定者，好从理论上回答自然的第一因问题。在波义耳的影响下，洛克的上帝不仅是形而上学上的第一因，还是全能的聪明的设计师和工匠。上帝按自己的自由意志和善良的愿望创造物质事物，物质事物的本性则决定它们运动的规律。除此之外，洛克之需要上帝还由于要靠上帝的万能解决一些重大的理论困难，其中突出的例子之一是引力。机械哲学原来都认为物体之间只有通过直接的接触才能传递运动和相互作用，然而这无法理解引力的远距离吸引作用。洛克在读了牛顿的《自然哲学的数学原理》后，承认经验已经证明存在引力和平方反比定律，因此可以把它看作自然哲学的一条原理。可是引力的超距作用“不能用任何物质的自然作用，或者任何其他运动

---

① II. xxi. 1. 第 233 页，中译本第 204 页。着重号原文为斜体字。

② II. xxi. 13. 第 240 页，中译本第 211 页。

③ IV. vi. 11. 第 587 页，中译本第 581 页。

规律去解释，而只能用更高的存在的积极意志命令它这样去解释”。[①] 对于被动的物质何以具有能动的心灵这个更为复杂的问题，洛克也以类似的方式来处理。诚然洛克多少觉察到机械哲学不能解释一切自然现象的局限性，于是求助于上帝，认为上帝在他设计的物质本性中除了产生机械的性质和规律外，添加像引力、思维等附加的属性，是完全可以设想的，这并不改变自然是一部大机器的根本性质。如果过分夸大这些不能机械解释的附加属性，看不到上帝是洛克机械哲学的必要部分，从而否定洛克是机械论者，这未免过于简单地看待复杂的历史现象了。

一切存在都是个别

一般和个别是西方哲学史中重要的本体论问题，洛克在培根和霍布斯等哲学家之后，继承了具有唯物主义倾向的唯名论思想，宣称“一切存在的东西都是特殊的”[②]。自然界由单个特殊的自然物体组成，这些物体是人心之外独立存在的唯一实在的东西，这种植根于实验科学的自发的唯物主义信念，洛克在任何情况下都毫不动摇。就像他不容许他的怀疑论怀疑上帝的存在那样，他也绝不怀疑个别物体的客观实在性，宁愿在理论上陷入矛盾的困境也在所不惜。这是洛克认识论的重要理论支柱，也是他高于后来一些英国经验论者的地方。

在洛克看来，一般和个别相反不具有客观实在性，断言“一般和普遍不属于事物的实在存在；而是理智的发明和创造”[③]，亚里士多德主义—经院哲学所说的客观实在的“实体的形式”不过是子虚

① 《教育漫话》§ 192，参阅傅任敢中译本，人民教育出版社 1957 年版，第 172 页。

② III. iii. 1. 第 409 页，中译本第 390 页。

③ III. iii. 11. 第 414 页，中译本第 395 页。

乌有的东西。洛克反对在自然物体中虚构一般时，连真实的一般也否定了，不懂得一般客观实在地寓于个别之中的道理。但是他没有像极端唯名论者走得那么远，而是采取温和唯名论的立场，承认一般作为抽象观念存在于人心中，承认抽象观念是以个别物体的性质（也许还有内在结构）的相似性为依据的。他写道："自然是这样造成许多特殊实体的，它们具有互相的一致性和相似性，从而为它们的分类提供了基础。"[①]总之，一般是人为了对自然界个别物体归类而制造出来的抽象观念，纯粹是人心的产物，但人心是根据一类个别物体彼此的相似性引出一般的抽象观念的。由此可见，洛克基本上以唯名论的方式把一般和个别割裂开来和对立起来。

物质有可能思维

物质和意识的关系问题是本体论的根本问题，经验论的不可知论使洛克否定我们对这个问题能有确定的知识，然而坚定的机械唯物主义的信念又使他毕竟对问题提出一些摇摆不定的看法。

洛克是怎样理解物质和意识的呢？洛克对"物质"和"物体"两个概念作了一定的区分，认为物质是同一的、不变的，物体则是多样的、可变的，所以按照机械论的观点，他说"物体代表充实的、有广延的、有形状的实体，物质则表示物体的实体和充实性[②]而不考虑它的广延和形状"。[③] 这里暂时不讨论洛克关于物质和物体的联系和区别的思想的理论意义，只指出他把物质定义为具有充实性的实体的

---

① III. vi. 30. 第 457—458 页，中译本第 442 页。

② 充实性(solidity)有译为"凝性"、"坚实性"等，译为"充实性"似乎更符合洛克原意。

③ III. x. 15. 第 498 页，中译本第 486 页。

含义。

以充实性而不是广延作为物质最本质的属性，是洛克不同于笛卡尔派和其他许多机械论者的物质观的特点。他所说的充实性指的是物体排斥其他物体进入它占有的空间的性质，不论它们是坚硬的固体还是流动的液体或气体。这种性质也可以叫做“不可入性”，但是充实性含有肯定的意义而不可入性则只带有否定的意义，而且不可入性多半是充实性的结果而不是充实性本身，所以还是叫做充实性比较恰当。他之所以要用充实性代替广延作为物质最本质的属性，因为在他看来充实性没有程度上量的差别，因而是同一的不变的，有量的差别的广延却不是同一不变的。更重要的是因为广延无非是物体充实的各个部分的结合和连续，是充实性的空间表现，所以充实性比广延性更为根本。然而即使以充实性取代广延性作为物质的本质属性，还依然同样把运动、把积极的能动作用排除在物质的本质之外，同样认为物质是僵死惰性的实体，可见洛克的物质观还停留在17世纪机械主义的水平。

至于同物质相对的人的心灵，洛克认为它有两种主要作用，一是从事认识的思想或知觉，一是推动行动的意志或意愿。前者所说的思想含义十分广泛，举凡人心的各种认识活动，如感觉、记忆、分辨、推理、判断、知识和信念等等都是思想的特殊样式，可见他的思想范畴大体相当于我们今天的意识范畴。人心通过反观自照，不难得知人心确实存在各种意识或意识的活动，但活动必定有进行活动的主体，重要而又困难的问题在于回答进行思想活动的主体是什么，是精神实体还是物质实体。

洛克对问题首先提出不可知论解答，断言人的认识能力原则上不能对此提供确定的知识，从直接的经验我们只能得知各种思想的活动而不能得知进行思想活动的主体，从理论的推论则有两种相反的答案都同样可以设想。一种是设想全能的上帝把能思想的非物质实体和适当配置的某种物质系统结合起来。这是从神学家到笛卡尔派都持有的在当时占统治地位的观点。另一种是设想全能的上帝赋予这样的物质系统以知觉和思想的能力。在当时这是一种危险的观点而为多数人所反对,因为它容易导致破坏对灵魂的非物质性的信仰,容易导致唯物主义。正因此洛克花费更多的笔墨论证物质有可能具有思想能力的设想,他认为物质就其本性而言虽然是没有感觉和思想的,物质的运动只能产生运动而不能产生苦乐或颜色声音的感觉。可是既然上帝能对运动附加一些它本来不能产生的结果,使精神感受到苦乐或颜色声音,那么就没有理由断言上帝不能使物质实体发生同样的结果。洛克写道:"最初的永恒的存在如果愿意的话,赋予他认为适当地结合起来的被创造的无感觉的物质的某些系统以某种程度的感觉、感知和思想,我看这并不矛盾。"①肯定两种相反的设想都是可能的,意味着我们不能从知识和哲学方面证明灵魂的非物质性,也许有人担心这会产生不良的社会后果。洛克认为忧虑是多余的,"灵魂的非物质性没有哲学上的证明,道德和宗教的全部伟大目标仍然不会有丝毫动摇"②。上述表明洛克对物质和意识的关系问题基本上采取不可知论的态度,但不像后来的休谟那样绝对保持缄默。作为设想而非知识,他对问题的回答动摇于二元论和唯物主义之间,字里行间更多倾向于唯物主义。他对物质具有思想能力的认可,尽管借助于上帝的万能,在当时的英国还是十分大胆的思想,预示了18世纪更彻底的唯物主义哲学的诞生,有其历史的积极作用。

---

① IV. iii. 6. 第541页,中译本第531页。

② IV. iii. 6. 第542页,中译本第532页。

第三节　观念和语词

1. 观念的性质和起源

什么是观念

观念是洛克认识论中最基本因而也是使用得最多的概念。在漫长的西方哲学历史中哲学家对观念有种种不同的理解，洛克无疑和许多近代西方新派哲学家一样，认为观念是人心灵中主观的东西，所以要了解洛克所说的观念，必须把握在洛克看来观念是心灵中怎么样主观的东西。

洛克主要兴趣于研究认识和知识，没有单独专门讨论逻辑问题，所以对于观念他是作为认识的内容而不是作为认识的形式来讨论的，人心的各种能力如知觉、回忆、思想等不可能空洞地进行运作，它们总是知觉到、回忆起或思考了一点什么。这一点什么，亦即意识的内容也就是观念。他写道，观念是“心灵在思想中所能运用的一切”[①]，是“心灵在自身中知觉到的任何东西”[②]。可见洛克的观念和我们通常作为不同于感觉、知觉的感性认识形式的观念有所不同。一方面观念是使心灵各种能力得以运作的材料，另一方面只有运用心灵的能力才能获得观念，二者互为前提密切不可分；但是观念却不是心灵的能力，它们又是彼此不同的。

不是一切意识内容都是观念，观念是意识经分解、分析后有相对独立性的单位、元素，相当于命题中的词所表示的意识内容，例如白、

---

① I. i. 8. 第 47 页，中译本第 5 页。

② II. viii. 8. 第 134 页，中译本第 100 页。

硬、甜、思想、运动、人、象、军队、酒醉等等。知识也是意识的内容，但属于更高的层次，它由人心对观念加工而成。如果把知识比作一座大厦，那么观念便是构成大厦的砖块，是形成知识的材料。观念和知识的区分对洛克的认识论具有重要的作用，使他在观念学说中坚持经验论的同时，在知识学说中却得以采取唯理论的观点而不致陷入逻辑矛盾的困境，至少他自己认为如此。

既然观念是心灵所知觉和运用的一切，所以它是"知觉、思想、理智的直接对象"[①]，这是在人心的各种功能直接所及和处理的对象只能是观念的意义上说的。洛克一点不否定外界自然物体和内心的各种活动是认识的对象，只是对它们的认识必须通过观念的中介，在这意义上它们是人心间接的对象。他写道："因为心灵思考的东西除了自身都不在理智中，所以必须有某种别的东西在理智中，作为考察的东西的标记或表象，这些标记或表象就是观念"[②]。观念是认识对象的标记或表象，是洛克的观念的重要性质，表明他采纳了当时流行的表象主义理论。必须指出，表象主义没有使洛克把观念看作是人心和对象之间不可逾越的屏障，相反他原则上肯定观念及其所表象的对象之间的同一性或相应性，所以作为表象的观念是认识的通道，凭借它们人心能认识外物的各种现象和人心自身的各种活动。

洛克还没有明确区分感性认识和理性认识，他的含义广泛的观念首先指的是感性观念，同时也包括理性概念，他在对观念作定义性的说明时指出它"表示意象（phantasm）、意念（notion）、形象（species）的含义所指的一切"。[③] 这里要说一下洛克的所谓"意念"指的是什么。"意念"一词洛克主要是用来称谓诸如"感恩"、"正义"等道

① II. viii. 8. 第 134 页，中译本第 100 页。

② IV. xxi. 4. 第 720－721 页，中译本第 721 页。

③ I. i. 8. 第 47 页，中译本第 5 页。

德观念的名称。按照他的观念分类，道德观念是混合样式复杂观念，和表示外物的实体复杂观念不同，它们的原型和本质由人心决定因而只在理智而不在自然之中。[①] 所以意念带有想像、概念和观点的含义，不单纯是各种感性因素的集合。此外和贝克莱、休谟不同，洛克承认理智制作形成的一般的抽象观念也就是概念的存在，因此认为洛克的观念只属于感性领域是缺乏根据的。

对天赋观念论的有力批判

洛克在近代首先全面系统地论证认识来源于经验的经验论原则，作为论证的第一步，他花了大力气深入详尽地批判了当时仍然占据上风的天赋观念论。在西方天赋观念论从柏拉图的"灵魂回忆"说算起，已有悠久的历史。在 17 世纪的英国，它占领了大学和教堂的讲坛，许多教授和牧师都用天赋观念论论证神学教条和宗教道德的神圣性。力图调和宗教和新思潮的英国剑桥柏拉图派，乃至坚决拥护新的机械主义科学的笛卡尔及其学派，也以不同形式在不同程度上主张天赋观念论。不破不立，不打破对天赋观念的迷信，便不可能树立经验论的权威。洛克的批判是对整个西欧天赋观念论勇敢的挑战。对洛克来说，这不仅对发展依靠观察和实验的新科学具有重大的意义，就是对维护他极力倡导的思想自由和宗教宽容也是十分必要的。他在揭露天赋观念论的危害性时一针见血地指出，天赋原则使那些冒牌的大师和导师的信徒"不去运用理性和判断，骗取他们的相信而不作进一步的考察。在这种盲目信仰的情况下，他们较易受具有处理原则的技能和职责并指引他们的一类人的摆布和利用。一个人如果有权威颁布原则和教授无可怀疑的真理，使人轻信他所教

① II. xxii. 2. 第 288 页，中译本第 258 页；III. v. 12. 第 436 页，中译本第 419 页。

的别有用心的天赋原则，那么给予他驾驭别人的权力也就不小了”。①

在批判中洛克集中火力驳斥以一切人的普遍同意作为存在天赋的“思辨原则”(科学原理)和“实践原则”(道德规范)的论据。他指出就“思辨原则”而言，即使承认有一些原则是人们普遍同意的，但是只要能指出人们可以通过别的途径达到普遍同意，便不能推论出它们是人心中天赋的。这样的途径确实存在，就是通过后天的经验取得一致的认识。不过事实表明，根本不存在什么普遍同意的“思辨原则”。例如“凡存在者存在”、“一种东西不能同时存在又不存在”这两条被认为是普遍承认的公理，最有资格被看作是天赋的。其实大部分人类根本就不知道。儿童、白痴、未受相当教育的成年人一点也不会想到这些原则。如果说它们是天赋的只是不被儿童、白痴等人知晓，这也是荒谬的。所谓天赋意味着与生俱来已经刻印在心灵中，理智是心灵的功能，在心灵中和在理智中以及被知觉到完全是一回事。说它们刻印在心灵中又不被知觉，等于说它们同时既在理智中又不在理智中，这是自相矛盾的。

为了修补“普遍同意”论据的破绽，一些天赋观念论者提出较为隐秘的说法，认为只要人们一运用理性，便必定知道和同意这些原则，可见它们是天赋的。洛克指出所谓“一运用理性”只可能作两种理解，一种是理解为“借理性之助”去发现这些原则，那么作为知识的基础的少数自明的公理和由之推论出来的知识便全都是天赋的了，因为它们都是凭借运用理性获得的。就是最极端的天赋观念论者也不敢断言全部人类知识都是天赋的，因为这显然违反常识。还有，说人们必须运用理性去发现已经刻印在心中的东西，等于认为它们既

① I. iv. 24. 第 102 页，中译本第 65—66 页。

不为人所知同时又为人所知，这是可笑的。“一运用理性”的另一种理解是“开始运用理性”便知道和同意这些原则。洛克指出这缺乏事实根据。儿童智力的发展表明，在他们懂得“同一物不可能既存在又不存在”这一公理之前很久，早已在运用理性了。

如果在知识领域有某些“思辨原则”的确为人们所公认，尽管它们不是天赋的，那么在道德领域却很难看到有什么“实践的原则”为人们所普遍接受，它们更不配称为天赋的。洛克根据当时航海家、探险家的报道，列举大量事实证明世界各地各个民族有十分不同甚至完全相反的道德规范。例如在有些国家中母亲如果因生育而死，婴儿要和母亲一同合葬，有的地方父母老了到一定年龄便要被杀掉，有的民族毫不踌躇活埋自己的子女，有的竟然还把他们吃掉，有的民族以能多吃敌人为道德，如此等等。洛克说“如果我们放眼海外如实地观察人，我们会看到在一个地方人们因做或没有做而感到悔恨的事，在另一地方其他人却认为很有价值”。[①] 可见在道德领域事实上没有什么普遍同意的天赋的“实践原则”。

从理论上分析，道德原则如果是天赋的，那么它必定是不证自明的，人们只要一听说和理解便会接受和同意，追问它的理由何在的问题是荒谬的。可是一切道德原则都依靠一些前提理论并从之演绎出来，都可以合理地提出为什么的问题。例如遵守契约是不能否认的道德原则，但在说明它的理由时基督徒、霍布斯主义者和异教哲学家的回答是完全不同的，这也表明道德原则不是天赋的。洛克认为，人们之所以普遍赞扬和讴歌德行，并非因为它是天赋的，而是出于利益的考虑。别人遵守道德规则，将对他自己有利，破坏了则会使他不安全。

---

① I. iii. 9. 第 72 页，中译本第 33 页。

洛克还进一步从组成原则的观念并非天赋去论证这些原则不可能是天赋的。例如在“一物不能同时存在又不存在”这个最配称为天赋的“思辨原则”中，“不可能性”和“同一性”是两个必不可少的观念，然而对新生婴儿仔细考察，不难看到他们也许有对饥饿、干渴、温暖和痛苦等微弱的观念，但看不到他们有任何确定的观念，更没有“不可能性”、“同一性”等与普遍命题中的名词相应的观念，这些抽象的观念是在人们获得许多具体感性观念之后，需要有极大的细心和注意才能形成，因此就是许多成年人也没有这些观念。既然“不可能性”和“同一性”两个观念不是与生俱来的，那么“一物不能同时存在又不存在”的原则也不可能是天赋的。

又如“应崇拜上帝”的原则在一切实践原则中占有首要的地位，其中“上帝”观念尤其重要。如果它不是天赋的，便难以设想存在天赋的道德原则。可是事实上，世界上有些地方整个国家的人都是无神论者，没有上帝的观念。人类的大多数是相信千百个神明的异教徒，他们的神明具有各种情欲和卑劣的品性，和统一、无限和永恒的神上帝的观念根本不同，即使在信奉一神的犹太人、基督教徒和回教徒中，人们虽然注意到教导他们的同样的上帝观念，但是各个教派间对上帝的观念仍然进行激烈的争论。如果是上帝把他的观念铭刻在人心，绝不可能出现上述种种情况。洛克无意否认上帝的存在，只是坚决否认上帝的观念是天赋的，从而否定以之为基础的道德原则是天赋的。

通过对天赋观念论详尽的批判，洛克明确地得出结论：“因此让我们设想人心就像我们说的白纸一样，没有一切文字，没有任何**观念**。”①“**我们的知识是多么依赖正确运用自然赋予我们的能力，而极**

① II.i.2.第104页，中译本第68页。

少依赖那些徒劳地设想在一切人类中的天赋原则的指导。”[①]洛克在新的历史条件下，适应时代的要求，重新高高举起唯物主义经验论的“白纸说”的旗帜，毫不妥协地反对唯心主义的先验论的“天赋观念论”。他切中要害地紧紧抓住天赋观念论最能迷惑人的论据，依靠儿童智力发展和各地风土人情等大量确凿的事实，逻辑缜密而又全面细致地进行有力的辩驳，其影响远远超出当时的英国。

关于洛克反天赋观念论的斗争是否彻底的问题，从17世纪末的莱布尼茨起到现在都有一种看法，断言洛克的反省学说在一定程度上承认观念的天赋。其实洛克的反省学说原则上并没有违背“白纸说”，这一点稍后在讨论洛克的感觉与反省学说时再作分析。洛克的批判和“白纸说”无疑存在着局限性，主要在于他所“立”的经验论存在严重的狭隘性，从而削弱了他“破”的力量。洛克不懂得认识不是单纯接受外物作用的消极静观的过程，而是在认识的主体人积极改造客体的基础上获得的，而人的实践活动又总带有某种目的意图，是在一定思想指导下进行的。洛克只研究了物质变精神的过程，却完全忽视了精神变物质这个认识更为重要的阶段，结果只能片面地看待主客体相互作用的复杂辩证运动。其次，洛克只谈一般人类的认识，没有研究具体历史中人的认识，没有把认识能力看作是社会历史的产物和不断发展的过程，现实中的人的认识不是也没有必要一切从零开始，所以他忽视了在实践的基础上形成的前人的理论思维成果对后人的积极指导作用。洛克固然没有完全否定认识能力的主观能动作用，但对这种作用的理解过于简单了。我们指出洛克经验论的不足无疑是应当的，可是不能要求他解决至今还有待研究的问题。

---

① I. iv. 22. 第100页，中译本第64页。

一切观念都来源于经验

人心如同白纸，不存在什么天赋的观念，那么观念从何而来的呢？洛克支持经验论的传统观点，明确地回答来源于经验。但是洛克并不满足于旧调重弹，他力图进一步发展和深化经验论的基本原则。以前经验论者多半只谈到我们对客观世界的认识，我们关于外部事物的观念的经验来源，却很少探讨对自身认识能力的认识，我们关于情感等的观念的经验来源。如果只是证明关于客观物质世界的观念源于经验，而不同时证明关于主观精神世界的观念也源于经验，便不能说已经证明了一切观念都来源于经验，所以要彻底贯彻经验论的原则，后一个任务是不能回避的，虽然它比前者要困难和复杂得多。不论洛克对任务完成得怎么样，应当承认明确提出这个问题已经是对发展经验论基本原则的重要贡献。

为了说明一切观念都来源于经验，洛克把经验分为外部经验和内部经验，外部经验的对象是客观世界的物质东西，凭借的手段是人体的感觉器官。外物对感官的刺激传达到人心，使人获得有关外物的可感性质的各种观念，如黄、白、热、冷、软、硬、苦、甜等等。由于这个来源要通过感官，所以称为“感觉”，感觉观念的获得意味着人心活动的开始。人心不但知觉到这些感觉观念，还运用自己的回忆、思考、推理等各种功能处理它们，经过一段时间之后，人心又开始意识到自己对感觉感念的各种作用，意识到自己各种功能的活动，于是又获得从外物不可能得到的有关人心活动的另一套新观念，如知觉、思想、怀疑、相信、推论、认识、意欲等等。洛克特别指出，他在这里所说的人心活动，不仅指人心各种功能的运用，还包括观念引起的情感，如满意或不适等。人心对自己各种活动方式的这种注意就是“反省”，这是内部经验，是一切有关主观世界的精神东西的观念的来源，所以一切观念归根到底来源于感觉和反省,来源于经验。洛克写道:“一切高耸入云,直达天际的崇高思想,都发端和立足于此。在人心漫游的全部宽广领域中,在遥远的各种思辨中,人心似乎也一起高升,其实它一点也没超越感觉或反省提供给它思考的那些观念一步。”①

对洛克的观念来源于感觉与反省的学说的评价,一般认为他以反省作为观念的来源是唯心主义的错误观点,而整个学说则是折衷调和唯物主义与唯心主义的二元论理论,这是值得商榷的。其实以人心的认识活动和情感,以心理现象作为认识的对象,是近代哲学和科学发展的要求和进步的表现,它本身无所谓唯物主义与唯心主义,否则认识论、心理学等便成了唯心主义的专利品。表象心理对象的观念的内容,不言而喻不能来自物理对象,在这意义上它与外物无关而只和人心的活动有关。要强调指出的是绝不能把洛克所说的人心的活动,和生而铭刻在人心的天赋观念混为一谈,前者是人心认识功能的运用,后者是某些知识的本身,不论它是像笛卡尔所说的作为一幅清楚的图画,或者像莱布尼茨所说的作为倾向、禀赋、习性或自然的潜在能力而天赋在心中。还要注意洛克并没有把反省和感觉割裂开来看作绝对独立主观自生的,相反他明确指出反省是在人心有了感觉从而开始活动之后并在这基础上才得以进行的。洛克关于反省的这些基本观点并没有背离他反对天赋观念论坚持白纸说的唯物主义经验论的基本原则,莱布尼茨断言洛克和他的看法归根结蒂并无区别是曲解了洛克的观点。

此外,心理现象和物质现象不同,对它们的认识不可能直接通过感官,内心的反省是必要的,也是人们首先注意和运用的简易方法。

---

① II. i. 24. 第 118 页,中译本第 83 页。

毋庸讳言反省作为方法带有个人的主观性，自那时以来各派心理学都力图把心理现象的研究置于较为客观的基础上，这些努力一般是对反省方法的补充使之更为完善，而不是简单地加以抛弃。

总而言之，洛克对感觉和反省的一般论述还是坚持了唯物主义一元论的观点的，然而由于他在本体问题上的不可知论和动摇不定的态度，他的基本观点未能始终如一地贯彻到底。当他谈到有些观念可以分别通过感觉和反省两种途径进入人心时，认为如痛苦和快乐等有关感情的观念，以及能力、存在、单位、连续等观念就属这类观念。这里且不说把精神上和感官上的痛苦和快乐完全混同的问题，就后四个观念而言，它们都不以人心功能的运用或感情为对象，而首先是表象外物的观念。洛克把由物质世界决定的能力、存在、单位和连续等性质和状态的相对独立性夸大了，成了人心可以独自产生的东西和反省观念的内容，这样就背离了原来对反省和反省观念的界定和说明，使他的感觉与反省学说带上某些二元论的思想因素。

2. 简单观念和复杂观念

否定了观念的天赋的先验起源，指出了它们来源于感觉经验和反省经验之后，洛克面临的一个艰巨任务是论证全部观念无一例外都来源于感觉和反省。因为绝大部分观念都不是直接从感觉或反省产生的，它们之间的联系并非一目了然，不解决这个问题，便无法证明以观念为材料的知识的经验起源，所以这是论证经验论基本原则的十分关键的一步。洛克依靠简单和复杂这一对范畴，花了很大力气探讨和研究了哲学、科学、伦理学乃至生活中的许多范畴、概念和观念，力图从理论上证明它们的最终的经验来源，在《理智论》中这方面的论述占了全书三分之一多的篇幅。洛克的这一论证，同时也是对以感觉和反省为起点的人的认识通向知识的一个重要阶段的描述，而且包含着他试图从认识论角度代替亚里士多德主义的从本体论的角度提出哲学范畴体系的努力。

什么是简单观念

洛克把人心中的全部观念区分为简单观念和复杂观念两类。人心从感觉和反省一开始获得的是简单观念，对简单观念他从不同角度有两个精神一致的说明。从观念对人心的呈现或者说从现象看，简单观念"每一个的本身都不是复合的，它只包含一种同一的现象，或心中形成的影像，不能再区分为不同的观念"。[①] 外物的各种性质尽管紧密结合不可分，但是各种不同的性质是通过不同感官的渠道作为单独的观念分别呈现于人心的，每个观念是不能再分解的单纯现象，从语义学和逻辑学的角度看，"简单观念的名称是不能下任何定义的"。[②] 既然简单观念不能再分解为其他观念，所以不可能用标志其他观念的名称去说明简单观念的名称，给它下定义，它的意义只能通过产生简单观念的具体经验去了解。例如任何文字的说明都不能使我们懂得"红"这个词的意义，只有在眼睛看到红产生了红的观念后，我们才能了解它的意义。

洛克列举了一些他认为较重要的简单观念。通过感觉获得的有充实性、空间、广延、形状、静止、运动等，通过反省获得的有理智、意志、记忆、分辨、推埋、判断、知识、信仰等，通过感觉或反省都可以获得的有快乐(喜悦)、痛苦(不快)、能力、存在、单位、先后、连续等。

在洛克看来，人心获得简单观念是被动的，这种被动性表现在人心不论愿意否，对它们都不能拒绝、改变、抹掉或生造，就像镜子反映

① II. ii. 1. 第 119 页，中译本第 84 页。

② III. iv. 4. 第 421 页，中译本第 403 页。

它面前对象那样。虽然人心运作的功能亦非毫无作用，例如注意就是觉察简单观念的必要条件，当注意力被吸引到别的方面时，对感官充分的刺激也不会被觉察而产生相应的观念，但单就人心对简单观念的知觉而言它是被动的。

人心的主动作用和复杂观念

不过，人心被动地接受简单观念后，却能主动地对简单观念施加自身的一些作用，以简单观念为材料和基础构成其他观念，这些作用主要有三种：第一种是结合作用，把几个简单观念结合为复合的观念，从而造成一切复杂观念；第二种是比较作用，把两个不论是简单的还是复杂的观念放在一起彼此相邻以便同时观察，但不把它们结合为一，这样便得到一切关系观念；第三种是抽象作用，把一些观念和它们在实在存在中伴随的一切其他观念分离开来，由此造成一切一般观念。可以看到，这三种作用的核心是以不同的方式把一些简单观念联结起来，在心中形成新的观念。洛克说："由几个简单观念放在一起构成的观念，我叫做复杂观念；就像美、感恩、人、军队、宇宙一类观念。"[①]洛克一般都是在这种较广泛的亦即在非简单观念的意义上使用"复杂观念"一词。至于由第一种结合作用形成的复合观念他也称为"复杂观念"，那是在较狭窄的含义上使用这个词。

洛克把观念区分为简单的和复杂的两大类，目的在于论证观念的经验来源，然而人心中的复杂观念无限多，不可能逐一说明它们是如何由简单观念构成的，事实上也无此必要，只要把复杂观念加以分类，考察每一类中一些重要的观念，说明它们都由简单观念构成，那

---

① II. xii. 1. 第 164 页，中译本第 130 页。

么同类性质的其他观念也同样得到了说明,洛克正是这样做的。

洛克认为复杂观念虽然数目无限,变化无穷,然而可以把它们全部分为样式、实体和关系三类。[①]

样式复杂观念

洛克认为样式复杂观念"它们自身不包含由于自身而存在的假定,而被看作是实体的依附物或性质,就像三角形、感恩、谋杀等一类词所标志的观念"。[②] 可见他所说的样式指的是实体的属性,和通常理解为实体属性的特殊表现略有不同。

样式又可以分为简单的和混合的两种。简单样式观念是同一简单观念的变化或结合,并没有和任何其他观念混合,如"一打"是十二个单位的观念加在一起。洛克把许多哲学和科学的范畴、概念列入这一类观念,作了比其他种类的观念更为详细的论述。在这里他首先考察了自然哲学中空间、广延、形状、时间、持续、数目、无限、运动、声音、颜色、滋味、气味等等观念,其次他考察了他称为思想样式的感觉、记忆、思维、幻想、注意等有关人心运作的功能的观念。接着他谈到有关快乐和痛苦的感情的各种样式,如善恶、爱憎、欲望、恐惧、欢乐和悲痛、希望和失望、愤怒、羞耻等,最后,洛克把包含关系在内的能力观念也归入简单样式并写了很长的一章。

所谓混合样式观念是由不同的简单观念形成的样式观念,例如

---

① 自吉布森的《洛克的知识论及其历史关系》(1917)和艾伦的《约翰·洛克》(1932)出版以来,形成一种传统的看法,认为洛克在《理智论》第4版对第二卷第十三章第一节增补的关于人心对简单观念的主动作用的一段话,表明洛克改变了对非简单观念的分类。斯图尔德在《洛克的精神原子论和观念分类》(下)(《洛克研究通信》第11期,1980年)一文提出不同的看法,认为洛克没有改变对观念的分类。作者同意后一意见,所持理由则不尽相同。论证从略。

② III. xii. 4. 第165页,中译本第131页。

义务、酒醉、谎言等。虽然对外观察有时也可以获得混合样式观念，但更多是由人心把一些分散和单独的简单观念合拢起来构成，只要它们在理智中互相不矛盾，不必考虑实在的存在是否如此。所以和实体复杂观念不同，它的原初的稳定的存在多半是在人的思想中而不在实在的事物中。最能产生混合样式观念的是思想、运动和能力三个变形最多的简单观念，思想和运动包括了一切动作，而能力则是动作的源泉。所以洛克的混合样式主要指人的动作特别是人的社会行为，那些同人的动作与行为密切相关的学科，如神学、伦理学、法学、政治学等大部分的观念都属混合样式观念。由此可见，洛克的视野不仅包括有关自然物体和人的心理活动的观念，而且还注意到社会意识的观念，他的考察是较为全面的。

实体复杂观念

实体复杂观念和表象对象的属性、性质的样式观念不同，它是表象自身独立存在的特殊东西的观念，它们首先是由表象特殊东西中经常在一块的种种性质的一些简单观念结合而成。由于这些性质自身不可能单独存在，我们还必须假定有某种东西作为它们的载体或支托，尽管这种东西我们不知道是什么，只有含糊的观念，这个假设性的含糊观念就是一般的实体观念。所以种种特殊实体观念是由表象事物各种性质的一些简单观念和表象这些性质的载体和支托的一般实体观念共同组成。如果我们在一般实体观念上加上暗白色以及某种程度的重量、硬度、熔解性等简单观念，我们便得到铅的实体观念。某种形状、运动、思想、推论能力等简单观念加在一般实体观念上，我们便有了通常的人的实体观念。

对于洛克关于实体观念的观点，当时就有人加以指责，认为它是自相矛盾的，想要避免矛盾则必须承认一般实体观念同样是来源于感觉或反省的简单观念，但是显然这是荒谬的。洛克断然否定他的观点有什么矛盾。他反驳说："我从来没有说过实体的一般观念来自感觉或反省；或者它是感觉或反省的简单观念，虽然它最终可以在它们那里找到。因为它是一个复杂观念，是由某物或存在的一般观念和对偶性的支托关系所构成。因为一般观念不是从感觉或反省进入人心的，而是理智的创造和发明。"[①]在洛克看来，一般观念和关系观念是人心对简单观念进行抽象和比较的产物，所以应当承认，他在这里并没有犯什么逻辑上自相矛盾的错误。他的实体学说的问题和困难是在别的地方。

从上述可以看到洛克首先并着重论述样式观念，其次才较为简要地谈到实体观念，表明他和传统的观点相反，把样式或者说属性而不是实体放在他的范畴体系中的首要地位。另一方面也表明他不像霍布斯那样根本抛弃实体范畴，而是按经验哲学的精神加以改造为自己所用。实体范畴在洛克哲学中虽然不占主要地位，但仍然有重要的作用，对它我们在下面还要和事物的性质与本质联系起来进一步讨论。

关系复杂观念

在说到什么是关系复杂观念时洛克说："理智考察任何事物不限于只是那个对象，可以说它能使任何观念超出或者至少看来超出自身之外，看看和其他观念处于怎样的依从状态。当人心这样思考某一事物，好像确实把它置于另一事物之旁而目光亦从一个转移到另一个时，这就是关系或相关这些词的含义。"[②]显然这里讲的是人心

① 《给斯蒂林弗利特的第一封信》，《洛克著作集》第 4 卷，第 19 页。

② II. xxv. 1. 第 319 页，中译本第 291－292 页。

如何通过比较作用，产生关系观念，至于关系本身是什么还缺乏明确的说明。但是从洛克所举的关系观念的例子，例如父子、夫妻、高低、大小、因果、同一与差别、善恶等等，可以看到他所说的关系观念指的是表现为相对名词的互为前提具有对立统一关系的概念。他对关系观念的探讨有两个重大的缺陷，一是没有区分事物的外在关系和内在关系，只笼统地谈关系；二是把产生关系观念的人心比较作用和产生一般观念的人心抽象作用完全分开，因而不懂得事物内在关系是通过理性思维去把握的，他说的许多关系观念其实是抽象的概念。在关系问题上同样表现了洛克的经验论的狭隘性。

在洛克有所论述的关系中，因果关系、同一和差别关系以及道德关系在他的哲学思想中占有重要的地位。后二者我们留待以后连同他关于人的学说一起介绍。至于洛克的因果观上文已经谈到，这里要补充指出的是，在因果问题上他首先关心的是因果观念的经验来源。他认为从感官对经常变化的事物的注意中，我们不能不观察到原来没有的一些特殊的性质和实体开始存在，而这种存在是由别的存在物的作用引起的，这种观察向我们提供了原因和结果的观念。但洛克也多少意识到因果之间的作用不总是感官能直接看得见摸得着的，为了坚持因果观念的经验来源的观点，他把“作用”和“作用的方式”区分开来，企图以此来克服经验论的狭隘性所带来的困难，他说：“要得到因果观念，只需考虑任何简单观念或实体是由某种其他简单观念或实体作用而开始存在便够了，无须知道这种作用的方式。”[1]然而不认识原因引起和产生结果的作用方式，所谓考虑它们之间的作用实际上便成了一句空话。单纯停留于现象上的描述，并不能使人真正获得因果关系的观念。对因果性的研究远比洛克深刻

① II. xxvi. 2. 第325页，中译本第299页。

的休谟清楚地认识到这一点，因此把经验中总是前后伴随的现象和因果关系严格区别开来，不过和休谟之否认因果关系的客观性不同，洛克始终坚持自然物体之间以及物体和感觉之间存在不以人的意志为转移的因果关系，并以此作为他的自然哲学和认识论的重要的理论支柱。

总之，洛克把人心主动构成的全部复杂观念分为样式、实体和关系三种，详细论证了它们都是由简单观念以不同的方式联结而成，因此一切观念归根到底来源于感觉或反省，来源于经验。他对这种论证方法没有丝毫的怀疑，充满信心地宣称："我相信如果我们仔细观察我们意念的起源，我们便会看到即使最玄奥的观念，无论它们似乎离开感觉或我们人心的任何作用有多远，依然不过是理智通过重复和联结一些观念而给自己构造的，这些观念或者从感官对象得来，或者从理智自身对它们的作用得来；因此即使那些夸张的和抽象的观念也是来源于感觉和反省。"①

意义和局限

洛克的简单观念和复杂观念的学说是他正面论证知识的经验起源的主要支柱，要正确地了解它在哲学历史中的意义，既要密切联系当时机械唯物主义已经战胜亚里士多德—经院哲学的形而上学和自然观的时代背景，也不能忽视亚里士多德以来特别是晚期经院哲学的逻辑传统②。

在洛克看来，粒子学说是解释物质世界最好的学说，而通过和物质世界作类比有助于我们认识精神世界。粒子是物质世界最原初的

---

① II. xii. 8. 第 166 页，中译本第 133 页。

② 迈克尔·艾耶尔斯的两卷专著《洛克》(伦敦，1991)对洛克和传统逻辑的关系作了最为详尽的分析。

简单成分，不是人心能力可以创造或毁灭的，它们的分离和组合构成自然中变化无穷的复杂东西。精神世界也与此相似，源于感觉和反省的简单观念是最原初的简单成分，不是人心能力可以创造和毁灭的，它们的分离和组合构成精神世界中变化无穷的复杂观念。[①] 有人把洛克的这一观点叫做“精神原子论”是有一定道理的，但要是以为洛克只是简单地将物质原子论套用到精神世界中来那是错误的。洛克是按粒子说关于简单和复杂、分解和组合的原则，以论证知识的经验起源为目的，结合认识中逻辑和语言的特点而得出自己的结论的。

传统逻辑按从简单到复杂的顺序依次讨论概念（词）、概念（词）结合形成的判断（命题）以及判断（命题）安排有序的结合组成的三段式演绎推理。逻辑学中这样的“合成论”已有悠久的历史，同洛克的“精神原子论”有其相通之处，然而必须加以改造使之完善。

自从亚里士多德提出十大范畴以来，实体范畴一向被认为比属性范畴更为重要，洛克和传统相反，认为样式（属性）范畴比实体范畴占有更优先的地位，颠倒过来之所以必要，因为在新科学看来认识的首要任务是精确回答事物是“如何”的问题，不在于思辨地解释它们“为什么”存在和变化的原因。同时从经验论看来，能直接经验的样式（属性）观念是清楚明晰的，不能直接经验的一般实体观念则是模糊含混的。由此可见，洛克在参照和接受传统逻辑的范畴分类，把复杂观念分为样式、实体和关系三大类的同时，也反映了时代的要求作出了重要的改动。

什么是精神中简单的东西“原子”呢？认为样式（属性）比实体更重要的洛克必然得出和传统不同的结论。他指出过去错误地以为诸

---

① 见 II. ii. 2. 第 120 页，中译本第 85 页。

如人、马、金、水等实体观念是简单观念，是因为人们在语言中为迅速传述思想起见用一个名词来称呼实体，后来由于粗心大意往往把它们当作简单观念来谈论和看待，“这些实体观念虽然通常叫做简单理解，它们的名称叫做简单词；可是实际上它们是复杂的和复合的。”[①]精神中真正原初的最简单的成分是感觉和反省提供的表象物体的性质和人心的活动的简单观念，各种实体则是由它们组合而成的复杂观念。

传统逻辑追随亚里士多德从实体、从本体论出发建立范畴体系，洛克和传统持不同观点，他把认识问题提到首位，向自己提出描述知识如何形成的任务。他多少已经把认识看作一个过程，认为首先必须为知识准备观念材料，在这基础上再进一步形成知识，在准备观念材料的阶段又分为被动地接受简单观念和主动地构造复杂观念两步。这样他自诩为已经“说明了人类知识起源的真实历史”[②]并非全无道理。与此相应他把包括哲学范畴在内的全部观念纳入简单观念、样式复杂观念、实体复杂观念和关系复杂观念的框架，表现了他试图按人的认识从简单到复杂的过程建立范畴体系的努力，可以说他是西方近代最早从认识论出发尝试建立范畴体系的哲学家。不论他的这个学说包含了多少困难和缺陷，它确是后来按认识主体的原则建立范畴体系的先声，因而也成为黑格尔综合前人的成果根据思维与存在同一的原则建立范畴体系的思想中的一个环节。

洛克的简单观念和复杂观念的学说反映了新科学的精神和要求对传统逻辑的改造，在当时有力地论证了观念和知识的经验起源，进一步沉重打击了天赋观念论，因而获得了广泛的传播，具有深远的影

---

① II. xxiii. 14. 第 305 页，中译本第 276 页。

② II. xi. 15. 第 162 页，中译本第 128 页。

响。在后来18世纪的英法经验论哲学乃至现代某些经验哲学流派中，都可以看到对它的反响，然而这个学说的历史局限性也是十分突出的。

洛克的机械论的分解和组合的原则运用于精神世界有时即使在形式上也是难以贯彻的。从洛克的观点看来，外界物体具有经常结合在一起的种种性质，所以联结表象这些性质的简单观念，再加上支托性质的模糊的一般实体观念，我们可以构成外界特殊实体的复杂观念，这样在对外物的认知中简单和复杂的问题归结为简单观念组合构成复杂观念的问题。可是人心对自己的认识却与此不同，这时认知的是人心自己的活动和功能，不存在相当于外物的特殊实体。他写道："当人心把目光转向自身内部并思考自己的活动时，首先发现的是思想，而人心在其中看到多种多样的变形并获得不同的观念。"[①]感觉、记忆、思考、注意、推理、判断、意欲、知识等等就是思想的种种变形。这样思想观念和它的各种样式观念之间的关系是原形和变形的关系，不是组合和成分之间的关系。洛克的"变形说"虽然便于说明有关人心的各种活动和功能的观念归根到底来源于内部经验反省，但是却远离了他的观念"合成说"的基本原则。洛克对从反省而来的这另一系列的观念没有也不可能从合成的角度说出点什么，绝不是偶然的。

在洛克简单观念和复杂观念的学说的种种困难和问题中，最主要的恐怕是没有把他所谓的"人类知识的起源史"理解为辩证的发展过程，从低级到高级具有质的不同阶段的过程。在当时广为流传的机械论的学说的单纯数量的观点影响下，洛克同样把复杂东西归结为构成它的简单东西的总和，不存在质上新的东西。结果不可避免

① II. xix. 1. 第226页，中译本第196页。

极大局限了他已多少意识到的人心的主观能动作用。他把他所说的人心对简单感觉观念的组合、比较和抽象三种能动作用,统统看作只是对简单观念的分离结合,不懂得这种能动作用主要在于使认识发生质的变化从感性上升为理性,这样势必把理性的东西混同于并归结为感性的东西。空间、时间、运动、数、无限等理性的概念和范畴,在洛克看来都是简单观念的变形的样式复杂观念。至于金、铅、磁铁等实体复杂观念,他并不严格区分某个特殊的感性形象和一般的抽象概念。洛克不是完全没有接触到观念中感性和理性的区别和关系问题,在他的特殊实体观念中除了各种可感的性质的简单观念外,还必须加上一般的实体观念。在因果性的关系观念中除了动作者和被动者的观念外还强调要有作用的观念。可是经验论的狭隘性使他在遇到抽象的一般时还误以为自己依然处于感性的领域,结果只好宣称这些可以由理性把握而不能直接感觉的一般的存在或作用的方式(即内在联系)为不可知,不能有清楚明晰的观念。也就是说人的认识只能停留于描述现象而不能深入达到事物的本质和规律。洛克的简单和复杂观念的困难和缺陷在方法上是机械论的困难和缺陷在认识论上的表现。

3. 论语词

研究语词的必要

英国近代经验论哲学从一开始便注意到语言和知识的密切联系,在批判经院哲学,维护新科学,推动知识进步的斗争中不断加深对语言的研究。早在世纪初培根已经指出词义的不确定会造成思维的混乱,使人陷入空洞的争辩和无聊的幻想,对此他形象地称为“市场幻象”。霍布斯从正确推理的需要出发,着重论述他的名称学说,同时也广泛地涉及语言哲学的一系列重要问题,形成较为全面和系统的语言哲学思想。在20世纪60和70年代一批具有新思想的学者甚至追求建立有利于把握事物属性的普遍语言,作为认识和理解事物的辅助工具。[1]

洛克是在他开始写作《理智论》很久之后,随着对观念和知识研究的深入,发现有必要探讨语言特别是语词问题,他写道:“我发现观念和语词有着如此紧密的联系,我们的抽象观念和概括性的词彼此具有如此恒常不变的关系,不首先考察语言的性质、功用和意义,便不可能清楚明晰地谈论全都是命题的我们的知识。”[2]他又说:“我倾向认为,如果作为知识工具的语言的种种缺点得到更为彻底的认真考察,绝大部分引起如此轰动的争论将会停止,而通向知识的道路,也许还有通向和平的道路,将会比现在畅顺得多。”[3]所以他在《理智论》中讨论观念之后和知识之前,增加了原来计划没有的专门讨论语词的一卷,这是洛克哲学思想发展的合乎逻辑的必然结果。知识的内容离不开源于经验的观念,知识的表述不能没有概括性的词,对观念和语词的研究同样是形成完备的知识理论的必要准备,二者不可缺一。上文曾指出洛克把知识分为三大种类,第一种是以研究物体和精神为对象的“物理学”,第二种是以研究人的行为为对象的“实践学”,第三种是以研究作为获得和传播上述两种知识的工具的观念和语词这两种标记为对象的“符号学”,这表明洛克已经意识到语言研究应当是独立的知识部门,而他的语言哲学思想则是他的知识理论的必要组成部分。

---

① 参阅约尔顿:《洛克和人类理智的范围》,牛津大学出版社1970年版,第201—204页。

② II. xxxiii. 19. 第401页,中译本第382页。

③ III. ix. 21. 第489页,中译本第476页。

洛克没有向自己提出建立完整系统的“符号学”或语言哲学的任务，他之研究语言完全从属于他整个哲学研究的目的，限于探讨知识的来源、确实性和范围不可避免要涉及的问题，洛克语言哲学思想的特点在于以机械唯物主义的微粒说和经验论的观念学说为理论基础，以概括性的名称为研究重点，从中揭示语词本性上的缺点并提出补救的办法。

语词的性质、含义和功用

在洛克看来，语词是构成语言的基本因子，有关语词的问题弄清楚了，联结语词而成的语言也就清楚了。所以语言的研究可以归结为语词的研究。他从单个的词出发去看语言，没有从语言的统一整体去看词，显然是片面的，这是洛克采用当时流行的机械的分析综合方法在语言哲学中的表现。但从人类认识的过程看，这又是必要的难以避免的一步。

洛克没有详细探讨语言的起源，只是一般地指出人是社会的动物，语言是适应人与人之间联系和交往以结合成社会的需要而产生的，“是社会的伟大工具和共同纽带”。① 所以语言和语词的两个必要条件是具有音节清楚的声音以及这声音是人心中观念的标记，也就是说语言和语词必须是外在可感的声音和内在不可感的观念二者的统一，才能发挥交流思想的作用。在谈到语言是标记观念的声音时，洛克看到并强调语言具有概括性的特点，借助代表一般观念的概括性名词，可以使一个词标记许多特殊的事物，只有这样才能充分发挥语言的作用。

洛克肯定词和观念具有密切的联系，但并没有像有些人认为的

---

① III. i. 1. 第 402 页，中译本第 383 页。

那样把事情简单化和绝对化。他看到有些表示否定或欠缺的词没有直接相当的观念,例如“虚空”、“无知”、“荒芜”等,但是如果因此说它们不属于或不标志任何观念便不正确,“因为这样它们便成为全无意义的声音;它们和积极的观念有关,标志它们的不存在。”[①]的确语言中还有大量的词不是标志观念的名称,而是标志人心赋予各个观念或各个命题互相之间的联系,如“但是”等虚词。通过这些词把命题的各部分以及各句子联结起来形成首尾一贯的议论,“所以那些本身的确不是任何观念名称的词,在语言中有着永恒不变的必不可少的作用,而且对人的完美表述本身做出重要的贡献。”[②]然而语言中的虚词并不否定语词是观念的标记的一般原则,不然语言便不能成为联系社会中的人的工具和纽带,具有“记录我们自己的思想”和“向别人传达我们的思想”的作用。[③] 至于人用什么声音标志观念,洛克持约定论的观点,认为是由人任意决定约定俗成的,唯其如此才会有各种不同的语言。但某种语言一旦形成,就不能随意变动,否则人家便不懂得你说的是什么。

语言或语词是人心观念的外在可感的标记的性质,决定“语词原初的或最贴近的意义不是别的而只意味着使用它们的人自己心中的观念”。[④]以单独个人心中的观念说明语词的意义,不可避免遇到两个难题,如何保证说话者使用的语词所标志的观念也是对话者心中同样的观念从而达到沟通思想的目的?如何保证说话者使用的语词所标志的观念不是心中的想像而是合乎外物的实际呢?洛克意识到这种困难,提出语词虽然只标志说话者心中的观念,但在思想中还常

① III. i. 4. 第 403 页,中译本第 384 页。

② III. vii. 2. 第 472 页,中译本第 457 页。

③ III. ix. 1. 第 476 页,中译本第 462 页。

④ III. ii. 2. 第 405 页,中译本第 386 页。

常秘密地参照两种别的东西，即别人心中的观念和客观事物的实际，设想他心中的观念同别人的观念或事物的实际相符，两种"参照物"的说法当然不能使洛克摆脱困境，最多不过指出语词使用中的实际情况，但是显然洛克在这里以自己的方式提出了语言、说话者和现实世界三者的关系问题，虽然还很初步和粗浅，却接触到后来语言哲学的核心问题。

语词的定义

为了避免使用错误的或含混的语词，必须明确词的含义，通过定义清晰地规定词的意义。但是是否一切词都能定义？怎样才是好的定义？由于词的意义在于它们标志的观念，观念则有各种不同的种类，所以洛克认为要正确解决这些问题，必须结合各类观念的特点，进行具体的分析。

首先，要区分标志简单观念的词和标志复杂观念的词，前者不能定义，后者则可以，因为所谓定义是用一些非同义词来表示一个词的意义，它的用途和目的在于用一些词把标记说话者心中的观念的某个词呈现于别人面前，使他们弄清它的意义。简单观念是绝对单纯不能分解的，因此不可能用一些观念的组合，不能用定义所含的一些词来指出它的意义。用同义词说明一个词，不过是两个同义词的替换，这只是翻译而不是定义。要了解简单观念的词的意义，"唯一的方法是以适当的对象作用于他的感官，从而在他那里产生他已经知道其名称的观念"[1]。要了解简单观念"红"的名称的意义，不能通过定义，唯一的方法是让眼睛直接看到物体的红的性质。许多现代经验论哲学家都肯定洛克这一思想，而且进一步认为这也应看作是定

---

① III. iv. 11. 第425页，中译本第407页。

义方法之一，有人称之为“实指定义”。

根据洛克的简单和复杂观念学说，复杂观念是由构成它的一些观念组成，所以任何复杂观念的名称都可以借助标志这些观念的词来揭示其意义，也就是说都是可以定义的。对词作能定义和不能定义的区分，的确像洛克所认为的那样是他的首创。按照他的复杂观念最终可以分解为简单观念的观点进行推论，势必认为可以定义的复杂观念的名称归根结蒂还是要通过对象和感官的接触来揭示其意义，虽然洛克没有明确作出这个结论，由此可见现代经验论的“意义在于证实”说和“还原论”理论在洛克的语言学说中已初露端倪。

从洛克的经验论观点看来，现实事物都是个别的，名称的意义最终必须通过对象和感官的接触来揭示，按理名称的意义基本上也应当是个别的。然而事实上除了少量专名以外，名称的绝大部分是共名，具有概括的一般意义，这绝非由于疏忽或偶然。洛克强调必须研究概括性名称所表示的“一般”亦即事物种类的依据和性质，说明它和个别事物的关系，认为这是他的全部语言理论要解决的首要问题。因为在他看来，这个问题的正确解决对避免词的误用以及弄清知识的范围和确定性都有重要的意义。洛克试图运用他很独特的本质理论，即关于名义本质和实在本质的学说来解决这个问题，洛克的两种本质的学说我们在下面还要详细讨论，这里只谈他怎样解决词的一般性和事物的个别性的矛盾。

洛克在概括性的词中主要考察表示自然物体的实体名称和表示人的道德行为的混合样式的名称。这是可以理解的，因为前者是研究自然，后者是研究人这两个主要知识领域所必不可少的，这两种名称共同之点在于它们都是经过人心的抽象作用而成的复杂观念的标记，都具有概括的性质，语言的这个特点一方面使知识得以扩展和迅速传递，然而另一方面也使知识有可能陷入混乱，误以为现实中有和概括的词及观念相应的一般存在物，存在经院哲学所说的"普遍本质"或"形式"。其实现实中只有个别而无种类，"事物种类的本质，因而事物的分类，是理智的产物，因为正是理智进行抽象并形成那些概括观念"。①

不过这两种名称标志的抽象观念的形成各有特点。理智形成自然实体的观念必须参照自然物体，以一类物体的相似性，它们的经常结合在一起的性质为依据而不能主观随意编造。至于形成混合样式的观念则无须参照任何他物，纯粹出于人的目的由人心决定。例如人们由于认为杀害父母比杀害其他人的罪行更为严重，有必要把它作为杀人的罪行中特殊的一类，于是将"杀害"和"父母"的观念联结起来给予"弑亲"的名称。如果说以自然物体经常结合在一起的性质为依据的自然实体观念中的各个成分的联系比较稳固，那么无须依照外物的混合样式观念的各个成分的联系则比较松散，只有靠名称才使松散的各个成分具有确定的永久的联系，集合成为一个观念。由此可见洛克不仅强调观念决定词的意义，而且也多少意识到某些词对观念的形成也有积极的作用。

洛克借助他的两种本质的学说说明两种概括一类事物的名称的区别。既然形成那些决定混合样式名称的意义的抽象观念无须参照什么道德行为的共同属性，纯粹取决和来源于这个观念，所以"混合样式的名称(如果具有任何确定的意义)总是标志它们的属的实在本质……在这里实在本质和名义本质是一回事"。② 我们知道像道德之类的社会意识的范畴和概念当然不表象自然外物的本质，但是却决定和制约于社会存在，唯心史观的局限导致洛克完全否定社会科

① III. iii. 12. 第415页，中译本第396页。

② III. v. 14. 第436—437页，中译本第420页。

学的范畴和概念的客观性。由于形成决定自然实体名称的意义的抽象观念必须参照外物，而某类物体的共同性质又依赖和来源于物体实在的内在结构，所以“在各实体方面实在本质不同于那些我称之为它们的名义本质的抽象观念。”[①]规定自然实体名称的是它的名义本质（它标志的抽象观念）而非实在本质（物体的内在结构）。实在本质不能被感知，对它们我们没有任何观念，经院哲学捏造的所谓“实体的形式”完全是子虚乌有。洛克明确地说：“显然，正是人们自己可感性质的集合，形成他们的实体的各个种类的本质，绝大多数人在对实体分类时并不考察它们的实在的内在结构，更不用说有任何人想到过什么实体形式，除了在世界这一部分学会了经院哲学语言的那些人。”[②]然而对自然实体名称的这种类似温和唯名论的解释，无助于他跨越在个别的实在物体和一般的概括观念之间挖下的鸿沟，这是洛克意识到并努力探索解决经验论的狭隘性和机械论唯物主义自然观的矛盾但又束手无策的又一表现。

语词的缺陷、误用和补救方法

根据对语词的性质和用途的看法，洛克指出语词本性上的缺陷和人们对语词的误用并提出补救的办法。

语词是以声音标志观念，声音和观念之间没有自然的联系，采用什么声音作标志纯粹是约定俗成的，所以做成语词的缺陷不在于声音而在于它们标志的观念意义上的含混和不确定。在一切名称当中，简单观念的名称是最不含混的，简单样式的名称也是比较不含混的，混合样式的名称和实体的名称的情况则不同。混合样式的名称

---

① III. vi. 6. 第 442 页，中译本第 425－426 页。
② III. vi. 24. 第 452 页，中译本第 436 页。

代表的观念都是复杂的，经过一再的复合，使两个人往往不能在确切相同的意义上使用同一名称。其次，混合样式的名称只是人心随意集合的一些观念，没有外界的标准作为校正准绳，所以它们的意义是很含混的，人人口中都会说“光荣”、“感激”等名称，它们代表的复杂观念实际上却因人而异。实体的名称虽然要以自然的标准作为参考，但是自然物体的内在结构，它们的实在本质是我们无法知道的，它不可能成为确立实体名称的准则。至于自然物体经常结合在一起的性质，无疑能引起相应的简单观念，能被我们感知，然而它们为数很多是我们无法完全知道的，而且不同的人考察同一对象形成的复杂观念往往有差别。所以实体名称的意义也是很含混的。例如“黄金”一词代表的复杂观念，除了表示黄的物体外，人们还可以加进或排除重量、可溶性、可熔性、展延性等等观念。总之，占了语词的绝大多数的抽象概括的名称在本性上便具有意义含混的缺陷。

词本性上的缺陷使人往往错误地使用词，严重地妨碍我们获得真正的知识，洛克列举了误用词的种种表现，大体上可分为两类。一类是由于没有正确对待和处理词和观念的关系而产生的。他指出人们往往使用完全没有观念或者没有明白观念的词，这些词只不过是毫无意义的空洞的声音或者意义含糊不清，它们大都由各派哲学和各派宗教引入，经院哲学家和形而上学家则是编造出这类词的大师。其次，有些人由于愚蠢，更多的是出于欺骗，议论中用词变化无常，前后矛盾，这是语言十足的误用。再次，错误地使用词导致意义含混，如将旧词用到新的不是通常的意义上，或引入新的不明确的词又不下定义，这种对语言误用以逍遥学派最为突出。还有，由于在长期的习用中一定的观念常附加于一定的词，人们便想像它们之间具有必然的联系，以为讲者和听者都是在相同的意义上用词，不费心去深究是否真的一致，这种由轻信而生的词的误用使学术界一味从事无意义的言词争吵，辩论中只是说一些不同的话，不问思想和事物本身。

另一类词的误用是由于没有正确理解词和外物的关系而产生的。受某种哲学体系束缚的人容易把词当作事物本身。例如逍遥学派往往把实体的名称看作事物本身，总以为十个范畴的名称精确地符合事物的本质，而实体形式、植物灵魂、厌恶虚空、有意向的种等等都是实在的事物。有些人用词来表示词所不能表示的东西，例如以为实体概括名称表示我们毫无观念的实体的实在本质。此外，洛克把华而不实的言词也归入词的误用，认为修辞学、雄辩术之类的技巧只会滋长错误的观念，煽动感情，从而迷惑判断，完全是一种欺骗。洛克在痛陈词的种种误用中批判的锋芒显然主要指向经院哲学。

语言和词本性上的缺陷是无法改变的，但只要认识到这一点还是可以采取一些办法避免词的误用，在科学和哲学的研究中尤其应当注意。他提出五条补救办法，虽然没有什么特别之处，从中却可以看到他的语言哲学思想的特色。第一，不用无意义的词和无观念的名称，警惕只是基于习惯而使用心中没有观念的词。第二，词所表示的观念还必须是明白的或规定了的，也就是说，词如果表示简单观念，它们必须是明白的，如果表示复杂观念，它们必须是规定了的，亦即具有组成它们的简单观念的精确的集合，其中表示道德行为的混合样式观念的名称，由于在自然中没有原型，人心必须清楚地了解它所包含的全部成分，表示自然物体的实体观念的名称在精确规定其成分时还必须参照和符合实在的事物。第三，词除了要表示有规定的观念外，还得尽可能接近通常的用法，因为语言一经形成词便是人们沟通的共同尺度，不是私人的东西可以随意更动。第四，由于通用的语言中词义不总是明确的，为清楚起见除遵循上述规则外，有时还必须明确指出所用词的含义。指出词义的途径因其标志的观念的不同而不同。简单观念的名称可以用同义词或显示实物；混合样式观念的名称下定义是唯一方法；实体观念的名称则兼用显示实物和定义，前者直接指明名称所指物体的主要可感性质，后者则列举物体各种不被明显感知的能力，总之力求实体名称和有形实体相符。第五，满足了前述各种要求的词在使用时还要注意前后一贯，不自相矛盾。这些基本上是依靠经验澄清观念以明确词义的措施，通过它们实现他的语言哲学的补救语词缺陷，促进科学知识的发展的目的。

洛克有关语言哲学的思想是他生活时代的产物，有的地方难免较为肤浅甚至是不正确的，也包含着一些不能自圆其说的矛盾。他没有语言是有机的统一整体的观念，只把词当作组成语言的基本因子，脱离了语言整体孤立地进行研究。洛克没有意识到他之肯定语言是联结社会的纽带，是人们传播知识和交流思想的伟大工具，和他的概括性名称的词义最终来自个人的直接感觉的基本观点是不相容的。由于不懂得一般和个别的辩证法，他未能成功地解决作为他探讨的核心的共名的一般性和事物的个别性的关系问题，从而有时陷入了唯心主义和不可知论。

然而瑕不掩瑜，洛克不失为 17 世纪继霍布斯之后又一位对语言进行了比较深入和全面研究的哲学家。他继承了和发挥了霍布斯关于语言对知识和澄清词义对寻求真理的极端重要性的思想，同时又富有自己的独创性。他不是从正确推理的需要而是从知识和观念的经验起源的角度提出和考察语言问题，自觉地提出和探讨语词、观念和事物的关系，在努力揭示三者的联系时没有抹煞它们的差别，没有走到使语言过分膨胀“吞没”一切的极端。语言哲学是他的整个哲学中必要的但不是唯一的内容。分类整理大量科学新材料是当时科学面临的重大任务，这是进一步揭示自然现象的联系和规律的必要准备。洛克敏锐地觉察到这一点，深刻地认识到必须抛弃经院哲学脱离实际的思辨，紧紧依靠机械唯物主义的微粒说和经验论的观念学说，从哲学上说明作为分类的支点的种属名称的性质。他那深深打上唯名论思想烙印的两种本质的学说，是他在语言哲学中贯彻唯物主义和经验论的可贵努力的表现。此外，洛克的语言哲学思想还旁及语言的起源、性质、功用和语词的定义等一系列重要问题，它无疑沉重地打击了经院哲学，有力地维护了新科学，在冲破旧传统束缚的思想解放运动中是有贡献的。

第四节　物体的性质、本质和实体

对一切原子论者来说，都必须说明原子如何产生自然界千差万别的自然事物，这是自然哲学问题，洛克主要致力于研究认识论而非自然哲学，但是在谈到认识和由粒子构成的认识对象的关系时，不可避免也要涉及自然哲学问题，他自己就说过有时他不得不离开正题在哲学中稍事勾留。在这方面他提出了关于物体的性质，关于物体的本质和关于物体实体三个重要的学说，这些学说虽然是在讨论不同问题时分别提出的[①]，但却是紧密地互相联系的，只有把它们联系起来才能抓住洛克思想的关键，这就是他在机械粒子学说的自然观和经验论认识论的理论框架内，对自然事物的本质与现象的差别性和统一性进行了深入的探索，给后人留下了宝贵的经验教训。洛克这一重要思想往往为人们所忽视。

物体的性质

洛克认为在讨论物体的性质之先，必须明确区分物体的性质和

---

① 物体的性质主要在论观念时讨论，物体的本质主要在论语词时讨论，物体实体则在论观念、语词和知识时都谈及。

人心关于物体性质的观念，它们是完全不同的两回事。性质是引起观念的外界原因，观念是被性质引起的人心内部的结果。引起冷和热、光和暗、白和黑、动和静的清楚明晰的肯定性观念的原因，有的是外物具有某种性质，有的是外物缺乏某种性质。也就是说，性质的缺乏同样可以产生肯定性的观念，因为一切感觉都是外物作用于感官通过神经、元气把运动传递到大脑而产生的，“任何先前运动的减弱亦如同它的变化或加强必然产生新的感觉，从而引起新的观念，它只依赖那个感官中的元气的另一不同的运动”①。所以洛克要求把不依赖感官的外物性质和依赖感官的关于外物性质的观念严格加以区别。外物的性质是客观的、绝对的，而性质的观念则是主观的、相对的。人们以为我们有关外物性质的观念全都是外物性质精确的形象或肖像是不对的。洛克在提出物体的两种性质学说之前首先论述和强调了这些作为前提的观点，这是不应忽视的。

洛克认为必须把物体的性质分为第一性的质和第二性的质两类。所谓第一性的质或原初的性质是指那些和物质粒子不可分的性质。② 他说这些性质“无论在什么情况下都和物体完全不能分离；物体无论经历什么变化，对它施加什么力量，都始终保有；在体积较大可以被感知的所有物质粒子中，是感官能经常发觉的，在较小自身不能单独被我们感官感知的一切物质粒子中，也是人心发觉不能与之分离的”。③ 具体地说这些性质是充实性、广延、形状、运动或静止和数目，宏观可感物体即使细分至不可觉察的部分，亦不能去掉这些

① II. viii. 4. 第 133 页，中译本第 99 页。

② 曼德尔鲍姆在《洛克的实在主义》(载霍金斯编《哲学、科学和感官知觉》，1966)一文中首次指出洛克的第一性质主要指物质粒子的第一性质，认为断言洛克是根据宏观物体的两类观念的区分去确立物体的两类性质的区分，是始自贝克莱的对洛克的曲解。

③ II. viii. 9. 第 134－135 页，中译本第 100 页。

性质。

至于物体的另一类性质，洛克写道："事实上不是在物体中的任何东西，而是借物体的第一性的质，亦即借其不能感觉到的各个部分的体积、形状、组织和运动在我们之中产生各种不同感觉的那些能力。例如颜色、声音、滋味等等。这些我称之为第二性的质。"[①]洛克引入了"能力"的概念来说明第二性的质，所以它对于正确理解洛克的第二性的质起关键的作用。洛克的能力概念的含义上文已作介绍。既然能力观念是从一物可以用同样的方式引起另一物同样的变化得来，所以洛克说"我承认能力中包含某种关系（对作用和变化的关系）"，而作为能力的颜色、声音、气味、滋味的第二性的质"它们不过是不同物体的种种能力对我们的知觉的种种关系"[②]。能力虽是外物本身客观固有的，但是如果世界上不存在感觉主体人的话，便谈不上能力对感觉的关系，因而也就不存在颜色、声音、气味、滋味等第二性的质。

物体影响感官的这种能力如果是直接起作用的，可以叫做直接的第二性的质，如果是间接起作用的，即通过改变他物的第二性的质而影响我们的感官的，可以叫做间接的第二性的质。例如，火改变蜡块的颜色使之从白色变为透明，二者同样都是物质粒子及其组织结构的能力，不过人们通常把直接的第二性的质看作是外物中的性质，把间接的第二性的质不看作外物中的性质而看作能力。我们也可以把后者从第二性质中分出来独自作为一类称之为物体的第三种性质。

洛克在对物体性质作了如上的区分之后，进而考察物体产生它

---

① II. viii. 10. 第135页，中译本第101页。

② II. xxi. 3. 第234页，中译本第205页。

们的观念的途径。他从物体之间只有通过碰撞才能传递运动的观点出发[①],认为和人心远隔的外物所以能在人心产生各种观念,必定有一些不可觉察的物质粒子从物体发出推动感官,通过神经将运动传到脑中,对可感物体的第一性质的观念和第二性质的观念同样都是这样产生的。

总之,第一性的质是物体(首先是粒子)本身具有而和人的感觉和他物无关,它们是人心产生一切观念的依据。第二、三种性质是物质粒子及其组织结构的能力,只有同人的感觉或他物相关联才表现出来,所以严格说来它们不是物体中的性质。但是就这些能力是物体客观具有而言,按照人们通常的说法,也可以把它们叫做质或性质。

既然简单的感觉观念都由物质粒子对感官的作用产生,而物质粒子只具有第一性的质,没有第二性的质,这样在把观念的经验内容和物体的性质比较时便必然得出结论,只有第一性质的观念有外界的原型并与之相似,第二性质的观念则没有外界原型与外物性质不相似。洛克写道:“物体的第一性的质的观念是同第一性的质相似的,它们的原型确实存在于物体自身中;而这些第二性的质在我们之中产生的观念则同它们完全不相似。在物体自身中没有什么东西和我们的观念相似。它们只是我们用以表述物体中产生我们那些感觉的能力。”[②]如果使眼睛看不到光或色,耳朵听不到声音,让上腭不去尝,鼻子不去嗅,那么作为颜色、滋味、气味和声音的特殊观念便全都消失终止,还原为它们的原因即粒子的体积、形状和运动。

这里要注意洛克多次使用的“相似”一词的含义,从他的论述看

① 洛克虽然十分推崇牛顿,他始终没有按牛顿的引力是超距起作用的观点修改《理智论》。

② II. viii. 15. 第 137 页,中译本第 102—103 页。

“相似”和“不相似”是从质方面来看的。可感物体的第一性质的观念和不可感的物质粒子的相应的第一性质是在质上相似的，不是在量上也确切相符，在量上它们亦因感觉主体状况的不同而有所不同，物体的形状、大小、运动的快慢都表明这一点。所以断言洛克在承认第二性质的感觉观念的相对性和主观性的同时却自相矛盾地完全否认第一性质的感觉观念的相对性和主观性，是没有根据的。

洛克的物体性质学说，毫无疑问和从伽利略到霍布斯的机械主义自然哲学的传统观点是一脉相承的，它把全部自然现象还原和归因于物质的机械和数学的特性。他的新贡献在于从唯物主义经验论的认识论角度对此作了哲学论证，指出对可感物体性质的全部感觉观念（不论第一性质的还是第二性质的）都可以也应当还原和归因于不可感的物质粒子固有的机械的和数学的性质，这里已经包含了提出感觉现象与不可感的本质的关系问题，如果说对可感物体性质的感觉是属于自然事物的现象方面，那么在讨论具有概括性的普通名词和物体名称时洛克提出了关于自然物体详尽的本质学说。

物体的实在本质和名义本质

西方哲学中关于本质的思想至少可以追溯至亚里士多德关于形式的学说，洛克采纳本质这个哲学范畴并同意最一般的传统提法，他说：“本质可以看作任何事物特有的存在，由于它的存在事物就是什么。”[①]然而在具体理解上他站在粒子学说和经验论的立场，赋予本质以自己新的含义，认为“事物可发现的质所依赖但在各实体中一般不可知的事物实在的内在结构，可以称为它们的本质”[②]。源于亚

① III. iii. 15. 第 417 页，中译本第 398 页。

② III. iii. 15. 第 417 页，中译本第 398—399 页。

里士多德的传统观点设想一切自然事物都由数目固定的形式或本质铸造而成并精确地分有那些形式，洛克反驳说其实谁也不知道这些形式或本质究竟是什么。形式学说只会给自然事物的知识带来混乱，代之以物体内部粒子的结构要合理得多。洛克把客观事物实在具有的内在结构称为本质，认为这是本质本来的含义，但历史上还形成另一种意义的本质。

由于经院哲学家醉心于研究和争论事物分类中的种和属的问题，使本质一词几乎失去原来的意义，不用于事物的实在结构，而用于对事物的人为分类。由于科学关心的不是确认个别事物的存在而是揭示由自然规律决定的同类事物普遍的性质，所以洛克原则上不反对传统哲学把本质一词用于分类的做法，但要有正确的理解。他说“显然事物按名称列入各类或属，只是因为它们符合我们将名称附于其上的某些抽象观念。每个种或类的本质不过是概括名称或类的名称所代表的抽象观念”[①]，这种意义的本质洛克称之为名义本质。在实体首先是自然物体方面，传统哲学用种加属差的定义来确定属名所代表的抽象观念亦即名义本质的含义。洛克不同意这种从概念到概念的定义办法，主张用源于经验的物体种种可感性质的观念构成的复杂观念来确定一类自然物体的名义本质，如“黄金的名义本质就是黄金一词所代表的那个复杂观念，例如认为它是一个黄色的具有一定重量、可展延的、可熔的而且固定的物体”。[②]

洛克的温和唯名论思想使他否认名义本质的客观性，断言它纯粹是人心为了概括和分类而创造的抽象观念。自然界只存在个别的东西，不存在一般和共相，所以也没有什么种和属。单独的个体无所

① III. iii. 15. 第 417 页，中译本第 399 页。

② III. vi. 2. 第 439 页，中译本第 423 页。

谓名义本质，只有在把它们归类时才具有。虽然如此，人心形成实体而非样式的名义本质的复杂观念也不是随意的，它所包含的各个观念必须有紧密的联系，只形成一个观念，而且是以自然为依据的。人们看到自然物体中的一些性质永远结合在一起，于是模仿自然用这些性质的观念构成复杂的实体观念。也就是说自然物体的名义本质虽不反映客观的一般，却必须以同类个别物体性质的相似为根据。

洛克强调指出，必须看到自然物体的实在本质和名义本质的不同。实在本质是物体内部不可感知的微粒的结构，它决定一物之所以为该物，名义本质是人心根据物体总是结合在一起的可感性质构成的抽象的复杂观念，它决定一物属于哪一类或属。明确二者不同的同时又不能把它们截然割裂开来，因为“这种名义本质以及那个类的一切特性都依赖于各实体的实在结构”[①]，例如黄金的种种特性都依赖于黄金的不可感知的粒子的结构，依赖于它的实在本质。

洛克的两种本质的学说，表现在本质问题上试图以物质粒子的新学说取代经院哲学的“实体形式”的旧学说去说明可感的自然现象背后的不可感的本质，方向无疑是正确的。然而经验论的狭隘性和唯名论的片面性，不懂得一般寓于个别之中的道理，导致他在本质问题上陷于混乱。本质本来是从可感的现象中抽象出来的一般，只有理性才能把握，洛克却往往把它看成感性的对象。他犯了两个错误。第一，他没有看到物体内部本质的不能被感知和物体内部微粒结构的不能被感知有着原则的区别。前者属于超验的领域，原则上不能被感知，后者属于经验的领域，只是由于感官能力的局限暂时不能被感知，但是随着科学技术的进步，借助仪器设备人的感官能力得到提高和伸延，现在不能感知的感性对象有朝一日可以变为能被感知的。

---

① III. vi. 2. 第 439 页，中译本第 423 页。

第二，由于混淆两种不同的“内部不被感知的东西”，洛克把决定一物之所以为该物的他所谓的实在本质，归结为物体特殊的粒子结构，不知道作为特殊存在的感性对象的粒子结构也有着一般和个别的关系。在他看来既然自然界只存在个别物体，物体内部的粒子结构也是只有个别而没有一般的东西。这样把实在本质个别化的结果，事实上就否定了物体本身具有一般的本质，否定了自然事物划分种属的客观依据。

至于洛克认为用来对自然物体进行分类的名义本质，无疑带有一般的性质，但洛克又把它归结为物体可感性质亦即现象的列举和综合，而这绝不是现象背后的一般本质。洛克肯定自然现象背后隐藏着不可感知的本质，但又把这种本质看作可感的具体的东西，这种理论上的混乱也反映在他关于物体、物质和一般实体的学说中。

物体、物质和一般实体

如果说霍布斯关于物体的定义把力学的物体概念和哲学的物质范畴混杂在一起，那么洛克是 17 世纪明确提出物质和物体虽不可分但又是两个不同概念的唯一的哲学家，在他看来，有物体必定有物质，有物质必定有物体，二者不可分没有实在的区别。他反对经院哲学把物质从物体分割开来，认为这是引起许多关于第一物质的莫名其妙的争辩的原因。然而它们又是不同的概念。物体是多样的可变的，物质则是同一的不变的，综合上述两个方面，可以说物质是多样的可变的物体中同一的不变的东西，就此而言，洛克的确有从特殊和一般、具体和抽象的关系的角度看待物体和物质的关系的思想萌芽。可是问题的关键在于什么是物体中同一的不变的东西。经验论和机械论思想驱使洛克从当时普遍认为物体具有的种种可感机械性质中寻找物质的本质。结果他得出这样的结论，“物体代表充实的、有广延的、有形状的实体，物质则……用于表示物体的实体和充实性，而不考虑它的广延和形状”①。可见在洛克心目中物体和物质都同样表示某种实体，把它们区别开来的是只有充实性一种性质还是除此之外还有其他例如广延、形状等性质。理由是充实性没有程度和量的差别，因而是永远同一不变的，广延和形状则有量的不同因而是多样的可变的。

洛克主张用充实性代替笛卡尔派的广延性作为物质实体的本质，显而易见这是机械论者内部不同观点之争，因为无论充实性还是广延性同样都是一种可感的机械特性。洛克的物质观总的来说没能摆脱时代的局限，但是他之试图从多样的可变的物体中寻找同一的不变的物质本质，在探索哲学的物质范畴的历史长河中不失为积极的思想。

洛克的物质定义除了表示物体的充实性外，还表示物体的实体。上文在谈到实体复杂观念时，已经看到洛克把实体分为特殊的和一般的两类，这里所讲的实体当然不是指特殊实体而是指一般实体。

洛克站在维护和促进新的实证科学的立场，兴趣于研究自然物体或特殊实体的性质，厌恶抽象思辨的产物一般实体，尤其反对传统的实体形式学说，认为它严重妨碍了用物质和运动的机械论原则统一说明自然现象，而且也不可能是自然物体分为各个种属的依据。他嘲笑经院哲学家沉迷于研究和争论剥去一切性质并且和物体割裂开来的第一物质(纯粹质料)。总之，在他看来研究一般实体无助于获得科学知识，得出“实体和偶性在哲学中用处不大”②的结论。

虽然如此，洛克不仅没有像霍布斯那样拒绝使用实体范畴，而且

---

① III. x. 15. 第 498 页，中译本第 486 页。

② II. xiii. 19、20 标题，第 175 页，中译本第 142 页。

明确肯定一般实体的存在。在回答斯蒂林弗利特攻击他的理论消灭了实体时洛克写道:“世界上一定确实存在实体,阁下也是以同样的根据认为它是确实的。”[1]这一切不能只用当时传统的影响仍然强大来解释,而是有其深刻的理论原因的。从洛克所持的机械微粒说的观点看来,传统的实体学说中至少有两点经批判改造后可以也应当吸取,这就是关于基质的思想和关于本质的思想。

西方哲学家自亚里士多德以来大多认为属性或偶性自身不能单独存在,它们总是某种东西的属性或偶性,总要有某种东西作为它们的支托或载体,这种东西被称为基质或实体。其实就自然物体而言,所谓基质或实体就是抽象掉物体具体性质后的物质一般。它虽然不具有物体的任何性质,不能为感官感知,却绝非毫无内容纯属子虚乌有的空洞概念,而是标志一切物体最普遍的性质即客观实在性的哲学范畴。由于长期以来人们还没有弄清楚一般和个别的辩证关系,以致不能正确地理解隐含在基质或实体概念中的真实含义,从而产生了不少混乱的观念,洛克也不例外。一方面作为粒子论者,他深信由物质粒子组成的一切自然物体都是不依赖于人的意识的客观实在的存在,科学必须按照物体的本来面目说明它们而不能加以任何主观的歪曲。所以传统实体学说中关于基质或一般实体的概念不但可以接受而且必须坚持,一切可感的性质,不论第一性的还是第二性的质,都是客观事物的性质或能力,都必须有外界实在的基质或实体作为它们的支托。所以他说过他和传统的实体观在内容上是一致的。[2] 另一方面作为经验论者,对从物体抽象出来的最一般的物质,对基质和一般实体又惶惑不解,由于它不能被感官感知而宣称是不

① 《再答斯蒂林弗利特》,《洛克著作集》第 4 卷,第 446 页。

② 同上书,第 8 页、第 449 页。

可知的，断言它不过是人心必要的假设。洛克写道，由于我们不能设想可感性质"如何能单独存在或互相支撑，我们便假设它们存在于某个共同的主体，并为它所支托，这种支托我们名之为实体，虽然我们对这种假设的东西确实没有清楚或明晰的观念"。[①] 这里要注意洛克所说的我们对作为支托的东西没有清楚明晰的观念，并不意味着我们对性质必须有某种东西支托也同样没有清楚明晰的观念，否则心外有物的论断便失去根据了。

关于本质的思想是传统实体学说的核心。在亚里士多德和经院哲学那里，本质被称为形式，并看作是第一位的真正的实体。只有具有内在必然联系的东西才是本质，它由属的定义揭示因而是属于一般的东西。[②] 传统实体学说有其合理的方面，它肯定现象背后存在一般的本质，本质决定现象而且和现象具有内在必然的联系。对于这一点力图用物质微粒代替实体的形式说明纷繁的自然现象的微粒说是同意和采纳了的，所以洛克在抛弃实体的形式时批判接受传统哲学关于本质的思想是完全可以理解的。

总而言之，洛克虽然一再声称对一般实体我们只能有含糊的观念，然而他的一般实体还是有着重要的确定的内容。[③] 首先实体是可感性质的基质或支托，这表示肯定心外存在某种东西，隐含着承认唯物主义的基本原则。其次实体是自然物体的实在本质或内在结构，是物体的可感性质及其结合的客观原因，基质（支托）和实在本质（内在结构）是两个不同的概念，分别从存在和原因两个不同的方面

---

① II. xxiii. 4. 第 297 页，中译本第 267—268 页。

② 参阅汪子嵩：《亚里士多德关于本体的学说》第 8 章，三联书店 1982 年版。

③ 这是个至今仍有争论的问题，历来哲学史家强调洛克实体观的不可知论方面，近年不少学者致力于从本体论的角度联系微粒说理解洛克的实体观，他们的看法也不尽相同。埃德温·麦卡恩的《洛克的物体哲学》（见维尔·查佩尔编《洛克》，牛津大学出版社 1994 年版）对各种观点作了综合介绍。

说明物体可感性质在深层的依据，共同构成一般实体的重要内容。洛克有时把它们区分开来并提，例如他说过“那个含糊的实体观念，亦即不可知的支托以及它们（按指特殊实体的简单观念）结合的原因的观念”[①]；有时则结合起来认为内在结构也就是支托性质的基质，说“每个存在的实体的确都有它特殊的结构，我们观察到实体的那些可感的质和能力都依靠这结构”。[②]

一般实体顾名思义自然是指一般的东西而不同于特殊实体。按照洛克对一般实体的内涵的理解，基质和内部结构是物体可感性质存在和产生的基础，属于物体不可感的深层方面，就此而言也是从一般的意义上说的。然而否认一般的客观存在的唯名论思想，使洛克往往又从个别的目光看待一般实体，特别在内部结构的问题上，只理解为决定个别物体的特殊粒子结构，否认同类物体具有共同一般的粒子结构作为它们分类的客观根据。结果使他关于实体的思想和关于本质的思想同样，在一般与个别问题上陷于混乱和矛盾。一般实体对于洛克的唯物主义信念来说是不可或缺的，但是肯定一般实体又是和他的经验论和唯名论的片面性不相容的，最后只好把它作为人心必要的假设来求得一种妥协调和的解决。

对现象和本质关系的探索

洛克关于物体的性质、本质和实体的学说有密切的联系，可是由于他没有把这些学说直接联系起来论述，容易使人不能充分理解它们的哲学意义。洛克这些学说最重要的哲学成果是在近代西方首先明确提出和初步探索了现象和本质的关系问题。

---

① III. vi. 21. 第 450 页，中译本第 434 页。

② III. vi. 13. 第 448 页，中译本第 432 页。

西方哲学中探索现象和本质的关系由来已久,可以追溯至古希腊哲学家力图从纷繁杂多的自然现象中寻找统一的本质和原因的本原思想。洛克在近代出于结合经验论和机械微粒说的考虑,提出和探讨了这个问题的许多方面,尽管他还没有自觉地把现象和本质作为一对对立统一的范畴专门加以论述。

洛克把物体可感的性质和能力同物体的基质和微粒结构区别开来,认为前者是物体外部可感的东西,后者是物体内部不可感的东西;前者不能独立存在必须依附于后者,后者则是支配前者的独立存在;前者是从后者产生的结果,后者则是产生前者的原因,显然前者指的是物体的现象,后者是物体的本质,现象表现本质,本质决定现象。可见,洛克已经开始把握到现象和本质的区别和关系的某些要点。

现象在洛克那里虽然也有其主观方面,但是他坚定地承认物体外部可感性质和能力为外物本身所固有,承认现象或现象的对应物的客观性,不像后来的康德把现象和自在之物划入两个完全不同的世界,在现象和本质之间挖下不可逾越的鸿沟。在洛克看来,客观的现象与本质虽然不同,从本体论的角度看却有着内在的必然联系,有着同一性,基质和内部结构是性质和能力存在的基础和产生的根源,所以现象在人心的显现(不论第一性质的还是第二性质的观念)并不妨碍人们根据可感的现象推知本质的存在,确认物体有其基质和内部结构。但是正如上文已经指出的,经验论的狭隘性使洛克把不能直接感知的和不能认知的混为一谈,一再声称不能认识基质和内部结构本身,断言它们是推论得出的假设而非确实的知识,这样在认识论上便否认透过现象可以获得关于本质的知识,从而割裂了现象和本质的同一性。在本体上承认但在认识上又否认现象和本质之间的同一性,无疑是洛克哲学中一个重要的矛盾,这是在坚持唯物主义的机械微粒说的同时，又力图彻底贯彻经验论的基本原则而导致的矛盾，是经过深入的思考在探索过程中由于不懂得辩证法而产生的矛盾，绝非无原则地随便把对立的哲学原则加以拼凑的结果。

第五节　知识和信念

什么是知识

在洛克看来，观念和语词是知识的伟大工具，探讨观念和语词是研究知识必要的理论准备。当结束了对观念和语词的论述之后他便进入讨论知识，这是他的知识论的主题。洛克对知识有明确的定义，他写道："由于人心在它的全部思想和推论中，除了自己的观念外没有别的直接对象，这些观念是它唯一使用或可以思考的，所以显然我们的知识只和观念有关。……因此在我看来，知识不是别的，只是对我们的任何一些观念的联系和一致或不一致和排斥的知觉，知识就在于此。一有这种知觉，就有知识，没有这种知觉，我们尽管可以幻想、猜测或相信，然而我们却永远没有知识。"[①]这样界定知识在哲学史上还是头一回。

洛克的知识定义首先强调了知识和观念有密切不可分的关系，是以人心具有的观念为前提，而其实质在于认为全部知识毫无例外归根到底来源于经验。因为如果人心在形成知识时可以使用和思考的唯一直接对象只有观念，观念是形成知识唯一的依据和材料，而一切观念又都来自经验（感觉或反省），那么知识只能来自经验便是合乎逻辑的结论。洛克所谓"知识只和观念有关"，说的是人心形成知识唯一可供使用的材料和加工的对象只有观念，而非意味着任何知

① IV. i. 1 和 2. 第 525 页，中译本第 515 页。

识都绝对和观念外的客观世界无关,事实上他明确肯定有关自然的知识通过观念的中介和客观物体有间接的关系。

知识虽然一点也离不开观念,但却不能归结为或等同于观念,人心知觉到观念不等于就有了知识。知识是人心对不同观念间一致或不一致的关系的知觉,也就是说知识必须是肯定或否定观念间的某种关系,必须是判断或命题。洛克是在十分广泛的意义上使用"一致"(agreement)一词,它既可以表示不同观念质上的相同,量上的相等,必然的联系,也可以用来表示各种性质在同一主体中的共存,乃至如肖像和原型的相符等等,他对观念间种种一致或不一致的关系作了细致的分析,归纳为四类。

第一类是同一或差别关系,例如"白"、"圆"等观念就是它自身(同一性)而不是"红"、"方"等别的观念(差别性)。第二类是共存关系,在有关特殊实体的知识中,人心知觉到某个观念和别的观念永远共存或不共存于同一主体中,例如"黄金是固定的"、"铁可以受磁力的影响"。第三类是和上述两种关系不同的关系,是狭义上的关系。人心通过比较各个不同的观念,知觉到它和其他观念具有这样或那样的必然联系,例如"两条平行线间等底的三角形"和"相等"两个观念间的必然联系。第四类是有关实在的存在的,这是指任何观念和实际的实在存在的一致或不一致的关系。例如"上帝是存在的",显然这是观念和实在存在之间而不是观念和观念之间的关系,不符合知识的定义,对此在下面谈到知识的实在性时再加分析。总之,洛克认为"在这四类一致或不一致中……包括了我们具有的或可能具有的全部知识"。[1]

洛克的知识观把观念看作是形成知识的材料,而知识则是认识

---

① IV.i.7.第527页,中译本第517页。

在获得观念的基础上的进一步发展，所以他较为细致地探讨了认识从经验的发端到知识形成的过程，无疑深化了经验论的知识学说。但是洛克所谓的观念是知识的材料，不是在思维进行抽象加工的对象的意义上说的，而是作为构成知识的因素、成分，犹之乎判断中的主项和谓项或命题中的主语和宾语，从观念到对观念关系的知觉，和抽象作用全然无关，这妨碍了他正确地理解这个过程。

洛克除了从知觉的内容外，还从知觉的性质规定知识，强调对观念间关系的知觉必须是确定的才是知识，明确指出："没有确定性便不能有真正的知识。"[①]洛克对确定性一词没下定义，从它的实际使用看指的是知识具有充分根据的无可怀疑的性质和永恒不变的性质。在洛克那里和确定性相对的概念是或然性(意指有可能真但不一定真)。确定性和或然性二者都有各种不同的程度，然而最高的或然性还不是确定性，二者仍有原则区别，这种认识还不是知识。

知识之所以有各种不同程度的确定性，因为人心获得知识有各种不同的途径。首先，"人心有时无须任何其他观念的介入，便直接地知觉到两个观念的一致或不一致"[②]。例如对于白不是黑，圆形不是三角形，三大于二而等于一加二这一类真理，人心看到这些观念在一起时通过直觉便能立即知觉到，不必借别的观念为媒介。洛克称这种知识为"直觉的知识"，它是最清楚最确定的，不能想像有更大的也不需要有更大的确定性。"我们一切知识的确定性和根据全都依赖于这种直觉。"[③]

其次，一些观念人心不能直接看到它们是否一致，但是通过一个或多个其他观念的中介而知觉到。例如我们虽然不能直接比较三角

---

① IV. iii. 14. 第546页，中译本第537页。

② IV. ii. 1. 第530－531页，中译本第520－521页。

③ IV. ii. 1. 第531页，中译本第521页。

形三个内角和两直角之间的大小，但是通过既和三内角又和两直角相等的其他角的中介，便得知它们是相等的。洛克把通过这种论证方法获得的知识称为论证的知识或“推理的知识”。只要论证过程每一步中的两个观念的一致或不一致都以直觉知识为依据，那么论证的知识也是确定的。可是由于它必须借助一连串的中介观念，不如获得直觉知识那样直接和迅速，知觉本身也不那样清楚明晰，所以它的确定性比不上直觉知识，是属于次一级的。有趣的是洛克认为论证方法不仅可以运用于数学中的图形和数目等能精确计算的数量方面，这是公认的，而且还可以用于道德学。他写道：“我毫不怀疑，根据自明的命题，通过像数学中那样无可怀疑的合乎逻辑的必然推论，可以向任何人（他们只要以同样不偏不倚的态度和注意力致力于这一门以及别的这类科学）证明是非的尺度。”[①]洛克承认论证道德观念的一致或不一致要比数学观念困难得多，但仍然坚持他的观点，并以“哪里没有私有财产，哪里就没有不正义”、“任何政府都不允许绝对自由”两个命题为例。其实他只不过在解释了这两个命题中的主词和宾词的含义后便断言它们和“三角形三内角和等于两直角”同样确定，没有指出论证过程中的那些中介观念。

洛克强调直觉和论证两级知识的重要性，认为缺少其中的一种便只是信念或意见而非知识。但是当人心运用于外界有限存在的特殊存在物时，通过感官当下的感觉我们的确知觉到一些外物的存在，这同我们和它们接触时产生的苦乐有同等程度的确定性，因此超出于单纯的或然性。这类知觉虽然没有上述两种知识那样确定，人们还是同意冠以知识之名。“所以我们承认知识的这三个等级，即直觉的、论证的和感觉的；它们的每一种的依据和确定性都有不同的程度

① IV. iii. 18. 第 549 页，中译本第 540 页。

和途径。”[1]

知识的实在性

洛克恪守经验论的基本原则，断言知识在于人心对观念间关系的一致或不一致的知觉。这样将知识置于观念方面，不免会受到把知识的真理和疯人的幻想混同起来的责难。洛克毫不犹豫地引用他始终坚信的外物客观存在的唯物主义原则作答，“只要我们的观念和事物的实在性之间有着一致性，我们的知识因而就是真实的。”[2]然而洛克没有就此停住，他仿佛预见到 20 年后他的同胞贝克莱的诘难，提出一个层次更深的问题，并力图加以解决。他写道：“可是在这里用什么做标准呢？既然人心除了自己的观念外再也不知觉到什么，它怎么知道观念和事物本身相一致呢？”[3]对洛克哲学来说，而且一般地对坚持认识来源于经验的唯物主义哲学来说，这的确是无法逃避必须回答的关键性难题。

洛克首先从分析简单观念入手解决这个难题。他认为一切简单观念都和事物一致因而都是实在的，因为人心绝不能为自己制造简单观念，它们是外界事物以自然的方式实际作用于人心的产物，是造物主的智慧和意志注定事物适合于产生的知觉。所以它们并非我们的幻想的虚构，心中白或苦的观念相应于任何物体在心中产生它们的那种能力，和外界事物可以或应当具有实在的一致性。由此洛克得出结论：“这种简单观念和事物的存在的一致性便足以使实在的知识得以确立。”[4]

---

① IV. iii. 14. 第 538 页，中译本第 528 页。

② IV. iv. 3. 第 563 页，中译本第 555 页。

③ 同上。

④ IV. iv. 4. 第 564 页，中译本第 556 页。

和被动产生的简单观念不同，复杂观念是由人心主动结合一些观念而形成的。虽然如此，它们依然可以具有实在性。这有两类不同情况的实在性，一类是有关样式和关系复杂观念的。如前所述，这类复杂观念纯粹由人心自由选择一些观念结合而成，它们除了自身外不表象任何东西，不以任何东西为原型，对它们根本不存在错误地表象事物以及和原型不相符的问题。在我们的思想和议论中不能不把事物看作和它们一致，“所以我们可以绝对无误地确定，我们获得的一切有关这些观念的知识都是实在的，都达到事物自身。”[①]在洛克看来，属于这类知识的，有数学、道德学等与观念的必然联系有关而与事实无关的学科，他试图在客观事物符合主观观念的基础上建立这类知识的实在性。应当承认洛克在这里在一定程度上看到某些知识的相对独立性，看到它们在思想中的必然性在客观事物中也同样有效，对消极反映论的缺陷有所克服。然而知识来源于经验又相对独立于经验乃至超越经验是个很复杂的问题，洛克却过于简单地把这种独立性加以绝对化，对问题没作更进一步的深入思考。结果缠绕唯理论者的那个思想和实在两个钟的一致性困难在经验论者洛克那里又不期而遇。此外我们固然可以确知观念与自身的一致，但是事物与观念的一致又从何得知呢？如果不知道这一点又怎么能确立这类知识的实在性呢？在这里主观和客观之间依然隔着一道不可逾越的鸿沟。

另一类是有关实体知识的实在性。人心在形成实体复杂观念时必须参照心外事物的原型，以事物的性质和能力在自然中的共存为依据，这样就存在和原型是否有出入的问题，只有和客观事物一致我们有关实体的知识才具有实在性，相反则没有。洛克花了不少力气

---

① IV. iv. 5. 第 564 页，中译本第 556 页。

论证我们可以获得自然界中特殊物体的实在知识。在他看来，感觉完全可以提供这方面的知识，因为外物的观念不能单靠感官产生，必须有外界原因对感官的刺激才行，而且当下的感觉不管我们是否愿意有了外界原因的刺激总要在心中产生，它和人心可以自由处理的回忆中的观念清晰地区别开来。我们许多现实的感觉往往伴同苦或乐，而回忆同样的感觉则不会打扰我们。此外各种感官还可以以互相帮助证明外物的存在，如此等等，不一而足。值得注意的是洛克已经开始试图从认识能力以外，以人们生活的需要，即自我保存、趋乐避苦的需要作为外物存在的根据。他写道："如果我们的感官证实了存在于自然界的事物的确实性，那么这不仅限于我们机体组织力所能及的范围，而且还和我们身体健康状况的需要有同等的范围。因为我们的官能虽然不适用于全部存在的范围，不适用于事物的无可怀疑的完备的清楚的无所不包的知识，但是我们身上的官能适用于我们的自我保存，符合维持生命的用途。它们光是向我们提供对我们有利或不利的事物的确实预报，便足以满足我们的目的。"[①]可见洛克已经多少意识到局限在经验论的范围内不可能超越感觉观念达到客观事物，所以有必要提出了以人的生活需要(当然是生物学意义上的)证明外物的实在存在和实体知识的实在性的初步思想，后来费尔巴哈将之发展为系统的理论并提高作为他的人本主义哲学的认识论基础。

洛克所说的实在存在不仅指自然界中的特殊物体，而且还包括进行感觉和思想的主体我自己以及我和外物的创造主上帝。不难看到笛卡尔的三种实体学说对洛克的重大影响，但洛克是从经验论的立场去接受并进行了改造。洛克认为我自己的存在是最明显不过

① IV. xi. 8. 第 634 页，中译本第 631 页。

的，通过直觉无须任何别的证明便可以得知。其理由除了笛卡尔的“我思（怀疑）故我在”之外，洛克还作了重要的补充，即如果我知觉到自己在感觉痛苦，那么分明知觉到自己的存在。这同时也表明洛克的“我”已经不是笛卡尔的纯粹思想，而是能感觉快乐和痛苦的血肉之躯，是实在的存在。

至于上帝的实在存在，洛克认为可以通过我们理性的论证得知，因为根据直觉，我确知有我这种实在的存在物，同时也确知无中不能生有，由此可以推论出必定有一种从来就有的永恒的东西作为有生有灭的万物的源泉。既然它是万物的源泉，当然也是万物具有的能力的源泉，所以它必定是全能的。人们既然看到自己是有知觉有知识的，而无感觉的物质不可能产生知觉和知识，因而又可以进一步推论出作为万物源泉的东西必定是有智慧能认知的存在。通过这样的论证洛克得出结论：“我们的理性引导我们认识这一确定而明显的真理，有一永恒的全能的和全知的存在。至于是不是有人愿意叫它做上帝，这无关紧要。”[①]对宗教持宽容态度的洛克不反对对上帝存在的其他证明，但认为自己的论证是最有力的。

洛克作为经验论者，坚持知识只和观念有关，作为唯物主义者和虔诚的基督教徒，认为我们能具有对自然物体的存在和上帝存在的知识，而这也就是承认知识可以超越观念，我们可以知觉到观念和实在存在的关系。由此可见洛克之把观念和实在存在的关系列入知识的内容是有其深刻的理论原因的。当时已经有人就此指责洛克违反了自己的知识在于对观念关系的知觉的定义，洛克在辩解中试图把观念和实在存在的关系说成也是观念间的关系。他写道：“这里被知觉为一致从而产生知识的两个观念是，实际感觉（即我们具有清楚

---

① IV. x. 6. 第 621 页，中译本第 616 页。

明晰观念的那个活动）的观念和在我之外引起感觉的实际存在的观念。”[①]可是引起感觉的实际存在的观念毕竟还是观念而非实际存在本身，洛克的辩解丝毫无助于他摆脱困境。但在这里我们要强调的是，正因为他肯定我们能知觉到观念和实在存在的关系，肯定这也是一种知识，才作出为经验论所不容许的“超越”自我的观念达到客观事物的种种努力，不论成效如何，这种尝试说明他深入接触到唯物主义经验论的一个根本矛盾并对矛盾的解决进行了可贵的探索，这正是他思想深刻而非逻辑混乱的表现。

特殊知识和普遍知识以及它们的范围

知识的范围是继知识的来源和确定性之后洛克着重探讨的有关知识的第三个问题。经验论者坚持知识来源于经验而且不能超越经验，不可避免要面对这个问题，洛克分别从特殊知识和普遍知识两个方面进行讨论。他关于特殊知识和普遍知识的论述，实际上比知识范围的思想重要得多。

洛克根据他的知识观认为知识之分为特殊与普遍，完全取决于构成知识的观念的性质。如果人心知觉到的是特殊观念之间的关系，知识便是特殊的，如果是抽象观念之间的关系，知识则是普遍的。可见在洛克看来普遍性和确定性不同，不是一切知识的必要条件，但是这并不意味着洛克轻视普遍知识。他写道：“一般真理是人心最关心的，认为它们最能扩大我们的知识，因为通过它们那种能同时弄清许多特殊事物的概括性，可以扩大我们的视野，缩短我们达到知识的行程。”[②]

---

① 《再答斯蒂林弗利特》，《洛克著作集》第 4 卷，第 360 页。

② IV. v. 10. 第 578 页，中译本第 571 页。

按上述区分特殊知识和普遍知识的标准，洛克的直觉、感觉和论证三种知识都应各有其特殊知识和普遍知识。由于这三种知识有各自的特点，所以在知识的特殊性和普遍性上亦各有很大的区别，必须逐一具体分析。

洛克认为人心在运用观念形成知识时，做的第一件事是清楚地分辨观念的同异关系，认识观念自身的同一而与别的观念存在差别，只有在这基础上才能进一步认识观念间的其他关系。人心一有了观念，就能直接知觉到它们的同一性和差别性，所以直觉知识和观念有同等的范围。直觉知识同样有特殊和普遍之分，同样是从特殊开始再到普遍。其中一些最抽象的概括命题，如同一律、矛盾律、全体等于部分之和等等，被人们尊奉为公理或定理。其实它们虽然在传授知识和揭露错误以及平息争论中有一定的作用，但却不能证明任何东西，不能作为科学的原则和基础，更无助于发现未知的真理和推进科学。洛克公开申明他在这里批判的靶子是经院哲学，实际上也包括了当时的唯理论。

洛克用了较大的篇幅谈论感觉知识的特殊性和普遍性问题。在他看来，这种知识虽然构成我们关于自然实体知识的最大和最重要的部分，可是却只能有极少数的普遍知识。因为在组成实体复杂观念的简单观念中，只有极少数第一性质的观念之间具有必然的联系，如形状之与广延，碰撞中运动的传递之与充实性，其余绝大多数简单观念我们无法确定它们必然共存于同一主体中，因为我们无法感知产生自然实体的性质和能力的微粒的第一性质以及它们的组织结构，即使感知到也无法发现它们和第二性质之间的必然联系，无法确定怎样的充实性、广延、形状、运动、数目的微粒必然产生一定的颜色、声音、气味和滋味。所以根据物体已知的性质和能力，不可能推论出它还有什么别的性质和能力。要解决这个问题唯一的办法只有通过观察和实验，通过感觉经验。“但是这些实验在别的时候是否再能成功，我们不能确定，这阻碍了我们获得有关物体的普遍真理的确定知识，对此我们的理性极少能使我们超出特殊的事实。”[①]

难道洛克不是承认认识通过抽象可以从特殊上升为普遍吗？不错，问题在于洛克把抽象只肤浅地理解为对可感现象的“取同舍异”，不懂得或不承认它的主要作用在于揭示现象背后的本质和规律。按照洛克关于实在本质和名义本质的学说，代表一类特殊自然实体的带普遍性的抽象观念，并不反映规定这类特殊实体的界限和范围的实在本质，不表象决定一类物体之所以为该类物体的物质微粒及其组织结构。如果以为它们表示谁都不知道的实在本质，这些观念必定各人有各人的不同理解，因而十分不确定和不清楚，由它们组成的命题的真伪更无从知晓。那么把抽象的实体观念看作代表一类特殊自然实体的名义本质，是否能获得自然实体方面的普遍知识呢？也很难。这倒不是因为它们的意义不确定和不清楚，而是由于它们是由一些表象物体相似的性质和能力的简单观念组成的复杂观念，上述已经表明这些简单观念除个别外，我们无法确定它们的必然共存关系，由此洛克断言在自然实体方面，我们只能有对特殊对象的当下的感觉知识，如果把这些特殊知识加以抽象和普遍化，它们便只有或然性，丧失了确定性，也就不成其为知识，洛克就是这样在自然实体方面堵死了从特殊知识通向普遍知识的通道。

在洛克那里，“感觉知识”、“实验知识”、“实验哲学”都是指虽有确定性但无普遍性的特殊知识，而“科学”、“科学哲学”、“哲学知识”则是指既有确定性又有普遍性的普遍知识，二者有着原则的区别。对物体我们只能有实验的知识却不能有科学，他写道：“就我们观察

① IV. iii. 25. 第 556 页，中译本第 548 页。

到的事物而言，我们始终如一看见它们的进程是有规则的，我们可以得出结论它们的活动确由规律支配，然而对这规律我们一点也不知道；因此尽管原因在持续确定地起作用，结果始终如一地从中流出，但是它们的联系和依赖关系却不能在我们的观念中发现，我们对它们只能有实验的知识。”[①]“人类的勤奋不论对物理事物的实验的哲学的推进有多远，科学的哲学依然是我们不能达到的。”[②]

我们没有物体的科学，更没有关于神灵的科学，因为对神灵我们只是通过反省自己的精神才有少数肤浅的观念。神灵的本质、性质和种类都是我们绝对不能认识的。总之，在实体方面我们知识的范围十分狭小，比观念的范围小得多。

关于论证的知识，洛克的一般提法是人心对观念的同异关系和共存关系以外的其他一切关系的知觉，实际上指的是由某些观念（主要是抽象的样式复杂观念）的本质决定的观念间的必然联系。所以论证知识都是普遍知识，不存在特殊知识，数学是论证知识的典范。当我思考抽象观念三角形的本质，找到一些既等于三角形三内角之和又等于两直角的角作为中介，我们便获得三角形的三个内角之和等于两直角的普遍知识。它之所以是普遍的，因为对一切具有三角形的本质亦即符合三角形抽象观念的特殊事物它都是真的。洛克进一步指出：“所以一切概括知识，我们必须只在我们自己心中去找，而且只有对我们自己的观念的考察才向我们提供这种知识。属于事物的本质（亦即属于抽象观念）的真理是永恒的，只有通过对这些本质的沉思才能发现，如同对事物的存在只有从经验才能得知。”[③]在这里洛克又一次把普遍知识和特殊知识，理性的东西和感性的东西完

---

① IV. iii. 29. 第 560 页，中译本第 551 页。

② IV. iii. 26. 第 556 页，中译本第 548 页。

③ IV. iii. 31. 第 562 页，中译本第 553 页。

全分割开来。

论证知识能增进和扩大我们的知识，这种知识的命题洛克称之为“有教益的命题(Instructive Proposition)，因为它们“肯定不包含在某种东西精确的复杂观念之中但却是这观念的必然结果的别的东西”。[①] 然而并非一切普遍知识都增加我们的知识。一切单纯同一性的命题虽然有普遍性和确定性，但只不过是同一语词的自我肯定，对我们的知识并无增益。此外，还有一些普遍命题以复杂观念的一部分表述事物整体的名称，例如说“铅是金属”；或者用定义的一部分表述被定义的词，例如说“黄金是可熔的”。这对于不了解词义的人虽有解释词义的作用，可是对于已经了解词义的人在知识上没有添加什么。洛克把这类普遍命题称为“无价值的命题”(Trifling Proposition)。洛克十分重视这一点，为此专门写了一章。就是这样洛克对于普遍知识，在确定性之外又追加了扩展性作为“真正知识”的必要条件。

谈到论证知识的范围洛克认为它们同样小于全部观念的范围，因为我们往往找不到适当的中介观念把两个观念联系起来。寻找中介观念靠的是人的洞察力，而人的洞察力是敏锐的，不懂数学的人难以想像它在数量领域取得何等惊人的成就。谁也不能断言一些并非处理数量的学科例如道德等，永远不能成为像数学那样的论证知识。所以论证知识在小于观念的范围之内能扩展到什么地步不容易确定。

从洛克关于特殊知识和普遍知识的论述，不难看到，后来休谟把知识分为以事实为对象和以观念的关系为对象两种以及归纳经验事实不能得出普遍的因果律的思想，在洛克那里已清楚可见。当然洛

---

① IV. viii. 8. 第 614 页，中译本第 610 页。

克没有像休谟那样集中深入地讨论因果问题，没有进一步探索因果观念产生的根源；另一方面洛克对普遍知识的肯定和解释，也没有引起休谟应有的重视和注意。

以解决"先天综合判断如何可能"作为自己认识论的主要任务的康德，指出在他之前只有洛克具有把分析判断和综合判断加以区别的初步思想，他在《导论》中写道："在洛克的《人类理解论》里我碰到了这种区分的迹象。……他谈到了表象在判断里各种联结与其源泉，他把其中的一种放在同一或矛盾里(分析判断)，而把另一种放在观念在一个主体中的并存里(综合判断)。"[①]这是对的，在洛克有关直觉知识和感觉知识的论述中，无疑包含了区分所说的分析判断和综合判断的迹象，然而更加重要的是洛克在有关论证知识以及必须区分有教益的命题和无价值的命题的论述中，包含了康德的"先天综合判断"的某些基本思想的端倪，这却是康德所不理解和没有觉察的。[②]

洛克是在他的经验哲学的框架内探讨具有普遍必然性的论证知识的，所以不可避免要面对如何处理被完全分割开的特殊经验和普遍知识的关系问题，这正好是康德认识论煞费苦心试图解决的一个根本问题。所以在洛克那里看到康德某些基本思想的胚胎、萌芽是很自然的，这表明康德哲学是近代经验论发展的合乎规律的产物。

深受笛卡尔影响的洛克十分推崇数学的严格的普遍必然性，但是他把数学的理性推理和经院哲学的三段式推理严格区别开来，认为只有前者通过中介观念联结外延互不包含的两个观念才能提供新

---

① 康德：《任何一种能够作为科学出现的未来形而上学：导论》，商务印书馆1978年中译本，第27页。

② 吉布森在他的著作《洛克的知识理论及其历史关系》(剑桥大学出版社1917年版)中最早指出这一点(第13章第5节)，他较侧重于论述洛克和康德的共通之点，有人则强调二人的区别而持反对意见，问题至今还有争论。

的知识和有教益的命题。于是普遍必然和“有教益”(扩展性)便成为他的论证知识的特点,而论证知识的判断也就必定是先天(在普遍必然性的意义上)综合(在主项联结主项不包含的谓项的意义上)判断,洛克用自己的方式,通过自己的途径接触到了后来康德认识论的核心。

承认和肯定论证知识的普遍性不可避免要回答普遍性的根源问题。洛克说:“我们的一些观念具有显然包括在观念自身的本性之中的紧密关系和联系,我们不能设想有任何强力能把它们和这些观念分离开来。只有关于这些观念我们才能得到确定而普遍的知识。”①洛克这里所说的观念指的是像数学图形那样的抽象的样式复杂观念,按他的观点这种观念完全由人心自由制定,无须参照外物,它们的名义本质也就是它们的实在本质,由此必然认为人心规定的这些观念的本质决定它们之间的必然关系,论证知识的普遍性的根源就在于此而与经验无关,洛克的这一观点粗略地预示了康德以先天的思维形式作为知识的普遍必然性的根源。

可是话又说回来,洛克始终坚持一切观念来源于经验的原则,人心在自由制造抽象的样式复杂观念时仍然必须使用源于经验的简单观念。其次,洛克强调在获得论证知识的推理过程的每一步,观念间必然关系的确立都必须依靠具有更高确定性的直觉。直觉知识虽然也有特殊和概括之分,但是按认识从特殊开始再上升为普遍的原则,感性的直觉毕竟是基础。洛克依靠这两个纽带,保持论证知识和感性经验的联系。然而他既然认为普遍的一般只存在于特殊的个别之外的人心之中,也就无法架起从特殊知识过渡到普遍知识的桥梁,结果在他关于论证知识的论述中,普遍知识和感性经验依然是两种互

① IV. iii. 29, 第559页,中译本第551页。

相外在的东西。

洛克关于知识的特殊性和普遍性的思想，显然受到以笛卡尔为代表的唯理论的重大影响，和一些较极端的经验论者否认抽象或者把理性认识归结为感性认识不同，洛克在重视基于观察和实验的实证科学的同时，推崇基于理性推理的数学，肯定特殊知识之外还存在普遍知识。唯其如此，才会提出和探索感性和理性的关系问题。在具有普遍必然性从而具有更高程度的确定性的意义上，他正确地认为论证知识（理性知识）优越于感觉知识，这些唯理论的积极影响往往被忽视或误作为消极因素。后来狄德罗、康德乃至费尔巴哈等以不同的方式在经验的基础上建立感性和理性的关系的努力，在洛克那里虽说只是初步的但已清楚可见。毋庸讳言，唯理论的片面性对洛克也有消极的影响，例如认为普遍知识是单纯反思心中观念的本质的结果，这和经验论的基本原则背道而驰，使洛克陷入了自相矛盾的困境。

或然性和假说

如前所述，基于确定性的知识范围是狭小的，生活又不容许人事事有了知识才行动，于是我们有必要根据或然性假定观念的一致或不一致，命题的真或伪，以补知识之不足。对于认识和理性在知识之外以或然性为基础的活动，洛克进行了较详细的探讨。

所谓“或然性是用插入的证据表明（观念）这样的一致或不一致，即它们的联系不是（至少不被知觉到是）恒常不变的，而是引导（大部分看来如此）并且足以引导人心宁愿判断命题是真的或假的而非相反”。[①] 简单通俗地说，或然性就是“像是真的”或者说“可能是真

① IV. xv. 1. 第 654 页，中译本第 651 页。

的”。譬如有人听一位数学家说“三角形三内角之和等于两直角”，尽管他不懂得这个命题的论证过程，只是由于说话的人对数学是内行同时又诚实可靠而承认命题为真，这就是以或然性为基础的相信、同意或意见。或然性的根据在于命题和自己的经验以及别人的经验提供的证据的一致，一致的程度愈高或然性也愈大，反之则愈小。所以或然性可以是十分多样的，与此相应同意也有各种根据和程度。

洛克认为根据或然性同意的命题可以分为两种，一种是关于某些特殊存在的亦即关于事实的，一种是关于感官不能发现的事物的亦即关于思辨的。就关于事实的命题而言，“在一切时代所有人的普遍同意（在能认识的范围内）和一个人在相似情形中恒常的从无例外的经验相一致的情况下，肯定公正的见证人所证明的特殊事实的真实性”①，这就有最高程度的或然性。它十分接近确定性，和知识几乎没有分别，基于这样的或然性的信念可以说是确信。如果从我切身的经验看到，而且所有其他人都一致认为一件事情多半如此，这样就有次一程度的或然性并产生深信。公正的证据和与人利害无关的事情也产生深信。到此为止事情是好办的。但是如果经验和证据互相冲突，便会产生无数等级的或然性，就得适当地考察正面和反面的论据和证据，看在总体上那一方面占优势，从而在人心产生所谓信念、推测、猜想、疑惑、犹豫、怀疑和不信等等。总之，或然性程度的不同，我们的信念和同意也有各种等级，从接近知识的确定性直到不可能性的边沿。

关于感官不能达到的事物，洛克分为两类，一类是外界有限的精神存在物（天使、精灵、恶魔等）和太小或太远的物质存在物，另一类是自然现象背后的原因及其作用的途径和方式。除了有限的精神存

---

① IV. xvi. 6. 第 661 页，中译本第 659 页。

在物，其他其实都属于自然科学的领域。经验论者洛克并没有简单地把它们排除在认识范围之外，他试图依据他的或然性学说，肯定科学研究中使用的类比推理和设立假说的方法，来克服感官的局限性。他写道："当它们或多或少和我们心中确立的真理一致，和我们知识和观察的其他部分相协调，可以表现出或多或少的或然性。对这些事情只有类比能帮助我们，我们只有从这里引出我们或然性的全部根据。"[1]例如根据我们对可感的自然物体的知识和观察，通过类比可以提出对不可感的细小物质的假说微粒说，以之作为解释物体的第一性的质和第二性的质的原理。如果这原理和进一步的实验及观察不矛盾，那就说明它有很高程度的或然性。尽管它仍是假说而非知识，但在洛克看来却"最能明了地解释物体的质"[2]。由于假说提出某种一般性的原理解释种种特殊的自然现象，所以洛克指出"假说如果设立得好，至少对记忆有莫大的帮助，而且往往向我们指出通向新发现的途径"。[3]

洛克肯定假说在认识自然事物中的作用不是偶然的。当时集中在皇家学会的新科学的代表人物，强调细心记录观察和详尽收集事实是科学的基本方法，反对经院派不顾事实醉心于抽象的思辨。然而科学不能停留于现象的描绘，经验材料不会自发地产生能说明和解释现象的理论，为此必须借助理性设立假说再过渡到确证的理论。事实上科学家也没有谁绝对反对运用假说，分歧只在于对假说及其作用的理解不尽相同。洛克在近代科学方法论上的重要贡献，在于反映了时代对科学方法进行哲学总结的要求，运用确定性和或然性、知识和信念等范畴，试图从理论上说明观察和实验与类比和假说的

---

① IV. xvi. 12. 第 665 页，中译本第 663 页。

② IV. iii. 16. 第 547 页，中译本第 538 页。

③ IV. xii. 13. 第 648 页，中译本第 645 页。

区别和关系。诚然洛克对类比和假说没有作专门的详细的讨论，所说的一些话偏于粗略，他关于本质不可知的思想使他根本不考虑假说可以和怎样转化为知识的问题。然而事情还有另一方面，他明确肯定恰当的假说在实验和获得新发现中的指导作用。也就是说，假说虽然不能直接提供自然事物的确定性知识，却可以间接通过指导观察和实验发现新的真理。由此可见，根据当时的科学实践，洛克在感觉知识中在不可感的自然事物的范围内，肯定了理性的必要性，再次表现了他在一定程度上"超越"经验的尝试。①

理性和信仰

洛克的或然性学说不但为他说明信念、意见、同意等知识以外的认识提供依据，而且在他解决当时十分敏感的理性和信仰的关系问题中也起着重要的作用。为了更好地理解洛克对问题解决的方式，有必要简略地介绍他的宗教思想。

在17世纪理性主义高扬，新兴科学取得巨大的进展，传统的旧宗教观念受到严重的冲击的历史背景下，洛克也加入到革新宗教思想的行列（当时英国没有也不可能产生彻底否定宗教的无神论思潮）。受英国剑桥柏拉图派（主要是卡德沃思）和荷兰索西尼主义的影响，洛克认为宗教的道德意义远比宗教的信条和仪式、服从教会的权力重要。他在《论宗教宽容》中写道："真正的宗教……并不是为了制定浮华的仪式，也不是为了攫取教会的管辖权或行使强制力，而是

① 约尔顿虽然承认洛克的科学方法中包括运用假说，但过分强调了洛克思想中知识和假说的对立，从而断言"他对知识的说明在认识的关系中……没有给假说方法的成效留下余地"（《洛克和人类理智的范围》，剑桥大学出版社1970年版，第90页），似乎有失偏颇。

为了依据德性和虔诚的准则，规范人们的生活。”[①]基督教信仰只需要最低限度的一些信条，简言之这就是相信耶稣是救世主从而导向善的生活，必须把信仰的规则和工作规则结合起来。全部道德义务已经记载在新约圣经有关耶稣及其门徒的叙述中，在他看来圣经美德的重要性甚至大于信仰。所以重要的是直接研究、注释和理解上帝原初的启示圣经，不要轻信教会和其他人的解释。洛克坚决反对教会和世俗当局用强力干预个人的信仰，大力提倡宗教宽容猛烈抨击违背理性的宗教狂热，这些都是洛克的自由主义思想在宗教方面的表现。

在理论上洛克依据他的或然性学说说明理性和信仰的区别及关系。他认为有一类感性的事情，从我们切身的经验或别人的记载看来都是不可思议的，或然性的程度很低，但不仅不使我们怀疑反而愈加相信，这就是神迹。在他死后才发表的短文《谈谈神迹》中界定神迹为“被观察者视为神圣的感性活动，超乎他的理解而且在他看来违背已确立的自然过程”。[②] 这岂不是违反或然性愈大愈相信的认识规律吗？不错，问题在于宗教和理性属于不同的领域，它的根据不是或然性较大的经验事实，而是来自上帝的证据，来自上帝的证据不会骗人也不会受骗，单凭它便足以引起人们最高程度的同意即信仰，不能有丝毫的怀疑或异议。他写道：“信仰不是对由理性的演绎作出的任何命题的同意，而是根据提出者的信用，对以有点反常的传达方式由上帝来的任何命题的同意。这种向人揭示真理的途径我们叫做启示。”[③]可见科学认识中的相信和宗教的信仰虽同是信念却有原则的不同。

理性和信仰虽然分属不同的领域，但亦非全然漠不相关，洛克坚

---

① 洛克：《论宗教宽容》，吴云贵中译本（商务印书馆 1982 年版），第 1 页。

② 《洛克著作集》第 9 卷，第 256 页。

③ IV. xviii. 2. 第 689 页，中译本第 689 页。

持理性在信仰中有其活动的余地。首先，对来自上帝的启示我们要绝对信仰毫不犹豫，但前提是它必须真的来自上帝，而这只能靠理性加以辨别，它的内容也得靠理性去正确理解。洛克明确宣称“启示必须由理性来判断”，“对所有事情理性必定是我们最后的判官和向导”[①]。至于理性按什么标准进行判断，洛克只是在原则上提出理性的准则和圣经的记载两条而没有详细说明。

其次，启示的命题和理性相比较有三种可能的情况，第一种是合乎理性的，第二种是反乎理性的，第三种是超乎理性的。合乎理性的启示是多余的，因为通过直观和论证的自然途径，无须启示的帮助，我们便能在心中确立这些命题，而且如果从启示得知欧几里得的原则，它的确信程度也不会比从理性论证获得的大。反乎理性的启示是否真的来自上帝十分可疑，因为从不骗人的上帝绝不会把虚妄的命题，比如说一个物体同时在两个地方存在，传授给人，这类启示不过是借启示之名义企图使人相信，实际上这已不属于信仰的范围。洛克坚决地说：“任何命题如果和我们清楚的直观知识相冲突，便不能认为是神圣的启示，或者获得由神圣启示引起的同意。因为这会推翻一切知识、证明和同意的原则和基础。”[②]超乎理性的启示谈的都是我们全无意念或只有很不完全的意念的事情，或者用我们的功能完全不能获得有关知识的事情。例如说一部分天使背叛了上帝从而失掉原有的幸福，死者将复活再生等，都不是我们的认识能力能发现的，是超乎理性专属信仰的领域。洛克之从其实也是反乎理性的启示中划出一部分称之为超乎理性的启示，目的在于为信仰保留一块理性不能干预的地盘。这显然违背了他的理性至上的基本思想。

---

① IV. xix. 14. 第 704 页，中译本第 704—705 页。

② IV. xviii, 5. 第 692 页，中译本第 691 页。

我们可以看到，在理性和信仰的关系问题上，洛克基本上采取两分家的办法求得二者的共存，理性管知识，信仰管启示，各司其职，各有其范围。这是许多近代哲学家不同于中世纪的调和科学与宗教的新方式。对洛克来说，理性和信仰又非全然无关，判别是否真的是启示以及对启示内容的正确理解都得诉之于理性。正是根据理性主义的精神，洛克尖锐地批判了宗教狂热，大力提倡宗教容忍。

洛克在《理智论》第 4 版中，特别增加批判宗教狂热的新的一章。他指出宗教狂热鼓吹者的种种诡辩，实质上是玩弄这样的循环论证的把戏："它之所以是启示，因为他们坚信它，而他们之所以相信它，因为它是启示。"[①]在谈到毫无根据的宗教狂热产生的根源和危害时他写道："我恰当地认为狂热是这样的，它建立的基础虽然既非理性亦非神圣的启示，而是从发热的或过分自信的头脑的傲慢中产生的，但是一旦站稳脚跟便比理性和启示中之一或二者合起来更强有力地影响人的信念和行动。"[②]在批判中洛克全力捍卫他的理性是启示的最高判官的观点。

洛克坚决反对宗教狂热思想的另一面，就是大力宣扬宗教宽容。他是西方近代系统论证和积极鼓吹宗教宽容的第一人。洛克提出了政教分离的原则，认为"公民政府的全部权力仅与人们的公民利益有关，并且仅限于掌管今生的事情，而与来世毫不相干"。[③] 宗教是属于人心灵内部的信仰，有关灵魂拯救和到天国之路只能由人自己的良心作出选择，政府和官员无权也不可能用外部的力量强迫人信仰什么。同样，作为人们自愿结合的团体的教会，也不能用火和剑来强迫人们接受它的信仰和教义，其唯一手段是规劝、训诫和勉励。对违

---

① IV. xix. 10. 第 702 页，中译本第 702 页。

② IV. xix. 7. 第 699 页，中译本第 699 页。

③ 洛克：《论宗教宽容》，吴云贵中译本，第 8 页。

反教规者教会最大的也是最后的权威是逐出教会，此外对他的公民权利和世俗财产等不能再进行其他惩罚。对基督教各教派的信徒固然应给予信仰的自由，因为基督教世界的一切以宗教为借口的纷乱和战争，并非因为存在不可避免的各样不同的意见，而是因为拒绝对持不同意见的人实行宽容。就是异教徒、伊斯兰教徒和犹太教徒都不应因宗教信仰的不同而被剥夺社会公民权，只有无神论者和天主教徒是例外。

洛克的宗教宽容的思想是和他把宗教主要理解为使人在生活和工作中遵循行善的道德义务的宗教观分不开的。对基督徒来说，首要和高于一切的是克服自身的邪恶和私欲，如果没有纯洁无瑕的行为和缺乏仁爱忍让的精神而窃取基督徒的美名，那是徒劳无益的。因此他“把那种宽容誉为纯正教会基本特征的标志”①。对基督教这种不重教条和教仪而侧重个人道德修养的观点是和当时新教的精神一致的，是对传统的宗教思想极大的冲击，在当时引起广泛的并延续到18世纪的争论。

第六节　人的学说

有关认识的问题无疑在洛克哲学中占据首要地位，然而认识是人的认识，人是认识的主体，认识的目的也是为了人，为了人生活中的便利。洛克认为，人除了运用思想进行认识活动外，还通过意志支配他的或善或恶的种种行为，是行为的主体。此外在洛克思想中颇为重要的政治、教育、宗教、经济等学说无一不与人息息相关，都必须以对人的一定理解为理论基础。在这个意义上，可以说人是洛克思

---

① 洛克:《论宗教宽容》,吴云贵中译本,第1页。

想的中心。

人和人的本性

洛克不完全同意自亚里士多德以来认为人是理性的动物的传统看法，力图依据常识和生物学的分类，把人的外形相貌作为区分人和其他动物的主要标准。他写道："不论我们还想谈论其他什么定义，细心的观察无疑表明，以我们口说的人字的声音为标志的我们心中人的观念，只不过是具有如此这般一定形式的动物。"[①]"因为形相是主要的质，它看来比推理能力在更大程度上规定(人)这个种，推理能力在人初生时并不存在，有些人则永远不会有。"[②]人们看到一个终生没有理智而形相和自己相似的生物，会说这是一个愚昧无知的人，而看到一只会说话和推论的鹦鹉则会说这是一只很聪明很有理性的鹦鹉。

洛克强调形相躯体的生理特征在人的概念中的首要地位，并不意味着他轻视或忽视理性对人的重要性。在他看来，兽类也能接受、比较和组合观念，在某种情形下进行推理，然而都只限于在特殊观念的狭窄范围内。所以它们的比较能力是不完全的（不能比较抽象的一般观念），组合能力是微弱的（不能形成复杂观念），尤其没有抽象能力形成一般性的观念进行扩大知识的抽象推理。在谈到人兽的区别时他明确指出："我想我可以肯定它们(兽类)完全没有抽象的能力；肯定拥有一般性观念是使人和兽完全区别开来之点，而且是兽类的功能绝不能获得的优点。"[③]所以在推理意义下的理性是人的概念必要的本质内容。完整的人的定义应当是具有人的形相的理性的动

---

① II. xxvii. 8. 第 333 页，中译本第 307 页。

② III. xi. 20. 第 519 页，中译本第 508 页。

③ II. xi. 10. 第 159 页，中译本第 126 页。

物。形相可以通过感觉去认识，理性是人心的功能之一可以通过反省去认识。这样洛克便把人的研究置于经验认识的基础上，和当时许多新派哲学家同样以人而不是神的眼光看待人，当然笃信基督教的洛克认为，是上帝把人造成如经验所显示的那样。此外，强调人的形相对人的概念的必要性，和洛克之肯定人身和人心之间存在互相的影响和作用的观点密切相关的。我们即将看到后者是洛克解决人行为的动力问题的理论依据。

人是具有人形的躯体和理性的动物，他的活动也有身体的运动和人心功能的运用两方面，这些活动无一不在人的意志支配下进行。洛克同意意志支配人的活动这种一般的看法，但是他没有就此停住，而是想得更深一层，提出意志又是什么决定的问题。洛克从经验论和单纯自然主义的角度，没有也不可能从社会意识的层面上去寻找问题的解答。

洛克认为，外物作用于人身的感官引起的感觉有两类：一类只产生感觉自身，另一类则伴有快乐或痛苦。“因此人心的思想或知觉也是这样，有纯粹自身的，不然就是伴同快乐或痛苦、愉快或苦恼的。”[①]快乐和痛苦是人心的情感，不仅人身的混乱秩序可以引起，有时人心的思想也可以引起，它们是我们把事物区分为善或恶的依据。他写道：“因此事物之为善为恶只是由于快乐和痛苦，我们叫做善的东西是这样的，它有利于引起或增加我们的快乐或减少我们的痛苦，不然就是导致或保持我们对其他的善的拥有或任何恶的免除。反之我们叫做恶的东西是这样的，它有利于产生或增加我们的任何痛苦或减少我们的快乐，不然就是使我们陷入任何痛苦或剥夺我们任何

① II. xx. 1. 第 229 页，中译本第 199 页。

的善。”[①]要注意洛克这里所说的“善”(Good)和“恶”(Evil),虽然用了和道德评价中的“善”和“恶”同样的词,但它们的含义绝非指对人行为的道德评价,而是指引起人的快乐或痛苦的事物和原因,指它们对人是好或坏、有利或不利。

人为了生存,必定追求对他是好的有利的善的东西,躲避对他是坏的不利的恶的东西。洛克说:“我承认自然赋予人对幸福的渴望和对痛苦的嫌恶。这些的确是天赋的实践原则。它们作为实践原则应该持续一贯地引起和不断地影响我们的全部活动。这在一切人和一切时代都可以经常看到。”[②]也就是说,趋乐避苦是人与生俱来的普遍的自然本性,是人全部活动最终的动因。

人趋乐避苦的自然本性又是如何决定意志的呢?洛克原来持通常的观点,认为追求更大的善(好处、利益)决定人的意志。经过进一步的深入考察他改变了看法。洛克指出虽然人人都追求幸福,但以什么为幸福却各有不同。好吃好喝对于安贫乐道的人来说,这种较大的善不是他们幸福的必然组成部分,而且也不是当下现实的存在,所以不能认为任何较大的善都会激动人心决定意志。可是人身的痛苦和人心的烦恼,对不存在的好事的迫切需要,都会引起当下的不快。摆脱痛苦和不快是导致幸福的第一步,是构成幸福的必然组成部分。因此洛克得出结论“不快是人类的勤奋和活动即使不是唯一的也是主要的刺激”[③],“这就是不断地决定意志并推动我们从事那些活动的东西”[④]。没有人不想摆脱痛苦和不快,渴望因摆脱痛苦和不快而获得的尚不存在好处,所以不快总是伴同着某种渴望,它们

---

① II. xx. 2. 第 229 页,中译本第 199 页。

② I. iii. 3. 第 67 页,中译本第 27 页。

③ II. xx. 6. 第 230 页,中译本第 200 页。

④ II. xxi. 31. 第 251 页,中译本第 221 页。

密切不可分，强弱程度也相等，实际上不快也可以叫做渴望。人的自然本性就是这样通过不快或渴望决定意志并推动我们活动。可见洛克承认意志是被意志之外的东西决定的，首先是被逃避痛苦的生理需要的必然性决定的。洛克在意志问题上机械主义生物学的决定论立场和主张意志自由的传统观点是针锋相对的。但作为自由主义思想家洛克并不否定相反却极力维护人的自由，这就要求他必须对必然和自由这个哲学史上争论不休的老问题提出自己的新学说。

自由和必然

洛克在自由和必然的问题上，旗帜鲜明地否定意志自由说，明确指出自由不属于意志，认为意志是否自由的问题是由于概念混乱而产生的不恰当的问题。在他看来，意志和自由是人的两种不同的能力。他写道："我们自身有一种开始或克制、继续或终止我们心灵的一些活动和我们身体的一些运动的能力，而这纯粹借助于人心的思想或爱好的命令（或者可以说指挥）做或不做这样或那样的特殊活动。这能力以这样的方式在任何特殊事例中命令考察或不考察任何观念；或觉得身体的任何部分运动比静止更加可取，反之觉得静止比运动更可取也一样，我们把这叫做意志。"[①]简言之，"我们叫做意志的能力是在特殊事例中指示运作功能的运动或静止"[②]，而"自由是按照人心的指示去做或不做的能力"[③]。无论什么能力，只能属于具有能力的主体，不可能属于别的能力或是别的能力的属性。因此自由只能属于行动的主体人，不可能属于同样是能力的意志或者

---

① II. xxi. 5. 第 236 页，中译本第 206—207 页。

② II. xxi. 71. 第 282 页，中译本第 253 页。

③ II. xxi. 71. 第 282 页，中译本第 252 页。

是意志的属性。我们可以合理地问人是否自由，但如果问意志是否自由，就如同问一种能力、属性是否有另一种能力、属性，问睡眠是否迅速，德性是否方形一样，是没有意义和荒谬的。在明确概念后，洛克进一步指出人们长期争论的意志是否自由的问题实质是争论人是否能自由地运用意志，这才是必须正确回答的有意义的问题。

洛克对问题的回答是否定的。因为人力所能及的作为马上要做的任何活动，一旦向他的思想提出时，在做还是不做、继续活动还是终止活动二者之中，不可避免意愿其中之一，感到它更为可取，从而作出选择的决定，这是绝对必然的回避不了的。在这里人没有制止运用意志的能力，他的意志的运用是在必然性的支配下，是不自由的。对行走中的人提议他不要走时，他必须决定走还是不走，在是否作出决定上他是不自由的。当然无论作那一种选择都出于他的意愿，都是自愿的。但是"自愿"的反面是"非自愿"而不是"必然"，我们不能因此便说他的运用意志是自由而非必然的。

在大多数情形中人不能自由地决定是否运用意志，那么在运动或静止二者中他能否自由地想要他所喜欢的呢？洛克认为问人是否能自由地想要他所喜欢的运动或静止、说话或沉默，等于问人是否能想要他想要的东西，喜欢他喜欢的东西。这十分荒谬，不值一答。提这问题的人必须假定某种意志的活动决定于另一意志，而这另一意志又决定于另一意志，如此推至无限，无法得到是什么决定意志的答案。我们只能在意志之外寻找决定意志的东西。这东西是什么呢？洛克说："对这问题我的回答是，继续保持同样的状态或活动的动机只在于(人心)在其中感到当下的满意；而动机的改变总是某种不快，除了某种不快没有什么会促使我们改变状态或进行新的活动。这是作用于人心使之活动的名副其实的动机，为简便起见我将称之为意志的决定。”[1]洛克关于不快或渴望决定意志的观点前文已作介绍，这里要指出的是，他关于人的意志服从人追求幸福、趋乐避苦的本性的必然性支配的观点，是他的机械论唯物主义自然观在人的问题上的贯彻和表现。

但是快乐和痛苦有当下眼前的，也有未来长远的。如同在视觉中那样，人们往往把当下较近的快乐和痛苦看得大于未来较远的快乐和痛苦。有时眼前一时的快乐却带来长远的痛苦。尽管人追求幸福的对象和途径五花八门，但是“事物的永恒法则和本性绝不会改变来迎合他的错误决定的选择”。[2] 要能获得真正的幸福，有必要正确认识渴望的对象，不为事物骗人的现象迷惑。为了辨别和判断什么是真正的幸福，我们只能依靠知识和理性，并且在作出决定之前详细考察追求的对象。既然人的本性必然追求幸福，这种必然性也以同样的力量搁置、研究和细察相继而来的每一渴望，看看对它的满足是否会干扰和误导对真正幸福的追求。上帝赋予人的理性能遏制情感，暂时搁置渴望的满足，根据对事物的法则和本性的认识预见它们对人将会产生的后果。洛克写道：“显然如同经验表明的那样，人心在大多数场合具有一种能力，搁置它的渴望的实现和满足，从而自由地逐一思考渴望的全部对象，考察它们的各个方面，权衡它们和其他对象的轻重。人之具有自由亦在于此。”[3]

由此可见对洛克来说，人性对幸福的追求，一方面它是决定意志必须遵从的必然性，另一方面它又使我们在判明什么是真正幸福之前，不得不搁置特殊事件中渴望的满足，摆脱意志对任何特殊活动的必然遵循，从而借助理性获得防止误以幻想的幸福为真正的幸福的

---

① II. xxi. 29. 第 249 页，中译本第 219 页。

② II. xxi. 56. 第 271 页，中译本第 240 页。

③ II. xxi. 47. 第 263 页，中译本第 232—233 页。

自由。我们愈是服从追求真正幸福的必然性，我们便愈自由。因此“追求真正幸福的必然性是自由的基础”。[①] 就是这样洛克在人追求幸福的角度，认为必然和自由是统一而非绝对排斥的，他以自己的方式既肯定人的活动受必然规律决定又肯定在这基础上人有选择活动的自由。他关于必然和自由的统一性思想有其一定的合理因素。

道德的人和教育

在人性和道德问题上，洛克基本上继承了霍布斯以追求感性的苦乐作为人的本性而且是道德最终的根源的思想。但是由于霍布斯主要立足于经验的理论的片面性而遇到困难，加上剑桥柏拉图派卡德沃思的理性神学的影响，洛克对霍布斯的思想又有所修正和发展。在他看来，一般所说的善和恶是就事物对追求幸福的人的好坏利害而言，并非对人的行为的是非的道德评价。追求幸福和趋乐避苦是推动人的活动的动力和“发条”，这是颠扑不破的事实，本身不存在道德上的是非问题。只有用某种是非的准则去衡量人的自愿行为，看它符合还是违反，才有道德上善恶的区分。洛克把这种衡量人的自愿行为的准则叫做法。他认为法在本性上必然带有强制性，它通过立法者的命令给法的遵循者以奖励的快乐，违背者以惩罚的痛苦，以保证法得以贯彻执行，否则区分道德善恶的目的便要落空。总之，洛克认为所谓“道德上的善恶只是我们的自愿行为和某种法的相符或相违，因而由立法者的意志和权力给我们带来善和恶”。[②]

法有三种：第一种是神法，这是上帝给人制定的行为规则，是区分宗教和道德上的罪孽和义务的尺度。人的创造主上帝有能力用来

---

① II. xxi. 51. 第 266 页，中译本第 235—236 页。

② II. xxviii. 5. 第 351 页，中译本第 328 页。

世永恒无限的奖赏和惩罚强制实行他的规则。第二种是公民法，这是国家给辖下的人制定的行为规则，是区分法律上有罪和无罪的尺度。国家有能力保护服从法的人的生命、自由和财产，剥夺破坏法的人的生命、自由和财产。第三种是舆论法或名誉法，这是区分德行和恶行的尺度。所谓德行和恶行在具体运用时是指在每个国家和社会中为人称道或声名狼藉的行为。“因此各地叫做和看作德行和恶行的尺度是这样的认可或嫌恶、赞扬或谴责，它们经人们暗中或默然的同意在世上各个国家、部落和团体中被接受，从而根据当地的判断、格言和风尚某些行为在他们当中受到褒扬或贬责。”[①]因此这种法是在社会无形之中形成的行为规则，依靠舆论褒贬的力量贯彻执行。人的行为主要受它支配。洛克心目中的道德规则，实际上是指圣经新约记载的体现于耶稣和使徒的行为中的基督教道德。

洛克所说的第二种法，显然属于道德之外的政治和法律的范畴，第三种法才是一般所说的道德准则。这种法既然是根据社会中人们行为效果的经验逐渐形成的，那么在不同的社会中由于人们有不同的脾性、教育、风尚和利益，一个地方称赞的行为另一个地方会加以责难，德行和恶行的评价会截然不同甚至相反。显然舆论法或名誉法具有相对性。可是如果只承认道德的相对性，此亦一是非，彼亦一是非，势必否定道德准则本身。为了克服经验主义道德学说的困难，洛克求助于他的神法。全知全能全善的上帝制定的法当然是永恒不变的具有绝对的性质，是道德正确性的坚实不变的基础和唯一真正的试金石。上帝把德行和公众的幸福不可分地结合在一起，从而使实践德行成为保存社会所必需，并有利于同有德之人交往的所有人。“所以毫不奇怪，各个地方的敬重和贬责、德行和恶行，很大程度上和

① II. xxviii. 10. 第 353 页，中译本第 330 页。

神法建立的对和错的不变的准则相一致；没有什么像服从神为他们制定的法那样直接和明显地导致和促进现世人类的普遍的善，也没有什么像忽视它们那样酿成如此严重的灾难和困扰。”[①]就是这样，洛克通过上帝的万能，在社会公众利益和德行结合的基础上把道德的相对性和绝对性统一起来。

洛克把西方哲学传统所说的自然法理解为神法，它是出于上帝意志的命令而非人的理性的命令，规定人的行为应承担的义务。虽然如此，神法或自然法也可以叫做理性法。因为它是上帝通过启示直接向人传递，但是否真的是上帝的启示须由理性裁定；或者是通过恰当运用自然赋予人的理性能力而被认知，二者传递的途径不同，然而同样一点也离不开理性。还由于从自然法引申出各种具体的道德规则，也只能依靠理性。所以只有理性的人才可能是具有道德品质的人，不能要求还不会运用理性的婴儿成为道德人。人依靠理性认识上帝的命令便能控制情欲规范自己的行为，这纯粹是从义务而非功利出发。当然，上帝制定的神法已经把德行和公众的幸福不可分地结合在一起，因此履行道德义务也就和个人的和社会的利益紧密联系起来。洛克在他的道德学说中试图通过神法或自然法，把经验主义和理性主义、义务和功利、动机和效果统一起来。致力于求得它们的统一的方向无疑是对的，可是求助于上帝无助于问题的解决。

洛克的神法或自然法，和天赋道德论者的天赋道德原则，都同样被看作是一切其他具体道德准则的基础和道德是非的依据，洛克意识到这一点会被利用来反驳他对天赋道德的否定。他指出神法或自然法和天赋道德论者的所谓天赋道德原则或天赋法有着原则的区别。前者是我们原来一无所知，只是在恰当地运用我们的自然能力

---

① II. xxviii. 11. 第 356 页，中译本第 331 页。

理性之后才认识的法。后者则被认为是从一开始便刻印在我们心中的法。他认为肯定有天赋法的人,和否定有借理性而得以认识的法的人,同样各走极端背离了真理。[①]

洛克的道德人以自然人为基础又区别于自然人,这个概念的提出表明洛克已经开始意识到不应当从人的生理感受直接引出道德的善恶,意识到道德是社会的范畴,对于经验主义哲学的道德和人性学说这是一个重要的进步。在当时新派哲学家中他在用机械主义生物学的观点看待人的同时,比较重视人的社会方面。在他看来处于人类发展开端的自然状态中的人并非彼此孤立互不联系的,像许多采纳"自然状态"说的学者认为的那样,而是从一开始便过着某种社会生活。他写道:"上帝按他的判断人不宜于独处,把人造成这样的动物,使他处于需要、舒适和爱好的有力的强制之下,迫使他参加社会,而且与此相适应使他具有理智和语言以维持和享受社会生活。"[②]也就是说,人们即使在建立政治社会之前的自然状态中就已过着某种社会生活。事实表明人类社会除了政治社会外,还有别的各种社会组织形式,如家庭、部落、俱乐部、宗教团体以及哲学家为学术、商人为经商、闲暇人为聊天和讨论而建立的社会等等[③]。可见洛克的个人是社会中的个人,而社会中人与人的关系是多种多样的,有基于血缘的自然关系,如父子、兄弟等。有基于人们在社会中的意志和同意的关系,如将军(有权统率一支军队的人)、市民(在这里或那里享有特殊优惠的人)等,这可以叫做建立的或自愿的关系。还有由人的自愿行为是否符合有关行为和判断行为的规则而产生的关系,如道德

① 参阅 I. iii. 13. 第 75 页,中译本第 36—37 页。

② 《政府论》下篇第 77 节,参阅叶启芳、瞿菊农中译本(商务印书馆 1964 年版)第 48 页(以下只注页码)。

③ 参阅《论宗教宽容的信》,《洛克著作集》第 6 卷,第 13 页。

的善恶，这是道德的关系。洛克强调道德关系特别值得考察。

既然道德品质是社会的而非自然的属性，从自然人成长为道德人是理性的培育和成熟的过程，这必然遇到人的自然禀赋和社会教育的关系问题。洛克承认人在身体的体质和心灵的才能两方面的天赋不尽相同，但更强调教育的作用。天赋高的人从小便向好的境界发展，能成就伟大的事业，可是这样的人毕竟极少。“我们日常所见的人中，他们之所以或好或坏，或有用或无用，十分之九都是他们的教育所决定的，人类之所以千差万别，便是由于教育之故。”[①]洛克关于人的好坏为教育决定的思想，被后来18世纪法国唯物主义者爱尔维修所继承和发展成为系统的社会历史学说，做出“人是环境和教育的产物”的著名论断。同时还要看到，洛克在肯定教育的决定性作用时，没有把话说绝，也承认自然禀赋对个别伟大人物以及普通人或大或小的影响。看来洛克只是把二者作为显然的事实加以接受，而没有充分意识到它们在理论上的矛盾。直到18世纪法唯物主义者对人的智力不平等的原因展开了“机体组织论”和“教育万能论”的争论，潜存在洛克思想中的矛盾在理论上和现实中的意义才充分揭示出来。

在自然人和道德人之外，洛克还提出“人格”(Person)的概念，这是他关于人的学说的重要组成部分。

人格的同一性

洛克的“人格”概念十分独特，在17世纪可以说是绝无仅有的。他之所以提出这个概念，目的在于为人对在不同的时间和地点所做的行为同样负责提供根据。因此人格问题的核心是人格的同一性，

---

① 洛克：《教育漫话》，傅任敢译，人民教育出版社1957年版，第4页。

同一人格要对他不论何时何地的一切活动负责，无论人还是道德人的概念对这一点都无法说明。

在讨论人格同一性之前，首先要明确什么是人的同一性。由于洛克认为除理性外还必须具有人形的身体才能形成人的观念，因此同一连续的不一下子全部改变的身体和同一非物质的精神同样是构成同一个人所必需的。根据机械论的微粒说，在洛克看来“同一个人的同一性只在于通过不断倏忽生灭的物质微粒和同一有组织的身体连续有生命的联系而享有同一继续着的生命”。[①] 他把同一的人和同一的实体区分开来，反对用物质实体尤其是精神实体灵魂的同一性来决定人的同一性。因为前者难以解释人的身体例如从婴儿到成人有了重大变化但仍是同一个人，后者则势必同意灵魂轮回转换的荒谬学说。

洛克也把人格和人的同一性区别开来。如果说人的同一性的关键在于同一连续的生命，那么人格同一性的关键在于自我意识，意识到在不同时间地点的行为都是我的行为从而必须对之负责。洛克认为这种自我意识必然伴同有理性的人广义上的思维。任何人在认知时，不可能不认知到是他自己而不是别人确在认知，在反省中把自我看作自我。正是自我意识使每个人成为他所谓的自我而和一切其他能思维但不是自我的东西区别开来。伴同认知的自我意识不只意识到我当下的行为和思想，通过回忆还可以向后伸延及于我过去的行为和思想，认为那时的自我就是现在的同一自我。它伸延多远，那个人格的同一性就达到多远。可见自我完全单纯依赖意识。意识是人心的功能，当然依附于某种实体，这实体可能是精神性的灵魂，可能是由物质微粒结合的身体，也可能是这二者的结合，我们难以弄清

---

① II. xxvii. 6. 第 331－332 页，中译本第 305－306 页。

楚，也无须弄清楚。因为自我的意识只伴同认识而和实体由物质的或精神的、简单的或复合的东西构成无关，也和它是连续在同一的或是在多个实体中无关。自我是有意识能思维的，他感觉到或意识到快乐和痛苦，能感受幸福和灾难，所以在意识伸延所及的范围内关心他自己。洛克在总结他对人格问题的讨论时写道："在我看来，人格就是这个自我的名称，一个人只要发现他所谓的他自己，我认为别人便可以说他是同一人格。人格是法律专门用于行为及其价值的词，因此只属于能有法以及幸福和灾难的智慧的行为者。这种人格特性单靠意识便将其自我扩展超出当下的存在而及于过去的事物，从而对过去的行为关心和负责，将之归属和归因于他的自我，一如现在所做的行为根据同样的理由和由于同样的原因那样。这一切都是基于意识必然的伴随物对幸福的关怀，而意识到快乐和痛苦的东西都希望那意识到的自我获得幸福。"①

由此可见洛克的人格概念是要说明只有人格而不是道德上的人更不是自然人对自我符合或违背法的行为负责并关心由此导致的快乐和痛苦的结果，"奖赏和惩罚之所以正确和公正全都基于这人格的同一性"②。从这种观点看来，有可能同一个人在不同的时间具有不同的不能传递的思想，这样他在不同的时间便有不同的人格。人类法律之所以不根据清醒人的行为来惩罚疯人，亦不根据疯人的所作所为来惩罚清醒人，就是由于把清醒时和疯时的同一人看作两个不同的人格。

也有可能同一的自我意识虽然出现或附着于不同的身体或实体，可是这依然是同一的人格，要对他意识到的自我行为负责，洛克

---

① II. xxvii. 26. 第 346 页，中译本第 323 页。

② II. xxvii. 18. 第 341 页，中译本第 317 页。

以此论证他深信的基督教所谓末日审判的公正性。他说:“使徒告诉我们,当末日审判人人都根据他的行为得到报应时,所有人内心的秘密都将公开暴露。[①] 判决必为这样的意识证明是公正的,即他们自己无论出现在什么身体中,或者这个意识无论附于什么实体上,都同样意识到做了那些行为因而该当受到惩罚。”[②]

洛克关于人格同一性的思想提出了在什么条件下人应对他的行为负道德责任的问题,是值得研究的。至于他以此来为末日审判中的奖惩提供根据,也许只是对他来说才是重要的。值得注意的是洛克在关于人格的论述中,把自我意识和人的行为联系起来考察。在西方近代哲学中自从笛卡尔提出自我意识或意识到的自我以后,一直是个受到重视的哲学概念,一般都是从认识论的角度去探讨和阐发这个概念。我们知道,认识中自我与非我的区分,归根到底源于人的实践活动中自我和非我的区分。虽然洛克所说的人的行动主要指的是道德行为而非变革现实的活动,但他毕竟越出了认识的范畴把自我意识和人的行为及其结果联系起来,这不能不说是他的自我意识思想的一个特点。

总而言之,洛克的人的学说认为上帝赋予人以人的形体和理性能力从而和其他动物在本质上区别开来,而趋乐避苦则是人的自然本性和活动的根本动力。自然人要经过培养教育才发展成熟为能恰当运用理性控制情欲按照基于神法的道德规则去行动的道德的人。所以道德人是社会的而不单纯是自然的人。当道德的人由于自我意识而对属于他的全部行为负责并关心这些行为及其后果时便成为人格。因此人格是专门属于第一人称的术语,是具有不同于他人的自

---

① 见《圣经·新约》:《哥林多前书》第 14 章第 25 节和《哥林多后书》第 5 章第 10 节。

② II. xxvii. 26. 第 347 页,中译本第 323 页。

我特性的道德的人。所以每个人最终都将因其有意识的行为而在末日审判中得到应有的奖赏和惩罚。由此可见机械主义生物学、理性主义和基督教信仰是洛克立足于经验的人的学说显著的特点。

第七节 民主主义思想

自然状态中的人

洛克的人的学说是他的政治思想的理论基础。无论前者还是后者,洛克对霍布斯都有所继承,但又有重大修正和发展。他们同样都以自然状态作为理论分析的历史的和逻辑的起点,而理论逻辑的作用都远大于历史事实的作用。但在对自然状态的理解中,二人又有着重大的区别。在洛克看来,人们在自然状态中,在结成政治共同体国家之前,已经是带有社会性的社会人。当然,洛克无意倒退回古代和中世纪那种人身依附等级隶属的社会人。适应资本主义商品经济中人际关系的深刻变化,洛克和当时先进的思想家同样以自由平等的独立自主的个人(商品所有者)作为自己的社会政治学说的基点,这样在洛克面前便提出了人的社会性和独立性如何统一的理论问题。在下面我们将会看到洛克独特的"人格"概念在这里起着关键的作用。①

上文已经谈到,洛克认为上帝创造人从一开始便使他们在需要的强制迫使下参加社会,并使他们具有理智和语言以维持和享受社会生活。这不仅表现在建立政治社会之前的自然状态中已经有了各种形式的社会组织,而且自然状态本身虽较为松散却已经是一个人

---

① J.约尔顿在他的《洛克引论》(巴兹尔·布莱克威尔出版社,1985年)一书中首先提出和详细讨论了这个问题。

类的共同体。因为上帝在创造人的同时，也为他们制定了神法亦即自然法或理性法，规范人的行为，确定每个人对他人、对社会应有的义务和责任。在自然状态下人们通过自然法的道德律令的纽带联结起来，建立起彼此的社会关系和共同体的秩序。人固然是在趋乐避苦、自我保存的自然本性推动下行动，同时亦受作为善恶准则的自然法规范他们的行为，调整互相之间的利害关系。人从儿童时起就受到父母和社会的道德教育，随着年龄的成长和理智的成熟，逐渐成为道德人，具有社会性的人。人的这样的社会性显然和人身依附等级从属的社会性迥然不同，个人完全保持他的独立自主的地位。

洛克在谈到人类原来自然地所处的状态时说："那是一种完全自由的状态，所有人在自然法的范围内，只要认为合适就可以决定他们的行动和处理他们的所有物和人格，而无须请求任何人的允许或听从任何人的意志。"[①]洛克接着指出自然状态又是一种平等的状态。他写道："同一种类和级别的生物，生而享有自然的各种相同的好处和运用各种相同的功能，因此应当同样地是成员中平等的一员，不存在主从或统属的关系。"[②]由此可见，洛克虽然主张人类一开始就已经是社会人，但在自然状态中每个人都是生而自由平等的，都享有同等的自然权利，不存在人对人的任何统治和奴役。

自然状态虽说是自由的状态，但却不是放任的状态，因为"自然状态有一种强制每个人的自然法对它进行治理；而理性亦即自然法教导只愿请教理性的全人类：既然大家都是平等和独立的，任何人就不得损害他人的生命、健康、自由或所有物"。[③] 为了使自然法得以

---

① 洛克：《政府论》下篇，第 4 节，中译本第 5 页。

② 同上。

③ 同上书，第 6 节，中译本第 6 页。

贯彻，在自然状态中必须有人拥有执行自然法的权力，以保护无辜和约束罪犯，否则自然法便形同虚设。可是在人人完全平等的自然状态中，没有人享有高于或统治别人的地位，因此自然法赋予每个人在阻止自然法受到破坏的限度内惩罚违反自然法的人的权力。也就是说，“人人都享有惩罚罪犯和成为自然法的执行人的权利”。[①] 惩罚的权力不是绝对和任意的，只能根据理性和良心。惩罚的轻重由所犯罪行和旨在使罪犯悔悟并儆戒别人不犯同样罪行来决定。有了自然法，又有了自然法的执行人，维护人的生命、自由、财物和人格一般说来可以得到保证。洛克不指名地批驳了霍布斯把自然状态说成是人与人之间的战争状态。他指出：“在这里我们看到自然状态和战争状态之间显而易见的区别，尽管有些人把它们混为一谈。它们的区别，就像和平、互相帮助和保护的状态，同敌视、恶意、暴力和互相毁灭的状态之间的区别那样迥然不同。”[②]总之，自然状态是和平的状态，生活在其中完全自由和平等的个人，在自然法的指引和规范下彼此和平相处。

思想深邃的洛克意识到他在这里还必须解决一个重大的理论问题，按人生而平等的观点，上帝创造的人都同样具有趋乐避苦、自我保存的自然本性，赋予人大体相同的维持生命的体力和智力，提供给人生活所需的自然物质条件归大家共同享用。但是公共的自然财富必须以某种方式归个人私有和享用人才得以维持生命，私有财产是人能独立存在的重要保证，因此自由处置自己的财产是自由必不可少的重要内容，那么公有的自然是怎样转为个人的私有财产的呢？洛克在他关于财产和人格的学说中试图解决这个问题。

---

① 洛克：《政府论》下篇，第 8 节，中译本第 8 页。

② 同上书，第 19 节，中译本第 14 页。

财产和人格

洛克所说的财产也就是私有财产，它不但包括通常理解的个人占有的身外的物质财富，如土地、货物、物品等，也包括洛克所谓的“人格”。他明确地说：“我所谓财产，在这里和别处都应理解为人对他们的人格和货物所具有的财产而言。”[①]又说：“生命、自由和地产，这些我用共名称为‘财产’。”[②]

关于人格，我们曾经谈到这是洛克用以表示充分意识到“自我”的人的概念。就道德和法的角度而言，人格说的是在我意识到是我的行为的范围内，我必须对这些行为负道德和法律的责任，这也就是所谓“人格的同一性”。现从私有财产的角度看，有高度自我意识的人意识到他是自身而非他人，他身上的一切只属于自己而不属于任何他人，他的身体和生命、行动和自由、工作和劳动，都是他的而不是别人的，是他专有的财产。正是在作为个人私有财产的人格中，洛克找到了自然的公共财富转变为私有财产的不取决于人们的主观愿望或协议的客观根据。他认为“虽然自然的东西是给人共有的，然而人由于是自己的主人，是自己的人格及其行为或劳动的所有者，因此在他那里便依然有着财产的重大基础”。[③] 因为人享用自然提供的东西，都必须通过身体的劳动和双手的工作，改变它原来的自然状态，即使摘取或捡起现成的果子，追捕野生动物，这些简单的行为毕竟也是人的劳动。自然的东西和个人劳动的结合，使之成为劳动者的私有财产，这完全根据客观事实，和人的主观愿望和态度无关。洛克写道：“因为既然这劳动是劳动者无可争议的财产，那么对于这曾经与

---

① 洛克：《政府论》下篇，第 173 节，中译本第 106 页。

② 同上书，第 123 节，中译本第 77 页。

③ 同上书，第 44 节，中译本第 29 页。

之结合的东西,除他以外就没有人能够享有权利。"[①]

自然法用这种方式给人以财产权,不必通过人们的同意或协议,但同时对财产权也有所限制,这就是以他的享用为度,超过了他的需要不能消费而剩余留下会腐坏的东西,尽管是他的劳动产物,便不是他所应得而该归别人所有。于是人们一方面有权享用自己的劳动产品,另一方面也不会为他享用不了的东西多费劳力。这种情况使得不会发生财产权的争执和侵害他人权利的事情。后来人们懂得使用能耐久储存的货币,便把一时消费不了容易腐坏的东西换成货币。对货币爱积聚多少都可以,因为"超过他的正当财产的范围与否,不在于他占有多少,而在于是否有什么东西在他手里一无用处地败坏掉"。[②] 从此开始形成财产上不平等的贫富差别。

从洛克关于财产和人格的学说中,我们可以看到:

第一,洛克通过人格的概念,既表示人在道德和法律上的社会性,又表示人是自身一切的主人的独立自主性。

第二,洛克关于私有财产的议论,表述了他的一些重要的政治经济学思想。马克思对此十分重视,在《剩余价值学说史》的附录中详细加以摘录,并予以高度的评价。[③]

第三,我们马上可以看到,在政治学说方面,洛克把私有制和国家起源联系起来进行考察,不纯粹从暴力而开始有从社会经济方面说明国家产生的思想萌芽,尽管还十分初步和不成熟,但在 17 世纪已是难能可贵。

---

① 洛克:《政府论》下篇,第 27 节,中译本第 19 页。

② 同上书,第 46 节,中译本第 31 页。

③ "洛克是同封建社会相对立的资产阶级社会的法权观念的经典表达者;此外,洛克哲学成了以后整个英国政治经济学的一切观念的基础。"(《马克思恩格斯全集》,第 26 卷第 1 分册,第 393 页。)

政治社会的起源和目的

自然状态既然是和平的状态，如果大家都能严格遵守自然法，就没有必要在人类的自然共同体之外再建立政治社会或国家。可是实际情况并非如此，自然状态对于保护人们的财产存在着缺陷。首先，自然法虽然在有理性的人看来是显而易见和可以理解的，但总有些人出于一己利害的偏见，或者因缺乏研究对自然法无知，不容易承认自然法是适用于他们的有约束力的法律，这样在自然状态中便缺少一种普遍接受和承认的稳定的法律，作为判别是非和裁决纠纷的共同标准和尺度。

其次，在自然状态中每个人都是自然法的执行人，既是发生纠纷时的当事人又是裁判人，而人不免偏袒自己。于是在自然状态中便缺少一位有权按照已经确立的法律来裁决争端的公正的裁判。

最后，自然状态对正确的判决缺乏权力的支持，使之得到应有的执行，因此受损害者只要可能很少不使用强力来纠正不公平的状态，而这种强力的反抗往往使惩罚行为遇到危险，甚至使惩罚者被杀害。

这些缺陷使惩罚违反自然法的权力难以正常地可靠地运用，从而对自己财产的享有也很不安全和稳妥，正是这种情形促使自然状态中的人通过协议，订立契约，每个人宁愿放弃单独行使惩罚的权力，把这权力交给他们当中指定的人，只由他们掌握和行使，而且是按照全体成员或为此目的而接受权力的人一致同意的规则来行使。洛克认为这就是行政权和立法权最初的起源，政治社会或国家的起源。

由此可见，在洛克看来，人之从自然状态进入政治社会的状态，关键是他交出了自然法赋予的部分权力，他部分地放弃为了保护自己和他人而做他认为合适的事情的权力。在政治社会保护他和别人的前提下，让出的权力交给制定法律进行管理的政治社会，这些法律在许多事情上限制了他基于自然法而享有的自由。其次，他完全放弃惩罚的权力，因为他受到整个社会力量的保护，而且社会的其他成员也同样放弃这种权力，所以人们并非无代价地白白放弃部分的权力，这样做“只是出于各人更好地保护他自己、他的自由和财产的动机”，“只是为了人民的和平、安全和公众福利”。[①] 总而言之，“人们联合组成国家和置身于政府之下的重大的和主要的目的，是保护他们的财产。”[②]

建立政治社会的目的，意味着人的自由虽然受到某些限制，在这个意义上自然法也受到一定的限制，然而这只是为了更好地实现自然法的根本目的——保障人的生命、自由和财产。所以，在由政府法律进行治理的政治社会中，自然法依然起着重要的支配作用，人还是人类自然共同体的成员，他基本的自然权利并没有被剥夺。

国家的权力来自人民

洛克关于国家的起源和目的论述，同时也说明了国家制定和执行法律的权力来自政治社会中每一个成员，正是他们为了克服自然状态的一些缺陷，协商一致把各自的部分权力交给他们当中所选择和指定的人，建立国家，以换取和平地、安全地享有自己的财产。国家实现这个目的的重要手段和工具是这个社会制定的法律，其中首先和基本的规定是建立立法权。在洛克划分的国家的立法、行政和对外三种权力中，他认为立法权“是每一个国家中的最高权力”[③]。他的这个观点无疑是为英国资产阶级在革命中通过议会战胜封建王

---

① 洛克：《政府论》下篇，第 131 节，中译本第 80 页。
② 同上书，第 124 节，中译本第 77 页。
③ 同上书，第 135 节，中译本第 83 页。

权争得的胜利成果提供理论上的依据。

立法权虽是国家的最高权力，在国家没有解体的情况下国家每一成员都必须遵从，但它也不是绝对的。第一，它对人民的生命和财产不是也不可能是绝对地任意专断的。因为在自然状态中每个人对别人亦没有这种绝对权力，他没有也不可能把他不具有的权力交给国家和立法机关，所以国家和立法机关也不可能享有这种绝对权力。第二，立法机关无权以临时专断的命令进行统治，它必须受到由颁布了的长期有效的法律以及众所周知经过授权的法官决定臣民的权利的约束，否则便有可能违背人民授权给它的目的，人民的处境甚至会比在自然状态中更坏。第三，它未经本人的同意不能取得任何人的任何部分的财产，因为人们之所以参加政治社会是为了保障他们的财产，设想他们参加政治社会反而丧失财产这是荒谬的。第四，它不能把制定法律的权力转让给任何其他人，因为它的权力是人民委托的权力，只有人民才能组成立法机关和指定由谁执掌权力。概而言之，国家的立法权之所以不是绝对的，因为它来自人民。

洛克还没有从他的国家最高的权力立法权来自人民的思想得出应当实行全民普遍选举的政治结论。在17世纪末的英国选举权还受到财产、性别等许多限制的情况下，这是不难理解的。洛克关于国家权力不是神授而来自人民的思想，无疑在反对封建君主专制的革命中起了巨大的作用。另一方面也应看到，不管洛克个人的主观动机如何，他的学说客观上却粉饰和掩盖了当时英国议会由资产阶级和资产阶级新贵族的代表少数人操纵的现实。

根据国家建立的目的和权力的来源的观点，洛克认为如果执政者（君主或议会）不是运用手中的权力为人民谋福利而是为了自己的私利，那就是暴政，暴政必将导致政府的解体。因为执政者破坏和取消了原先的协议或契约，使自己和人民处于战争状态，人民便不必服从它而恢复原来自然状态中的自由权利，他们有权订立新的协议指定被认为合适的新的权力受托人，建立新的政府以保护自己。

然而还有一个问题，当执政者和人民发生争执时，谁来判断君主或立法机关的行为是否违背了他们所受的委托呢？洛克明确地回答说："人民应该是裁判者。"①因为只有委派执政者的人，只有由于曾经委派因而有权罢免辜负委托的执政者的人，应该是判定执政者的行为是否良好和合乎委托的裁判人。可是如果执政者拒绝由人民裁决这种解决问题的方式呢？那就只有诉诸天上的上帝，"唯有他才是正义的裁判者"②。在这个比较含混的答案中，洛克的思想还是清楚的，他认为在没有公认的人间上级的人们之间的强力，在不容许诉诸人间裁判者的事情中的强力，就是战争的状态，这时受害的一方只有向天上的上帝申诉。按照洛克的观点，上帝同样必须按自然法行事，而上帝的启示则是通过理性去领会，因此诉诸上帝归根到底也就是诉诸受害的人民的理性，只是这时披上了上帝的神圣外衣。所以洛克最终的结论是："当掌权人由于处事不公而丧失了权力时……权力便回归社会，人民便有权作为最高权力者而行动并在他们当中继续保持立法机关，只要他们认为合适或者建立新的政府形式，或者在旧的政府形式中设置新人。"③

洛克根据他的人的学说，推演出他的民主主义的政治思想，做出国家权力来自人民，人民有权更换辜负委托的政府的结论，对后世的政治思想和社会现实都产生深远的巨大影响，为18世纪更为急进的思想家的人民主权思想以及后来西方国家实行的全民普遍选举奠定

---

① 洛克：《政府论》下篇，第240节，中译本第149页。
② 同上书，第241节，中译本第150页。
③ 同上书，第243节，中译本第151页。

了理论基础。洛克之被称为西方近代自由主义和民主主义思想的鼻祖，一点也不为过。

第八节　洛克哲学的基本矛盾

洛克哲学确实存在不少自相矛盾的思想，如唯物主义与唯心主义、可知论与不可知论、经验论和唯理论等等。有一种不只是个别人的看法，认为洛克是二元论哲学家。[①] 仿佛洛克哲学中的种种矛盾都源于二元论哲学中唯物主义与唯心主义的矛盾，亦即认为二元论是洛克哲学的基本矛盾，然而这种看法很值得商榷。

断言洛克是二元论者的很重要的一个论据是，洛克关于感觉和反省的学说在肯定外物对感官的作用是观念的来源的同时，又承认人心对自身的反省是观念的另一来源，因而断言，洛克哲学从一开始在观念的来源问题上便站在二元论的立场上，导致后来他的思想的一连串的矛盾，对此不妨作较深入的考察。

洛克自觉地提出的关于认识和知识的理论体系无疑是以一切观念来源于经验为其出发点和基石。对于经验洛克分为外部经验感觉和内部经验反省两种，但是原则上他没有将它们割裂开来并列起来。上文在谈到洛克的感觉和反省学说时已经指出，他认为认识发端于外物作用于感觉通过神经把运动传递到大脑引起人心的感觉、知觉等各种功能的活动，从而向人心提供有关外物的观念。只是在这反复多次之后，人心又逐渐通过反省知觉到自身活动的各种功能形成有关人心功能的观念。如果没有外物激起人心功能的活动，对功能

---

① 这一点《马克思恩格斯全集》第 2 卷的“人名索引”洛克条目中说得最直截了当，见该书 1957 年中译本第 721 页。

活动的反省也就无从谈起。在这个意义上，感觉是反省的前提和基础，反省对感觉有着依赖关系。

其次，洛克之所以在感觉之外还提出反省作为观念的来源，目的在于说明不仅表象外部现象而且表象内心心理现象的我们全部观念统统都来源于经验，而不是要在观念的经验来源之外再加上观念的非经验来源，在他看来感觉和反省的区别只在对象的不同，一是以外物为对象，一是以人心的活动为对象，它们在其他方面都十分相似。人心注意到自身的活动形成清晰的反省观念，一如人心注意到外物对感官的作用产生清晰的感觉观念，所以他称反省为内部感官、内部经验。人心的活动主要指人心各种功能的运作，它们既非观念更非知识，虽然是人生而具有的是天赋的，但是对它们的反省没有也不可能提供任何天赋的观念或先验的知识，不论这些观念或知识像图画那样清楚明晰还是像大理石的花纹那样潜在地存在。由此可见洛克的反省说原则上没有背离他批判天赋观念论坚持"白纸说"的立场。至于他在解释个别观念的经验来源时没能始终坚持他的原则，他的研究心理现象的个人内心反省法存在什么缺点和困难，那是另外的问题。从莱布尼茨开始，就有了把洛克的反省学说说成是承认观念的天赋的先验主义来源，显然是一种误解或歪曲。

严格的哲学意义上的二元论是指哲学本体论上的二元论，认为物质实体和精神实体是绝对独立互不依赖的世界本原，在这方面我们曾经指出，洛克在一般实体问题上采取不可知论的态度，否认对物质和精神能形成清晰的观念，所以二者的关系无论二元论的还是唯物主义的观点都只是可能的设想。认为二元论也是可能的设想，无疑是洛克受二元论影响的表现。但是不管持哪一种观点，对洛克哲学本身的思维进程来说，就洛克以源于经验的观念为起点的有关物理现象和心理现象的认识和知识的理论体系的逻辑推演而言，实际上没有多大关系。可见以二元论作为洛克哲学各种矛盾产生的根源是缺乏根据的。

不错,正如马克思不只一次指出,哲学家“认为是自己体系的基石的东西和实际上构成这种基石的东西,两者完全不同”。[①] 洛克基本上是一位唯物主义的经验论者,实际上构成他的哲学体系的基石除了经验论的认识论基本原则外,还有本体论的粒子机械唯物主义。唯物主义经验论不可避免具有自身的矛盾,如同唯物主义唯理论那样。只是后者的矛盾较为明显,前者则容易被忽略。对此得多说几句。

区分和分别考察认识的主体和客体,是近代西方哲学特别在认识论方面作出的重要进步。有的哲学派别全盘否定这种区分和考察的积极意义未免过于片面。但是也要看到,若将二者割裂开来孤立静止地考察,不把认识看作是它们相互作用统一的矛盾运动的过程,的确会无法找到沟通二者的通道从而否定了它们之间的同一性。近代的经验论就有这个弊端。

经验论正确地肯定认识来源于感觉经验,然而不懂得认识对实践的依赖关系,不懂得感性和理性的辩证法,只是狭隘地局限于感性经验来谈认识,因此原则上不可能从理论上证实和说明人心以外的存在。因为按照经验论的认识来源于感觉经验的原则,要认识感觉以外的东西也只能凭借感觉,而感觉除了呈现自身于人的心外不能再多表示一点别的什么。它不可能告诉人心感觉以外有东西存在,也不可能告诉人心感觉以外无东西存在,更谈不上告知东西是怎么样的。经验论的狭隘性使认识止步于感觉经验,“超越”感觉经验被

---

① 《马克思致马·马·柯瓦列夫斯基(1879年4月)》,《马克思恩格斯全集》第34卷,1972年中译本,第344页。

认为是不合法的，结果感觉变成不是沟通主客体的通道反而成了分隔主客体的屏障。经验论是一种认识论的理论，本身并不回答本体论问题，但它必须公开地或潜在地，以一定的本体论为其理论基础。用唯物主义作为理论基础的经验论者，依靠其源于生活实践和科学实验的朴素唯物主义信念，相信心外有物存在并能被认识，以之作为引起感觉的外界原因，作为感觉内容的客观原型，感觉是客观原型的主观影像。这样也就是肯定了人能作出经验论所不容许的对感觉的“超越”，肯定人能感知感觉之外的东西，违反了认识只能来源于感性经验的经验论的基本原则。对于机械唯物主义的经验论这是个两难的问题，坚持经验论的基本原则便会违背唯物主义的反映论，坚持唯物主义的反映论又势必抛弃经验论的基本原则。

在近代西方哲学的机械唯物主义和经验论的产生本来具有共同的时代背景，都是科学革命和资产阶级革命的产物，是在反对中世纪经院哲学的斗争中互相支持共同成长的。在洛克那里，他的经验论的认识论在本体论方面得到粒子机械唯物主义强有力的支持。他的粒子机械唯物主义自然观依靠他的经验论认识论证明为最合乎科学新材料的最好的理论假说。但事情还有另一方面，洛克在深入研究认识论的问题时，不可避免也要面对机械唯物主义经验论包含的内在矛盾，即经验论的狭隘性以及粒子学说的机械性和唯物主义基本原则的矛盾。洛克有时坚持唯物主义而突破这些局限性，有时则受局限性的束缚而背离了唯物主义陷入唯心主义或不可知论。矛盾的各种具体表现上文已做详细的分析，这里不再赘述，只需举其要者以表明它确是洛克哲学大部分矛盾的根源。

洛克的观念学说依据经验论的原则认为观念是人心认知的唯一直接对象，人心只和观念打交道，可是唯物主义哲学又使他坚信心外自然物体的存在，认为感觉观念的实在性在于它们和外物的性质和能力的相似或相应。再者，洛克以一般实体不能被感知为由声称不能形成它的清晰观念，它是不可知的，与此同时他对作为物体的性质和能力的支托和原因的物质实体的存在又深信不疑。还有洛克坚决否定上帝观念是天赋的，认为它是通过无限扩大我们某些有限观念而形成的，而且按经验论的逻辑对作为实体的上帝不可能有清晰的观念，所以上帝及其存在至少是不可知的和可疑的，但是洛克的机械论的局限性和对基督教的笃信又使他深信作为自然界的存在和运动的始因和聪明的设计师上帝的存在是无可怀疑的。

洛克关于物体的两种性质的学说肯定第一性的质的观念反映物体固有的性质，坚持了唯物主义反映论的原则，但却认为第二性的质的观念的产生虽有其客观原因，但观念的内容并不表象物体的性质纯粹是主观的取决于人的感官。这种否定物体的物理、化学等质的差别将之归结为力学、数学上量的不同的机械主义的片面的数量观点不可避免导致过分夸大观念的相对性和主观性，背离了唯物主义的反映论。

洛克的两种本质的学说一方面承认个别事物是由它们的客观的实在本质决定的，另一方面又认为事物的类是由人心所造的名义本质决定的。在探讨现象和本质的关系时，洛克在认识论上否认透过现象能认识本质，割裂了两者的同一性，在本体论上却承认自然物体的性质和能力由构成物体的微粒和结构决定，肯定两者的同一性。

在知识学说中，洛克基于经验论界说知识为对源于经验的观念间的一致或不一致的关系的知觉，断言知识只与观念有关，然而唯物主义的立场又使他把观念和实在存在的一致或不一致的关系的知觉列入知识。他认为有关样式和关系的观念的知识的实在性只在于同这些观念的本性的一致，无须参照任何他物，可是有关实体观念的知识则必须和外物原型一致。以上列举的诸如此类的矛盾，对洛克来说都是带有特征性的。

诚然洛克哲学中还有一些重要的矛盾不是源于他的唯物主义经验论的内在矛盾的。洛克知识学说中的经验论和唯理论的矛盾，是由于他觉察到知识的第三种即感觉知识的局限不能提供他十分推崇的像数学那样具有普遍必然性的知识，从而在知识的第二种即论证知识的普遍性问题上从经验论转向唯理论。然而像这类矛盾无论如何并非源于洛克哲学中的二元论思想影响却是十分清楚的。

上述充分表明，洛克哲学思想中包含的重要矛盾，基本上源于他的机械唯物主义经验论的内在矛盾。由此可以得出结论，这也是洛克哲学的基本矛盾。只有明确这一点，才能正确认识洛克哲学的真正本质，恰当地评价洛克哲学在哲学史中的地位，避免误以为洛克是个只会折衷调和对立思想的平庸之辈。17 世纪是英国经验论发展的重要时期，是它的创立阶段和唯物主义阶段。培根首先提出唯物主义经验论的基本原则。霍布斯继承和坚持培根的原则，但他主要集中精力于建立包括物体、人和国家社会在内的系统的机械唯物主义体系。到了洛克才第一次全面系统、深入详细地对唯物主义经验论进行探讨和论证，所以他也是客观上暴露出机械唯物主义经验论的种种矛盾的第一人，往宽一点说同时也在理论上提出和研究了主观感觉与客观存在的关系问题。往后近代西方的经验论不论向唯物主义、唯心主义还是不可知论的方向发展，都是以不同的方式在不同的水平上环绕这个问题展开。只此一点已经可以说洛克对哲学的发展做出了不朽的贡献。

参 考 书 目

外国作者书刊按作者姓氏的拉丁字母排列，我国作者书刊按作者姓氏汉语拼音列入。

第一章 背景

[1] Boas, Marie, "The Establishment of the Mechanical Philosophy", Osiris, 10, pp. 142-541, 1952.

[2] Burtt, E. A., *The Metaphysical Foundations of Modern Physical Science*. Harcourt, Brace & Company, Inc. 1927.（E. A. 伯特:《近代物理科学的形而上学基础》，四川教育出版社，1997年。）

[3] 车铭洲:《西欧中世纪哲学概论》，天津人民出版社，1982年版。

[4] 程汉大:《英国政治制度史》，中国社会科学出版社，1995年版。

[5] Cohen, I. Bernard (ed.), *Issac Newton's Papers and Letters on Natural Philosophy and Related Documents*, Cambridge University Press, 1958.

[6] 丹皮尔，W. C.:《科学史及其与哲学和宗教的关系》，商务印书馆，1979年。

[7] Hankins, James, "Platonism", "Renaissance". (Edware Craig, *Routledge Encyclopedia of Philosophy*, vol. 7, pp. 439-447, 1998.)

[8] 科斯明斯基、叶·阿·列维茨基、雅·亚主编:《十七世纪英国资

产阶级革命》(上),商务印书馆,1990 年。

[9] Kroll, Richard. Ashcraft, Richard. Zagorin, Perez. (ed.), *Philosophy, Science, and Religion in England* 1640 - 1700, Cambridge University Press, 1992.

[10] 刘昌祚:《英国资产阶级革命史》,新知识出版社,1956 年版。

[11] Mandelbaum, Maurice ,"Newton and Boyle and the Problem of 'Transdition'" (Johns Hopkins ed. *Philosophy, Science, and Sense Perception*, Baltimore,1964).

[12] 梅森(Stephen, F.):《自然科学史》,上海译文出版社,1984 年。

[13] Paul, Leslie, *The English Philosophers*, Faber and Faber, 1953.

[14] Quinton, Arthony, "British Philosophy", *The Encyclopedia of Philosophy* (Paul Edwards ed. in chief) ,Macmillan Publishing Co. ,1967,vol. 1, pp. 369 - 396.

[15] 塞耶,H. S. 编:《牛顿自然哲学著作选》,上海人民出版社,1974 年。

[16] Steward, M. A. , *Selected Philosophical Papers of Robert Boyle*, Manchester University Press,1979.

[17] Stimson, Dorothy, "Puritanism and the New Philosophy in 17th Century England" (Bulletin of the Institute of the History of Mededicine, vol. III, no. 5, 1935).

[18] 奥·符·特拉赫坦贝尔:《西欧中世纪哲学史纲》,上海人民出版社,1960 年。

[19] 韦伯,马克斯:《新教伦理与资本主义精神》,三联书店,1987 年。

[20] 亚·沃尔夫:《十六、十七世纪科学、技术和哲学史》,商务印书馆,1979 年。

[21] Wolterstroff, Nicholas,"John", "Calvin" (Paul Edwards, ed. in chief, *The Encyclopedia of Philosophy*, Macmillan Pub-

lishing Co., 1967, vol. II, pp. 7－9).
[22] 周一良、吴于廑主编:《世界通史》,人民出版社,1973 年版。

第二章　培根

一、培根原著

[1] Spedding, J., Ellis, R. L. and Health, D. D. (ed.), *The Works of Francis Bacon*, 7 vols., London, 1857－1859.
[2] Spedding, J. (ed.), *The Letters and Life of Francis Bacon*, 7 vols., London, 1861－1874.
[3] Robertson, J. M. (ed.), *The Philosophical Works of Francis Bacon*, London, 1905.
[4] Dick, H. G. (ed.), *Selected Writings*, New York, 1955.
[5] Kitchin, G. W. (ed.), *The Advancement of Learning*, London, 1934.
[6] Mc Neill, J. M. (ed.), *Essays*, London, 1934.
[7] 沈因明译:《新工具》, 辛垦书店, 1934 年版。
[8] 关琪琱译:《新工具》, 商务印书馆, 1935 年版。
[9] 许宝骙译:《新工具》, 商务印书馆, 1984 年版。
[10] 关琪琱译:《崇学论》, 商务印书馆, 1975 年版。
[11] 水天同译:《培根论说文集》, 商务印书馆, 1951 年再版。
[12] 何新译:《培根论人生》, 上海人民出版社, 1983 年版。
[13] 何新译:《新大西岛》, 商务印书馆, 1959 年版。

二、研究培根论著

[1] Abbott, E. A., *Bacon and Essex*, 1877.

[2] Anderson, F. H., *The Philosophy of Francis Bacon*, Chicago, 1948.

[3] Anderson, F. H., *Francis Bacon: His Career and His Thought*, Los Angeles, 1962.

[4] Bevan, B., *The Real Francis Bacon*, London, 1960.

[5] Bowen, C. D., *Francis Bacon: The Temper of a Man*, Boston, 1963.

[6] Broad, C. D., *The Philosophy of Francis Bacon*, Cambridge, 1926.

[7] Church, R. W., *Bacon*, London, 1884.

[8] Crowther, J. C., *Francis Bacon*, London, 1960.

[9] Eiseley, L. C., *Francis Bacon and the Modern Dilemma*, Lincoln, Nederland, 1962.

[10] Ellis, R. L., "General Preface to the Philosophical Works", *Bacon's Works*, vol. 1, 1857.

[11] Farrington, B., *Francis Bacon: Philosopher of Industrial Science*, New York, 1961.

[12] Farrington, B., *The Philosophy of Francis Bacon*, Chicago, 1966.

[13] Fischer, Kuno, *Francis Bacon und seine Schule*, *Entwicklungsgeschichte der Erfahrungsphilosophie*, vol. X of the Jubilaumsausgabe of his Gesch. d. neuern Phi., Heidelberg, 1904. (Third revised edition of a work, originally pubished in 1856, translated into English by John, Oxenford, 1857.)

[14] Fowler, T., *Bacon*, 1881.

[15] Gibson, R. W., *Francis Bacon: A Bibliography of His*

Works and of Baconiana to the Year 1750, Oxford, 1950.

[16] Green, A. W., *Sir Francis Bacon, His Life and Works*, New York,1948.

[17] Levi, A., *Il Pensiero de Francesco Bacone*, Turin, 1925.

[18] Rossi. P., *Francesco Bacone, della magia alla scienza*, Bari, 1957.

[19] Steegmuller, F., *Sir Francis Bacon: The First Modern Mind*, New York, 1930.

[20] Sturt, M., *Francis Bacon*, London, 1932.

[21] Whewell, W., *Philosophy of Discovery*, chaps. XV, XVI, 1860.

[22] Williams, C., *Bacon*, London, 1933.

第三章　霍布斯

一、霍布斯原著

[1] Molesworth, William (ed.), *Opera Philosophica qua latine Scpipsit*, 5 vols., 1839－1845.

[2] Molesworth, William (ed.), *The English Works of Thomas Hobbes*. 11 vols., 1839－1845.

[3] *Leviathan*, Oxford, 1909, 1929.

[4] Tönnies (ed.), *Behemoth or the Long Parliament*, London, 1889.

[5] Tönnies (reprinted), *Elements of Law, Natural and Politic*, Cambridge, 1928. Contain Hobbes' "A Short Tract on First Principles".

[6] 齐良骥译:〈霍布斯〉,《十六—十八世纪西欧各国哲学》,三联书

店,1958 年版。

[7] 黎思复、黎廷弼译:《利维坦》,商务印书馆,1985 年版。

二、研究霍布斯论著

[1] Brandt, Frithiof, *Thomas Hobbes' Mechanical Conception of Nature* (Eng. Trans.), Copenhagen, London, 1928.

[2] Brown Keith C. (ed.), *Hobbes Studies*, Oxford, 1965. Contain Taylor's 1938 article "The Ethical Doctrine of Hobbes".

[3] Gauthier, David P., *The Logic of Leviathan*, Oxford, 1969.

[4] Laird, J., *Hobbes*, London, 1934.

[5] Mintz, Samuel I., *The Hunting of Leviathan*, 1962.

[6] Oakeshott, M. J., *Introduction to Leviathan*, 1946.

[7] Peters, Richard, *Hobbes*, 1956.

[8] Roberston, G. C., *Hobbes*, 1886.

[9] Stephen, Leslie, *Hobbes*, 1904.

[10] Strauss, Leo, *The Political Philosophy of Hobbes*, 1936.

[11] Taylor, A. E., *Hobbes*, 1908.

[12] Warrender, Howard, *The Political Philosophy of Hobbes*, Oxford, 1957.

[13] Watkins, J. W. N., *Hobbes' System of Idea*, London, 1961.

第四章　剑桥柏拉图派

一、剑桥柏拉图派原著

[1] *The Works of the Learned Benjamin Whichcote*, Aberdeen, 1751.

[2] More, Henry, *A Collection of Several Philosophical Writings*, London, 1662.

[3] Mackinnon, Flora Isabel (ed.), *Philosophical Writings of Henry More*, New York, 1925.

[4] Cudworth, Ralph, *The True Intellectual System of the Universe*. Mosheim's Latin edition, Jena, 1773; John Harrison English Translation, London, 1845; Thomas Bich's edition, New York, 1838.

二、研究剑桥柏拉图派论著

[1] Burtt, E. A, *The Metaphysical Foundations of Modern Physical Science*. Harcourt, Brace & Company, Inc. 1927.（E. A. 伯特:《近代物理科学的形而上学基础》,四川教育出版社,1997年。）

[2] De Boer, John J., *The Theory of Knowledge of the Cambridge Platonists*, Madras, 1931.

[3] Edwards, Paul (ed. in chief), *The Encyclopedia of Philosophy*, Macmillan Publishing Co. 1967: "British Philosophy", "Cambridge Platonists", "Benjamin Wichcote", "Henry More", "Ralph Cudworth", "Nathanael Calverwel", "Richard Cumberland", "Joseph Glanvill", "John Norris".

[4] Muirhead, Henry, *The Platonic Tradition in Anglo-Saxon Philosophy*, London, 1931.

[5] Saveson, J. E., "Differing Reaction to Descartes among the Cambridge Platonists" (*Journal of the History of Ideas*, vol. 21, no. 4, 1960. pp. 560－567).

第五章 洛克

一、洛克原著

[1] *The Works of John Locke* (1823 edition, 10 vols.).

[2] *An Essay concerning Human Understanding* (Clarendon Edition edited by Peter H. Nidditch, 1975, reprinted with correction 1979).

[3]《人类理解论》,关文运译,商务印书馆,1959 年版。

[4] *Two Treaties of Government*, Peter Laslett Edition, Cambridge, 1960.

[5] 叶启芳、瞿菊农译:《政府论》(下篇),商务印书馆,1964 年版。

[6] "Some Thought concerning Education" (James L. Axtell ed. *The Educational Writings of John Locke*, Cambridge, 1968).

[7]《教育漫话》,傅任敢译,商务印书馆,1957 年修订版。

[8] *A Letter concerning Toleration* (trans. William Popple from the Latin Original, London, 1689).

[9] 吴云贵译:《论宗教宽容》,商务印书馆,1982 年版。

[10] *The Reasonableness of Christianity*, London , 1695.

二、研究洛克论著

[1] Aaron, Richard I. , *John Locke*, 1st ed. 1932/1933, rev. ed. , Oxford University Press, 1955.

[2] Alexander, Peter, *Ideas, Qualities and Corpuscles, Locke and Boyle on the External World*, Cambridge University Press, 1985.

[3] Ayers, Micheal, *Locke*, vol. 1 *Epistemology*; vol. 2 *Ontology*, Lon-

don, 1991.

[4] Bourne, H. R. Fox, *The Life of John Locke*, Henry S. King and Co., London, 1876.

[5] Chappell, Vere (ed.), *Essays on Early Modern Philosophers from Descartes and Hobbes to Newton and Leibniz: vol. 8 John Locke The Theory of Knowledge*, Garland Publishing Inc., New York and London, 1992.

[6] Chappell, Vere (ed.), *The Cambridge Companion to Locke*, Cambridge University Press, 1994.

[7] Cranston, Maurice, *John Locke, a biography*, Longmans, Green and Co., London; New York, 1957.

[8] Downing, Lisa, "Are Corpuscles Unobservable Qualities", Journal of the History of Philosophy 30: 1 Jan. 1992.

[9] Gibson, James, *Locke's Theory of Knowledge and Its History Relation*, 1st ed. 1917, reprinted 1931, Cambridge University Press.

[10] Hall, Roland ed. and publish, *The Locke Newsletter*, 1970-

[11] Jenkins, John, *Understanding Locke, an introduction to philosophy through John Locke's essay*, University Press Edingburgh, 1983.

[12] Mandelbaum, Maurice, *Philosophy, Science and Sense Perception*, Baltimore, 1964.

[13] Martin, C. B. and Armstrong, D. M. (ed.), *Locke and Berkeley, a collection of critical essays*, Archor Books Doubleday and Company, Inc., New York, 1968.

[14] Rogers, G. A. J. (ed.), *Locke's Philosophy: Content and*

Context, Clarendon Press, Oxford, 1994.

[15] Tipton, I. C. (ed.), *Locke on Understanding, selected essays*, Oxford University Press, 1976.

[16] Wollhouse, R. S., *Locke's Philosophy of Science and Knowledge*, Oxford Basil Blackwell, 1971.

[17] Yolton, John, *John Locke and the Way of Ideas*, Oxford University Press, 1956.

[18] Yolton, John, *Locke and the Compass of Human Understanding*, Cambridge University Press, 1970.

[19] Yolton, John, *Locke, An Introduction*, Basil Blackwell, 1985.